文學叢刊之六十七

廖棟樑
周志煌 編

人文風景的鐫刻者

——葉維廉作品評論集

文史哲出版社印行

國家圖書館出版品預行編目資料

人文風景的鐫刻者：葉維廉作品評論集 / 廖棟樑 ,周志煌編 . -- 初版 . -- 臺北市：文史哲民86
面； 公分. -- (文學叢刊 ; 67)
ISBN 957-549-104-1(平裝)

1.葉維廉 - 作品集 - 評論

848.6 86014270

文學叢刊 ㊿⑦

人文風景的鐫刻者
—葉維廉作品評論集

編 者：廖棟樑·周志煌
出版者：文史哲出版社
登記證字號：行政院新聞局版臺業字五三三七號
發行人：彭正雄
發行所：文史哲出版社
印刷者：文史哲出版社
臺北市羅斯福路一段七十二巷四號
郵政劃撥帳號：一六一八〇一七五
電話 886-2-23511028 · 傳眞 886-2-23965656

實價新臺幣 六〇〇元

中華民國八十六年十一月初版

ISBN 957-549-104-1

人文風景的鐫刻者

——葉維廉作品評論集

目錄

前言

廖棟樑

選文完畢，付梓之際，照例要寫「前言」。通常「前言」應當交待葉維廉教授及其作品的概況，但是難在這本書既已納入二十三位名家的大作，我的「前言」頂多只是蜻蜓點水似地泛泛而論也只是隔靴搔癢，弄不好反而會使讀者如墜霧中隔岸看花，看得一頭霧水仍不得要領。所以我在這裏乾脆不談葉維廉，暫且徵引康士林（Nicholas Koss）的評介爲之權充。這裏只說編選的緣起，選文的原則和體例，加上一些感謝的話。

康士林教授在爲輔仁大學於民國七十九年（一九九〇）九月底舉辦的「第二屆國際文學與宗教會議」所寫的訪問記中，首先對葉維廉教授的學術生涯有如下的精闢評介。他說：

葉氏中英文著作豐富；他近年在學術上貢獻最突出、最具國際影響力的，首推東西比較文學方法的提供與發明。從〈東西比較文學模子的運用〉（一九七四）開始，到最近的《比較詩學》一書（一九八三），他根源性地質疑與結合西方新舊文學理論應用到中國文學研究上的可行性及危機！他通過「異同全識並用」的闡明，肯定中國古典美學特質，並通過中西文學模子的「互照互省」，試圖尋求更合理的文學共同規律，來建立多方面的理論架構。在詩歌創作方面，葉氏早期與瘂弦、洛夫等人從事新詩前衛思潮與技巧的推動，影響頗深。他的《中國現代小說的風貌》更是第一本探討臺灣現代小說美學理論基源的書。在翻譯方面，一九七〇年出版的Modern Chinese Poetry中有六家被收入美國大學常用教科書中；而他重溯中國古典美學根源所翻譯的《王維》一卷，以及《中國古典詩文類舉要》（Chinese Poetry Major Modes and Codes）更匡正了西方翻譯對中國美感經驗的歪曲。在英譯中方面，他譯的《荒原》以及論艾略特的文字，在六〇年代的臺灣頗受重視。此外，他又譯介歐洲和拉丁美洲現代詩人的詩歌（見其《眾樹歌唱》），對詩歌視野和技巧的開拓，助益良多。

除學術研究外，葉教授亦是誨人不倦的良師。他一九六七便任教於加大聖地雅谷校區，現任比較文學系主任。一九七〇與七四年，曾以客座身份返母校臺灣大學協助建立比較文學博士班。一九八〇—迄八二年，出任香港中文大學英文系首席客座教授，協助建立比較文學研究所。一九八六年則在清華大學講授傳釋行爲與中國詩學，深入淺出，論述了跨文化間的傳意、釋意課題。

正是這份創作及學術成就與影響，我校所舉辦的這場一連四天的大型國際會議，便邀請他與分別來自美國被劃歸「敲打的一代」（Best Generation）的史耐德（Gary Snyder）、來自法國的二大詩人何納（Jean Claude Renard）及孟宓諾（Jean Mambrino）共同爲主題詩人作專題討論。四大詩人與臺灣本地的詩人、學者齊聚一堂，熱烈研討「詩與超越」的各項論題，可說是當年臺灣文壇的一大盛舉。爲了避免討論流於漫談的弊病，會議前，我們便在《中外文學》（見第十九卷第四期）以及《聯合副刊》製作專輯，揭櫫宗旨，並且整理詩人作品目錄及評論文獻索引；會議中，我們又將這些評論文章影印陳列於會場，供與會者可以立即引用參考。而這本《人文風景的鐫刻者——葉維廉作品評論集》的彙集精選成書，更是會議後我們預定出版的系列計劃之一。現在本書得以刊行，希望能引起更多對於葉維廉的注意和討論。

葉教授在詩歌、散文創作，比較文學以及翻譯等領域裏，都有一己之抒，見解新穎獨到，自然會引發不少的評論。限於篇幅的緣故，沒辦法全收，但即使是選集，本書也已經極爲可觀了。所收三十三篇文章，作者包括海峽兩岸以及旅居海外的華人，甚而是外國學者，當可局部顯示截至目前對葉維廉的看法。本書共分五個範圍，輯一爲詩歌，輯二爲散文，輯三爲文學理論，輯四爲翻譯，最後則爲專訪。另外，附錄收有年表、著作書目和評論索引。文章的編排按照出版年代先後爲序，出處兩見者，乃以收錄在作者自己書中爲據，這在每篇文章的最後，我們會交待清楚。至於選文的標準，主要以學術性爲原則，偶有例外，則根據不同情況，酌情處理。不過，有少數我們認爲很不錯的文章，或因作者、出版社不同意收錄，只得作罷；或因一時之間無法找到譯者，也只能割愛。這些遺珠之憾，尚請讀者見諒。

如果說編者好比園林工人修整花樹，行家高手刀剪過處，除去多餘的枝葉，花樹精神頓生；更高明者還能做出種種優美的造型。而一位不高明的外行，不僅不會有好的造型設計，反而可能錯把好枝剪出，傷了花樹的元氣。自己不敢奢望本書在編輯方面能有好的造型特色，只希望沒有過分地錯剪了好枝。

本書是由我跟我的學生鄒桂苑、黃昱凌、周志煌三人通力完成的。他們一方面幫忙收集論文，校勘版本，另一方面也參於甄選討論，提供許多寶貴意見，讓我獲益良多。當然，如有任何錯誤，仍應由我負責。至於，實際印書過程的種種庶務，泰半皆麻煩周志煌一人處理，最是辛苦。校稿工作則拜託我校中文研究所同學張紫君、李黛顰、章璨文以及同事梁淑媛等人幫忙。由衷地謝謝他們的鼎力相助，沒有他們，本書一定無法如期出版。另外，篇末的年表、著作書目，自然只有葉教授清楚，感謝他在百忙中抽空撰寫，並提供不少編輯意見，謹註於此，不敢掠美。我在此也要特別感謝每一位作者，他們慨允將其論文集刊於此，此書才得以問世。

最後，最應感謝葉夫人廖慈美女士，正是她的大力支持，才促成本書順利出版。由於今年適逢葉教授六秩嵩壽，葉夫人連帶希望藉著本書表達她及女兒葉蓁、兒子葉灼祝賀之意。

論葉維廉的秩序

蕭蕭

一、秩序流動在葉維廉詩中的意義

一首詩由潛意識浮現到意識，以及在意識中所有的活動，我們說它是詩興的勃發；而由意識的琢磨以至於語言的揀擇，我們稱它爲詩心的傳達。從詩興的勃發到詩心的傳達，其實就是一種「秩序」的流動。詩人的創作過程即往來於捕捉這種秩序和安排這種秩序。

杜甫的詩〈春望〉就是秩序流動的一個好例子，我們把它開頭的四個句子列成下面的樣子來析究秩序在詩中的流動情形：

國破
山河在，
城春
草木深。
感時
花濺淚，

恨別
鳥驚心。

由此，詩的秩序，顯然可以分爲內在秩序和外在秩序的流動，內在秩序就是指詩興勃發的這個階段，在這個階段詩由「無」而「有」，詩人所採取的態度是一種端拱放任的態度，而外在秩序則指著詩心的傳達這一層，秩序的流動見之於語言，使讀者可以直接感知秩序的流動。事實上，外在秩序只在覆述內在秩序，外在秩序如何流動，大抵內在秩序的流動也因此可以察覺，這種覆述的功夫至少包括抉擇、修正、豐盈等等，這個階段，詩人所有的觀照具有批判的能力。

所以，杜甫的這首〈春望〉，第一步可以說：國破，城春，感時，恨別，是一種內在秩序的流動，這種內在秩序推之於外物的山河，草木和花鳥，因而形成詩心傳達的外在秩序，當外在秩序舖列成一首詩的時候，內在秩序和外在秩序必然合而爲一，水乳交融。讀者在欣賞詩的時候當然是經由外在秩序的流動以求詩人內在秩序的流動，其結果也是內在秩序和外在秩序的渾然合一。這就是說，讀者所取的是一個完整的詩的秩序，因爲詩人所給出的就是一種完整的詩的秩序。但是，所謂完整，並不局限於起承轉合的結構的完整，而在於詩的秩序是否自足存在。

詩的秩序，詩的意象，兩者都要求本身的自足存在，不同之處在於：詩意象的自身俱足是期冀本身所負荷的詩質能完全給出，完全獨立；詩秩序則要求波動的脈絡能內外自由貫通，這種波動包括意象的波動和語言的波動。進一步的說，詩秩序旨在架構一完整的宇宙，詩意象則在背負一完整的宇宙。我們請以葉維廉的幾首詩爲例加以剖釋，先討論他較短的一首詩〈舞〉。

舞

陀螺的舞蹈自花中，波濤起拂袖
擴張著日漸圓熟的期望
款腰自風中，沓沓然綿綣
臉上橫溢的景色
白玉盤無任地
盛茫茫眾目
（雲來萬嶺動）
流年的頭髮拍動市街的落日
起伏的鳥聲漂盪斑爛的喧聒
高山忽使孩兒長
宴會使庭院…………
長青的天空如腕
把款腰挽住

波濤沓沓
在冰寒
纜枕自眩暈的轉睛，軒木紛雜橫著
競漕自滔滔的唇舌，絲綢紛雜橫著
窗户統被龐大的足音推開
胸懷被肉體緊閉
款腰　在風落後
如雲去　成一色
有花朵自木馬旋開
有鈴聲自兩臂散落
有抽水的風輪牽帶著河漢

——摘自葉維廉詩集《愁渡》

首先，「陀螺的舞蹈自花中，波濤起拂袖，擴張著日漸圓熟的期望」，秩序的開展從定位的旋舞開始，也就是從旋舞的本身造成詩的秩序的第一階。由「陀螺」的「舞蹈」，而後有「波濤」、「拂袖」、「擴張」、「日漸圓熟」，這是語言的波動形成詩秩序的初步貫通。再從意象的波動來說：「陀螺的舞蹈自花中」所形成的意象已經給讀者姿態的美和一種若有若無的香，引起全神的貫注，接著「波濤起拂袖」「擴張著日漸圓熟的期望」，由於這種全神的貫注，對於旋舞本身自然產生某種期望，而且隨著波濤的擴張而益增急切，這是意象的波動，同時形成詩秩序的流動。在這裏，詩的意象如「陀螺的舞蹈自花中」、「擴張著日漸圓熟的期望」，已經自己背負了一完整的宇宙，毋需他求，而詩的秩了卻需要再往下流動以造成內外完全的貫通。

我們回過頭來看〈舞〉這首詩如何展示它的秩序的自給自足：

在第一節裏，秩序是從旋舞本身開始，及於日漸圓熟的期望，又回到旋舞的本身（款腰自風中），然後及於一張臉——臉上的景色，白玉盤無任地盛茫茫衆目。這裏，秩序的一凸一凹，一起一落，總是環繞著旋舞這個動作，亦即是：秩序的流動在於呈露「旋舞」所予人的情覺。

到了第二節，由於「雲來萬嶺動」而將詩的秩序從舞之體徐轉而爲旋轉舞的現象，如「流年的頭髮拍動市街的落日」，如「高山忽使孩兒長，宴會使庭院…………」；而且更由於「雲來萬嶺動」使得詩的秩序流動脈絡得以續延下去。在這一節裏，詩的秩序雖然轉離旋舞之本身，但是仍以旋舞本身爲中心而旋舞。前半節，秩序的流動在相似於旋舞的某些現象，到了後半節重又扣住旋舞之本身，表現旋舞之冷凝，（「長青的天空如腕」「波濤沓沓在冰寒」可與「流年的頭髮拍動市街的落日」「起伏的鳥聲漂盪斑爛的喧聒」相對等，對等關係我們稍後討論）。第三節的表現方法和秩序流動，同於第二節，因此，這裏我們提出與秩序有關的兩點來討論：第一點：葉維廉的詩偶而出現「因句出句」的詩句，如：

流年的頭髮拍動市街的落日
起伏的鳥聲漂盪斑爛的喧聒
纜枕自眩暈的轉睛，軒木紛雜橫著
競漕自滔滔的唇舌，絲綢紛雜橫著

就秩序來言，這種「因句生句」的詩句是否可以使詩秩序的流動性更爲加強，或者，竟是有所妨害呢？我們試看管管寫的〈臉〉，他說：

一葉葉春光燦爛的小刀上開著花
一滴滴的紅花中結著一張張青菓
一張張痛苦的菓子是吾一枚枚的臉
吾那一枚枚的臉被伊那一柄柄春光燦爛的小刀
割著！

——原載《詩宗》二號〈花之聲〉

這也是一種「因句生句」的詩句作法，由此可以歸結而得：「因句生句」首先必須基於詩作的需要——有時是爲了音響效果，有時是爲了「加重語氣」，最重要的，因句生句仍然需要以「意象重於一切」爲原則。其次必須自然，順乎天應乎情，自然流露。如果以葉維廉這首詩的這兩處加以比較，前者當較後者爲優，理由就在這裏。說得更詳細一點，因句生句並不失爲詩創作的一種方法，應用得妙，使詩秩序的流動更爲順暢，有時或者可以收到「頓挫」的驚喜，如管管的這張「臉」。但是，駕馭不夠純熟的時候，這種因句生句就暴露了作者的惰性，使得詩的秩序因之停滯，失去詩所要求的秩序的完整。

在〈舞〉詩裏，就秩序而言，可以討論的第二點是：「款腰」這個詞三度出現在詩中，對於整首詩的秩序所造成的效果如何？

音樂裏有所謂的「主音音樂」，這種音樂是在一個曲調中有好幾音同時發出，但在這幾音裏只以一音爲主，其他各音做爲主音的附和，陪襯主音使之更爲和諧，這樣進行下去的音樂，就是主音音樂。葉維廉重複使用「款腰」在詩中，正與「主音音樂」有「異曲同工」之妙。而且，三次出現「款腰」，對於詩秩序有一種貫串和一統的助益，從另一方面幫助秩序達成自身俱足。

第三節的最後兩行是：

款腰　在風落後
如雲去　成一色

如果只論外在秩序的完整，詩的秩序到這裏已經完成，就結構而言，也是如此。「如雲去成一色」是旋舞之極致，那時「所有的顏色爲一色所執著」，意象跟語言已足於背負詩所要達及的意境，然而秩序之內外貫通則有待往後的發展：

有花朵自木馬旋開
有鈴聲自兩臂散落

有抽水的風輪牽帶著河漢

由於這三句詩，詩人的內在秩序和外在秩序便渾然合一，自由貫通，詩秩序的完整即緣此而得。這三句詩，使得詩人的內在秩序可以明澈地爲讀者所感覺，基於這種洞察，讀者可以泅泳在詩人所提供的秩序之流，怡然自得。在此之前，讀者所能從〈舞〉詩中得到的，只有外在秩序——意象和語言的跳接而已，詩人必得藉此以達內外秩序的完全貫通。總括一句：詩人由內在秩序的完整以求外在秩序的完整，並且要求內在秩序的自由且完全貫通，這就是詩秩序完整的需要。

其次，我們再從杜甫的〈春望〉來析究秩序間的對等關係：

中國律詩，四韻八句，其中第三句第四句，第五句第六句，必須是對偶關係，這種對偶通常有「平行對」和「流水對」的不同，李義山的「紅樓隔雨相望冷，珠箔飄燈獨自歸」是平行對，平行對的兩個句子就「意義」所開展的某個幅度來說，有著相似的情境，英詩裏的Couplet或類似於這種以兩行詩句表現一特定情境的「對句」，中國律詩多的是這種平行對，流水對則少些，因爲流水對一方面要保持對偶的關係，一方面又需推展詩意，張巡的詩：「不辨風塵色，安知天地心？」就是流水對的例子。由著這點認識，可以見出杜甫在〈春望〉中的秩序間的對等，正是平行對和流水對這樣的對等法：

第一例，平行對：

國破

山河在，
城春
草木深。

第二例，流水對：

感時
花濺淚，
恨別
鳥驚心。

在第一例中，「國破」與「山河在」，「城春」與「草木深」的對等可以用「而」、「但」、「和」等字來表示他們的關係。第二例的「感時」與「花濺淚」，「恨別」與「鳥驚心」則需以「因此」之類的連詞來貫串。這是非常容易察覺的事。在自然界中有相向、相背、相聯、相偶的對等關係，譬如：相同者，夫唱婦隨；相背者，口蜜腹劍；相聯者，心猿意馬；相偶者，春花秋月。這些對等在自然界中尋常行處有，所以詩中秩序的對等便以多種方式存在，有的可以覺察得出，有的不易覺察，易於覺察的如葉維廉在〈河想〉中所用的：

爲什麼當那無翼的
飛騰向你
沒有根鬚的就站住

沒有視覺的
就抓住那巍峨，而兩岸
就因我的身軀而分開。

——摘自詩集《愁渡》

在這一小段，秩序間的對等是顯而易見的：無翼——飛騰——沒有根鬚——站住——沒有視覺——抓住——巍峨——兩岸——身軀——分開。而且這種對等是摻雜一起，如許多小波浪共同湧動一完整的秩序之流，試繪圖分析如下：

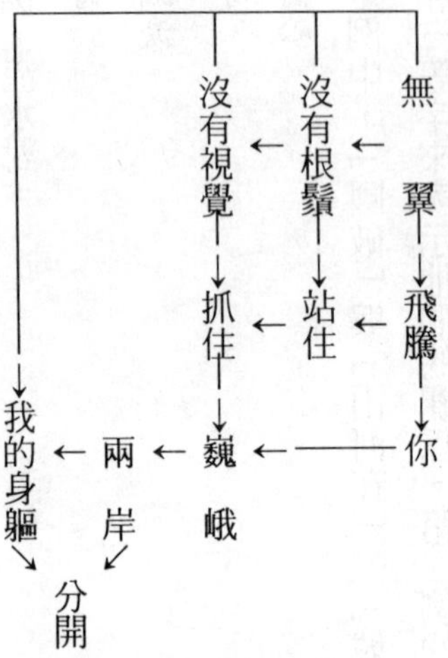

在〈河想〉這首詩裏也有比較難於覺察到的秩序間的對等，這種秩序在隱隱之中暗含對等，需要仔細而明眼的析釋才能發現出來：

白日啊，既然我飲不盡我自己
告訴我如何可以看進自己的眼中
如何可以不成河——那一條，那一條不流的洶湧的河。

在這段詩裏，秩序的對等不能像上面那樣可以列表而觀，必須去深研這四句詩一句扣一句的緣故安在，「我飲不盡我自己」，如何「可以不成河」？「看進自己的眼中」與「不成河」又維持什麼樣的聯繫？何以是「不流的」而又「洶湧的」河？在這些疑問之後，便是秩序之所以對等的情形和理由。

劉勰的《文心雕龍》在〈原道篇〉中說：

文之爲德也大矣，與天地並生者，何哉？夫玄黃色雜，方圓體分，日月疊璧，以垂麗天下之象，山川煥綺，以鋪理地之形，此蓋道之文也。仰視吐曜，俯察含章，高卑定位，故南儀既生矣，惟人參之，惟靈所鍾，是謂三才，爲五行之秀氣，實天地之心生，心生而言立，言立而文明，自然之道也。傍及萬品，動植皆文，龍鳳以藻繪成瑞，虎豹以炳蔚凝姿，雲霞雕色，有踰畫工之妙，草木賁華，無待錦匠之奇，夫豈外飾，蓋自然耳。至於林籟結響，調如竽瑟，泉石激韻，和若球鍠。故形立則文生矣，聲發則章成矣。夫以無識之物，鬱然有彩，有心之器，其無文歟？

劉勰在這段文字中，除了指出「兩儀既生，惟人參之」的人的意識活動介入自然現象的對等關係，因而「言立」，因而「文明」的認識之外，他還言及老子「道法自然」的論點，而這兩點是我們討論詩的秩序所要論及述及的：第一點，自然界的所有相向、相背、相聯、相偶的關係，必須經由人的意識活動加以擇取選用，才能存在詩中，這就是說，不論內在秩序最初的湧現如何，從無意識到潛意識，當它複現於外在秩序時，必須透過意識作用。進一步說，外在秩序——亦即詩人再創造的內在秩序，應該完整地受到意識的全權安排，我們特別提出這點，因爲現代詩的本質就是一種「求眞」「求是」的本質，現代詩所追索的是一切事務的眞諦所在。第二點，道法自然，如前面所敘，秩序原本存在宇宙萬事萬物之間，已經存在詩心未興之前，詩人所做的只是「法自然」的工作而已，職是之故，詩人所處理的秩序必得與自然的秩序相湧通，《文心雕龍》〈明詩篇〉以爲：「人稟七情，應物斯感，感物吟志，莫非自得。」這些話證明了「道法自然」的可能。

葉維廉的〈仰望之歌〉確實地應驗了上述的觀點：

你們可知道稻田怎樣被新穗所抓住
我怎樣被故事，河流怎麼被兩岸
兩岸怎樣被行人，行人怎樣被
龍舌蘭的太陽？

意識的活動緊緊抓住自然現象的秩序，經過一番整理、挑剔、和豐富，形成這樣的秩序，而這樣的秩序仍然保留秩序應有的自然。所以，意識的作用只在介入宇宙自然存有的秩序，不得加以傷害，這一點，唐代的詩僧寒山子很能把握住，他有一首應用疊字的詩，不只文字和聲韻方面運用得當，同時，更能執掌詩秩序的相互湧動：

杳杳寒山道，落落冷澗濱，
啾啾常有鳥，寂寂更無人。
磧磧風吹面，紛紛雪積身，
朝朝不見日，歲歲不知春。

對於一個詩人來說，使自己所寫的詩作，能與自然秩序相互作正數的干涉，詩的秩序因之波湧激盪，衝撞讀者，這才算是一首詩的成功。關於詩人所造的秩序與自然秩序之吻合，從物理學的「光之干涉」（Interference of Light）也可以體悟它的重要。

光的干涉是這樣的：

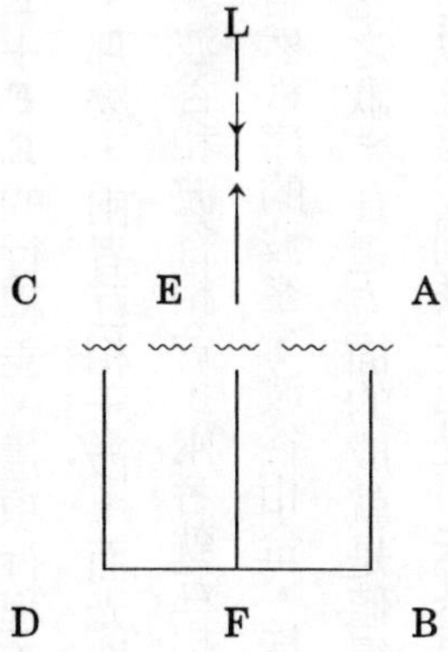

我們先假定ABDC是一薄膜縱切面的放大，而後單色光波L垂直投射在薄膜上，光波的

某部份從薄膜正回E的地方反射折回，另一部份透過薄膜從反面F的地方反射折回，它們折回的方向都取EL的方向，如此，L單色光波從薄膜的正面AC反射的，跟從反面BD反射的，有EF＋FE的行程差，這項行程差如果使得從AC反射的光波谷跟從BD反射的光波波峯相合，那麼，兩者互相干涉，而光消失。如果這項行程剛好使兩面反射回去的光波的波峯與波峯，波谷和波谷相合，兩者就互相干涉而光增強。所以，詩人的秩序要能使他的波峯、波谷，跟自然秩序的波峯、波谷相合，秩序才能更爲壯闊而震盪讀者的心靈。

〈仰望之歌〉在這方面的成就是值得推崇的，我們錄下較長的一段，讀者可以從這裏知曉詩人如何以意識控制秩序但是不失其自然的功力：

…………

…………

而擠滿了臉的窗戶敞開來歡呼

我的流行很廣的奧德賽，因爲

城鎮已依次自造

在盛夏鋸木板的氣味中

神與饑饉依次成爲典故

在梁桁間葉子不負責任的搖曳

因爲是風的孩提

因爲是雲的孩提
（…………
…………
…………）
因爲是風的孩提
因爲是雲的孩提
我的木馬在淩波上
我的鈴兒在說話中
當欲念生下了來臨與離別
當疲色的形體逼向車站
當燃燒的沉默毀去邊界
風的孩提
雲的孩提
…………
…………

葉維廉的這首詩的秩序之能與自然相結合，意象之緊扣意象，語言之緊扣語言是一個最大的原因，但是比這更重要的，卻是秩序的流動。秩序的流動是詩的命脈，沒有秩序的流動，詩作將貧乏而僵化。前面我們論及秩序的完整和自然，也是基於秩序爲一可動的「流體」。緣此，我們試看杜甫的〈春望〉：

「國破山河在，城春草木深」，從空間的秩序來說，由「國」到「山河」以至於「城」和「草木」，在電影的鏡頭應用是一種全景、中景、近景到特寫的方法，然後從「草木」到「花鳥」，又配上了「感時」和「恨別」的流動。感時，是對整個時代所抱持的情懷；恨別，是個人對離鄉背井所孕育的心緒，這種內心感情的波動秩序，也是一個「大處著眼，小處著手」的技巧。而且，「感時花濺淚，恨別鳥驚心」所造成的秩序正是一種內在秩序和外在秩序的融洽無間的圓美代表，這種情境交融的境界，美學上有「移情作用」的說法，或者更可以證明外在秩序跟內在秩序的相合不可分，以及意識閾所取用的秩序暗與自然界秩序相互波湧的事實。

詩的秩序流動，因爲秩序間的對等關係，而有虛實、強弱、明暗之別。在〈春望〉裏，實寫的如「國破山河在」，「烽火連三月」，虛寫的如「感時花濺淚」，「家書抵萬金」。強處如「國破山河在」，「家書抵萬金」，弱處如「恨別鳥驚心」，「白頭搔更短」。明指的如「國破山河在」，「感時花濺淚」，暗指的如「城春草木深」，「渾欲不勝簪」。詩的秩序由於如此流盪不已，如此出乎讀者之意料而又入於讀者之意中，如是而爲詩的命脈。

這種詩的「秩序」，在空間藝術裏就是所謂的「層次」，在時間藝術裏是一種「律動」。（詩不應該只拘於時間藝術中，因爲，詩，當它以意象表達，它所賴以成立的不僅是時間感覺，而且還包括空間的感覺，尤其以中國詩爲然，由於中國方塊字具有三要素——字形、字音、字義。）基此，詩的秩序應該可以由於我們對藝術中「層次」和「律動」的了解而更確認它的重要性。藝術中的層次和律動，使藝術有別於「胡塗」和「噪音」，更上一層言，優雅的層次和律動引藝術臻於化境，而這種層次和律動由自然而來，結果也與自然合一，詩的秩序就是一種內在的層次和律動爍現而爲外在的層次和律動，並且可以由外在的層次和律動以印證內在的層次和律動。在藝術中，最重要的，不管是秩序、層次或律動，應該自然造成一種流動的節奏，這是藝術共通的地方。

秩序流動，既不許是單線發展，也不宜只作直線串沿，藝術之所以爲藝術的理由在此。人心微妙，自然奧秘，允乎秩序之流動繁複而有山迴水轉之勢。葉維廉的詩不僅意象繁複、艱深，富於歧義、暗指，即在詩秩序流宕方面也頗有達及意象已有的成就，我們從〈絡繹〉這首詩可以證明此言之不虛。（〈絡繹〉載於《文學季刊》第十期）。

〈絡繹〉這首詩的「心理的時間」（Psychological time）很短，幾秒鐘的功夫：

> 呼的一聲鞦韆把鴉逐得一天的黑
> 呼的一聲，鞦韆盪回了一片滿是陽光的天藍……

在鞦韆的來回一盪間，詩人心中迴旋起許多片斷的過去，這是現代小說所用的「意識流」的技巧：在短暫的時間裏，作者捕捉住某一刻閃過腦中的所有事件，意象混沌未知的直覺，予以披露。因爲人類的意識，依據心理學家的意見，是一種延續不斷的精神現象的流動，不以孤絕的姿態出現，所以，意識的轉動也似前面言及的秩序流動（包括意象與意象的相扣，語言跟語言的唧接）、相連相貫而無所間斷。這一點，同時也可以做爲詩的秩序之與自然秩序互爲吻合，做正數干涉的另一論據。

然而，即使人類的意識流動不絕如縷，當其被擇取而爲文學之表現時，並非漫無節制地拉雜運用，而是經過一番愼重處理，務使一字一詞都能恰如其份，表達無遺。因此，文學家心中常有兩個自我在搏鬥，亦即：意識的活動一方面自行運轉，一方面自我檢定，依我們的話說：內在秩序復現爲外在秩序必得經過意識之考究和排置。譬如小說家以意識流手法描寫角色內心之形貌時，他的精神必定處於另一種覺醒的狀態中。

職是之故，〈絡繹〉這首詩雖然其心理的時間爲時甚短，如果加以分析，依然可以見出詩人安排詩秩序的獨具匠心：

第一，此詩題爲〈絡繹〉，當有絡繹不絕之意，詩的秩序，人的意識都是不絕如流。另外，此詩之開頭以「……」始，各段和最後的結尾以「……」終，也表示了這首詩是一連串事件中所擷取的一段精彩之處，其前不見古人，想必有古人在其前，其後不見來者，也當有來者踵其後，如此，才能冠以〈絡繹〉的詩題。

第二，我們先以詩人在文字上所排定的分明的段落，來研究〈絡繹〉這首詩的秩序流動如何（詩參看原詩）：

這首詩第一段落的最後一句是：「呼的一聲鞦韆把鴉逐得一天的黑。」接著，第二段落是「燈下讀著信」，第三段落可以見得信的內容。在第一段落進為第二段落時，詩人所有的場景交替法是「跳接法」，以「黑」與「燈」之間的關係為媒體，因為鞦韆把鴉逐得一天的黑，所以需要接以點燃的燈，而後讀信的內容。

讀了一部份信的內容，畫面自然漸漸縮小而「劃出」（Wipe out），接著「劃入」（Wipe in）第四段落──「洒草的水，砰然的神經的跳動，跟著夕陽沉入如碑石的煙突的後面」，這種劃接之所以出人意料而又入人意中，當是兩個段落中語言之間有所涵契，它們的涵契線索切為簡略的表式應該是這樣：一大瓶Whisky、乾爆的山、無聲的快車、裂眦的太陽、漫漫的沙濤、隋唐──洒草的水、神經的跳動、夕陽沉入、如碑石的煙突。從這個小小的表式，可以覺察兩段落之間有著某些相類似的情境，這就是秩序之所以藉此而流動。

流動到第四段落的最後「對著翻山越嶺的沙出神」，順理成章地將畫面的亮度轉暗，「淡出」（Fade out）這幕景象，「淡入」那麼安靜的天空。第五個段落就寫「我」出神以後所想及的往事，這個段落把往事的回憶以「直到沒有了天空，直到碑石的玉米幹後面的夕陽……」做為結束，這兩句記憶中的事促使我回到讀信的「現實」，所以接著又是信接下去的內容。

寫出信的內容的第六段，由於有了「妻不要看惶惶的車輛，惶惶的人群……」不僅以另一個吊鈎扣住上一段落，而且又引出最後的段落，使詩的結構因之完整，而詩的秩序於焉自足。這第一個吊鈎是「惶惶」的車輛，「惶惶」的人群，以這四個「惶」字，在字形、字音、字義三方面啣接了上面黑壓壓、密麻麻的「蝗」群。另一方面，引出下一個段落的關鍵卻是一個「妻」字，妻不要看惶急的車輛和人群，所以，根據對等，續以「她微笑著……一片滿是陽光的天藍……」。

根據以上的分析，可以說：詩秩序的流動，一則因爲詩中節段跟節段的內容相關而造成，如第三段落之與第四段落。二則，上一節段之最後字語跟次一節段之先頭字語的應用安排也是原因之一。如第六段之與第七段落。概略以言「絡繹」的秩序流動，那是：鍬韆——讀信——蝗害——讀信——鍬遷，不能抓住詩的這個秩序，那麼，要想了解「絡繹」之命義所在，必定戛戛乎其難哉，這是詩的秩序所以爲重要的緣故。

第三，再從詩的內文裏找出促成流動的成就何在？我們以第四段落的秩序間的對等可以獲知一些成就：

洒草的水（A），砰然的神經的跳動（B），跟著夕陽沉入如碑石的煙突的後面（C）那時她總是唸著：風的牙，風的牙啊，還我明兒（D）。我總是一句安慰的話也不會說，和她並肩坐著，對著翻山越嶺的沙出神（E）。

其間的對等大略是：

A——B

AB——C

ABC——D

D——E

這種對等使秩序之流動暢通無礙是顯而易明的。

另一方面，意象與語言熟練運用，因以生巧，也足於助成秩序的流動：

例一：

那麼安靜的天空，我們幾乎可以聽見它運行的音樂，好比凝視著鐘擺那樣，凝視到一切的感覺都失去了，只有擺動擺動的天空在我們的血脈裏，我們是如此的幸福，纍纍的玉米，明兒在那裏穿梭著，唱他不成句的歌。

例二：

明兒說，怎麼啦，媽說，是蝗……蝗……蝗，跌著跌著的趁大伙人走向玉米田去，
蝗蝗蝗蝗蝗蝗蝗蝗蝗蝗蝗蝗蝗蝗蝗蝗蝗蝗蝗蝗蝗蝗蝗蝗蝗蝗蝗蝗蝗蝗蝗蝗蝗蝗蝗蝗蝗
蝗蝗蝗蝗蝗蝗蝗蝗蝗蝗蝗蝗蝗蝗蝗蝗蝗蝗蝗蝗蝗蝗蝗蝗蝗蝗蝗蝗蝗蝗蝗蝗蝗蝗蝗蝗蝗
蝗蝗蝗蝗蝗蝗蝗蝗蝗蝗蝗蝗蝗蝗蝗蝗蝗蝗蝗蝗蝗蝗蝗蝗蝗蝗蝗蝗蝗蝗蝗蝗蝗蝗蝗蝗蝗
蝗蝗蝗蝗蝗蝗蝗蝗蝗蝗蝗蝗蝗蝗蝗蝗蝗蝗蝗蝗蝗蝗蝗蝗蝗蝗蝗蝗蝗蝗蝗蝗蝗蝗蝗蝗蝗
蝗蝗蝗蝗蝗蝗蝗蝗直到沒有了天空，直到碑石的玉米幹後面的夕陽……

在例一中，秩序的流動是隨著一句緊一句的語言而暢行，從天空的安靜的形容，到我們的幸福，一句緊扣一句，秩序也因此流動向前。在例二中，將近二百個的「蝗」字，把蝗蟲來侵時的那種黑壓壓的聲勢呈露出來，而最後兩句又強調了蝗蟲的衆多（蝗蟲如一片黑雲，

掩遮了天空）和凶殘（玉米田只剩下玉米幹，而蝗依然直到夕陽那邊都是）。

這是意象和語言所給予秩序的助力。事實上，詩人有更多的方法可以安排他的詩的秩序，而如何安排詩的秩序乃成爲詩人寫詩時的高尙情趣，猶之意象的創造是詩人焦心苦慮的一種艱鉅工程。

二、空間層疊在葉維廉詩中的意義

自然界的空間是在不盡的轉折與層疊之中，也惟有不盡的轉折與層疊，才能構成諧和而完美的秩序。因此，以《賦格》和《愁渡》兩本詩集爲範疇，討論了葉維廉的秩序以後，我們有理由進一步探討單純的空間層疊，在葉維廉詩中滋生，演變及其展現的意義和效果。

空間層疊的應用，當不是晚至《醒之邊緣》才開始，但是，早期的作品，似乎尚未顯露特殊的安排能力，以〈塞上〉的一節爲例：

高峻的天空仍舊移動於她的髮間
無垠的黃沙仍舊翻飛的於奔蹄之下
穿過彩色的紗罩，空靈的遙遠
一口寶劍，一張弓，她負載了
歷史亘古的哀愁，冒熱氣的龍爪
遠遠遠地提起了氤氳的流質

十數年一個湧復不絕的南方
十數年一個熱烈的追望
難道就要化滅於今日的大數？

可以看出這種意象無限羅列的方法，並非葉維廉的特色，譬如說，我們如果拿它跟羅門早期的詩作相比，無法覺察應用的軌跡有什麼樣的差殊，當然，基本上的不同，在於：羅門意欲達成靈和美的繁雜，葉維廉則想藉此造致氣和眞的龐大。或許就因爲這種根本上的殊異，使得葉維廉在繼續追求氣勢雄渾、神色豪壯的努力中，刻意擺脫意象紛紛的糾纏，轉往純淨、單一的路上。一個成功的詩人，並非僅僅依賴題材可以完竟他的理想，這就是說：要美，題材的美不一定成就詩的美，要眞，題材的眞不一定成就詩的眞，所以，想描繪春花的嬌豔不如去揆撥枯枝的勁健，「錦上添花」或非易事，「雪中送炭」卻更需要一番苦心。葉維廉選擇以藝術技巧造就他的龐大與洪揚，或許不是斤斤計較「什麼樣的題材始能表現什麼樣的意識」的燕雀之見，所可逆知。但是，在我們無法得悉葉維廉受艾略特、聖約翰濮斯、龐德，和中國古詩的影響多大多深以前，我們只能說他的龐大感來自個人的才具，來自題材的選擇。在一九六三年出版的《賦格》詩集裏，譬如：〈城望〉〈塞上〉〈賦格〉〈致我的子孫們〉〈降臨〉〈仰望之歌〉〈河想〉等等，無一不是足以恢宏詩之氣魄的大題材。

因此，我們的第一個結論可以這樣定：葉維廉詩中的空間層疊，其首要意義在賦了結實而龐大的整體印象，以維繫一貫充盈心胸的廣大情懷。如是，將詩題贈給妻女，給師友，寫旅程，寫印象，只是做爲表現時「由近而遠」的工具，未可視爲最後目的。欣賞葉維廉的詩，如果要在題材上執著，因而拘泥於親情感念，國仇家恨的尋覓，不僅是以管窺天，而且治絲益棼，絕難感受巨大的、史詩式的聲響，因爲葉維廉所要給你的就是那種無可抗禦的聲勢。

如果我們舉出林亨泰的一首詩，更可說明上述的觀點，這首詩以最最單純的空間層疊寫就，是一種「形銷骨立」的上乘寫法：

風景（之二）

防風林 的
外邊 還有
防風林 的
外邊 還有
防風林 的
外邊 還有
然而海 以及波的羅列
然而海 以及波的羅列

防風林的層疊，海與波的層疊，好像不著痕跡就將海邊的風景很平穩地抒出（這首詩在修辭上，聲韻上的特出處，已有江萌著論加以指明，參見張默、管管主編的《從變調出發》，該文原載《歐洲雜誌》），這裏要強調的是「層疊」所凸出的效果，第一節是「直立的」林的層疊，這種層疊由於語句的重複，聲韻的效果，以及「還有」的環復語義，應該在讀者心中產生無止盡的層層疊疊的感覺，第二節是「橫延的」海的層疊，基於上述同樣的理由，加上「海」所擁有的浩瀚之義，兩節之間便起了對比而又柔和的連綿波盪，情境上是廣袤的，韻味上是無盡的。再進一步分析，詩中的防風林居於靜止之態，但讀者無法拭去防風之林必在多風地帶拂動的印象，海是靜止的，波卻在動中，就在這種一靜一動一靜一動間，又出現另一個層疊。但是，我們要指出：林亨泰這種層疊旨在呈現風景無限，並不給你龐大，或者宏偉的感覺，所以，同樣在空間造成層疊，葉維廉卻是挾著雷霆萬鈞之力而來。以林亨泰的冷和靜，更能襯托葉維廉的千軍、萬馬。

先看〈絡繹〉的一群蝗蟲：

蝗蝗蝗蝗蝗蝗蝗蝗蝗蝗蝗蝗蝗蝗蝗蝗
蝗蝗蝗蝗蝗蝗蝗蝗蝗蝗蝗蝗蝗蝗蝗蝗
蝗蝗蝗蝗蝗蝗蝗蝗蝗蝗蝗蝗蝗蝗蝗蝗
蝗蝗蝗蝗蝗蝗蝗蝗蝗蝗蝗蝗蝗蝗蝗蝗
蝗蝗蝗蝗蝗蝗蝗蝗蝗蝗蝗蝗蝗蝗蝗蝗
蝗蝗蝗蝗蝗蝗蝗蝗蝗蝗蝗蝗蝗蝗蝗蝗
蝗蝗蝗蝗直到沒有了天空，直到碑石

的玉米幹後面的夕陽……

數以百計的蝗蟲，不是由實實在在的「蝗」字層疊而來嗎？這是「同體層疊」。同體層疊可以顯然看出層疊的現象。再如〈醒之邊緣〉首節的後段，也是同體層疊，比諸「蝗」字稍見變化而已：

張開的手掌
飛揚
張開的手掌
飛揚
張開的手掌
飛揚
青靄裡
風箏一樣
成排的
停在氣流裡
那些逍遙的
展翼的手掌

「張開的手掌，飛揚」，也許無能讓人感覺奮發的雄姿，但經過「層疊」的安排，彷彿加重了不少氣勢，而鵬搏奮飛之圖，如在眼前。再細究下去，這段詩裏，最後稍有變化的「成排的」「逍遙的」「展翼的」三個語詞尤不容忽視，這種「××的」句式是葉維廉詩的一大特色，絕不能掉以輕心，認爲是累贅的形容詞，因爲葉維廉本身曾經推崇「絕聖棄智」的「純粹經驗」，應該不會容許後起的形容詞去限制初起的經驗，他所要的是讓這些經驗隨意流淌，不加任何干預，基於此種認識，葉維廉的「的」當是詩的空間拓展，就舉「圓花窗」的後節來看：

　　川流不息的
滔滔湧湧的
（啊！美麗的！）
炸裂的漂盪的
血肉的花……
夜推開
擁擠的爭吵的星
　　叢叢的黑色的芬馨
發散

換句話說，一個「的」就是一個窗門，打開一個一個窗門，正可以見到更深更廣的世界，如上例：「炸裂的」是一個層次，「漂盪的」是另一個層次，同理，擁擠、爭吵、叢叢、黑色，不也是層層逼進嗎？當然，我們提出這種看法，除了依據詩人「純粹經驗」的主觀意識，同時也有客歡的文法上的佐證，那就是：「的」，有時用來做爲表明關係，表明位置的介詞，這時候的「的」自然造成累累無止的層疊局面，如前引林亨泰的句子：「防風林的外邊還有防風林的外邊還有……」——（雖然「的」字有時可以省略，但省略後削弱氣力，層次也欠分明）——就在葉維廉自己的詩中也有例可循，〈永樂町變奏〉第一首：

微弱的叫喚
自遠遠的河後面的
觀音山的後面的
風浪的後面的……
一路顫著
破落無人的窗户而來

在這節詩裏，也許有人爲了不拗嘴的原因，提議將每行的「的」字去掉，或者改寫：「自遠遠的河後面的觀音山，觀音山後面的風浪，風浪後面的……」這樣改並無損於原有的詩意，但總不如原來的「的」造成更多層次——遠遠的河是一個層次，河的後面是一個層次，觀音山是一個層次，觀音山的後面是一個層次，後面的風浪，風浪的後面，是緊接而來的層次——此外，「的」這個字，聲韻洪亮清澈，好像可以劃分界限，給人盛大、分明之感，葉維廉愛用「的」字，或許這也是小小的理由。

接著我們需要提到「異體層疊」，也就是不同的客體在詩中所開展的空間，它比同體層疊出現更多，卻不是易於發現的一種層疊，換言之，同體層疊的效果較諸異體層疊更爲顯明，更爲有力，但異體層疊另有一種魔力，一則掩飾技巧斧鑿之處，一則加強意象迸射或趨於純一，而基本上廣袤、浩大的期望，仍在意中。節〈嫦娥〉中的一節以見意：

> 花樹降下：峯巒河沼和她同時撥開沐浴的香霧互示彼此的曲線——久違了，玲瓏的陽光！和鈍鼻輪的手指！歸臥白雲？青熒的弧形的檻外，看那森漫連綿、純黑的廣寧？才覺得血脈裏有喧赫的船隻，才知道滂沱的瀑聲是沿岸張開嗎巴的呼喊，那麥隴的波濤是無垠的揮手。持著花樹降下，讓那溢滿市聲的簌簌的風吹去那千年萬年的堆積得厚重如睡眠的空虛……

顯然，所謂異體層疊並不跟早期的或其他詩人的意象羅列相同，因爲羅列不見層次，不見疊痕，彷彿散砂一片，自然無法產生強大的震撼之力，破竹之勢。這點只要加以比較即可見得。研討至此，我們必須再加以申明，《醒之邊緣》的龐大感，迥異於《賦格》《愁渡》時期的作風，前面說過，早期的作品常以題材宏壯而見賞，至乎《醒之邊緣》則在寧靜淡泊之中追求，也就是說，詩的龐大、深邃，非僅求一時的聲勢巨大，更求餘音可以繞樑，餘味可以回甘，希望在讀者心中升起宏大的、不息的、嗡嗡迴響。職是之故，所謂的「空間層疊」不再單單指著自然界的實物層疊，大部份的效果由於詩的空間是在無盡的翻騰中，最明顯的例子，《醒之邊緣》集中的詩句顯然地縮短了，句行的縮短造成緩慢的旋律，自然也呈現出層疊的效果，〈茫〉詩中的幾行，可爲資證：

昂大的戰艦向鋒寒的航程
暗水
流過
星帶的腰間
眼裡的
花瓣
依
傘裙
散
開
雲的圓裙
墜入
墜入
天
藍
砰然

最重要的，這樣短的詩行絕不是爲了視覺效果（圖畫美），同時又不只是爲了音韻上「那麼緩慢的濺射」，而是藉著緩慢的吟唱，在詩的空間（即讀者的想像空間）先成層疊，所以，不仗恃名物，只藉著詩句的縮短（有時加上重覆）而造成的層疊，在葉維廉近期的詩作中時可發現，以最近刊於《中外文學》的「靜物畫」節出詩句，當會發現副詞、動詞孕育的層疊，仍爲隱隱可辨，對於葉維廉詩的「龐大」意義尤可進一步了解是伴隨「久長」而生，伴隨「深遠」而起：

你要用手上的
一朵菊花
那麼輕輕的
　　撫觸
　　輕輕的
　　撫觸
　　輕輕的
使它
悠悠的
醒時

方法論的討論至此告一段落，促使這種方法興起的兩大論點則需要加以指明：其一即是前面提到的「純粹經驗」的提倡，純粹經驗是不加智識、不加理念、不加判斷、不加經驗的一種最初始的發現，葉維廉通常以王摩詰的詩爲例（參見葉著《秩序的生長》），就拿〈辛夷塢〉來看：

辛夷塢
木末芙蓉花
山中發紅萼
澗戶寂無人
紛紛開且落

古人對此詩頗多讚語，如胡元瑞《詩藪．內編》卷六以爲：「太白五言絕自是天僊口語，右丞卻入禪宗，如人閒桂花落、木末芙蓉花，讀之身世兩忘，萬念皆寂，不謂聲律之中有此妙詮」。《峴傭說詩》則以「清幽絕俗」評王維五絕，而特許木末芙蓉花等四首爲尤妙。以「純粹經驗」的角度欣賞這首詩，知性污染的程度少至於零，花塢紛紛開落的景象，保持著它獨立、完全而自主的秩序，在這小小的宇宙中，有它自己的輪迴、起伏、波盪，外界的風雨一點都不能侵入，詩人的知性絲毫不加干擾，這就是「清幽絕俗」的純粹經驗的抒出。葉維廉早期的粗獷、豪放之風，本來與此截然相異，兩相沖激的結果，不能不在方法上有所取捨。而且，王維號稱「詩佛」，禪給王維不少啓示，自然也使葉維廉一些體悟，不管是直接由禪而悟，或間接由王維的詩而會，從悟到明而空的歷程，多少要影響創作的方向和手法，所以，王維和禪不能兩離，葉維廉的純粹經驗與禪也不能兩離，禪悟的方法，悟後的境界，正是重大影響「純粹經驗」的主力。純粹經驗既是不得已知性犯境，明晰的空間層疊乃逐漸衍出。

第二個影響葉維廉改變的，我們認爲應該是「蒙太奇」電影鏡頭的應用，這點在葉維廉《秩序的生長》一書中也可得到概略的印證。蒙太奇運鏡手法繁多無比，歸結而言：使兩個以上不相干的景象，由於鏡頭的運轉而產生新的關係，即是蒙太奇的運用，譬如鏡頭由人物移到鐘面，再由鐘面往回移時已轉換爲另一場景，譬如這裏說搭七點鐘的飛機去，下一景就是踏出機場的鏡頭，再如來回拍攝甲乙兩物，或者一連串映出不同畫面，或者同時呈現多種景象，都足於表現事物的新關係，這種鏡頭移轉或景象同時出現的手法，應用在詩的寫作上，便產生傑出的意義，葉維廉曾經舉李白的〈登金陵鳳凰臺〉的一句爲例：

鳳去
臺空
江自流

三個不同的景物同時呈現在畫面，乃完成全新的連瑣關係。這種關係的形成是因爲畫面印象的視覺暫留，使得觀者（讀者）不期然地在其間不停連綴，意義的產生大部份就仰賴觀者這種悟力，所以，不論是有意或無意，同時安排相干或不相干事物時，新的關係要在景物與景物之際尋覓，「鳳去臺空江自流」其組合的新關係，不就是登臨的惆悵嗎？爲鳳去惆悵，爲臺空惆悵，爲江水空自流逝而惆悵，遞增的惆悵是因爲關係的緊切而加深。從不相干而相干，從相干而關係密結，從關係密結而生長意義，蒙太奇的妙處在此，而葉維廉應用多鏡頭同時或反覆映現，自然也有這種優點，最可見出者當推〈絡繹〉〈溢出〉這幾首詩。

當然，葉維廉的詩並不是完全附和上述的兩個論點而寫，如果純粹順著這種理論發展下來，該不是目前這個樣子，所以，如何再過濾，再使詩的意境步入更純之地，保持獨具的龐大感，除去硬而不動的雜質，發展雋永的韻味和情趣，當是可以預見的葉維廉的未來。

——錄自蕭蕭：《現代詩學》，臺北：東大圖書公司，一九八七年四月，頁四四四—四八二。原刊於《風之流》，仙人掌出版社，一九七〇年六月。

葉維廉的「定向疊景」

顏元叔

葉維廉的詩難讀難懂；若耐心細讀複讀，卻又似乎可懂，就算不能解說，大概心知其意，而不致於迷惘迷失。所以，我說葉維廉的詩有「定向疊景」。「定向疊景」是我自己發明的一個批評術語，用以識別晦澀詩與艱深詩。晦澀詩的情感思想，四方亂射，令讀者無所適從，結果感到迷失與迷惘。艱深詩的情感思想，則有一定的發展或投射的方向，讀者可以按照這個方向領略探討，越是往前走，越見情思的風景層出不窮，這樣的詩便有「定向叠景」。要產生「定向疊景」，第一要用語精確，第二要結構嚴謹；這兩者都是葉維廉的詩篇的特色。不過，除了這兩點，我還想談談其他方面；我的討論完全囿於葉維廉的《愁渡》詩集一書。

現代詩人常有自己執著的題材或主題，反覆抒寫，形成其詩作的情思重心，譬如羅門之死亡，洛夫之戰爭經驗，余光中之國恥，梅新之生活情趣等等。葉維廉的《愁渡》卻不展現任何執著之題材。他以詩寫私函，以詩贈親友，以詩紀念赴美，以詩寫民族情感，以詩寫景，以詩寫死亡，以詩寫一些無以名之的題材；但都不多，頗有紛繁薄弱之感。就《愁渡》而言，葉維廉在其詩人的性靈生涯中，似乎尚未撞擊到某種核心經驗，尚未把握到某種中心關懷，如葉慈之於愛爾蘭，歐立德之於基督教，奧登之於現代小人物等等。是不是在主題上葉維廉缺乏一個哲學中心呢？是不是他只隨處檢拾詩的材料即成詩？是不是他沒有一個大痛苦或大經驗始終刺戕著他？而這種大痛苦或大經驗又是否是大詩人的必備條件呢？這些都是值得推敲的問題。假設文學是時代之反映，假設現代中國詩人最痛心的莫過於民族國家的羞憤，則葉維廉也分享了這類的情感，雖然爲量並不豐碩。〈賦格〉其二：「大地滿載著浮沈的回憶／我們是世界最大的典範／我們是亙廣原野的子孫／我們是高峻山嶽的巨靈／大地滿載著浮沈的回憶。」讀之總覺得有一股冷漠彌漫其間，葉維廉的心腸好像不在這裏面；因此，他能說的只是幾句機械僵直的話。〈愁渡五曲〉似乎是葉維廉的民族情感最激動的表達。詩中的「親愛的王」可能意味著祖國，「棠兒」可能意味著新生的一代，而詩人居於「王」與「棠兒」之間，作傳炬人：

王啊，我只聽見霜花摧折
和你踏著脆裂的神經而去
渡頭上，依稀你曾說：
賜你我的血液，賜你棠兒

假使說，洛夫爲著自身的損傷感到憤怨，余光中在「敲打」之餘但剩灰白的絕望，葉維廉卻投射於明日一股慰藉的希望。他說：

快快睡，別憂傷

他已有了緞綈的床
棠兒有了白馬的行程
快快睡，別驚醒
松濤看護著妻子
青鳥般勤著母親
聽：
山根好一片雨
澗底飛百重雲

這是〈愁渡〉的結尾，一個肯定的結尾。「肯定」是葉維廉在處理這類題材上有別於其他詩人的地方；他不是一個憤怒絕望的人。事實上，葉維廉的詩篇，多有以肯定語氣結束者，如〈降臨〉之三：「當黃昏之火把高原展開／你將看見我和我的馬站在那裏。」〈降臨〉之五：「斷層與黃金的收成一齊自我腰間陷落我是一尊／升起的獨石柱牌依著你的指示……」一種有方向、有目標的積極口吻，總是充沛著字裏行間。假使說，這種情緒不能爲現今大多數人分享，至少這是一個不同的聲音，新鮮的聲音，然而，我們也許難以承認葉維廉是時代精神的代言人吧。

葉維廉的語言，時而笨拙，時而精確，含糊的時候不多。譬如，〈裂帛之下午頭〉幾行：

裂帛之下午披帶著

黃銅的聲息
一切應該齊備了
追逐
我們心之欲達，指及旭陽之劍的廣路

雖則我們很難確定所指者爲何，但其中必定意味著一個重大的開始，一個旅程的肇端。詩中人顯然興奮激動，企望高遠。這一切均在精確的意象語中透露出來：「裂帛」，「黃銅的聲息」，「旭陽之劍」。又如「公開的石榴」的頭幾行：

營營的日午用它倦倦的拍動
輪軑用它風箱的抽逼，向每一扇
敞開的門窗，可愛的石榴

在這裏，字義、音響與意象共同勾勒了一個懶庸的時刻。我覺得，葉維廉的語言，無論意象語或非意象語的其他措辭，都顯示出追求精確的努力。由於用語之精確，他的詩篇雖然常常不透露明顯的主題，卻提供一個確切的感觸方向——一個「定向疊景」。茲再舉一例：

冬之囚牆緊觸著
明朗的空漠，憂傷的
冷冽的腳鐐搖鳴
一冰柱的叮噹，囚窗的太陽

精確的語言描繪出一個寒冷透明的冬日。可是，「冬之囚牆」究竟何所指，是什麼，倒是不容易捕捉。

上面的引文字顯示了葉維廉的一個傾向，即是他喜歡用形容詞。他詩行常常塞滿「的」字。「的」字太多，使得若干詩行顯得笨拙，如

> 過黃泥之坡的凍瘡的腳——五頁

若把「之」換成「的」，十字之內便有三個「的」字。又如——

> 哥哥，當無瑕的岩石之貞女除下所有的牽掛——八頁
>
> 沉沈的是淡灰的月光的邊緣——九〇頁
>
> 如線軸的線默默的織入——一〇〇頁

下面的一例，三行聯讀，會使你覺得「的」字滿嘴：

> 你提燈送我出喜悅的梯級去檢拾
>
> 祭殺過的月亮與焚毀的星群去海葬
>
> 陸地之婦？——八頁

形容詞用來限制，固然有助於命意之精確，但是濫用則顯得累贅。此外，用語的精確也當可於形容詞以外求之，譬如使用精確的名詞與動詞。

「的」字是白話語體文的標幟，也是葉維廉的詩的標幟，然而葉維廉的詩卻不太「白話」。他喜歡用四字語。四字語不僅有一股文言調子，而且幾乎接近成語的形式。下面略舉數例：

峭壁沉落——一一頁
冷光顫震
神靈飛越——一二六頁
七海熠熠
雲石之息——一三九頁
睫毛密織
冰雪激響——六三頁
鐘鼓齊鳴——一〇六頁

此外，兩個字或三個字的文言辭句，也很多。如

初次的君臨
絕馳道
振霓虹——八三頁
依稀是你：濺銀河
踏歌聲
折樹牆——一〇六頁

我個人認爲現代詩應該盡量用白話語體，不應該用文言文。現代詩既然肩負著塑造現代文學語言的重任，便應從現代人的口語中去發掘與再造，努力使國語文學化，文學國語化。當然，

爲了特殊的效果，可以借用文言文。但是，我們很難說，葉維廉用了那麼多的文言語彙，每處都是爲了特殊的理由或特別的效果。是不是葉維廉時而「懶散地逃入文言文」，而未曾處處著力於語言之創造呢？這的確是一個奇特的景象：現代語和古代語，經常雜處在葉維廉的詩篇中。有時候，他索性用古代文體，從頭寫到尾，如「斷念」。自第一行「彼囑予視」至最後一行「予之自彼無衣之體」，都是「假文言」。現代詩人遁入假文言的作爲，處處可察，而葉維廉的作爲特別明著。

在現代詩人中，葉維廉是對古典詩用功頗勤者之一。然而，就採摘古典詩句，直接或變化後用於現代詩，他的作爲可謂無偶。我現在把〈愁渡〉中的「古典迴響」，盡能力所及，一一指點出來。〈降臨〉之五「斷層與黃金的收成」後半，有八行四言的句子，自「有美一人」至「其溫若土」。這顯然是模倣或迴響《詩經》的〈澤陂〉（陳風），該詩有下列的句子：「有美一人／碩大且卷」；「有美一人／碩大且儼。」〈賦格〉的「其二」後半部有四句，一字不更借用〈古詩源〉的〈龜山操〉：

予欲望魯兮
龜山蔽之
手無斧柯
奈龍山何

「信札二帖」的「第一帖」：「獨上西樓／月復如鈎？」可能迴響李後主的「無言獨上西樓，

月如鈎。」這首的結尾兩行：「抬望眼／鳥點破天藍」，顯然脫胎於岳飛的「抬望眼／仰天長嘯」。「斷念」的「廣日垂天之翼」頗似莊子的「逍遙遊」：「怒而飛，其翼若垂天之雲」。「河想」中的「白日啊／當你依山而盡」，顯然是拆裂了的「白日依山盡／黃河入海流」（王之渙的「登鸛雀樓」）。「曼哈頓第二首」的「扣緊了四散的清晨，琴柱鬆弛著年齡」，令人憶起李商隱的「錦瑟無端五十弦，一弦一柱思華年。」「暖暖的里程」第二章結尾處：「後來嗎，船就左右流之／龍骨梳著荇菜，山瀑無聲。」這不是〈關雎〉的「參差荇菜，左右流之」之變化使用嗎？〈愁渡〉第二曲的「玉臂的清寒」，豈非杜甫的「清輝玉臂寒」（〈月夜〉）的倒影麼？第四曲的起始：

怎得一夜朔風來
千樹萬樹的霜花多好看
千樹萬樹的霜花有誰看

且看岑參的〈白雪歌送武判官歸〉：

忽如一夜春風來
千樹萬樹梨花開

第五曲的「殷勤的青鳥」出現好幾次，脫胎於李商隱的〈無題〉：「青鳥殷勤爲探看」。同曲最後兩行：「山中好一片雨／澗底飛百重雲」模倣著王維的「送梓州李使群」：「山中一夜雨，樹杪百重泉」。「裂帛之下午」的「裂帛」，顯然迴響著白居易的「琵琶行」：「四絃一聲如裂帛」。「暖暖的旅程」有「白茅裹得暖暖的睡眠」一句，並且重複變化使用數次；而「白茅」一辭及白茅包裹東西的觀念，大概出自詩經〈野有死麕〉篇，其中有：「野有死麕，白茅包之。」以上都是彰明較著的借用，其他閃灼隱約，一字一辭或句構而引起古典聯想者，更不勝舉，如「侵嶺路」，「烟籠的弧岸」，「波濤沓沓／在冰寒」等等。這些都可稱爲葉維廉的「古典迴響」——或者逕稱之爲「典故」。

使用典故，是舊詩詞的習慣，是五四以來新詩所忌諱的。然而，葉維廉居然大量使用典故，理由何在。我想，葉維廉用典故，可能是受了英美現代詩的影響，特別是歐立德與龐德。葉維廉的文學論文集「秩序的生長」，其中有好幾篇論歐立德（他譯爲艾略特）的文章；而葉維廉的博士論文，又是寫的龐德。所以，他的詩路受他們的影響是必然的事。歐立德與龐德都主張用典故，從過去的文學作品抽一句或幾句，插入自己的作品；龐德甚至替古人改寫詩篇，採掇原意，變化創造出新作品來。歐立德與龐德的主意，大抵都可以歐立德的「同存結構」來說明。這便是說借用古代作品的片段，引進現代作品裏，使過去的作品與現在作品同存在一起。歐立德的〈荒原〉便是極好的例證。但是，我們要注意的是，歐立德的典故之使用，是借著「片斷」喚起對該作品「全篇」之聯想，如他在〈荒原〉引用馬禾的「給推諉的情人」的一小段，而實則「給推諉的情人」的全篇內涵，皆在〈荒原〉中發生作用；浪漫愛情與機械式的性愛之對比。葉維廉的用典卻是不然。上面指出的那些典故中，幾乎沒有一處需要透過片段喚起全篇聯想，也就是說，被借用的全篇對葉維廉的詩篇不發生關係，葉維廉只借用了幾個字或辭而已。茲舉列明之：〈裂帛之下午〉顯然在寫一個行程的肇端，這和〈琵琶行〉的「四絃一聲如裂帛」，以乎沒有關係。〈暖暖的旅程〉第二章有：

> 後來嗎，船就左右流之
> 龍骨梳著荇菜，山瀑無聲

這兩行以及全篇，與「關關雎鳩，在河之洲」的愛情詩篇，也似乎拉不上關係。極少數可能的例外如〈賦格〉其二的「予欲望魯兮」等四行。〈古詩源〉對這四行詩（題名：〈龜山操〉）有如下的註釋：季桓子受齊女樂，孔子欲諫不得，退而望魯龜山作歌，喻季之蔽魯也。如此說來，〈龜山操〉（操者操琴之意）是一首政治詩。大致而言，〈賦格〉是一首表現民族情感的詩；所以，它和「龜山操」是有一層關係。但是，仔細斟酌，又覺關係不夠。孔子是因人君昏庸，欲諫不能，因而作歌；〈賦格〉卻無此意。〈賦格〉之中，詩中人沒有孔子的苦惱，沒有向政府諍諫的企圖。就〈賦格〉而論，這四行詩似乎被用來影射，詩中人欲瞻望故國山河而不可能：魯代表故國山河，龜山代表障礙，於是詩中人意欲砍倒龜山，卻無能爲力，假使葉維廉果然是這個意思，便與〈龜山操〉孔老夫子的原意，不太相洽了。歐立德引用古人的文章，總是就著古人的原意，然後以自己的詩行形成正面的支持或反面的對比，如他在〈普魯夫拉克的情歌〉引用「哈姆雷特」：普魯夫拉克是一個貧血的現代哈姆雷特，雖說同一類型，人格的規模卻小得多了。在〈荒原〉中，歐立德認爲現代人的性關係太卑鄙，便一再引用史本塞的〈婚前曲〉的一行詩，讓〈婚前曲〉的莊嚴美好的愛情，與現代愛情形成對比。葉維廉的古典迴響似乎沒有做到這一層。中國古典詩的用典，在功用上類似歐立德的用典。譬如「賈妃窺簾韓椽少，宓妃留枕魏王才」，這裏是一首愛情詩，典故也是愛情故事，相互配合。因此，我們也許可以說，像歐立德與中國古典詩中的用典，方得稱爲用典；葉維廉的引用古語，不能算是用典，不能算是典故。於是，也許我們最好還是稱呼葉維廉的古典假借爲「古典迴響」。

葉維廉的古典迴響，只從字面上向古人汲取，而不從文義上向古人汲取，因此，他也許難以到達歐立德所要求的「同存結構」的境界。此外，由於不是文義的移植，只是文辭的移植，所以那些「古典迴響」本身不能打開一個林蔭大道的風景，使得詩篇本身之含義因而豐富起來。〈裂帛之下午〉不許也不需要讀者走入白居易的〈琵琶行〉裏去。所以，葉維廉的古典迴響，只在文字上向古人告貸而已。當然，葉維廉借用古詩語言，至少是企圖豐富詩語言的途徑之一，而且也的確或多或少豐富了他的詩語言。歐立德在〈四部曲〉說過，讓新舊的語言之間，有妥善的婚媾。葉維廉的舉動未始不是可取的。但是，從另外一方面說，葉維廉的作爲也許並不異於遺老遺小常玩的「集句」，把古人的詩東扯一句西拉一句，構成一個文字遊戲的篇章。葉維廉的古典迴響有這種危險。也許，最後的考驗是：葉維廉的引用古語，有沒有造出新意義出來，這是最值得推敲的問題。在現代詩人大幅度斷絕與古典詩的關連之際（至少五四運動之中及稍後是如此，而在臺灣近二十年的詩人，欲與古人發生關係而偏不得其門徑），葉維廉至少找到了一條途徑，一種方法，讓現代詩裏浮現著古典詩的影子；這種努力本身也許不會成功，但是方向正確；而在同一個方向裏，也許還有別的途徑。

中國現代詩壇上，葉維廉的詩友頗多，影響更是不少；可是，他似乎一直在鼓勵一種繆司主義，把詩創作昇入一種衆人不可企及的神秘雲端；在這個階層上，不負責任的「雜亂意象」（mixed metaphors）與結構的鬆散的詩篇，乃大量孳長。然而，令人驚訝的是：葉維廉自己既不使用雜亂意象，更不讓他的詩篇結構鬆散！《愁渡》之中的詩篇，其意象結構與主題結構都相當謹嚴。葉維廉常用的一個技巧，是重複類似的字句，形成屢現的題意，這些字句乃變成全篇的綱領，維繫著全篇的結構，亦使主題結構顯出重心，有所指向，也就是說，有「定向疊景」。茲舉兩例以明之：在〈曼哈頓〉第一首第一句，葉維廉寫著：「潑落潑落的汽船曳著街衢」，而在這一首的最後三句與第二句，他重複著：

潑落潑落的汽船潑落潑落
潑　落潑　落

在意象上，在題意上，這首詩可說被頭尾的一雙鉗子，夾得緊緊的，而「潑落」既經一再重複，我們除掉聽得馬達聲響，是否開始聽出言外之主題的信息，是否從這個主題信息可以體會「潮水驅著黑馬而來／踏著礫礫的玻璃聲」的意思？我想：「潑　落潑　落」給了我們一個指引，也許主題的焦點盡在「要把城市帶到那裏呢」這句問話之中吧。「暖暖的旅程」第一章，在全章二十六行之中，「白茅」一辭重複三次，而且全句其他的文字也類似。第十行：

　　白茅裏得暖暖的睡眠

第十四行：

　　睡眠裏在暖暖的白茅裏

第二十六也是最後一行：

　　白茅裏得暖暖的睡眠。

「白茅」一語來自《詩經》已如前述，在此究竟何所指，我不十分了然；但是，我至少了解葉維廉很重視「白茅」一辭，以及「暖暖」及「睡眠」等語，要探討這首詩的含義，這裏當是一個標準，一個始歸點。這類的結構方法，在其他的詩篇亦所常見，如「白色的死」的第一行「濤聲疊砌著戰慄的瓷皿在眉際」，而歷經全篇在最後倒數第三行，同樣的字句又重複一次。我們能不對這些一再重現的字句，倍加注意麼？它們不是各種結構（意象、主題等等）之鉚釘麼？

關於葉維廉的意象語之統一，我想引〈裂帛之下午〉前十七行，徹底談論一番。第一行「裂帛之下午披帶著」，緊接的第二行「黃銅的聲息」。「聲息」與「裂帛」都是聲音的意象（「聲息」嚴格地說當然不是意象語），互相呼應；「黃銅」是累加的新題意（motoif），但「黃銅的聲息」顯然呼應著「裂帛」的聲響。第四行的「旭陽之劍」，幾乎逸出已建立的意象格式，但「劍」與「黃銅」俱是金屬，有其關連。「旭陽之劍」是光芒與金屬的結晶，於是第八行迴響著「星之金礫」。第九行「野蠻的銅鑼之一響」，把到此爲止的「音響」和

「金屬」都呈現出來。上行「野蠻」兩字，有理由引進「雲的樹木」，因爲野蠻引起叢林的感覺；「雲的樹林」引出第十三行的「青春的穀粒」。第十四行的「歡樂的箭簇」，一方面迴響著「旭陽之劍」，另一方面迴響著「裂帛之下午」所形成的心靈上的振奮。第十五行的「果臉」，呼應著「雲的樹木」，「青春的穀粒」，「射出」自然跟隨著「箭簇」，而「閃爍」、「旭陽」、「金礫」合爲一體。第十七行再重複著：「裂帛之下午……」。總括言之，在此葉維廉的意象語，有自我生長的趨勢，這個意象長出那個意象，後來的意象常比前面的意義，含義要增添一層，而在新意象累積途中，老意象的影射也在擴大。這些意象語由於前者誕生後者，後者呼應前者，自然形成一個謹嚴的有機結構。意象結構之謹嚴是促成葉維廉具有「定向疊景」的最大因素。

既然談到意象結構，便不免想起音響結構。葉維廉的詩在音響上是儘求多變，而又能互相和協。在《愁渡》中，最富變化的音響結構之一段，爲〈信扎二帖〉第一帖的最後九行：

我如日下垂條	二：二：二
意欲龍潭見象	二：二：二
或許薄暮來時	二：四
太陽會給山新的形狀	二：三：四
星會傾下你我一些字語	一：三：二：四
我渺小，一個陌生人	一・二∷二：三

且無詩可奉：　一・四

抬望眼　一・一・一

鳥點破天藍　一・一：一・二〔（一：四）或（二：三）〕

我們先從旋律上來分析，而旋律是字與片語的組合，形成行中停頓而造成徐疾的脈動。我以一個圓點代表一級停頓（最短），兩個圓點代表二級停頓，以四個圓點代表三級（最長）停頓；以數目一、二、三、四等代表連續之字數。茲爲節省篇幅，將「讀律」寫於上面引文之下。從讀律可以看出，第一與第二兩行是對句，旋律的二：二：二也頗機械。第三行便變爲二：四，雖然還是六個字，組合不同，旋律起了變化，而「薄暮來時」四字連續，節拍（tempo）是加快了。第四行二：三：四與第五行的一：三：二：四，可說一瀉而下，字數增多，變化亦大；而三、四、五行皆以四字連續結尾，互相有呼應的好處。第三行與第四行累積的語勢，到第五行達到高潮。第五行的旋律延續最長，第六行又加以縮短；而本行看似一行，實爲兩行，因其間的行中停頓特長之故——因此旋律特短。第七行大致繼承第六行。最後兩行因爲每行每字，都可以單讀：一・一・一與一・一・一：二，節拍因之舒緩下來。「鳥點破天藍」（「點」可讀成名詞，亦可讀成動詞）可以接受多種讀律，而總以舒緩爲宗旨。葉維廉顯然想創作一種悠遊不盡的音響效果，因此他把套語「藍天」改爲「天藍」。「藍天」可以而且必須連續，「天藍」改得頗「拗」，必須各字單讀如「天・藍」。我不敢說葉維廉每一首詩的音響都有變化與統一的妙處，但是他的致力於音響結構的經營，是相當普遍的現象。

葉維廉詩中另一特色，即為奔行（run-on line）特別多，而用得好的時候，前後兩行分開讀，各有一個意思，讓奔行連接起來，又產生另一個意思，如〈日日群山〉：

水銀的太陽指揮著我們夢之放射，死之螺殼
吹奏昨日許多盛大的婚宴，風暴默默領我們
欲望之鷹盤索大地的掌紋

這三行可以分開讀，每行之尾加一個逗點，皆無不可；但是也可以連續變成奔行。不同的讀法，即有不同的意義出現。若「死之螺殼」為主詞，「吹奏」可為其動詞。「我們」之後可默加一「的」字，則成「我們的欲望之鷹」，含有自然不同於「我們／欲望之鷹」。分行分句讀斷，如前所說，亦無不可，亦自有其含義。〈仰望之歌〉的第二與第三，亦有類似的情況。

因為只有舒伸是神的，我就舒伸
白翅的瞻望入你們就負習俗的長雲

「白翅的瞻望」可以作為前行「舒伸」的受詞，亦可自為主詞。不過，一般而言，看似奔行的詩行，實際都可在行尾放一個逗點，分點，甚至句點。由於中國文字和文法的特性，如何「壓榨」奔行的潛能，在中國現行詩中是值得提倡的技巧探求。

總括起來說，葉維廉的詩以文字藝術取勝；反過來說，他在題材與主題上，是比較缺乏時代性的。我們常在現代西洋詩與中國詩中見到的那種悲劇感，或縮小而言，悲哀感，葉維廉的詩不多提供。這類沉重的情緒，超越國界而言，許是來自對生命的哲學沉思；就國內言，當來自我國近百年來的民族血淚；而葉維廉的詩篇，對兩者的反映皆不算充沛。可以視爲例外的，有〈賦格〉與〈愁渡五曲〉，其他若干篇或許也有些民族血淚，卻不甚明朗而無法確認。〈賦格〉中說：

大地滿載著浮沉的回憶
我們是世界最大的典籍

也許這應該是詩家們要持續發掘的。〈愁渡五曲〉第一曲說：

親愛的王啊，爲什麼你還在水邊
哭你的侍從呢？

誰是這個「王」？誰是他的「侍從」？究竟他們發生了什麼事情？詩人未曾明言，亦許不必明言。但是，詩人說：

王啊……
渡頭上，依稀你曾說：
賜你我的血淚，賜你棠兒

如此，則葉維廉作爲一位自我放逐的華人，血管中仍然潛流著黃河與長江吧。

——錄自顏元叔：《談民族文學》，臺北：臺灣學生書局，一九七三年六初版，頁二五九—二八〇。

原刊於《中外文學》一卷七期，一九七三年十二月。

空間層疊在葉維廉詩中的意義

蕭 蕭

自然界的空間是在不盡的轉折與層疊之中，也惟有不盡的轉折與層疊，才能構成諧和而完美的秩序。因此，以《賦格》和《愁渡》兩本詩集為範疇，討論了葉維廉的秩序以後，我們有理由進一步探討單純的空間層疊，在葉維廉詩中滋生，演變及其展現的意義和效果。

空間層疊的應用，當不是晚至《醒之邊緣》才開始，但是，早期的作品，似乎尚未顯露特殊的安排能力，以〈塞上〉的一節為例：

高峻的天空仍舊移動於她的髮間
無垠的黃沙仍舊翻飛的於奔蹄之下
穿過彩色的紗罩，空靈的遙遠
一口寶劍，一張弓，她負載了
歷史亙古的哀愁，冒熱氣的龍爪
遠遠遠地提起了氤氳的流質
十數年一個湧復不絕的南方

十數年一個熱烈的追望
難道就要化滅於今日的大數？

可以看出這種意象無限羅列的方法，並非葉維廉的特色，譬如說，我們如果拿它跟羅門早期的詩作相比，無法覺察應用的軌跡有什麼樣的差殊，當然，基本上的不同，在於：羅門意欲達成靈和美的繁雜，葉維廉則想藉此造致氣和眞的龐大。或許就因爲這種根本上的殊異，使得葉維廉在繼續追求氣勢雄渾、神色豪壯的努力中，刻意擺脫意象紛紛的糾纏，轉往純淨，單一的路上。一個成功的詩人，並非僅僅依賴題材可以完竟他的理想，這就是說：要美，題材的美不一定成就詩的美，要眞，題材的眞不一定成就詩的眞，所以，想描繪春花的嬌艷不如去揆撥枯枝的勁健，「錦上添花」或非易事，「雪中送炭」卻更需要一番苦心。葉維廉選擇以藝術技巧造就他的龐大與洪揚，或許不是斤斤計較「什麼樣的題材始能表現什麼樣的意識」的燕雀之見，所可逆知。但是，在我們無法得悉葉維廉受艾略特、聖約翰濮期、龐德，和中國古詩的影響多大多深以前，我們只能說他的龐大感來自個人的才具，來自題材的選擇。在一九六三年出版的《賦格》詩集裏，譬如：〈城望〉〈塞上〉〈賦格〉〈致我的子孫們〉〈降臨〉〈仰望之歌〉〈河想〉等等，無一不是足以恢宏詩之氣魄的大題材。

因此，我們的第一個結論可以這樣定：葉維廉詩中的空間層層，其首要意義在賦予結實而龐大的整體印象，以維繫一貫充盈心胸的廣大情懷。如是，將詩題贈給妻女，給師友，寫旅程，寫印象，只是做爲表現時「由近而遠」的工具，未可視爲最後目的。欣賞葉維廉的詩，如是要在題材上執著，因而拘泥於親情感念，國仇家恨的尋覓，不僅是以管窺天，而且治絲益紛，絕難感受巨大的、史詩式的聲響，因爲葉維廉所要給你的就是那種無可抗禦的聲勢。

如果我們舉出林亨泰的一首詩，更可以說明上述的觀點，這首詩以最最單純的空間層疊寫就，是一種「形銷骨立」的上乘寫法：

風景（之二）

防風林 的
外邊 還有
防風林 的
外邊 還有
防風林 的
外邊 還有

然而海 以及波的羅列
然而海 以及波的羅列

防風林的層疊，海與波的層疊，好像不著痕跡就將海邊的風景很平穩地抒出（這首詩在修辭上，聲韻上的特出處，已有江萌著論加以指有，參見張默、管管主編的「從變調出發」，該文原載《歐洲雜誌》），這裏要強調的是「層疊」所凸出的效果，第一節是「直立的」林的層疊，這種層疊由於語句的重複，聲韻的效果，以及「還有」的環復語義，應該在讀者心中產生無止盡的層層疊疊的感覺，第二節是「橫延的」海的層疊，基於上述同樣的理由，加上「海」所擁有的浩瀚之義，兩節之間便起了對比而又柔和的連綿波盪，情境上是廣袤的，韻味上是無盡的。再進一步分析，詩中的防風林居於靜止之態，但讀者無法拭去防風之林必在多風地帶拂動的印象，海是靜止的，波卻在動中，就在這種一靜一動一靜一動間，又出現另一個層疊。但是，我們要指出：林亨泰這種層疊旨在呈現風景無限，並不給你龐大，或者宏偉的感覺，所以，同樣在空間造成層疊，葉維廉卻是挾著雷霆萬鈞之力而來。以林亨泰的冷和靜，更能襯托葉維廉的千軍，萬馬。

先看〈絡繹〉的一群蝗蟲：

蝗蝗蝗蝗蝗蝗蝗蝗蝗蝗蝗蝗蝗
蝗蝗蝗蝗蝗蝗蝗蝗蝗蝗蝗蝗蝗
蝗蝗蝗蝗蝗蝗蝗蝗蝗蝗蝗蝗蝗
蝗蝗蝗蝗蝗蝗蝗蝗蝗蝗蝗蝗蝗
蝗蝗蝗蝗蝗蝗蝗蝗蝗蝗蝗蝗蝗
蝗蝗蝗蝗蝗蝗蝗蝗蝗蝗蝗蝗蝗
蝗蝗蝗直到沒有了天空，直到碑石
的玉米幹後面的夕陽……

數以百計的蝗蟲，不是由實實在在的「蝗」字層疊而來嗎？這是「同體層疊」。同體層疊可以顯然看出層疊的現象。再如「醒之邊緣」首節的後段，也是同體層疊，比諸「蝗」字稍見變化而已：

張開的手掌
飛揚
張開的手掌
飛揚
張開的手掌
飛揚
青靄裡
風箏一樣
成排的
停在氣流裡
那些消遙的
展翼的手掌

「張開的手掌，飛揚」，也許無能讓人感覺奮發的雄姿，但經過「層疊」的安排，彷彿加重了不少氣勢，而鵬博奮飛之圖，如在眼前。再細究下去，這段詩裏，最後稍有變化的「

成排的」「消遙的」「展翼的」三個語詞尤不容忽視，這種「××的」句式是葉維廉詩的一大特色，絕不能掉以輕心，認爲是累贅的形容詞，因爲葉維廉本身曾經推崇「絕聖棄智」的「純粹經驗」，應該不會容許後起的形容詞去限制初起的經驗，他所要的是讓這些經驗隨意流淌，不加任何干預，基於此種認識，葉維廉的「的」當是詩的空間的拓展，就舉〈圓花窗〉的後節來看：

川流不息的
滔滔湧湧的
（啊！美麗的！）
炸裂的漂盪的
血肉的花……
夜推開
擁擠的爭吵的星
叢叢的黑色的芬馨
發散

換句話說，一個「的」就是一個窗門，打開一個一個窗門，正可以見到更深更廣的世界，如上例：「炸裂的」是一個層次，「漂盪的」是另一個層次，同理，擁擠、爭吵、叢叢、黑色，不也是層層逼進嗎？當然，我們提出這種看法，除了依據詩人「純粹經驗」的主觀意識，同時也有客觀的文法上的佐證，那就是：「的」，有時用來做爲表明關係，表明位置的介詞，這時候的「的」自然造成累累無止的層疊局面，如前引林亨泰的句子：「防風林的外邊還有防風林的外邊還有……」——（雖然「的」字有時可以省略，但省略後削弱氣力，層次也欠分明）——就在葉維廉自己的詩中也有例可循，〈永樂町變奏〉第一首：

微弱的叫喚
自遠遠的河後面的
觀音山的後面的
風浪的後面的……
一路顫著
破落無人的窗户而來

在這節詩裏，也許有人爲了不拗嘴的原因，提議將每行的「的」字去掉，或者改爲：「自遠遠的河後面的觀音山，觀音山後面的風浪，風浪後面的……」這樣改並無損於原有的詩意，但總不如原來的「的」造成更多層次——遠遠的河是一個層次，河的後面是一個層次，觀音山是一個層次，觀音山的後面是一個層次，後面的風浪，風浪的後面，是緊接而來的層次——此外，「的」這個字，聲韻洪亮清澈，好像可以劃分界限，給人盛大、分明之感，葉維廉愛用「的」字，或許這也是小小的理由。

接著我們需要提到「異體層疊」，也就是不同的客體在詩中所開展的空間，它比同體層疊出現更多，卻不是易於發現的一種層疊，換言之，同體層疊的效果較諸異體層疊更爲顯明，更爲有力，但異體層疊另有一種魔力，一則掩飾技巧斧鑿之處，一則加強意象迸射或趨於純一，而基本上廣袤、浩大的期望，仍在意中。節〈嫦娥〉中的一節以見意：

花樹降下：峯巒河沼和她同時撥開沐浴的香霧互示彼此的曲線——久違了，玲瓏的陽光！和鈍齒輪的手指！歸臥白雲？青熒的弧形的檻外，看那森漫連綿、純黑的廣寧？才覺得血脈裡有喧赫的船隻，才知道滂沱的瀑聲是沿岸張開嘴巴的呼喊，那麥隴的波濤是無垠的揮手。持著花樹降下，讓那溢滿市聲的簌簌的風吹去那千年萬年的堆積得厚重如睡眠的空虛……

顯然，所謂異體層疊並不跟早期的或其他詩人的意象羅列相同，因爲羅列不見層次，不見疊痕，彷彿散砂一片，自然無法產生強大的震撼之力，破竹之勢。這點只要加以比較即可見得。研討至此，我們必須再加申明，《醒之邊緣》的龐大感，迥異於《賦格》《愁渡》時期的作風，前面說過，早期的作品常以題材宏壯而見賞，至乎《醒之邊緣》則在寧靜淡泊之中追求，也就是說，詩的龐大、深邃，非僅求一時的聲勢巨大，更求餘音可以繞樑，餘味可以回甘，希望在讀者心中升起宏大的、不息的、嗡嗡迴響。職是之故，所謂的「空間層疊」不再單單指著自然界的實物層疊，大部份的效果由於詩的空間是在無盡的翻騰中，最明顯的例子，《醒之邊緣》集中的詩句顯然地縮短了，句行的縮短造成緩慢的旋律，自然也呈現出層疊的效果，〈茫〉詩中的幾行，可爲資證：

昂大的戰艦向鋒寒的航程

暗水
流過
星帶的腰間
眼裡的
花瓣
依
傘裙
散
開
雲的圓窗
墜入
墜入
天
藍

最重要的，這樣短的詩行絕不是為了視覺效果（圖畫美），同時又不只是為了音韻上「那麼緩慢的濺射」，而是藉著緩慢的吟唱，在詩的空間（即讀者的想像空間）先成層疊，所以，不仗恃名物，只藉著詩句的縮短（有時加上重覆）而造成的層疊，在葉維廉近期的詩作中時可發現，以最近刊於「中外文學」的「靜物畫」節出詩句，當會發現副詞、動詞孕育的層疊，仍然隱約可辨，對於葉維廉詩的「龐大」意義尤可進一步了解是伴隨「久長」而生，伴隨「深遠」而起：

你要用手上的
一朵菊花
那麼輕輕的
撫觸
輕輕的
撫觸
輕輕的
使它
悠然的
醒轉

方法論的討論至此告一段落，促使這種方法興起的兩大論點則需要加以指明：其一即爲前面提到的「純粹經驗」的提倡，純粹經驗是不加智識，不加理念，不加判斷、不加經驗的一種最初始的發現，葉維廉通常以王摩詰的詩爲例（參見葉著《秩序的生長》），就拿〈辛夷塢〉來看：

辛夷塢

木末芙蓉花
山中發紅萼
澗户寂無人
紛紛開且落

古人對此詩頗多讚語，如胡元瑞《詩藪·內編》卷六以爲：「太白五言絕自是天僊口語，右丞卻入禪宗，如人閒桂花落、木末芙蓉花，讀之身世兩忘，萬念皆寂，不謂聲律之中有此妙詮」。峴傭說詩則以「清幽絕俗」評王維五絕，而特許木末芙蓉花等四首爲尤妙。以「純粹經驗」的角度欣賞這首詩，知性污染的程度少至於零，花塢紛紛開落的景象，保持著它獨立、完全而自主的秩序，在這小小的宇宙中，有它自己的輪迴、起伏、波盪，外界的風雨一點都不能侵入，詩人的知性絲毫不加干擾，這就是「清幽絕俗」的純粹經驗的抒出。葉維廉早期的粗獷、豪放之風，本來與此截然相異，兩相沖激的結果，不能不在方法上有所取捨。而且，王維號稱「詩佛」，禪給王維不少啓示，自然也使葉維廉一些體悟，不管是直接由禪而悟，或間接由王維的詩而會，從悟到明而空的歷程，多少要影響創作的方向和手法，所以，王維和禪不能兩離，葉維廉的純粹經驗與禪也不能兩難，禪悟的方法，悟後的境界，正是重大影響「純粹經驗」的主力。純粹經驗既是不得以知性犯境，明晰的空間層疊乃逐漸衍出。

第二個影響葉維廉改變的，我們認爲應該是「蒙太奇」電影鏡頭的應用，這點在葉維廉「秩序的生長」一書中也可得到概略的印證。蒙太奇運鏡手法繁多無比，歸結而言：使兩個以上不相干的景象，由於鏡頭的運轉而產生新的關係，即是蒙太奇的運用，譬如鏡頭由人物移到鐘面，再由鐘面往回移時已轉換爲另一場景，譬如這裏說搭七點鐘的飛機去，下一景就是踏出機場的鏡頭，再如來回拍攝甲乙兩物，或者一連串映出不同畫面，或者同時呈現多種景象，都足於表現事物的新關係，這種鏡頭移轉或景象同時出現的手法，應用在詩的寫作上，便產生傑出的意義，葉維廉曾舉李白的〈登金陵鳳凰臺〉的一句爲例：

鳳去
臺空
江自流

三個不同的景物同時呈現在畫面上，乃完成全新的連瑣關係。這種關係的形成是因爲畫面印象的視覺暫留，使得觀者（讀者）不期然地在其間不停連綴，意義的產生大部份就仰賴觀者這種悟力，所以，不論是有意或無意，同時安排相干或不相干事物時，新的關係要在景物與景物之際尋覓，「鳳去臺空江自流」其組合的新關係，不就是登臨的惆悵嗎？爲鳳去惆悵，爲臺空惆悵，爲江水空自流逝而惆悵，遞增的惆悵是因爲關係的緊切而加深。從不相干而相干，從相干而關係密結，從關係密結而生長意義，蒙太奇的妙處在此，而葉維廉應用多鏡頭同時或反覆映現，自然也有這種優點，最可見出者當推〈絡繹〉〈溢出〉這幾首詩。

當然，葉維廉的詩並不是完全附和上述的兩個論點而寫，如果純粹順著這種理論發展下來，該不是目前這個樣子，所以，如何再過濾，再使詩的意境步入更純之地，保持獨具的龐大感，除去硬而不動的雜質，發展深永的韻味和情趣，當是可以預見的葉維廉的未來。

——錄自蕭蕭：《鏡中鏡》，臺北：幼獅文化公司，一九七七年四月，頁二五一——二六三。原刊於《創世紀》三二期，一九七三年三月。

試論葉維廉《賦格集》

古添洪

《賦格集》出版於民國五十二年。我在這裏選擇了《賦格集》爲討論對象，是因爲它是葉維廉的第一本結集。第一本結集，往往能反映出作者的寫作傾向；再者，在五十八年出版的《愁渡集》中，作者又收入了《賦格集》中的八首；可見賦格集在作者寫作歷程上，及其心目中的重要性。當我閱讀了《賦格集》、《愁渡集》及《醒之邊緣》，我發覺三者的風格，仍然是相當一貫的；了解《賦格集》，對作者詩風當能有根源性的把握。

讀葉維廉的《賦格集》，第一個困難是：我們無法從詩中獲得傳統詩所曾帶給我們的意義。傳統詩的意義，大概說來是透過通篇的事態或物象而表達的整體性的紀事、思維、諷喻、感慨、悲歡等。葉氏在〈詩的再認〉一文中，對傳統的「詩言志」解釋爲「吾人對世界事物所引起的感受反應的全體」，並進一步強調了「當代一種超越時空的意識感受狀態」。憑著這個觀念，作者詩中所表現的意義當然有別於傳統詩中所表現的。葉維廉在〈賦格〉中所表現的精神，大致是與作者在一九五九年寫的〈論現階段中國現代詩〉一文中所揭示：㈠情意我世界爲中心。㈡孤獨或遁世（以內在世界取代外在世界）。㈢自我存在的意識，大致相彷佛。這種精神狀態的表現，本也無可厚非。但我在此提出的，是作者作如此表現時，未能透過通篇的事態與物象而給人整體的意義，於是成爲七零八落的片斷了。因之，此種表現在傳統、也是理想。要求作通篇意義把握的讀者的眼中，就構成一大障礙了。這未嘗不是一個大缺失吧！同時，葉維廉又認爲詩是一種姿式，所追求的是心象的動向、狀態、內容三者，希望成爲「不可分割的整體」，但在未臻完美、力不從心、彼此牽制、甚或削足就履的情況下，內容（意義性）就難免有所讓步了。我想這是造成他的詩篇缺乏整體性的意義的原因吧！此外，這與他的象徵及超現實寫法，也很有關係，衛姆塞特及布魯克斯在其所著《西洋文學批評史》一書中說：「象徵主義的詩人，每把主動權讓給了文字。馬拉梅雖然也讓文字恣意活動，卻不像後來的超現實主義者，完全放棄控制，把詩付給語言的潛藏的能量」（顏元叔譯）。把主動權讓給了文字，付給了語言潛藏的能量，怎能有整體的、明晰的意義呢？並且，意義的表達尚須透過事態及物象，如果這些事態與物象，都是象徵及超現實的，也會構成了解上的障礙。大致而論，就意義性來說，我個人認爲他所追求的太狹（限於超越時空的意識感受狀態等），所藉表達的媒介——事態及物象，既缺乏整體性，不能有全盤的把握；復以象徵及超現實，構成了解上的障礙。事實上，意義性的把握殊非易事，非別具慧眼、心思細密不可。葉維廉豈能不深思？

第二個困難是：在《賦格集》中我們往往可以了解其中單句或數句所構成的獨立意象，但作者卻沒法把各意象妥當的連接起來。這種情形，比比皆是，就以下列一個例子來討論：

我那沒有次元的身軀如何例行地
掛懷著我曾經誕生那件事而問：
一潭清水曾否爲接那月色而等待
一棵樹曾否爲呈風的體態而生長（一）
自從人群引出了慶典，腳步帶來了城市
那高高的雲層一再下傾鼓聲一一再向上
海即以其無涯的顫慄承受我們
以其無色的蔓延反判一列好奇的眼睛（二）
白日啊，當你依山而盡，不識羞恥的女子
此時就以搖蕩的雙乳洗滌那亞風
此時就公然以私處推出自然（三）

——〈仰望之歌〉的一節

第一意象是非常明晰的，是對人生的一種迫問：生命是生命於自己本身，還是爲了等待或完成其他意義的客觀呈現？或者是一種生命的自覺！第二意象就不大好解了，慶典是人帶來的，都市也是人造成的，（作者對慶典及都市大概是持不滿的態度。詩人們總覺得慶典抬高了某些人，是最無聊的歌頌；都市帶來物質的文明世界、也帶來污染和罪惡。我想葉維廉在此處的看法大概也是這樣的），但這是咎由自取，是人類本身的愚昧所造成的。海的意象主要是表示「反叛」，與前面的人群意象可以得到關聯。第三意象眞是妙絕，但其意義是否另有所指，則我沒法把握；如止於意象本身，只覺甚妙而卻不能像前二者使人獲得概念性的確切意義。我們看，這三個意象如何連起來呢？意義上怎能有關連呢？如作者所說的，詩中尙追求動向、狀態二姿式；如果假設這是靠這兩個姿式而聯繫，我似乎不能置一喙，因爲這兩種聯繫，太微妙難說了。但如果單靠這兩個姿式足以聯繫，這種聯繫也未免太薄弱，而容易做成給予意義性不聯繫以理由了。如三者能構成「不可分割的整體」最好，如果是動向、狀態二姿式可以聯繫，而內容姿式不聯繫，我就不敢恭維了。按理，如動向、狀態二姿式眞能聯繫，那有內容姿式（意義）不聯繫之理？三者是有機地組合的啊！意義性可明確把握，動向、狀態難測，如以後者作聯繫工具，豈非有欺人之嫌？僅上例詩中的一節，就產生這種不聯繫的情形，像〈降臨〉有五十節，其意義的關聯性更不必提了。除非作者不要讀者，否則這種意義不聯繫，是不容易甚至不可能爲人所接受的。造成這種現象，我看還是因爲前面所引的象徵及超現實手法所引起的弊端。雖然作者未肯自認爲象徵主義或超現實主義者，但在作品中有這種象徵與超現實的傾向也是衆人所共認的。洛夫在〈石室的死亡〉一長詩中，也有這種情形，但在《無岸之河集》裏，把它重新分割成卅一首短詩，各冠標題，我想也是補救此弊的原因吧！最少，這樣做，就比較明晰可讀了。當然，我並不是說葉維廉也應該把詩斬成數段，而只是指出這種情形，有待作者克服，以絕句爲例，往往四句猶如四張畫，每張獨立自足，但合起來又是一有機的整體；張炎評吳文英詞說：「夢窗如七寶樓台，眩人眼目，拆碎下來，不成片段」，而葉維廉詩卻相反。不知其他讀者以爲然否？

第三個困難是：我們對於某些句子或意象無法了解。這或由於用語不當，或由於不明晰，或由於超現實，或由於我們讀者未能領略個中三昧。如果屬於前者，似乎作者仍要再努力些，屬於後者，則要讀者去努力了。因此，下面所舉的一個例子，是我個人所不能解的，也許別的讀者能解，也不一定。

斷層與黃金的收成一齊自我腰間潰散
梨杏的子實一一被埋葬，我就轉向你
無眠的彪形的意外

——〈降臨〉第五節

什麼叫「斷層與黃金的收成呢」？什麼叫「無眠的彪形的意外」呢？我實在沒法懂。我雖然確信葉維廉有運用中國文字的能力，但我也懷疑他有用辭不盡當的地方。後面討論語言性時再詳論。

，自從我有力的雙手
撫摸過一張神聖的臉之後
他站起來
模倣古代的先知：
以十二支推之

　　　　　　　　應驗矣
　　　　　　　應驗矣
我來等你，帶你再見唐虞夏商周

——〈賦格〉

什麼是「神聖的臉」，如果是卜者，爲什麼一定要用「神聖」？尤其是爲什麼一定要撫摸？如果這是一種特定的儀式，作者似乎應該作個註腳。並且，爲什麼一定要「有力的雙手」呢？無力或普通地用力不行嗎？我看不出這些形容詞及動作的特別含義。這種表達，是不明晰的。

，顫震的太陽風
捲去外貿人員含糊的呼吸，捲去
港口工人的喧喝，飛越
下午高張的明淨的枝椏而停駐於
情侶在草場上金橙之遊戲
而青春的穀粒落下
而出征的金塔的歌聲落下
瀉入賦生的斗斛之中

——〈降臨〉第一節

什麼叫做「金橙的遊戲」？什麼叫做「金塔的歌聲」？難道因爲這是裂帛的下午，就每一樣都披上「金」字？如果是也未免太勉強了。即使是，「橙」「塔」二字還是沒有著落呀。並且，從港口的外貿人員、工人到情侶到出征，究竟如何聯繫起來呢？這樣，未免是超現實了些。

丟開以上的困難（如果我稱爲錯失，不知有沒有人同意或反對），單是把可解的意象獨立起來，我們便發覺葉維廉確有獨到之處。這些獨到的意象，事實上也比比皆是，現舉一二例討論。

日日群山從我們的兩肩躍出然後滯落然後
一若憂慘偉大之拍翼指揮著海流，一瀉千噚的
火銀的太陽指揮著我們夢之放射，死之螺殼
吹奏昨日許多盛大的婚宴，風暴默默領我們
欲望之鷹盤索大地的掌紋
　而好奇與病的頭一激流的亂石
　滾入引向八方的長筒的街道
　　婦孺喋喋的囈語每每於午後
　顯示新神
　而短暫的床

日日指出我們的局限

——〈降臨〉的一節

日日群山從我們兩肩躍出然後滑落（《賦格集》中六行中頭一間沒有空格，今依《愁渡集》以空格隔間）

日日群山從我們兩肩躍出然後滑落，是一種意識高低的突感。我們意識突然發覺山巒聳立在兩旁，在這一剎那中山巒彷彿從兩肩躍出。這是意識的眞物態的假。（指方位言）猶如杜甫蕩胸生層雲。突感消失，山巒恢復了意識中的常態，就等於滑落而去。群山這裏也許有象徵意味，使人感到暗指日常的生活事件，如高峯頻出。群山的躍出與滑落一若海流波浪的起伏（注意，葉維廉儘量避用連接詞之類，這裏仍用了一若），海流的起伏與群山躍出滑落同樣使人想起人生的波瀾，所以我說有象徵性是不錯的。用憂鬱偉大的拍翼來形容海流的起伏，是最能把握海的眞實的。海是充滿憂鬱的，以日常的意象而言，它的波瀾像老人額上的皺紋；海是偉大的，以它的廣度、深度、久度；海的波濤是拍翼的起伏，也是最實感的。最警覺的是它——憂鬱偉大的拍翼，指揮著海流。它本身就是海流，自導指揮自己，存在於本身的活動中。或者，我們把這拍翼看作現象，海流看作本體，現象指握著本體，就有存在先於本質的意味。無論用那一個解釋，都是深刻有味，進入一種眞實的呈現。下一句手法又不一樣了：火銀的太陽與夢之放射，本來是兩回事，但因爲兩者的意象有心態的共通（在太陽下我有時也有夢樣的感覺，陽光的輻射猶如我夢的輻射。不知其他讀者有否此感覺？），彷彿兩者混而爲一；而作者在他個人特殊的感受下，感到太陽指揮著夢之放射。這樣意象的交流並賦予「直覺的」因果關係，是成功的。死的螺壳是有文學的繼承的，是指海難產生，難者的骷髏成了螺壳，奏起了死亡之歌。把「死亡螺壳」與「盛大的婚宴」以「吹奏」連起來，產生很大的張力，婚宴已埋伏著死的種子，是相當悲劇深入的。以鷹來形容人的慾望，是傳神，鷹在空中盤旋，就猶如人的慾望在盤索慾望物；而由風暴帶領，也是最深刻的，慾望像風暴也產生風暴。以上的意象，素材可以說是非現實的（意識的），都是從意識中的象徵，是作者的意識的創造物。接著低兩行的意象，素材是現實的，是人間可觸可及。用「好奇與病的頭」用「一激流的亂石」來寓人，已不止於表面素描，而將整個心態抓住了，這意象很明顯（除了顯示新神四字外），不擬再費解筆。這種素材的一意識一現實，虛實相對，產生心態的波瀾，是非常上乘的。從上面的分析，我們可確認葉維廉在意象的組創上，無論是深度廣度技巧等，都是上乘的。當然，如我們前面所說的，他有許多意象不明晰、零亂、不連接的地方；我深以爲一個詩人，當然不可能每一詩篇或每節都是上乘的，但葉維廉詩中這種優劣之間，實在瑕瑜互見，似乎有進一步去蕪存精的剪裁工作的需要。後面，我再引一兩節成功的意象作欣賞，但不再剖釋了。

你們可知道稻田怎樣被新穗所抓住
　我怎樣被故事，河流怎樣被兩岸
兩岸怎樣被行人，行人怎樣被
龍舌蘭的太陽？

——節自〈仰望之歌〉

雲層下傾當鼓聲向上，白日啊
爲什麼你逼進我的體內而釀造河流
爲什麼當那無翼的風騰向你
沒有根鬚的就站住，沒有視覺的
就抓住那巍峨，而兩岸
就因我的身軀而分開

——節自〈河想〉

葉維廉能達到意象的上乘成就，當然靠他的詩的才能、與及繼承前人的遺產等等（他的詩有頗深的奧立德的影響，以後有機會再論）。我想最重要的，是他的視覺（境）有了新的改變：

我欲扭轉景物，我欲迫使
所有情緒奔向表達之門
通至未經羅列的意象
與及花的狂歡，與及歸家的
鑰匙在匙孔裏搖響，與及結結巴巴的

孩童的比喻。

——節自〈夏的顯現〉

他要扭轉景物，他要通至未經羅列的意象，他對意象有了新的覺，追求新的視境；難怪有新的成就。但意象的表達，在語言詩的世界裏，當然要靠語言，我們下面就討論他的語言。要扭轉景物，要通過未經羅列的意象，要表達新的視境，當然要相對他把握語言隱藏的能力。成功時，如上面所引的，當然使人驚嘆，不成功的，就未免如前面所說的「結結巴巴的孩童的比喻」了。如果我說葉維廉詩中不可解不明晰的地方等，是由於他表現不成功，是他底結結巴巴的孩童的比喻，我想也不會離譜太遠吧！

葉維廉對語言是下過嘗試的功夫的。我的第一個印象，是他的語言有翻譯的味道。如〈降臨〉：「猛然以壚拇之土壤賦長日炎炎的市鎮以羽翼／養我生民焙炙之熱望以欷欷之聲，以拉緊的青銅肌膚的節拍支駛河伐／而突然在高枝上爆發，萬年的花朵／開出孩童捲浪的春天」。各文法成分的組合顯然有英文的痕跡，尤其是「以」字，使我們想起英文中句末用“With”帶起受詞的情形。又如〈城望〉：「我們從不曾細心去分析／那些來自不同遠處的侵襲；／那些穿過窗隙、牆壁，穿過懶散的氣息，／穿過微弱燭光搖幌下的長廊，／而降落在我們心間的事物。」主句中插入許多的附屬子句，也顯然有很濃的英文的結構。兩個「那些」也很容易使人想到英文中關係代表詞的“That”的運用方式。當然，我們的白話已經是大大地受了西文文法的影響，很難把白話和翻譯文字斷絕的分明涇渭，我只想指出他的語言性特別有翻譯味而已。（尤其是集中收入的〈焚毀的諾墩之世界〉，更是顯然；因爲文並非詩，所以於此不論）如果我們了解作者的教育情形，他這樣的語言我們認爲不足爲怪的；尤其是現代詩往往強調知性（意象中的知性），用這樣語言也是有因的。並且，這樣做法（吸收西方語法）也不是不好的，我只是想指出他的語言特質而已。但如果硬呑活剝，就未免佶屈聱牙，甚至造成傳達的障礙了。另一方面，他的語言又作古文化的嘗試。像夏之顯現中的「曲之直，黑暗之代以光／光之代以無所謂的色澤／是神話」，這些都是古文化的，尤其是「曲之直」是「曲之代以直」的簡略，也是道地的古文。表面看起來的佶屈聱牙，事實上是相當地成功。因爲文字不單求通暢，有時也求某一程度的阻塞，運用在這裏達到了簡練，也因簡練而產生了力感。另外在《賦格》中，他用了「予欲望魯兮／龜山蔽之／手無伐柯／奈龜山何」以及「以十二推之／應驗矣」，但這種運用與前面不一樣，這只是插入，而不是運用古文語言用作操作語言。這種插入是相當成功的，因爲此詩是賦格，賦格本是音樂的一種，是主題的反覆呈現，詩中運用這些古文意象，是符合詩中的主題與氣氛——大地滿載著浮沉的回憶。在《賦格》一書中，他運用古文爲操作語的顯明例子是〈斷念〉：

彼囑予視
廣日垂天之翼
致帆桅滿漲
七海熠熠

雲石之思
養循環天幕
　「迷失！迷失！於虛數之冬！
　阿彌陀佛！佑我自長髮之年。」
予爲戰之幼子
彼之奴，彼之臣屬
予默應其劫，或望膏油
念花之賜於林，念鳥之於空
雨之於河
予之自無衣之體

我認爲這首是不成功的，也是無此需要的，因爲它不產生特殊效果，也並非必須用古文才能表達。（除了「念花之賜於林，念鳥之於空／雨之於河／予之自無衣之體」外）。我深以爲詩人須向古文學習，學習一些特有的文法結構、修辭方式，以補救白話的平淡鬆懈。但所學習的，必須是白話無法勝任的像一些句子，如「一樹碧無情」等。如向古文學習僅用了一些與白話相同意義的字彙，就變成回復古文，而非向古文學習而滋潤白話了。這首詩就犯了這個毛病。

一從口述的分析，我們確認葉維廉對「白話」有所自覺，向古文及西語吸收營養。但仍有許多消化不良的地方。以西語爲例，不能盡脫翻譯味道（也許他構想詩時，部分地方因教育影響而習慣用了西文），譬如〈內窗〉中的「沒有量度的夢」，「沒有量度」在中文是不太通的，中文大概寫作「沒法量度」或者「沒有質量」。又如〈降臨〉中的「出征的過門／縈繞著／無限死灰的榮耀」，過門二字在中文不通，在中文過門變成了句子或子句（過門不入）而不是複詞。它可能是從英文的Passage或其他譯過來，根據下文的「縈繞著／無限死灰的榮耀」，中文大概用「拱門」，出征時經過城門，城門如拱形，這拱形就猶如縈繞著死亡的信息與榮耀。如果用更顯著的例，我們不妨看看〈焚毀的諾敦之世界〉一文，其中有：「陸地的實感包圍了時間於一首詩中。「陸地」二字顯然是Continent 或Continental譯過來的，但在中文我們通常用「大地」二字來表達。「包圍」二字，也很可能是由Confine譯過來的，在中文這個意義較難表達，比較接近的是「限制」「禁錮」或「蘊含」。前面的句子，用可解的中文大概是：「大地的實感禁錮了時間於詩中」。從這些徵引，似乎大概可以證明我的看法：作者有時用英文思考，詩中有翻譯的遺留。此外，如我們前面所指出，我確信葉維廉有運用中國文字的能力，同時我也確信他有用辭不盡當的地方。隨便舉一些例子：〈賦格〉「我追逐夜禱和氈牆內的狂歡節目」，在中文，追逐狂歡可，追逐夜禱就不當了。又如〈致我的子孫們〉「如車如馬的風煙拂過」，拂字是輕輕的動作，如拂塵，用在如車如馬的風煙，恐怕不很恰當了。又如〈內窗〉「陸地和海相爭爲各自的主人」，各自的三字未免有點多餘了。在這裏，我只是要證明葉維廉的詩中常有語言未盡達的地方，這也是造成他詩的傳達的障礙。

總括說來，葉維廉的〈賦格〉是相當難懂的。這是由於我們不易從其中獲得詩中傳統的意義，不能獲得整體的意義。另外，我們發覺或由於超現實、或由於表現不出（結結巴巴的孩童的比喻）或由於用辭不當，造成某些不可解的句子或意象。並且，整篇中諸意象的聯繫，並不很成功，最少，會使很多讀者覺得缺乏聯繫。我想，作者似乎對這些有加以注意的必要，那麼讀者也許就不致於欲入而不得了。對於他的語言性，他的自覺與向古文學習的意識，我們深認爲此舉足以壯大白話；但我們也不能不提醒他，向古文學習，並不是回去寫古文。另外，他的語言，有翻譯的痕跡，似乎也應該加以克服變成道地的中文；當然，偶然的語言上的未能盡善盡美，是在所難免的，我們所以批評，目的在於求全責備而已。本文對詩中意識思想的探討很少，這是本文的缺失，以後有機會當再討論。另外，對於葉維廉對詩的看法（就《秩序的生長》一書而言），筆者頗有不同意見，有機會再好好討論。

——錄自《大地》五期，一九七三年五月，頁五四—六二。

名理前的視境：論葉維廉詩

古添洪

一、弁言

《葉維廉自選集》出版於民國六十四年元月。集中分爲四輯，前三輯先後選自《賦格》、《愁度》、《醒之邊緣》三本已出版的詩集，第四輯是近期的詩作。三十八首詩作中，最早的是〈夏的顯現〉，稿成於民國四十九年，最晚的是〈死亡的魔咒和頌歌〉，發表於民國六十三年六月，前後共歷十五年。

要毫無遺漏地討論這麼一本龐然的詩自選集，幾乎是不可能，也是無此需要的。本文僅試圖發掘葉詩中特有的詩質並加以剖釋。當我仔細閱讀了葉詩，在繽紛的風貌裏，發覺其中有著一貫的風格與詩情；當然，其中也有程度上的差異。筆者認爲，這一貫的風格與詩情是源於他底「名理前的視境」。所謂「名理前的視境」，就是詹姆士所謂的只覺其「如此that」，而不知其是「什麼what」。換句話說，就是只覺萬物形相的森羅，而不加以「名」及「理」的識別。所謂「名」的識別，就是賦形相以名，如賦某形相以「樹」的名稱，某形相以「屋」的名稱。所謂「理」的識別，概言之，可分爲兩階層，前階層是概念化、關係化，與實用化。

如把「人」一形相概念化爲「理性的動物」，如把「房屋」與「太陽」關係化爲「太陽在我家房屋的東方上升」，如把「樹」實用化爲「樹是木材可製造家具」。後階層是道德化與感情化：把道德的情操從形相中掘出或從人心處附上，如孔子看到蒼翠的松柏在凜冽的氣候中屹立而慨嘆：「歲寒然後知松柏之後凋也」；把感情從形相中引出或從人心處附上，如李璟的「風裏落花誰是主？恨悠悠。」（但此處仍有一言詮的尾巴：恨悠悠）。物象的意義性就是從形相的世界伸入至道德界與感情界；如果是形相自然的伸入，那是詩的，蘊含的；如果便把道德、感情加在形相上，那是非詩的，說明的。然而，在兩端之間，就有著許多程度上的差別，而造成不同的風格。

回到葉詩身上。詩人用「名理前的視境」經驗世界。在某些場合裏，葉氏消除了「名」障，僅把形相呈現出來，只呈現了「如此」，而不把形相所指的「名」說出來，不說明是「什麼」；因此，詩中只覺形相飄忽，而不知其爲何物。形相與名之間的關係，往往就像啞劇，用動作來表達意蘊，動作欠準確時，也就無法指向意蘊了。這種寫詩的態度，實是對作者自身的一大考驗，同時也是對讀者的一大挑戰。許多讀者認爲葉詩難懂，往往只是由於堅持要達到「名」的階層的心理所囿。在某些場合裏，葉詩避免了「理」障。就是說，葉詩的視覺置於「概念化」、「關係化」、「實用化」之前。在某些場合裏，葉詩僅把形相呈現，還未把它抽象爲概念的句子，或用概念化的句子把形象詮釋；在某些場合裏，葉詩僅把形相呈現，而泯滅了方位上的、時間上的及其他知識上的關係。葉詩的視境置於概念化、關係化之前，也就是置於知識之前，而許多讀者則習慣於概念化了的、關係化了的知識，於是就感到不適應而困惑了。詩的視境居於實用化之前，尙爲一般人所普遍接受，而不構成問題。葉詩中的「意義性」是蘊含於形相中，物與心是心心相印的，因此，形相得以自然地伸入道德的、感情的階層，此即劉勰所謂「登山則情滿於山」。有詩口胃的人，從葉詩所呈現的形相中，即有一意義之流橫於胸臆，形相與意義間是「玲瓏透徹」；而一般習慣於「言詮」——在形相後加一條言詮的尾巴——的讀者，就往往尋不到意義的芳踪了。

在某一意義上，賦以「名」賦以「概念的」、「關係的」都是賦以言詮的尾巴。葉詩即儘量把這些尾巴切去。在形相伸入道德的、感情的層次時，可以用尾巴言詮，也可以不用，而葉詩也是儘量切去尾巴的。我重複用「儘量」二字，因爲詩以文字作媒介，不能盡去名理，也不須盡去名理。在繪畫的世界裏，「名理前的視境」可達到全盤的發揮，但在語言詩的世界裏，卻只是立根於「名理前的視境」，以追求詩情意興的表現；但如果遠離「名理前的視境」，字字皆陷於名理障中，則只有著一副死骷髏的詩，如何能盛裝詩情意興呢？

下面我們即以此基礎來論述葉詩。

二、我欲扭轉風景

我欲扭轉風景，我欲迫使
所有情緒奔向表達之門

> 通至未經羅列的意象　——〈夏的顯現〉

扭轉景物意含著一個新的視境。所謂扭轉風景，就是從一般習慣於名理的視覺中扭轉回來，回轉到「名理前的視境」。葉維廉是有著這視境的自覺的，他所表現的視境便是如此。如

> 我欲扭轉景物，乃臥木瓜林下
> 稻穀之風果之風抱來一堆影子
> 一種安靜與及神聖的戰慄等等
> 花花葉葉登登對對，一片迫人的藍
> 從南山滑下，落在葉之後，白鵝之後
> 葡萄藤蜿蜒有聲的架下　——〈夏的顯現〉

物底形相活活潑潑地呈現出來，玲瓏透徹，毫無所隔；就是只覺物的「如此」而沒有概念的、關係的、實用的「理障」。但我們得注意，第三句是概念化的句子；從這裏我們可看出在此詩節中，名理前的視境尚未純粹，尚有概念化的語言插入。並且，這名理前的視境尚是有限度的，三種理障是打破了，但「名障」尚未完全打破，我們尚知其爲木瓜林，爲白鵝，爲葡萄藤，就是說，尚知道它是什麼。我們前面說過，這是語言的限制，不能完全打破「名障」，語言本身是「名」。然而，我們同時知道，語言僅是符號，僅是「指」，指向「所指」，指向物的形相。如果讀者能有此語言的自覺，即可在某一程度上把「指」還原爲「所指」，

從「名」回到形相。在《愁渡》集的序詩中，葉維廉即有著打破「名障」的努力：

當所有的顏色爲一色所執著
當所有的聲音止於你的容色
天際的城市潰散
峭壁沉落
巨大的拍動鼓著虛無
七孔俱無的石臉
檢閱著知識生長的圖畫

在此中我們僅經驗到如此，而不知道經驗到什麼。我們只覺萬物森羅，色彩繽紛，諸象流轉，而不知其爲何。詩人只呈現了「如此」，而不再言詮與「如此」相偕的「什麼」；於是，詩人與讀者間的溝通就需要若干的努力了。如果我們肯退一步承認詩是呈現「如此」，呈現「名理前的視境」，那在詩中得見萬物形相的流轉，雖不知其爲何，也未嘗不是另有所獲。抑且，在「如此」中，我們仍然窺見某一程度的「什麼」，如「巨大的拍動」、「九孔虛無的石臉」、「知識生長的圖畫」等，是居於可解與不可解之間，形相震盪於表達爲「名」的邊緣。止於此邊緣，形相活潑，更能直撼心田，像畫像音樂似地把我們的心靈涵蓋其中。上述是「序詩」中的一節，或許我們可認爲這是葉維廉對自己追求的視覺的一種有意或無意的透露。也許，我們可認爲「如此」最好能清晰準確地能被還原爲「什麼」，但在某些場合，

尤其是所表現的是內心隱微的心境而不是外境時，是無法完全地還原的。此節即如此。在表現外境時，葉詩中的可還原性是極高的。如

陀螺的舞蹈自花中，波濤起拂袖
擴張著日漸圓熟的期望
款腰自風中，沓沓然緺綣
臉上橫溢的景色
白玉盤無任地
盛茫茫眾目 ——〈舞〉

我們不難從詩的形相中還原到其名，即使我們刪去了詩題〈舞〉。就語言是符號而言，一切語言都是指。但語言同時也是「名」，說出是「什麼」。如此，則語言作爲「指」的身份是指向「形相」，作爲「名」的身份，是指向「什麼」。就此基礎而分析此節詩，我們即發覺詩中的兩種語言交替著，相映成趣。詩中的「陀螺」、「花」、「波濤」、「白玉盤」，甚至包括「景色」，已失去了他們底「名」的地位；就是說，他們已不再是陀螺、花、波濤、白玉盤、景色，而只剩下他們所指向的形相，這些形相即構成了舞底形相的一部份。而另一方面，袖是舞者的袖，腰是舞者的腰，臉是舞者的臉，衆目是觀者的衆目。他們一方面指向「形相」而成爲舞底形相的一部份；也同時指向「名」，提供了我們還原「如此」到「什麼」的線索。一明一晦，虛實交織。爲了要闡釋此點，筆者不惜以散文的分析來割裂這圓熟的詩

情如下。「陀螺的舞蹈自花中」，是呈現了舞者如花如陀螺的舞姿，此時，在詩人的視覺中，陀螺、舞蹈、花是合一的；因爲在「名理前的視覺」裏，主賓的關係是不辨的。「波濤起拂袖」一語，在名理的識別裏，應試是拂袖起波濤，但在「名理前的視境」中，不基於日常的關係而基於心理的眞實；在心理狀態而言，詩人看見拂袖先有波濤（它只指向形相而不指向名）的感覺，其後經「名」的作用才知是拂袖。「擴張日漸圓熟的期望」與其說是外境不如說是內境，是舞的整個氣氛整個形相所構成的內境。此內境可屬於舞者也可屬於觀者，在名理前的視覺中主賓之分也是不存在的，詩人同時活於主賓之中。「款腰自風中，沓沓然縐綣」是舞姿的形相。「臉上橫溢的景色」一語中，景色二字最妙，若改爲顏容或面情就索然無味了。因爲前者已喪失「名」的地位，純指向形相，後者則因同時指向「名」而「形相」受到扼殺了：「白玉盤無任地／盛茫茫衆目」一語，是承景色二字而來。在此，白玉盤已喪失名的地位，它不再是白玉盤，而只是形相，這形相也就是「臉」的形相。在詩人「名理前的視境」裏，臉、景色、白玉盤都明暗虛實地疊在一起。換句話來，在詩人的眼裏，所看到的舞者的臉是景色，是白玉盤，其中盛著茫茫的衆目，所有的眼神都吸進去。形相在詩人的靈眼中、想像裏，是可以明暗地疊合在一起，各保留其面目，而虛實繽紛，這也可以說是詩的神秘。

三、風景的演出

葉維廉既然扭轉了風景，把詩置於「名理前的視境」，呈現物的如此，而不加以名理的識別；隨著心態的發展，詩人自然地退入旁觀的地位，讓風景爲主體，作純然的演出。景可包括內境與外境，內境是蘊含心中的，外境是實存的。外境的演出雖不免偕和著內境，但這內境只是一種心境（State of mind）而已。內境是否作純然演出較不容易辨別，而〈賦格〉〈愁渡〉二階段的詩多重內境，故此風格尚未顯著；及至〈醒之邊緣〉階段，多寫外境，此風格就大爲彰明了。而且，前二階段中，結構複雜，風景只能於片斷中演出，如前引〈夏之顯現〉中之一節。及至〈醒之邊緣〉階段，葉詩趨於單純，此亦有助於此風格之完成。試看

鉸鏈戛戛
停住
又開始
停住。
洗碼頭工人的談論
沒入霧裏
熱烈的爭執
爆發
又沒入霧裏。
衣物拂動天藍的水

天邊的郵輪
緩緩的
激起
晶明的散落
方的窗
打開
方的窗
打開
方的窗
打開
方的窗
張開的手掌
飛揚
張開的手掌
飛揚
張開的手掌
飛揚

青靄裏
風箏一樣
成排的
停在氣流裏
那些逍遙的
展翼的手掌

在此詩節中，碼頭上郵輪的風景，作了純然的演出，詩人並不介入。在單純的形象中，碼頭底精神面貌遂一一呈現。在此節的語言中，並沒有泯滅「名」的識別，但正如我們前面所述的，只要我們把語言看作是「指」，即可從「名」還原至「如此」，因此，並不破壞「名理前的視境」；而又能獲得明晰性。葉維廉只在很容易還原的地方，才用如此以呈現什麼，如「晶明的散落」以呈現「浪花」。在風景的演出裏，風景呈露其最眞實的面貌，主動地演出它自己，與宇宙的韻律相偕和，毫無相隔，單純得癡人。在風景作純然的演出中，詩人靜謐自得的心態躍然於風景之間。當陶淵明采菊東籬下，悠然見南山之時，讓風景——山氣日夕佳，飛鳥相與還——作純然的演出，我們不難領略出其時淵明「其中有眞意，欲辨已忘言」的心境。但葉維廉是不會像淵明那樣保留言詮的尾巴的。風景作純然演出所臻之不隔之妙處，在下列中更易見：

打開一扇門

其他的門都消失了
長廊裏
蝙蝠依聲飛翔
「來是你語
去是我言」
打開一扇門
其他的門都重現了。——〈醒之邊緣〉

我們暫且把中間的插句拋開。其他六句，景物作了純然的演出。爲什麼「打開了一扇門／其他的門都消失了」？而「打開了一扇門／其他的門都重現了」呢？我們不難領悟那是一長廊，有著一排或兩排的廂房；因此，打開了一扇門，進去，其他的門自然都消失了；打開了一扇門，出來，其他的門都重現了。在詩人底「名理前的視覺」裏，只有門之打開，而無所謂「進去」「出來」，進去與出來只是名理上關係的區別。詩人把握了這名理前視境的特質，不加言詮，讓景物作純然的演出。就像在電影藝術裏，進去與出來是不加言詮的。好了，我們現在把插語放回去，我們即發覺前面景物所作演出所蘊含的意義了。詩人把握了名理前視境之特質更同時利用它與日常視覺的微妙關係表現了淡淡的哲思：同是開門，但在名理的範疇裏，一開門是進是來，一開門是出是去，來來去去，在人生裏便成爲一種始復。前面我們說形相伸入道德層、感情層而產生意義，在此節中，我們寧願說詩人從形相中發掘出意義來。因爲這句插句，多少帶有言詮的味道，雖然用得微妙而技巧。下面我們接著探討形相伸入意義層的問題。

四、演出的意義

在風景的演出中，往往也同時演出了若干程度的意義。詩人是有情的，無論他如何地「以物觀物」，物中總諧和著詩人的心境，或對詩人而言，總有著若干程度的意義的呈現。葉維廉詩中的意義，即存在於風景中的演出中；或諧和著一份心境；或呈現了一份意義。如我們前引的〈夏的顯現〉即諧和著一份心境，這心境即是詩中的意義，即是詩中要表達的內涵。在前引〈舞〉中的一節，末句「白玉盤無任地／盛茫茫衆目」，白玉盤與茫茫衆目的對比，也呈現了某種的意義。但葉詩中是剪去了意義上言詮的尾巴的，讀者得像詩人一般讓風景從其演出中呈現其意義。下面就內境與外境舉例以作進一步的剖釋。

日日群山從我們兩肩躍出，然後滑落，然後
一若憂慮的偉大的拍翼指揮著海流，一瀉千㝷的
水銀的太陽指揮著我們夢之放射，死之螺殼
吹奏昨日許多盛大的婚宴，風暴默默領我們
欲望之鷹盤索大地的掌紋
而好奇與病的流　一激流的亂石

滾入引向八方的長筒的街道
而婦孺喋喋的囈語每每於午後
顯示新神
而短暫的床
日日指出我們的局限

——〈降臨〉

日日群山從我們兩肩躍出然後滑落，是一種意識高低的突感。詩人底意識突然發覺山巒聳立在兩旁，在這一剎那間，山巒彷彿從兩肩躍去。這是心理的眞、名理的假（指方位的關係言），猶如杜甫的「蕩胸生層雲」。其後，突感消失，山巒恢復了意識中的常態，就等於滑落而去。群山的躍出與滑落一若海流波浪的起伏。這景物的演出，對詩人而言是演出了某些意義：演出了人生的波瀾，生活事件如高峯頻出；而這演出是藉著暗示與象徵的方法。用憂鬱偉大來形容海流的起伏，是最能把握海的眞實的。海是充滿憂鬱的，以日常的意象而言，它的波瀾象徵著老人底額上的皺紋；海是偉大的，以它的廣度、深度、久度。海的波濤是拍翼的起伏，也是最實感的。最警絕的是它——憂鬱偉大的拍翼——指揮著海流。它本身就是海流，自己指揮自己，存在於本身的活動中。或者，我們把這拍翼看作「用」，海流看作「體」，「用」指揮著「體」，就有存在先於本質的意味。無論用那一個解釋，都是深刻有味，進入一種眞實的呈現。如此，這風景便演出了一種哲思：自存於自身的活動中或存在先於本質，亦同時暗示著人生許多相類的現象，如人生存在於人生的活動中。接著：水銀的太陽與夢之放射，本來是兩回事，但因兩者的形相有著心態的共通，混而爲一；在詩人「名理前的視境」中，心理眞實代替了名理關係，感到太陽指揮著夢之放射。「夢之放射」與太陽的聯繫也提供了某些意義，不過，這意義比較隱微而遊離。死之螺殼是有文學的繼承的，是指海難產生，難者的骷髏成了螺殼，奏起了死亡之歌。把「死之螺殼」與「盛大的婚宴」以「吹奏」連起來，產生很大的張力，婚宴已埋伏了死的種子，是相當悲劇深入的。這就是風景所演出的意義。以鷹來形容人的慾望，最爲傳神，鷹在空中盤旋，就猶如人的慾望在盤索慾望物；而由風暴帶領，也是最深刻的，慾望像風暴也產生風暴。慾望、鷹、風暴諸形相，在詩人底「名理前的視境」中，不受名理的牽制，有了新的微妙的組合；而這景物所演出的意義也是最明顯的，緊附於其演出中，不擬再費解筆。以上的境，與其說是外境，倒不如說是內境，是詩人靈眼中所孕育成的形相世界。接著低兩格的意象，素材是現實的，是人間可觸及的外境。用「好奇與病的頭」，用「一激流的亂石」來寓人，已不止於表面素描，而將整個心態抓住了。這風景所演出的意義很明顯，從「好奇與病」、「激流的亂石」、「滾入」、「長筒的街道」、「囈語」等辭語中即充分現出；尤其是末句「而短暫的床／日日指出我們的局限」已是相當地言詮的了。就整節而言，素材——意識——現實，——內境——外境，虛實相對，波瀾自起，是非常上乘的。當葉維廉詩風從繁富趨向單純時，演出的意義也隨著這步伐而趨於純粹：

我給了風

骨骼——
無際的
渦漩的天空
便由我
獨
自
默默的
支撐著

——〈年齡之外〉

詩人是風景中的立體。在蒼茫而空無一物的大地，詩人臨風而立，賦予風以骨骼；詩人獨撐於大地，與風疊而爲一，自身成了風的骨骼。意象單純，而詩人底孑然獨立、撐一世風寒的丰姿躍然欲出。於是，在「無際的／渦漩的天空裏」，時人「獨／自／默默的／支撐著」。「渦漩的天空裏」一形相顫抖於表達之邊緣，顫抖於形相與意義之間；當它一伸入於意義層，伸入於人間，那於國家、民族、文化諸問題上都有所投影。說得具體點，這渦漩是國家、民族、文化的渦漩，而詩人獨自默默地支撐著。在此節中，風景的演出與意義的演出已湊泊爲一，不能增削。

五、新的果實

一般讀者對葉詩的不懂，往往指不能於葉詩中獲得「名」與「概念」以及「意義」，他們習慣於言詮的尾巴；而葉詩卻是「名理前的視境」，居於「名」與「概念」之前，不受理障中關係的約束而忠實於心理的眞實關係，而又削去意義底言詮的尾巴，意義密合於風景的演出中；可以說是最形相化的，最純粹的，最詩的；前數章已有所剖釋。詩終究是文字藝術中境界最高的，因此，詩人與讀者溝通間的困難，我們寧多歸之於讀者；詩人追求詩質的純粹，是他忠實於藝術的努力。然而，我們前亦指出，「名理前的視境」亦可有程度之別，繪畫藝術可臻於最上乘，而詩因以文字爲媒介之故，不易達到純粹的「名理前的視境」；並且，名理前的視境，只是詩紮根的所在，詩尙得伸入於意義層，伸入廣大的人間。因此，在表現上，適度的藝術化的言詮，也未嘗不是一種調整，得以溝通「如此」與「什麼」的鴻溝，得以縮短詩人與讀者的距離。如何才是最適度的調整，那是詩人費心抉擇的地方。

如前所述，從《賦格》而《愁渡》而《醒之邊緣》，葉詩從內境而漸趨外境，從繁富而漸趨單純；這一傾向，與「名理前的視境」是相偕的。因爲是外境的、單純的，最適合於「名理前的視境」，寫來便毫無所隔，大千世界裸露於前。在最近的詩篇，仍承著這特質，紮根於「名理前的視境」，伸入人間，於「如此」與「什麼」間作了適度的調整，發表在中外文學六十四年二月的〈大溪老人最後的事蹟〉便是一例。如有讀者仍覺難懂，筆者就覺得很詫異了。茲引半節如下：

大溪老人啊

你瘦削成
狹長的廢街
一條稀薄的黑影
在月當頭的死寂裏
斷斷續續的拍動
如折翼的蝙蝠
依著細弱的聲響
向那髏髏的波動的山頭摸索

葉維廉憑著他底詩才，他底獨具的靈眼，在自選集諸詩中，縱橫於形相的世界，努力地造就內外境底純粹的結晶。韓愈曾謂爲文要養其根、加其膏，葉維廉在詩自選集中培植了奇花異果，也同時在培植中養熟他底詩質、他底詩情、他底詩眼；現葉維廉懷著這充沛的詩養，更把詩的根鬚深深地、牢牢地伸入這有重量感的人間世，在「名理前的視境」的詩壤土，將結成更充實的果實。我們深深地期望著。

最後，簡短地談談葉維廉所培植的兩株新苗。我們先看「跳繩子的遊戲」。跳繩子的遊戲本是小孩子普通的玩兒，但在詩人的眼中，卻有著淡淡的神秘感：

然後杜鵑花說：金雀花，輪到妳跳過我爸爸的影子了。但杜鵑花的爸爸行走如風，雙手捧著一個碩大無明的鼎，金雀花說：影子太快太大了我跳不過。燕子就唱：

> Jack fell down and broke his crown
> And Jill came tumbling after
>
> 燕子花對著長長的橫臥著的建物的影子遲遲不前，杜鵑花和金雀花都停了旋舞，紗衣在陽光裏靜了下來。——〈跳繩子的遊戲〉

三個小女孩出現之後，即不加言詮的用杜鵑花、燕子花、金雀花來代表她們；詩人在此把小女孩與花兒視爲一體，可互相轉化，富有童話色彩，同時也表現了葉詩中一向作爲底色的人與自然的交流。影子本身就有著神秘的味兒，光與影，生與死亡。「一個碩大無明的鼎」暗示著一些特殊的意義，大人就像龐大的影，小孩無法跳過；突然間，花兒們都停止了舞蹈，一份神秘感在靜止中流過。「死亡的魔咒和頌歌」是儀式舞蹈劇，人與宇宙合一的神秘色彩更濃了：

> 獨唱：（用低聲吟唱）：在春天，當我們躺臥在聲息花的樹下，草轉綠，太陽微溫的時候，我們不是昏昏欲睡嗎？
>
> 合唱：在我們的指尖上旋轉的是風的脈絡。

然後，獨唱部分的景色不斷更換，「在我們的指尖上旋轉的是風的脈胳」一再重複著，而「我們不是昏昏欲睡嗎？」重複了三次後轉爲「我們睡覺了，對嗎？」，富有催眠的作用；於是：睡覺了。睡著就意味著死亡；於是第二節：「天在哭泣／天／在地的盡頭／天在哭泣」，然後是「巫師獨白」，「死之祭」，然後是「你我向上方前行／你我向星河」，「我們行向神秘的國度」。睡眠是死亡，死亡是與宇宙的合一：

在我們的指尖上旋轉的是風的脈絡
在我們的指尖上旋轉的是風的脈絡
風的脈絡，風的脈絡
風的脈絡……………

「在我們的指尖上旋轉的是風的脈絡」是一種神秘的人與宇宙的交流。以上二首都是可以演出的詩。此外，《醒之邊緣》一詩集中，尚有兩首同類的即興詩，即「What is the Beautiful」及「走路的藝術」，可惜沒有收進自選集。再寫下去恐怕詩人要說筆者「把纏足的布放到長年結冰的北方／還未放完」，就此打住。

——錄自古添洪：《比較文學・現代詩》，臺北：國家出版社，一九七六年十一月，頁一九九—二二〇。原刊於《中外文學》四卷十期，一九七六年三月。

古典的廻響

——兼評《葉維廉自選集》

周伯乃

中國現代詩的艱澀，是由於現代詩人們過份舖張了意象（image），而葉維廉的艱澀，可能是由於他不斷運用折疊意象，和「純粹意象的飛躍」所致。他說：「在一首詩中，作者或通過意象的驅勢，或通過修辭的張力而把該心象的狀態透露出來。因而一首成熟的詩往往把『意義顯露性至爲明顯的敍述』去掉，而利用純粹意象的飛躍，或利用神秘主義的敍述語勢以期達到心象全貌的放射。」（見其所著《秩序的生長》一二三頁）根據心理學上的解釋，意象一詞，是指人們對過去的知覺的經驗的事象，在心底留下的印象所喚起的再現。而印象（impression）是起於人類的感官對外在事物的一種直覺感受所獲得的形相。從通常我們所常見的英文字典裡，有關image的註釋，它含有心象、意象、物象、表象、概念、直喩、隱喩、影子等意象。而在梁實秋先生主編的《最新實用英漢辭典》中有一句引例：The clouds were image in the still water，譯成中文是「靜水映出雲影」，我想如果用這一句話來詮釋意象一詞，是非常恰切的。意象的內蘊不就是靜水映出雲影那樣具有一種朦朧的、神秘的，既具象而又不可觸摸的那種影子之再現嗎？一個詩人的意象，是孕育於他的純粹的經驗和生活的體現。平時我們看見一朵花、一條河流，或者聽見一聲鳥叫，在我們的心裡都會留下某種印象，經過了長期的累積，便成爲豐富的寶藏。甚至同一個印象會反覆的在腦海中再現，等到你要運用它的時候，便自然流露而出。而這些意象，有時是眞實的，有時是不眞實的；有時是確實的，有時是不確實的。在這眞實與不眞實，和確實與不確實之間，常常會產生夢境般的意象，而這種夢境似的意象，正是詩人急於要呈現的意象，也就是葉維廉所謂的「出神狀態」。

葉維廉對於「詩人用以觀察世界的出神的意識狀態」有一個極明確的解釋。他說：「在這種出神狀態中，時間和空間的限制不再存在，詩人因此便能將這一刻自作品其他部份及這一刻之前或之後的直線發展的關係抽離出來，使到這一刻在視象上的明澈性具有舊詩的水銀燈效果。」（見其所著《秩序的生長》一七八頁）葉維廉認爲：「所有眞正的抒情詩人無不自這種出神的意識狀態出發。」我不知道葉維廉所謂的「出神狀態」，是否就如同精神分析學家所發現的人類潛意識的，或者是下意識的狀態。如果是在這兩類精神狀態之下才能完成創作，那麼作爲一個現代詩人，他的自我世界就必須時時與客觀環境掙扎、搏鬥。恐怕眞的要如他說的，詩人要「具有另一種聽覺，另一種視境。他聽到我們尋常聽不到的聲音。他看到我們尋常所看不見的活動和境界。」因爲潛意識世界，是我們不可預知的世界，它必須依憑我們的回憶或者思維力的再現，才能進入的意識世界；而下意識世界，更非靠吾人的回憶所能進入的世界，而必須借助於精神分析之治療或催眠術始能喚起的精神世界。在一篇訪問記中，葉維廉特別闡釋了所謂出神狀態與創作的重要性。他說：「通常我們都會看到很多樹木，但爲什麼不可以成爲詩？」那是因爲我們沒有對它「特別注意」，當你特別注意的時候，就是脫離了平常意識形態。「比方說那事物在特別的光的形態之下出現；或者是空間的關係，可能這棵樹在這個空間裏顯得很突出，而你注意那個時刻和你平常時的心理狀態略爲不同，換言之：它撤離了一般的時間和空間的觀念。……比較極端的，就是到達了夢的境界，我們稱之爲出神的狀態。玄思的狀態到出神的狀態再到夢都是很接近，要在這等心理狀態之下，那件事物方才會顯得突出，你才可以抓到那件事物特別顯露的狀態。」葉維廉認爲古今中外，在這種狀態下創作詩的詩人很多，如我國古代的李賀、李商隱，和現代的卞之琳、何其芳、馮至、曹葆華，以至西方的里爾克、艾略特、龐德他們皆是在出神狀態中觀察事物，創造意象的。而且他自己也承認自己是在那種狀態下寫詩的，他說：「對於意象的接受和呈露方面，有很多地方我和他們倒有點接近。我覺得自己的詩是略爲離開日常生活的觀看方法，而是在出神狀態下寫成的。」（見《葉維廉自選集》第二五二—二五三頁）葉維廉特別引了一首王維的「鳥鳴澗」五絕：「人間桂花落，夜靜春山空。月出驚山鳥，時鳴春澗中。」他認爲這是王維在出神狀態下所看到的事物。

詩人的出神狀態，或者說夢的狀態，都是超越了時空觀念的狀態。葉維廉在一九六五年出版的英文著作《論龐德的國泰集》（Ezra Pound's Cathay）中，特別闡釋了中國文字的特質和中國古典詩中的特殊結構。尤其是在獨特的語法上所產生的效果，這是印歐語系中所不能達到的境界。基於中國文字的特質和語法結構的殊異，而產生出一種純粹視境和雕塑性。譬如：「雞聲茅店月，人跡板橋霜。」這兩句詩，每行五個字，而五個字中，每個字都是名詞，沒有動詞、形容詞。但五個名詞中，每一個名詞都獨立構成了一個意象，而且互爲觀照，彼此重疊。在我國古詩中，類似這種具有雕塑的詩非常的多，所謂詩中有畫，正說明了詩中的畫的構圖，這個構圖是產生於詩人的純粹視境。

葉維廉先生不止一次的論及詩中的電影意味，如蒙太奇的電影手法和水銀燈效果。我記得四五年前，有一次他在國軍文藝活動中心三樓舉行的專題演講時，講題好像就是有關詩的意象和蒙太奇的手法，因爲事隔多年，我已記不起詳細講題，但給我印象最深的是他提到中國現代詩，在創作上所運用的蒙太奇手法，使詩中的意象與意象重疊的效果。

> 在遠山上霧中的松樹很像日本盔甲的甲面。
> 霧中松樹的美並非因它像盔甲的甲面而引起的。
> 盔甲的美亦不是因爲它像霧中的松樹。（葉譯）

這是一九一五年龐德在《新時代》上發表的論雕刻家Gaudier-Brzeska一文中，特別舉出的例子來說明意象重疊的效果和它的特殊美。龐德說：「樹和盔甲的美是因爲其不同的平面以某一種姿態重疊的關係。」

從葉維廉的創作思想的淵源來看，他所受到的影響似乎很廣，有亞里斯多德的形而上學，有西方近代的象徵主義和現代主義，以及美國的意象主義，但受影響最深的恐怕還是我國古典的傳統。不僅在精神上受到這股力量的衝激，而在遣辭造句上也受到莫大的影響。例如《賦格》中的第一首：

北風，我還能忍受這一年嗎
冷街上，牆上，煩憂搖窗而至
帶來邊城的故事；呵氣無常的大地
草木的耐性，山巖的沉默，投下了
胡馬的長嘶；烽火擾亂了
凌駕知識的事物，雪的潔白
教堂與皇宮的宏麗，神祇的醜事
穿梭於時代之間，歌曰：
　　日將升
　　日將沒

在這十行詩中，我們可以看到作者運用了許多文言文和古詩中的詞彙，如「胡馬」、「烽火」、「凌駕」、「歌曰」，以及「月將升、日將沒」等等。在第二首中有二段幾乎是一字不改的抄錄《古詩源》和《聖證論》裡的詩句。《古詩源》中的〈龜山操〉：「予欲望魯兮，龜山蔽之，手無斧柯，奈龜山何？」而葉維廉的詩是——

有人披髮行歌：

　　予欲望魯兮
　　龜山蔽之
　　手無斧柯
　　奈龜山何

薰和的南風
解慍的南風
阜民財的南風
　　孟冬時分
　　耳語的時分
　　病的時分
大火燒炙著過去的澄明的日子
蔭道融和著過去的澄明的日子
我們對盆景而飲，折葦成笛
吹一節逃亡之歌

在《聖證論》中引尸子及衆語難鄭云：「昔者舜彈五弦之琴，其辭曰：『南風之薰兮，可以解吾民之慍兮；南風之時兮，可以阜吾民之財兮。』鄭云：『其辭未聞』，失其義矣。」

我不知道葉維廉在運用這些古詩辭彙時，是否含有較特殊的「弦外之音」的效果。但作爲一首現代詩，能不用典，不套用先人的詞句，我想才是眞正的好詩。用典應該是在無可奈何的情況下才用，換句話說，非到用典不足以傳達你的詩意時，才去用典。而葉維廉這首詩是否有其必要用典，或者是非用古詩不足以傳達其心意呢？有人說這是葉維廉有意喚起「古典的迴響」，我個人並不讚同這種看法。所謂「古典的迴響」，應該是意識上的，或者說是精神上的，而不是抄錄幾句古詩夾雜在自己的詩中就能喚起古典的迴響。

葉維廉有一些詩句是屬於改裝句法，譬如「獨上西樓，月復如鈎？」是改裝於南唐後主李煜的〈相見歡〉：「無言獨上西樓，月如鈎。」如〈河想〉中的「白日啊，當你依山而盡」，是改裝於唐朝詩人王之渙的〈登鸛雀樓〉：「白日依山盡，黃河入海流；欲窮千里目，更上一層樓。」如〈愁渡〉裡的「第四曲」之「怎得一夜朔風來，千樹萬樹的霜花多好看，千樹萬樹的霜花有誰看？」是改裝於唐朝岑參的〈白雪歌送武判官歸京〉中的「如一夜春風來，千樹萬樹梨花開。」不過，葉維廉自己卻說「是杜甫詩的迴響」。除了這些改裝句法以外，還有是在形式和節拍（tempo）上因襲《詩經》的，如《降臨》中的第五首〈斷層與黃金的收成〉：

有美一人
其圓似日
其滑如流

其亮若天
有美一人
其豐似稻
其氣如蘭
其溫若土

現在我將《詩經》中「陳風」裡的〈澤陂〉抄錄如下：

彼澤之陂，有蒲與荷。有美一人，傷如之何！寤寐無爲，涕泗滂沱。
彼澤之陂，有蒲與蘭。有美一人，碩大且卷！寤寐無爲，中心悁悁。
彼澤之陂，有蒲菡萏。有美一人，碩大且儼！寤寐無爲，輾轉伏枕。

讀者只要將這兩篇比照誦讀，立刻就會發現諸多相似之處。尤其是在韻律方面，更使人如感同出一轍。再如《降臨》第一首〈裂帛之下午〉，其「裂帛」乃出於江淹的〈恨賦〉中的：「裂帛繫書，誓還漢恩。」或白居易的〈琵琶行〉中的：「曲終收撥當心畫，四弦一聲如裂帛。」裂帛是指清厲之聲。

葉維廉自己對這種借用古詩、古詞的句子，有他自己的說法，他說：「這裏面是有著兩個情況：一個情況是我覺得在我利用一首舊詩的時候，有很多地方可以將在舊詩裏非常濃縮的氣氛和感受，帶到我詩裏面需要這樣表達的地方；另外是我在那個時候始終覺得白話有很多缺點，這些缺點是文言的濃縮可以補救的。」前一個理由，葉維廉是在強調古今詩人的心靈能息息相通，是對某種情景有相同的感受。所以，可以透過共同的詩句來傳達彼此的心意。而第二個理由說白話有很多缺點，最大的缺點是不如文言濃縮，這話恐怕很難令人信服。半個世紀來，現代詩人不知歷經了多少艱難和困苦，才割斷傳統語言的臍帶，創造下新的語言，才使新詩有了今日的面貌（至少已擺脫了平仄格律的束縛）。雖然現代詩仍有諸多值得令人商榷之處，或許不夠成熟，但至少比重投進文言的母胎好。從我國詩歌形式的發展程序來看，由三個字一句到七個字一行，這期間亦歷經了多少年代，無疑的五言詩比四言詩，它所包容的意義就要豐富多。而七言詩又比五言詩，更能表現作者的思想和情感。而現代詩在用字上已完全沒有限制，難道不會比古詩更能表現詩人的情感和思想嗎？顏元叔在〈葉維廉的『定向疊景』〉一文中說：「我個人認爲現代詩應該盡量用白話語體，不應該用文言文。現代詩既然肩負著塑造現代文學語言的重任，便應從現代人的口語中去發掘與再造，努力使國語文學化，文學國語化。」接著他又說：「當然，爲了特殊的效果，可以借用文言文。但是，我們很難說，葉維廉用了那麼多的文言語彙，每處都是爲了特殊的理由或特別的效果。」（見顏著《談民族文學》一書第二六六頁）不過，葉維廉他自己有他自己的見解，他認爲那是一種語言的迴響，如李白迴響鮑照，杜甫迴響李白，而他又迴響於古人，他說：「譬如『君不見……』並不是純學古人那麼簡單的，那裏面有一種迴響在。」我個人認爲套用與迴響，應該是有所差別的，套用是全然的引用，一字不改的引用進自己的文章裡，在理論上，譬如甲有與乙相似的，甚至相同的對同一事物的見解和觀點，那麼甲可以引用乙的理論，或者理由來作爲對那同一事物的見解；而迴響應該是屬於意識上的，或者是精神上的，至於是否能用相同的符號，或者相同的文字來引起共同的迴響，我想這是值得商榷的。譬如說南唐後主李煜上的西樓和葉維廉上的鋼筋水泥的西樓，難道會有相同的感受嗎？會有共同的情感和思想產生嗎？正如他看到的玉樹，會與《山海經》裡的玉樹相同嗎？

不過，我想葉維廉在詩裡套用那麼多的文言文和古詩詞，有兩個可能，一個是他在接受養成教育的時候，特別喜歡我國古代的文化，讀了許許多多的古文和古詩詞，因而無形中會受到影響，誠如一個接受語言的訓練一樣，無論你的原籍在那裡，如果在某一個地區生活久了，無疑的會在無形中接受那地區的語言訓練。譬如一個廣東人，從小把他送到四川去，等他長大了一定說的滿口四川話，至少會有四川腔。而且這種語言的訓練，愈小愈容易接受。換句話說，愈小所受到的感應力愈大。另一個原因，可能是葉維廉極力想從自己的詩中喚起中國古代的懷戀，包括對中國傳統文化的關懷與摯愛。他說：「在我心底裏面有一種很嚴肅、認眞的想法，就是擔心我們這麼多年的中國文化的演變裏面，會有一個可能性：就是我們基本上對藝術的愛好，對於中國傳統的藝術的感受，可能會慢慢淡泊到消失。」在這一段話中，我們可以感知葉維廉的心意，他不僅對中國傳統文化的關愛，而且有了相當的憂慮，他怕中國文化會漸漸的被西潮或歐浪所淹沒，而慢慢被國人所淡忘，我想這份憂慮，是許多知識份子都有的憂慮。葉維廉說：「我對於中國的關懷，我希望有人和我分擔這個經驗。而且，我很希望通過我的詩的創造，能夠使別人進一步對於傳統有所愛好。」葉維廉這份苦心，是很値得現代詩人，尤其是西化或歐化的詩人們，要時刻深加警惕的。

在葉維廉的詩中，除了用典故（西歐的、中國的）、鋪張（折疊）意象、套用古詩詞的句子和文言文外，另一個特質，是喜歡運用誇句和展伸句子，如〈白色的死〉第一章。

濤聲疊砌著戰慄的瓷皿在眉際
金箔映照著焚燒中乳白的城池
鳥絕而天空璨麗，季節的眾手
自微微波動的呼息中伸出
一若鞭碎的黃麥掛在朝陽上
戛戛的紡車，默然的門掩
此時都是裹在腦葉裏的幼年
汹湧的石塊自白得要佔有星辰的帷幕
伺候著神經最後的冲洗
或許在沒有骨骼的風中，你渴欲
成爲除卻語字的景色，渴欲
除卻碧瓦窰的戰慄，或許等待本身才是
那凝結在你眼中的玉樹與初寒
冬天拒絕了繁茂，往往堅硬

就是巖層的生命，山出現
而向海流，河川生
而不避窪地，湖泊是故
無以高舉自身，花瓣
把一切呼喊切爲漂盪的雲
而白孔的太陽緩緩傾下
那明亮的釉漆一若
濤聲疊砌著戰慄的瓷皿在眉際
引帶著霜天的枝椏間有馬群馳過
雲層以外那裏不是藍色

整首詩二十四行，除了一二兩行勉強可以成爲獨立句子以外，其餘都是使用跨句句法連接下去。我想葉維廉運用跨句語勢，有兩種可能：其一是音律的需要，把握著音樂的效果，讓讀者在誦讀時能產生緊壓（jamming）的效果，猶如聽一個樂章般。其二是意義的展伸，使整首詩渾圓成爲一體，成一完整。

在這首詩的前面有一個括弧標明是Tempo的練習，可能作者有意說明這首詩是在表現音樂的節拍，或者是詩的音樂效果的。

類似跨句語勢的表現，在龐德、威廉斯（William Carlos Williams 1883-1963）、喀明斯（E. E. Cummings 1894）等人的詩中是經常出現的，尤其是威廉斯的詩，常常運用一個冠詞，或者僅僅在第一句的首字用大寫字母，其餘都用連接詞展伸下去。我不知道葉維廉是否是受他們的影響而如此創作的，但至少在形式上是有類似的表現。我現在試舉一首威廉斯的"This is just to say"

I have eaten
the plums
that were in
the icebox

and which
you were probably
saving
for breakfast

forgive me
they were delicious
so sweet

and so cold

讀者將這兩首詩放在一起比較，也許很快的就可以發現彼此在運用跨句語勢時，所獲得的音律的需要與意義的展伸的效果。在現代小說中，尤其是意識流的小說中，作者常常在字裏行間不加標點符號，以加強小說中的緊壓氣氛。我覺得這和現代詩人運用誇句（顏元叔稱它爲「奔行」）是有相同的效果。不過，使用得太多，或者刻意去製造，都有損於詩的自然結構。詩貴在於創造，創造在於自然之流露，任何刻意的雕琢，都不能算是最好的詩。我個人認爲，無論就詩的語言、形式最好能順應詩的本身需要而創造，不必刻意雕琢。葉維廉後期的改變，就比較明朗，也沒有前期的那樣雕琢，甚至刻意舖張意象。但艾略特、龐德、威廉斯等人的影子仍然很濃。尤其像〈巴黎詩抄〉、〈愛與死之歌〉、〈變〉、〈天興〉等詩，幾乎就是他們的翻版。

葉維廉從中國的古典廻響到西方的混合意象之運用，他始終把持著詩的純粹表現。所以，從他的詩中，我們所看到的是表現多於敍述，呈現多於分析。他很少用說明的句子，雖然他的題材多半取材於個人的抒情，如信札、旅遊、感懷等，但非常明顯的，他已完全擺脫了抒情詩的繩規，而另創了一條途徑；但這條途徑是否能成爲中國現代詩的主流，恐怕還值得商榷。尤其近二三年來，中國年輕一代詩人，正極力倡導「生活的語言」和「大衆化」的表現，像葉維廉這種艱澀的詩，恐難讓他們接受。

——錄自《文藝月刊》八十四期，六十五年六月，頁二四—三七。

戰勝隔絕
——葉維廉的放逐詩

王建元

一

我國歷史通俗小說有〈王安石三難蘇學士〉的故事，故事開始於王安石惡東坡自恃聰明敏捷，曾譏誚他的作字說，故將東坡左遷為湖州刺史。三年後任滿，東坡朝京，來謁荊公未遇，在東書房讀到荊公的未完詩稿兩句：「西風昨夜過園林，吹落黃花滿地金。」東坡以為秋菊不落瓣，忍不住依韻續詩兩句：「秋花不比春花落，說與詩人仔細吟。」荊公看罷，惡東坡輕薄之性不改，特又將之左遷黃州，當時東坡心下不服，明知改詩觸犯，摘其短處，卻也無奈，只好在黃州飲酒賦詩。時值重九後，與陳季常同往後園賞菊，只見滿地鋪金，枝上全無花朵，東坡目瞪口呆，半晌無語，始知黃州菊花果然落瓣，受貶黃州，原來是看菊花來著。

這故事的本意當然是「滿招損，謙受益」；但卻可以拿來闡釋中國歷史上詩人經常遭遇的一個命運——放逐，及其對詩人的正面作用。東坡第一次被外遷，是爲了「是非只爲多開口，煩惱皆因巧弄唇」而遭受這極普遍的一個服罪方式。三年後東坡故我依然，放逐對他沒產生什麼作用，但第二次就不同了，首先，放逐的主要導火線是爲了詩作；然後放逐的目的——當然王安石之感情用事及公私不分不能勾除——是希望詩人經一失長一智，放逐變成一種教育方法，詩人因而得到益處。

歸岸氏（Claudio Guillen）可能不熟識以上這故事，因爲這故事可以成爲他文章〈放逐文學與反放逐〉（On the Literature of Exile and Counter-Exile）裡代表東方文學的一個極好的例子。在他文章裡出現的屈原、李白、杜甫、王維及王陽明，當然與放逐有關，但王安石與蘇東坡的故事，卻能印證他的「反放逐」論的可能性，所謂「反放逐」，就是詩人因被放逐而激發起某種積極的思維與創作力。他說：某些作家敘說放逐，而另一些卻從它得到好處……而我所說的反放逐，就是那些因由地方、階段、語言，或家鄉故土的隔絕所染織成的反應；只要這些反應戰勝隔絕，超越先前對故土根源的羈戀，從而提供更廣大深遠的意義。①

然而，蘇東坡這例子只能支持歸岸氏的「反放逐」的可能性；他本身可得到的好處卻不容易直接從他以後的詩文中找出來；充其量，我們只見他被放在外而遊山玩水，飲酒作詩，詩中往往流露由一種無可奈何而生的自慰語：「未成小隱聊中隱，可得長閒勝暫閒，我本無家更安往，故鄉無此好湖山。」（〈六月二十七日望湖樓醉日〉之後四句）從表面看，蘇東坡對放逐的態度比白居易的「偷閒意味勝長閒」及杜甫的「此身那得更無家」來得豁達；似乎比較接近歸岸氏的「反放逐」中的「超越先前對故土根源的羈戀」，但這意境卻止於自我開解，當他說「故鄉無此好湖山」時，故鄉二字猶似一重壓，緊迫心胸，未能戰勝隔絕。當然，眞正地戰勝隔絕並不容易做到。古今中外，詩人受放逐迫害的多，能眞正克服這困境者極少，古羅馬詩人奧維（Ovid）是西方典型的放逐詩人，他曾因受貶邊疆，遠離羅馬而終日空書咄咄，甚至因此而激怒致將自己所有的詩作付諸火炬（Trista 10 iv）。他說：「詩是從一個和平的心境所交織成的，而我卻終日受驟然的哀傷所蒙蔽；詩人只能在隱逸與安寧下作詩，而我卻受盡滄海、狂風所折磨。詩最容易受恐懼所虧損，而我卻在自身將凋滅時刻期待著穿我項喉的利劍。」比起奧維，我國第一位詩人屈原就不同了。從文學角度而言，奧維因作詩見罪於奧格斯提（Augustus）而受貶，受貶後創作能力因而衰退。而屈原作詩的主要動機卻是由放逐引起。以〈離騷〉爲例，這首詩可以說是因放逐而寫；詩的主題亦不離放逐。當然，詩中充滿憤懣及斥責之詞，但詩人卻從而作自我肯定與理想追求。比起奧維的咄咄空書，放逐對屈原所產生的作用積極得多了。

從古到今，詩人似乎與放逐結下了不解之緣，放逐的性質因人而異，詩人接受這命運的態度亦有不同，因而對它有所表達時所得的成果更大相逕庭。但若將詩人——作品之間的關係作爲一個歷史性的現象來看，它至少具備某一程度的共通模式，其本身能構成爲一個文學探討的課題。在這方面，李分氏（Harry Levin）可說是先驅者；他在十六年前已經對放逐與文學的關係發生興趣而寫了一篇〈文學與放逐〉②。他在序言第一句說：

在放流中的作家一直是人生經驗最深刻的證人。雖然在每一不同境遇中他們的文字或傳記所宣證的都具有其特殊的個別性，但歷史已經將這些宣證累積起來，數量之大，足以代表我們這時代的呼聲。

發出「這時代的呼聲」的放逐作家與詩人眞是多得不勝枚舉。而李氏所舉出 Boris Pasternak, James Joyce, Joseph Conrad, Pound 都是現代文學的巨子。他們各有放逐的理由（自我放逐包括在內），及各自吐露因放逐而激發的心聲。但基本上，放逐卻使他們無從擺脫一些具有共通性的機杼。對每一位放逐作家或詩人來說，放逐往往是一個洶湧著國家、民族與文化種種問題的漩渦。它逼使他們加強自我意識。他們往往面臨時間、空間及語言種種問題。他們處身煉獄，徘徊在思鄉病（Heimweh）與漂泊樂（Wanderlust）之中，他們要一再肯定內心自我，但又必須企圖認同於外在世界。他們飽嘗失敗，但不會、不肯對以後的成功絕望。他們哀傷，卻不無輝煌。

以下本文就放逐與「時間」、「空間」及「語言」的關係討論葉維廉。以葉維廉的《賦格》（一九六三年）及《愁渡》（一九七二年）爲例，其目的是希望拿放逐詩的例子來充實放逐文學這課題，而另一方面，通過放逐模式的探討，希望能對詩人創作的認識有所提供，及了解其間文化認同危機在現代中國文學中的意義。

二

在聖地牙哥加州大學教授比較文學的詩人葉維廉，讀完〈美洲三十絃〉後特別爲詩集寫了一篇不甚長的序言〈經驗的染織〉。除了簡短地介紹作者外，序中主要的論點卻在指出一個放逐詩人在語言上所呈現的特質。葉氏指出馬博良本身是一個「雙重文化的詩人」，受著「文化的衝擊」，故其語言的運用與形態呈現了兩種現象：其一是馬詩中用以保衛自身文化及試圖求取意義的文言用語有「不調合之感」。其二是詩人終於在超越民族文化的出神裡面使語言與經驗重新溶合。在這短短的序言中，葉氏凝鍊精確地一語道破語言在放逐詩中的微妙作用。當然，葉氏是一位對現代詩的語言有深邃體認的理論家，他能洞悉馬詩中因放逐而產生的繁秘奧妙固然是慧眼獨具。但如果我們仔細斟酌這篇序文。不難發現作者除了客觀地討論詩集的題旨與得失外，還在字裡行間，不經意地向馬詩流露著一種強烈又親切的認同感。尤其是論到馬博良在「詩心遊」裡穿過時空「與百師神會」時，作者不自禁地將自己本人的詩、譯作，及理論拉進這「心遊神會」裡。這無疑是一種超越提昇的共鳴；它不僅是朋友的交情，又不止於詩人間的息息相關，而是在一個文學理想最核心的領域裡，詩人們爲了從不同的時空同時相會在一個詩的驛站而舉杯互祝。

我們不禁會問：如果馬詩的旅程的肇端是「放逐」的話，那麼葉維廉寫的詩主要推動力又是什麼呢？如果〈美洲三十絃〉是放逐詩，葉氏二十年來的詩又是否有一種恒久重複的主題不斷支持、推動，甚至催逼詩人的創作活動呢？葉氏曾經滄海，從中國大陸、香港、臺灣、以至歐洲美國，浪跡天下，單憑這個背景，我們就可以進一步問：放逐究竟在葉氏的創作中佔著一個什麼地位，扮演什麼角色？

顏元叔教授評論葉維廉時曾說其詩缺乏一個執著的題旨③。其實光翻開《賦格》（一九六三年）與《愁渡》（一九七二年）兩本詩集，我們應該可以點點滴滴地累積足夠資料，證明葉維廉正是一位「發出時代的呼聲」的放逐詩人。長久以來，葉氏個人一直受著放逐這命運鞭撻著，他又甚至將它廣推到這時代所有中國詩人身上，指出放逐是現代詩人所共「享」的同一噩運，在〈中國現代詩的語言問題〉一文中，他就將抵抗放逐這使命屬託所有現代的中國詩人：

> 詩人的責任（幾乎是天職）就是要把當代中國的感受、命運和生活的激變與憂慮、孤絕、鄉愁、希望、放逐感（精神的和肉體的）、夢幻、恐懼和懷疑表達出來。④

因此，放逐意識往往是葉氏創作背後的原動力。不論是「哀朕時之不當」或是夢魂縈繞的思家；不論是傳統歷史的揹負或是羈旅無歸的沈哀，這種種迴環無間地在葉詩出現、凝聚、歸納爲一動力的核心，然後再伸延至形式、語言、意象的表達形態上。這現象不僅貫通《愁渡》及其以前的作品，甚至在後期的《醒之邊緣》、《野花的故事》以至最近發表的《松鳥的傳說三部曲》中，懷國、飄泊、失落、隔絕仍一樣是詩的主要而確切的感觸及抒發的方向。

在一次接受訪問中，葉氏說：「我作爲當時一個現代的中國人，作爲一個被時代放逐的人，出國之後空間的距離使我更有被放逐的感覺。」⑤「當時」是指中國大陸陷入中共手中，國府南渡臺灣的時候，所謂「被時代放逐」，便是與大中國（空間、時間、文化）的遽然切斷。還有，這是在次序上一個很特別的說法。因爲例如屈原與馬博良都是先因放逐而對時間產生敏感，然後以時間及其象徵爲反抗放逐空間的對象。但葉氏之「被時代放逐」卻早於出國之後。究其原因大概有二：其一是葉氏深覺自身處於一個大動盪、陷於分崩離析的時代。詩人蘊藏在血液的中國傳統受著西洋文化現代主義等的衝擊而在無所適從中困惑、掙扎、反抗。故此產生了自身與時代不調和之感。第二個原因，就是葉氏這種精神放逐極可能是他更早時遭遇到的形體放逐的產品。葉維廉於一九四八年從中國大陸「棄家渡海到了香港」（《自選集》年表中語）。《賦格》集中描寫香港的早期的「城望」（一九五六年）就充分流露詩人受放逐的心聲。這是一個每個人只知道「向滯留的自己瞥視一眼」的地方。在這裡，詩人只能「期待月落的時分」。此時此地，詩人的心境是一片焦急：

焦急的生命
在焦急的人們中
在焦急的時代下

這種焦急並不偶然，至少在葉氏這首詩中我們看到他用以後一直愛用的重複句⑥再三叫喊：「我們焦急的生命」。然後是〈塞上〉（一九五八年），詩人把自己的遭遇化入了武俠小說的世界。在這裡，詩人「負載了——歷史亙古的哀愁」，焦急化成「追憶時期」。緣此，生逢亂世而對時間產生敏銳的錯雜感不斷在《賦格》詩集出現。詩人只能從「墳墓的氣息」才獲得「時間的實感」（〈致我的子孫們〉，一九五九年）。過往現在將來變成「陰鬱的時間，伸在我們以前和以後」，「我們超不過時間，我們征服不了時間」（〈焚燬的諾墩的世界〉）。「現在只是介於吾等來處及吾等將達之間的駐停」。詩人「難忘昨日而明日未生」（〈追〉），因爲「流犯之王」只能睡在「日日指示我們的局限」的「短暫的床」上而面對「日日群山」（〈降臨〉）。

形式與主題均與《賦格》前後呼應的另一節逃亡之歌〈愁渡五曲〉是葉維廉的放逐意識到達一個高潮的詩作。若以屈原《離騷》爲範疇，放逐詩人因侷囿在一個不能忍受的時空而作一冥想式的，超乎現實的旅程本來就是中國放逐詩的傳統。所謂愁渡——令人想起杜甫的「牛女漫愁思，秋期猶渡河」，（〈一百五日夜對月〉）——，就是詩人嗄然間被個人的、國家的、及文化的流放所引起的愁傷佔領。詩人在意識與潛意識中置身於往昔與現在、故國與異邦、回憶與期望之間。在這可知又不可知，可達又不可達的國度裡，詩人與時間的關係從外張變成內斂，蘊藏在詩的內在動律。因此，〈愁渡五曲〉包含了五種不同的時序節奏。第一曲開始，「愁機」來得迢遞：「奪繁響／摧朝花」。但隨著卻是「餘燼默默」而「好遠好遠的聲響」。這一速一緩引起了類似在《賦格》中的焦急：「焦急的人門」喊著「風起了！快下帆！快把舵！」最後是一聲「轟然」；一切的「突變」，都是哭訴著故國的羈戀。急激之後就是悠然，第二曲的時序是詩人「無邊緣的凝視」。一連串疊字（悠悠、幽幽、起伏起伏、密密麻麻、斜斜、霍霍、莽莽）反映著詩人「倚著窗台」在「放剪花的船」，因為他「見不到莽莽的海而愁傷」。第三曲的〈飄揚〉是另一個變奏。因為詩人從「門復門，關復關」的侷囿中以飛翔的幻象「旋呀旋」地旋「往尖塔上」，「為星晨解纜／在雲樹間的五絃線上穿行」。第一曲的「依稀似那年」在第四曲獲得全面伸展，詩人神遊故土，意達盤荒。連續的「依稀曾有你，王啊」，「依稀是你」、及「依稀你曾說」帶領著詩人，如「風繞過了帝王谷」（第二曲）而回到千年萬年的中國文化。但因為「千樹萬樹的霜花」無人看而「催折」，故「霧裡」泉聲的「跫音」又在第五曲回升。所有音律又重新聚集而加快。故事中的「流犯之王」（未被解體的大中國文化）如雲、如影、如海浪的「奔行」在「蕭蕭的白楊間」。其快速更使之「眉目」不清「聲音」不辨。而「棠兒」（是大中國秋海棠的擬人吧？）又受著王的引領，「奔向奪天的岩柱」，如「白馬穿石隙」地在急遽的時空中離家棄國，作理想的追求。

《愁渡》以後的《醒之邊緣》及《野花的故事》是葉維廉強逼自己「離開這個心態和主題」的詩作。這「脫離那濃縮的鬱結的心境」（《自選集》訪問語）的企圖促使詩人在風格上放開懷抱，擴展自己的詩心領域而不再局限於這個剪不斷，理還亂，而又「深沈的憂時憂國的愁結」裡。有了這種意識上的強加控制，放逐的「時間」就當然不容易出現於詩人的後期創作。然而，葉維廉在國家時代文化意識的羅網中太過深陷了；不論怎樣掙扎自拔，在一切安詳輕快的背後，種種離家去國的矛盾、衝突、與痛苦仍然一樣縈繞著詩人的思維，有一機會，這懷念眷戀就噴薄而出。例如在《醒之邊緣》的「嫦娥」，詩人又將自己拉回「千年萬年的堆積得厚重如睡眠的空虛中」。詩中的「嫦娥」因「偷靈藥」而被時代遺棄了。但當她嘗試重返人間，希望使自己「鬱結的根，結結實實的抓著泥土的芳香」時，時代卻將她擯於門外，最後又只好在那無期流放中沈入

那麼美好的千年萬年的黑色。
那麼美好的千年萬年的睡眠。
那麼美好的千年萬年的漂浮。

在這「年月是什麼」（〈雲岩的雙目〉）的生涯裡，「失去了時計的異鄉人」（〈未發酵的詩情〉）就連自己也驚訝「竟然等到現在」，因爲這是「那缺乏實物」的現在（《一九七二年末梢寄商禽》）。人與時間已互不相關，可憐「盲睛的孩子們」，要「憑著他們的觸覺」，「去追蹤還未認識的記憶」。而這些因「過去」被切斷而「未解憶長安」的「小兒女」（杜甫〈月夜〉），大概就是〈愁渡〉中那代表中國版圖的「棠兒」的延續吧？

不及待了
轟的一聲
「大家出來啊，我們把天打開了！」
孩子們嚷著，跑著
把身上的衣服一件一件丟在街上

赤裸向
瞿然出現的陌生的太陽
孩子們都不認識
等著老年人來解說

（〈陌〉，一九七一年臺北）

三

放逐模式中與「時間」佔同樣重要地位的空間意識及其表達意象在葉詩中更明顯地呈露放逐詩的特質。如果將葉氏每本詩集中的空間意象挑出，然後加以整理，我們不難理出另一個「放逐的故事」的肌理。然而，葉氏在「空間意象」的運用上卻緊密地與時間意識互相銜接。兩者雖然不斷企圖互相超越而獨存，但往往卻依靠對方來作本身存在的指標架構。的確，討論葉氏詩中因放逐而產生的空間意象最好的方法應是用時間範疇來論釋其運用的過程；但在詮釋當中，我們又將發現這些空間的內在動力，不斷希望衝破那不能忍受的時間的局限，而這種突破時限運行的企圖本身，又同時與那爲了受空間縛束而掙扎的時間意識相結合。聯起來與放逐的戕害抗衡。

從《賦格》中的〈追〉，我們就明晰地看到詩人與時間空間這種複雜迂迴：

也難忘昨日而明日未生又爲

今日所殺死我們也難忘
昨日於今日凌亂的結合中
沒有附形的虛象自己器官一樣眞實的
事體從好奇的一個定點到歷史無數
類化的再現從思維默默到灌木到禽鳥
到孩子們的玩具或於今日之完整隱到
狹心中無垠的不知覺
轉過公園的籠笆，那聲音
還在搖響：
　　我呢！
　　　我呢！

顯而易見，在那一口氣也唸不完的中段，詩人企圖模擬及駕馭這種雜亂無章、無法模擬、又無法駕馭的時空關係。因此，如果將葉詩的整個空間意象的運用分爲「昨日、今日、明日」而加以分析，我們就可以對詩人的「放逐空間」在意識形態及表達形式上獲得一比較完整而有系統的了解。首先，一個放逐詩人對「今日」的空間有著基本上的不滿，故而「現在只是介於吾等來處及吾等將達之間的駐停，這是一片矛盾之地」（〈焚燬的諾墩之世界〉）。又因爲詩人不滿棲身於「今日」的陷溺與「昨日」的無法重達，詩人不自禁地徬徨於「明日」

的棲所。的確，綜觀葉氏的數本詩集的空間意象，其變化歷程其實就是昨日今日明日相斥相異的競逐。

〈城望〉（一九五六年）中的今日空間是「滯留」的，有「殯儀館的氣氛」的「寒鴉盤桓的荒地」，因爲詩人正置身於一個「不敢認知」，而又「尙未認知的城市」。隨著在〈塞上〉（一九五八年）展開的「整個廣漠」是詩人逃入小說世界裡而屬於昨日的「瀑布松濤」與「落雁長天」。然後在「追憶」及「期待」之餘，以往現在將來就在〈賦格〉（一九六〇年）這首三部曲中作一總和：第一部的今日「呵氣無常的大地」引出第二部在「過去的澄明的日子」中的「亙廣原野」及「高峻山嶽」。但這昨日的理想山嶽卻變成今日的「龜山蔽之」，由以往的宏大廣袤變成現今層層難越的距離阻隔。最後詩人在第三部的「土斷川分的／絕崖上」，「推斷」著怎樣才「可以了解世界」；結果是屬於明日毫無目標的等待：

走上爭先恐後的公車，停在街頭
左顧右盼，等一隻哲理的蝴蝶
等一個無上的先知。

這詩集餘下的數首詩仍然敘述詩人浮沈在過去現在未來的海濤中的歷程。當詩人身前的視野是一片凌亂災難的世界（如〈追〉）那就不用說了。但就算現今的環境完全是寧靜安逸（例如：〈夏之顯現〉及〈逸〉，一九六〇年），詩人仍然時而意識時而潛意識地需要「扭轉景物」來慰藉他那「無可救藥的懷鄉病」。生活在這一刻過往的〈斷念〉（一九六一年）

中的「廣日垂天」卻同時是痛苦的「迷失」！因現存意識一回轉，詩人又受困於「冬之囚牆」（〈降臨二〉一九六一—六二年），而床前的「群山亂石」，卻「日日指出我們的局限」（〈降臨三〉）。局限逼使著詩人作「舒伸」的企圖；但就算思維能「舒伸／向十萬里，千萬里」，仍然是「十萬里千萬里的恐懼」（〈仰望之歌〉，一九六二年）⑦。這種出入徘徊在過往現在將來的空間唯一的結果，只是將時間界限混亂模糊；當詩人自己也不知道進入了「哪個內裡哪一個中間」（〈河想〉，一九六二年）時，詩人也許在現實世界的界角得以有一刻喘息的機會。

第二詩集《愁渡》的主要部分，代表了葉維廉最早期的美國經驗。從一九六三年的〈序詩〉到一九六七年的〈愁渡五曲〉是葉氏留美深造以至學成應聘到聖地牙哥加州大學任教的一段時間。故此其中〈暖暖的旅程〉一組詩在形式與內容上都無形中呼應著馬博良的〈美洲三十絃〉。如果〈賦格〉的空間意象大致是屬於昨日的話，那麼這組詩所呈現的無疑是今日的現存空間。試看第一首〈聖法蘭西斯哥〉的描述：

私生的天使
迭次鎮守著
堵隔海天的小陽春
風之蝙蝠
穿飛我們欲念的錐輪

許是昨夜許是今夜的橄欖石
自驚恐的幼童中裂碎
我們的血液結著蛛網
虞美人擠向教堂的頂架
當那微弱的色澤
填補了岡陵的虧缺

這不就是馬博良式的美國風光嗎？空間的一切象喻著混淆、迷失、不調協，及與時間之格格不入。在美國，就連「聖誕老人」也「丟掉了時間的觀念」（〈聖誕節〉）。這種激烈的動盪與迷失在隨後的幾首詩中總算被一種比較「悄然凝慮」的「遊人意」代替了；因爲「一切傾棄的心跡」，已經「洶旭在階下隆隆的黑暗裡」（《曼哈頓 Diminuendo 二》），直至〈愁渡五曲〉，方作另一個放逐的爆炸。

〈愁渡五曲〉不論風格與主題都是葉維廉創作歷史的一個頗重要的里程碑。它代表了詩人從童年到學成這悠長時光積存下來的放逐意識的爆炸。這首詩寫於一九六七年年底；時葉氏剛從普林斯登大學獲博士學位，隨即應聘橫渡美國西岸到聖地牙哥加大任教。在此之前，詩人從大陸「棄家渡海」到香港，從香港到臺灣，又從臺灣遠渡美國，最後是命運安排到加州教學，於是在面對太平洋的梭朗那海灘向西遙望，家鄉是愈「渡」愈遠了！這種無可奈何地將歸期放入無限的心情，相信就是這個長久的放逐鬱結表層化的導火線吧！正如屈原之作

《離騷》，葉氏的〈愁渡〉亦是因不能再忍受放逐生涯裡的現實世界而作一冥想式的旅程。形式上，當詩人的旅程被放逐主題的本身佔了詩的表現層前景時，空間意象就超越時間而在後景襯托著空靈的追尋，此等空間意象的運行隨著詩本身的節奏，展露一個因放逐而引出的往昔特殊執著（因而緩慢悠然）與現在將來的飄忽無定（因而急速激揚）的空間對比。第一曲的海是「昏鴉澎湃」，「好遠好遠」的海。它是「依稀似那年」用以「把砰砰的戰火拋在後面」的通道。在第二曲中，「海」已經「看不見」；取而代之的是靜止固定的「倚著窗台而「無邊緣的凝視」著在幻覺中美好安寧的「悠悠的楊花翻飛」。詩人在第三曲的「雲樹間及「群山升騰／鼓槌急墜／水鳥高飛」中更潛意識地擺脫了時空而「飄揚」。之後是第四曲的現實意念重現的嘎然；此時「千樹萬樹的霜花」雖「多好看」但「有難看」！而「霜花摧折」。「流犯之王」（見於〈賦格〉）正「踏著脆裂的神經而去」。最後，第五曲中詩人的旅程到達高潮，節律因而加速變幻。故此空間亦變爲急劇不可稍留的「雲間煙木／煙木帶著太陽白色的影子／一如海浪似的緞綁」，以及「奪天的岩柱」、「白馬穿石隙而去」。最後兩句，「山根好一片雨／澗底飛百重雲」更將固著不動的空間（山根與澗底）與飄忽而不恒久，但同時又超越的空間（一片雨與百重雲）的對比戲劇性也勾劃出來。

一九七一年出版的《醒之邊緣》及一九七五年的《野花的故事》是葉維廉在加州教學以後的詩作。除了部分是在歐洲、日本、香港及臺灣寫成的作品外，其他都是葉氏在美國日常生活寫照。在這意識上不肯「求止」而現實卻強逼詩人「棲息」於異邦期間，詩人曾嘗試脫離對以往的特殊空間的執著。故此先前在空間意象中呈現的局限創傷及疏隔緬懷在這兩本後期詩集大量減少。放逐的意識慢慢溶入了詩在《醒之邊緣》的潛意識中，如果我們希望繼續追尋這經已內斂但無時無刻不試圖外張的放逐空間，唯一的方法是假借一個經常潛伏在潛意識中的意象作仔細的分析；基於下述的理由，本文將用「屋宇」這意象來從事這項分析：「屋宇」，包括門、窗、牆、走廊，甚至界線，不啻爲人類有文化以來「家」的意念最基本的單位。房屋是人類建立的第一個在世界上屬於自己的角落。其中包涵著溫暖、保護、棲息，及一切與外間劃分界限的意蘊，巴斯拉在《空間的詩學》一開始就說：「房屋是現象學研究人類內裡空間之親密價值的優先實物」⑧。他認爲屋宇在詩的意象佔極重要的地位。屋宇是一個大搖籃；是人類的第一個世界。它又是一個白日夢、記憶、冥想的最深處。若失去了屋宇這意念，我們就會變成「解體的人」（dispersed person）。再之，對本文的論題而言，更重要的卻是他以下的一段話：

> 要說明意識的形而上本質，我們應該等待一個「被逐出」時的經驗。那就是說，被逐出屋宇以外，被擯棄在一個累積人與宇宙之間的敵念的世界。⑨

既然人被逐出屋宇的經驗被視爲研究人類意識重要的因素，那麼這經驗當亦可以反過來用以研究放逐詩的空間意識。再之，以上本文從葉維廉詩中挑出來的種種空間意象雖足建立它在放逐詩的地位及作用，但卻失之於瑣屑繁雜。況且這些意象的構成及呈現，只趨留在詩人的意識形態的表層，只是詩人在一己認知下的感受。不如「屋宇」這意象之既可提供一個單一鎔冶的系統，又能把發掘放逐意識的觸鬚伸入靈奧的深邃處，從而窺探詩人在自知與不自知之間的情緒洩露。

葉維廉的詩，我們發覺，他的第一本詩集的第一首詩〈城望〉（一九五六年）是這樣開始的：

我們從不曾細心去分析
那些來自不同遠處的侵襲；
那些穿過窗隙、牆壁，穿過懶散的氣息，
穿過微弱燭光搖晃下的長廊，
而降落在我們心間的事物。

在葉氏創作的整個歷程而言，這是一個極具象徵性的開始。就這短短五行間，我們可以將詩人的心緒意識分爲三個層次：詩人在心智認知下的活動（第一層）察覺到「我們從不曾細心去分析」（第二層）。但第三層的意識是什麼呢？那就是連詩人本身也不能解說什麼使他在第三第四行一連採用了「窗隙」「牆壁」、「長廊」這些屬於屋宇意象作接受外間事物的通道的一個潛意識。詩人正處於「被逐出」的經驗當中；在這與時空極不調和的環境下而試圖「將心間事物細心分析」時，這一個潛在人類最深邃處的「溫暖、保護、棲息、及與外間劃分界限」的意念油然而生。當詩人被記憶所佔領，屋宇意象就是極自然的跟著出現。在〈焚燬的諾墩之世界〉中，我們看到「記憶出現。一幕明亮的景。暗示發射著光從一個定的中心。一所房子的顯示。」故此，一所房子就是記憶最基本的單元。其作用大致有正負一端：它一方面引導詩人回返具有護衛功能的理想世界，另一方面卻宣洩性地擔當詩人由「被逐出」的噩運所得的痛楚的正面指陳。因而「窗前多樣的屋脊給藍天／反映了多樣的故事」。

的確，屋宇意象不斷在葉氏以後的詩作出現。它時而作一所房屋的整體，時而解分成屬於屋宇的各單元，例如窗、門、牆、走廊等。當然，屋宇意象整體的運用，通常是家或是整個處身環境的投射。例如〈城望〉中的香港，是帶有「監獄」、「殯儀館的氣氛」及「私家重地，閒人免進，內有惡犬的樓房」。有〈賦格其二〉的往日理想空間中，我們看到這意象與自然環境溶合：「一排茅房和飛鳥的交情圍擁」。同樣理想角落的投射有在〈公開的石榴〉中的「獨立在一川煙霧飄洗的屋角／風信雞以未被日光污漬的早晨」，及在〈就照你的意思〉中「一節節的房屋／在蒸騰的天藍上波動」。而類似香港經驗的破碎而不協調的屋宇出現於〈曼哈頓二〉的「彷彿是戰爭裡浪花湧破的房舍」及〈雨景二〉的「那堆工整得令人厭倦的／新社區的房子」。再之，房舍能作詩人回憶的泉源：〈愁渡第一曲〉就有「房舍的餘燼因風／如線軸的線默默的織入／記憶的衣衫裡」。最後，屋宇意象的本身可以指引詩人從古典文學的領域中，或效法古人思家之情：「獨上西樓／月復如鉤」（〈信札第一帖〉），或重溫家園的舊夢。

如隱藏在柳宗元的〈秋曉行南谷經荒村〉中「黃葉覆溪橋，荒村唯古木」句中的：

黃葉溢滿谷

谷口
溪
橋上
空架著
荒屋
一所
含在
遠
古
的
無聲裡

（《曉行大馬鎮以東》）

窗這「介於孤獨與合群之間」赤裸之窗的特性，最適合傳達放逐詩人在空間深陷受制的詩心。〈城望〉中的「監獄裡的黑，鐵窗」，「窗格上玻璃不停的悸顫，／震碎我們每個新的願望」；〈降臨二：冬之囚牆〉的「囚窗之太陽」，以至《野花的故事》之〈香港素描〉的「脫落了玻璃的／煤黑色的窗戶」等，都是利用「窗」的意象來框住詩人受囹圄於內的情景。至於因懸隔而被棄置於外的，自是「來日倚窗前」式樣的思念懷緬：「冷街上，牆上，煩憂搖窗而至」（〈賦格其二〉）；「那時你倚著窗台一如你倚著裙子」（〈愁渡第三曲〉）。但是，什麼才是那「虛無的」，「多形的」，「我們靠著它而生存著」的「有力的窗」呢？窗雖然虛無多形，但靠其「力」我們得以生存卻是正面確定其價值的說法。早在一九六二年，在葉氏寫給他剛出生的女兒的「內窗」中就有：「驕橫是你的內窗，蓁，你的以往是／沒有量度的夢」。嬰兒的驕橫純潔，代表了一個發出一線曙光的窗口，藉此詩人得以透視那沒有以往的，人初的第一和諧。但眞正「有力」而緊緊聯繫著我們生存本身的窗，卻出現於《醒之邊緣》詩集的幾首詩：〈醒之邊緣〉、〈圓花窗〉、〈甦醒之歌〉、〈嫦娥〉，及〈茫〉。這一組詩直接地代表了詩人徘徊出入「醒之邊緣」的記錄，詩人翳入了一個朦朧的冥思；脫離了具體事物的世界；追尋那既已茫然失落，卻又依稀美好充實的一種存在。上文曾提過葉氏在〈愁渡〉以後強逼自己吐出梗塞在心頭那個濃縮的放逐癥結；而這組詩就是他努力的結果。

然後，那「坐在青熒的弧形的檻上」的「嫦娥」，因無法再忍受那「千年萬年的黑色」而「緩緩的爬著千轉的欄干」下降：「啊，是多麼雀躍的濺射！這才覺得心中有鳥，才覺得漠大的旋流後面有葉脈在舒伸……我不怕匆促隔窗把我驚醒，何況醒就是飛揚！」醒本身就是一種舒放；然後再「把窗戶打開讓白天沖擊四壁」（〈遊子意第二〉）就更徹底做到「心中有鳥」的舒展：

方的窗
打開
方的窗
打開
方的窗
打開
方的窗
張開的手掌
飛揚
張開的手掌
飛揚
張開的手掌
飛揚
青靄裡
風箏一樣

成排的
停在氣流裡
那些逍遙的
展翼的手掌

（〈醒之邊緣〉）

如果說窗能給詩人一種意志飛騰的意念，那麼，最能激發及建立內與外、開與閉、局限與展張、肯定與否定、自我與非自我，甚至存在與不存在種種而尖銳相對，時而合弗能合的關係的，就是「門」這意象了。「門」是一切從內到外的展望，又是從外轉回到內的思念的根源。與「窗」一樣，「門」也是虛無而多形的（葉詩中就有「這麼多的門鈕／向庭院和台閣」）。「窗」只限於思念，但「門」卻提供行動。單單在「出」與「入」之間，一個詩人（特別是放逐的詩人）就可以訴盡他畢生的坎坷⑩。另一位詩人連水淼，就寫了一首以「門」爲詩題的：

——你想探究我的世界嗎？
請輕輕推開我身前的一扇門。⑪

我們又還記得，在〈門或者天空〉這首詩中，商禽在一個「沒有屋頂的圍牆裡面」築起一道門，然後在其下走來走去⑫。這是一個囚者在無奈沈哀中作出聊以自慰的舉動。但這舉動本身所含的哲理（究竟什麼是進去，什麼是出來？兩者可分？），卻使門之意象成爲一個

放逐詩人表達詩心的理想。葉維廉在一九七三年客次香港，在機場看到

一個守護著護照的旅客
推不動生銹已久的
旋轉門
　　而
不得以出
不得以入

（〈一九七三年晚春客次中國人的香港〉）

這當然是描述流浪者的浮萍飄泊，停滯於某種不屬於自己的空間不得其門而出（而入）。另一方面，就算這旋轉門被打開了，流浪者又是否眞正能走出來，或是走進去呢：

打開了一扇門
其他的門都消失了
長廊裡
蝙蝠依聲音飛翔
「來是你語
去是我言」
打開了一扇門

其他的門都重現了
由是
再開始
打開另一扇門

（〈醒之邊緣其三〉）

葉氏這「打開門」舉動，超越了商禽的無奈自慰而追索以門爲界的基本意義。幾乎與窗之意象的運用一樣，葉氏的「門」可以說是爲了廢除「門的意念」而存在。詩人因長久伶俜他鄉而對一切門戶界限的意念特別尖銳。其唯一自我解脫的機會，就是希望能打破「門」的界限，跳出「冬之囚牆」。就是在這裡，我們看到了一些企圖戰勝放逐的跡象，但眞正能做到「戰勝隔絕」，「超越了故土根源的羈戀而激發起積極的思維與能力」，卻需要詩人在語言方面作更進一步的努力。

四

葉維廉在「語言與放逐」的問題上就複雜多了。卻在所有文化藝術活動中（包括詩作、譯作、讀書、教學、文學評論），無時無刻不受著層層疊疊的「語言問題」縈繞著。語言本來就是詩的肌理命脈，而葉氏卻以揹負時代國家的重擔爲己任而對語言更爲敏感。葉氏自己所說的「被時代放逐」其實就是本身的語言被時代切斷。

五四運動對中國傳統的反抗，對因襲相傳的破壞；然後是歐美種種極端主義的入侵，詩人在這快將炸裂的語言大熔爐裡孤獨、徬徨、迷失。再者，形而上的放逐加上形體的放逐，詩人滯留異邦，本身語言再摻受最基本的失落的威脅。故而有「有什麼語言比中文更好呢！」之嘆（《自選集》年表中語）。伶俜他鄉的詩人，中國語文竟成爲肯定自我身份的唯一依恃。

葉維廉最近寫了一篇〈我和三、四十年代的血緣關係〉一文，剖白他形成期的詩作如受三、四十年代詩人的影響。文章結尾是：

> 變亂的時代終於把我從三、四十年代的臍帶切斷，我游離於大傳統以外的空間，深沈的憂時憂國的愁結、鬱結，使我在古代與現代的邊緣上徘徊、冥思和追索傳統的持續，遂寫下了沈重濃鬱的〈賦格〉與〈愁渡〉。⑬

由此可見，葉氏早期的詩很明顯的出現一種在語言表達上向古人告貸的現象。這種追索自我根源而告貸古人的選擇，又往往集中於抒發詩人因放逐而滋生的心態。在葉氏最彰明顯著的放逐詩〈賦格〉與〈愁渡〉中，我們就可以看到很多這種借用典故的例子：〈賦格〉三段之第二段，葉氏一字不改的用上了《古詩源》的〈龜山操〉：

> 子欲望魯兮
> 龜山蔽之
> 手無斧柯
> 奈龜山何

不論這四句詩的動機背景是什麼，山河阻隔而弗能穿鑿，卻絕對是它的題旨。綜觀〈賦格〉全詩，這首古歌竟出現在詩的中心點而有呼前應後、承上接下的作用：〈賦格〉第一段是詩人迂迴鬱結於「不能忍受」而無根「漂浮的生命」；第三段是「我們只管走下石階吧」的浪跡天涯的決定。但在投身於漂泊作存在價值的追尋之前，詩人必須作最後的回顧，於是在第二段中，我們看到一個自身血緣依屬的追索。但這追索卻止於龜山難越；詩人「披髮行歌」，向噩運認命，才引出第三段「折葦成笛，吹一節逃亡之歌」。當然，這種直接借用古典最大的問題在於它是否能在文字與意義的層次上與全詩湊泊，能否在詩中發揮一個突出而又溶和的作用。〈龜山操〉卻出現於詩中整個經驗的最高潮；它是一個在詩人遠離故土之後，又決心作茫然流離之前的一個爆炸性的認命。詩人唯一依恃，只是自身仍流著悠渺恒古的中國血液。在一連三個「我們是」之後而披髮高歌，從意識上直索古人就變成順境應情的自然流露了。

像這樣一字不漏地古歌重現，又應合詩人的經驗與全詩調和融會的情形，究竟因爲缺乏彈性而不會出現太多。在〈愁渡五曲〉，葉氏轉而向傳統詩中的心境、氣氛，甚至形式作多方靈活的借用：〈愁渡〉第一曲的開始，就形式與氣氛上就已經有效法古人的跡象：

說著，說著它就來了……

奪繁響

摧朝花

薄弱的欲望依稀似那年
那年愁機橫展——
三桅船下水如玉
昏鴉澎湃，逐潮而去盡

這段詩用字典雅不用說，句子的音韻、頓挫與排列，基本上就似塡詞：且看溫庭筠的〈更漏子〉：

花外漏聲迢遞
驚塞雁　起城烏

又或者是范仲俺的〈御街行〉：

紛墮葉飄香砌
夜寂靜　寒聲碎
眞珠簾卷玉樓空

第二曲的〈玉臂的清寒〉當然是脫胎於杜甫〈月夜〉的「清輝玉臂寒」。第三曲最後一段：「我們爲星辰解纜……而散髮飄揚著」在風骨與意氣上直追李白的〈宣州謝朓樓餞別校書叔雲〉。第四曲開始數句的出處比較複雜：

怎得一夜朔風來
千樹萬樹的霜花多好看

千樹萬樹的霜有誰看
當玄關消失在垂天的身影裡
我不去想釣魚郎此起彼落
啄完又啄、淋漓欲滴的春色

外表形式上，前三句無疑與岑參〈白雪歌送武判官歸京〉的「忽如一夜春風來，千樹萬樹梨花開」有關。

借用古典理所當然是所有現代詩人擁有的權利而不一定與放逐有關。但以上所舉出葉氏的作法，卻清晰截然地表現著既先有放逐的「情」，然後借用古典中抒發此情的「景」。當然，若借用得宜，若景因情之所需而發出迴響，達到情景相溶，在語言的運用上是可行的途徑。但不論如何，借來的往昔的「景」卻始終處於爲了表達今日的「情」的襯托地位。如果每因一己處身的執著而顧盼以往，詩人往往曳入了昔日的灰影而無以自拔。上文提過，葉維廉在寫完了〈愁渡〉以後對此亦有所醒悟，因此在〈醒之邊緣〉及〈野花的故事〉的詩作中，追溯古典已絕少出現，詩人似乎成功地從〈賦格〉與〈愁渡〉中的昨日空間將自己拔昇出來，而致力於描寫今日之實境。當然，放逐意識仍不免在不當意處往外宣洩，但詩人已能先接受然後執掌當前的空間環境，再而進入其核心，溶入其眞實的存在。就算有古典的痕跡出現，已經不能算是「借用」了。讓我們看看葉氏寫於一九七〇年代的〈曉行大馬鎮以東〉：

秋

滅入冰
冰霜壓草
草漸

稀

沒有戛戛的輪聲的
早晨
斜向
失經的野地
忽覺
黃葉溢滿谷
谷口
溪
橋上
空架著
荒屋

一所

舍在
遠
古
的
無聲裡

疏木接天
一株
冷冷的香

冷冷
薄冰
微

裂
猶聽見
山中
山外
穿流如注的
喧嚷
戰鼓
明
滅
或許是
泉聲若
有若
無

或許是
清輝的寒
顫

我們
不要去
驚動
那試步的
麋鹿

如果沒有細心重讀，我們不容易發現，這整首詩竟脫胎於柳完元的〈秋曉行南谷經荒村〉：

杪秋霜露重
晨起行幽谷
黃葉覆溪橋
荒村唯古木
寒花疏寂歷

幽泉微斷續
機心久已忘
何事驚麋鹿

我們不容易發現葉詩的最大理由，在於它雖雛本古詩，其景物與感情卻澹然獨立。景是今日的景，情也是今時的情。其在語言上的成就絕不因先有柳詩而受拘牽。然而，這發現卻有便於追尋葉氏的放逐意識在語言表達上的變化。

首先，從表面看，這首詩本身完全是詩人朝行美國加州大馬鎮以東鄉村，有感其秋色而作。其清輝香冷，幽疏寂歷的氣氛原是談不上什麼放逐的情懷。但若將葉詩與柳詩並置，我們不難悟到，葉氏雖然能在語言上作自我超昇，但他這整個美國朝行經驗又在不知不覺中陷入了古典。歷史意識在一個放逐詩人的心緒中畢竟太強烈了；只要經驗是深入的，詩心又不得不悠然聚集在「遠古的無聲裡」。還有一點更能證實葉氏的放逐意識仍然存在的，就是葉詩全詩唯一在柳詩中找不到痕跡的部分：「溪橋上空架著荒屋一所」竟與上文討論葉詩的「屋宇」意象的說法相吻合。潛在葉氏靈奧深處的家鄉懷緬，竟完完全全地蘊藏在這一所荒屋內。

葉維廉從早期語言運行上刻意向三、四十年代的詩人學習，到在《賦格》與《愁渡》不自禁地陷入古典時空，又至到以後的強逼自己跳出這癥結，其語言的歷程確實經過了漫長的鑄鍊與明顯的改變。強烈的放逐感催使詩人在語言上尋找慰藉。故而其後期的詩的創作已經不再是爲了建立以往執著的時空而存在。它的使命，已變成了「戰勝隔絕」，致力於在黑暗中找尋出路，找尋本身存在的永恒意義。就《醒之邊緣》與《野花的故事》的表現而言，我們在葉氏的語言運用及詩心活動中，發現了一層淡淡的圓渾哲理。其最終表現足以使我們欣然宣說：詩人終能戰勝放逐，從中獲得某種價值的意義。

上文曾討論葉氏「門」的意識作掙脫羈限的嘗試；其實早在〈愁渡〉第三曲，我們已見到這種嘗試的一個好例子：

在門復門，關復關的
轟轟烈烈的公園裡
我們散髮爲旗
赤身而歌：

豐滿的圓旋呀旋
你在圓外
我在圓内
豐滿的圓旋呀旋
圓旋爲點
你我同眠
豐滿的點旋呀旋

當時詩人在冥想的旅程中企圖將直線的「界」化作圓，希望賴著它的普括無垠得以旋出放逐而產生的界限感。詩人要「滔滔的滲出」了界（〈界：詩畫四〉）而「進入／物物無礙的／透明裡」（〈雨景二〉，一九七二年）。〈愁渡〉的企圖在詩人後期作品中變成現實；詩人在語言與意理上實踐了一種「來是你語／去是我言」及「月裡是山／山裡是月／或山／或月」（〈天興三〉）的超越分域，而又不欠不餘的圓渾。

圓是意象的全部；它代表了心靈肉體的整體。它又是一個整數的最大點，因爲「存在就是圓」（Dasein is trund）⑭。巴斯拉又說：「圓的意象幫助我們凝聚自己，能使我們給自己一個最原本的構造的觀念，及確認本身親切在內的存在。」⑮圓在佛義中是「通」、「明」、「覺」的象徵。我國文學批評亦以圓渾爲詞意完善的理想境界。司空圖《詩品》中「流動」就有「如轉丸珠」之句⑯。

葉維廉在最近寫的〈我和三、四十年代的血緣關係〉一文中曾引辛笛的〈航〉其中一段：

從日到夜
從夜到日我們航不出這圓圈
後一個圓
前一個圓
一個永恒
而無涯涘的圓圈

葉氏然後說：「永恒是在現實與夢的交替時刻產生。我們必須沈入每一瞬間的最深的核心裡，方可以觸到現象事物在這一刻中出現的全面實感與意義。」然而，我們相信，葉氏可能年輕時已經領悟到這裡，但實踐卻肯定是他後期的詩作才具備的。我們要等到一九七二年九月七日，才看到詩人「如大鵬／擊水千里」地

我翔著
　泳著
過溪峽
入那
無垠的偉大的航行

（〈白鳥的撲撲〉）

我們欣然看到，一個詩人怎樣從深陷的放逐形態拔足的飛騰，超越時空的界域，因爲在詩人的努力下，「界」已經「化作無形的肌理的飛翔」。

——錄自《創世紀》一〇七期，一九九六年七月，頁九五—一一七。又見《中外文學》第七卷第四、五期，民國六十七年九、十月。

【註釋】

① On the Literature of Exile and Counter-Exile, in Books Abroad, Spring 1976, p.272.

② Refractions: Essays in Comparative Literature, New York: Oxford Univ. Press, 1966, pp.62-81.

③ 〈葉維廉的定向疊景〉，刊於《中外文學》，第一卷第七期。

④ 見《秩序的生長》，第一八五頁。

⑤ 此篇訪問收在《葉維廉自選集》，所引句子見第二五五頁。

⑥ 這種重複句等於蕭蕭所稱的「同體層疊」，見〈空間層疊在葉維廉詩中的意義〉，刊於《創世紀》，第三十二期，第八十三頁。

⑦ 這種「舒伸」，連續到《醒之邊緣》的〈年齡以外二〉「從我站的地方到十里百里千里萬里外／焚毀的京都都是洶湧的哭聲」。

⑧ The Poetics of Space, p.3.

⑨ 同上，頁七。

⑩ 同上，頁二二四，巴斯拉說：「假若一個人說出他所有關閉過及開啓過，又所有他希望重開的門，這人等於說盡了他畢生的故事」。

⑪ 見《創世紀》，第三十二期，第三十四頁。

⑫ 見《七十年代詩選》，第九十四頁。

⑬ 見《中外文學》，第六卷第七期，第二十五、二十六頁。

⑭ The Poetics of Space, P.239.

⑮ 同上，頁二三四。

⑯ 錢鍾書《談藝術》的〈說圓篇〉引了很多例子，如《南史·王筠傳》載沈約引謝朓的「好詩流美圓轉如彈丸」；白樂天〈江樓夜吟元九律〉的「冰扣聲聲冷，珠排字字圓」。

葉維廉近期詩的風格及其轉變

李豐楙

一

臺灣的新詩史，如果依據詩人的出身、職業作分類，可以歸類出一種學者型詩人，他們在創作的表現上，通常都會較自覺地建立一套詩學體系，並從而表現一己獨特的作品風格，葉維廉先生可作爲其中的代表之一。在學術圈內，他是以比較文學學者的身分聞名，戮力於匯通中、西的美學與詩學；而這些精緻的詩學也一直和他的創作有密不可分的關係，且隨著學術生涯的發展，理論與創作之間的密切結合，越來越有融合爲一的傾向。在學者型詩人中，類似這一情況的實在也並不多見。

葉氏的詩風，從他早期的創作中既已逐漸形成，這可從民國六十六年發表的一篇證驗親切的自述中得到證明，他和三、四十年代的血緣關係，使他在寫作的初期早已掌握了屬於自己的創作觀。①但變亂的時代促使他的作品，如〈賦格〉、〈降臨〉等，都出現了一種憂時憂國的沈鬱風格。其中的實驗傾向頗能獲致創世紀同仁的欣賞，而以〈降臨〉一詩獲得《創世紀》最佳詩作獎。這一系列作品延伸到《醒之邊緣》；而《野花的故事》出版時，其中有些已逐漸從沈鬱的風格中蛻變而出，這是民國六十四年所結集的。兩年後，在張默、張漢良主選《中國當代十大詩人選集》時，就有意將前此的作品作出選錄，展現他在創作上的成就相當能獲得「創世紀」團體的肯定。②葉維廉在此後的持續創作中，繼續進行他轉變中的風格，因而在民國七十一年先後結集出版了《松鳥的傳說》與《驚馳》，展現了他較近期的寫作風貌，從沈鬱中逐漸明朗化，顯示出他所一向嚮往的觀物方式：與大自然之間有種神秘感應關係的對話，這是葉氏將自己的審美觀落實到實際的創作活動中的具體表現。但就在這一轉變的契機中，一項由「陽光小集」主辦的評選活動，召集了一群戰後出生而具有寫作成績的青年詩人，經由票選選出他們心目中的十大詩人。這一活動的內在意義，多少源於不滿只由「創世紀」決定誰是大詩人，也顯示新生代詩人的新趣味。就在這一公開評選的方式中，「葉維廉」的名字卻從十大中退出，但仍與紀弦緊跟在後爲十一、二名。他們所宣布的理由是：「作品量雖未減，但實的方面自《野花的故事》以來，遲滯不前，影響也漸小。」③

「創世紀」與「陽光小集」之間，多少反映了前行代與新生代的不同趣味，前者的評選方式與標準，自來就有許多爭議，就是入選的十大詩人本身，也只有被選入一部詩選集的意義。但戰後一代的青年詩人，他們所設計的問卷中，則是較完備的包括了創作技巧與創作風格：前者含意象塑造、結構、音樂性、想像力、語言駕馭；而後者則含括使命感、現代感、思想性、現實性、影響力。就在這一評選的新準則之下，葉維廉的創作表現受到了冷酷的質疑！也許有人會解釋其原因：他出國在外，但海外詩人仍有鄭愁予、楊牧；或他的詩集遲至評選的同一年度才相繼出版？但他的作品多少已刊登於報刊之上。其實最主要的厥爲時代趣味的轉變，「陽光小集」就明白宣稱：詩壇的成績單在創作風格的項目下，現代詩人的表現是略遜一籌，尤其是使命感、影響力，前行代在這一方面顯然未能啓迪青年詩人，「嚴重關切現實」。而葉維廉所追求的創作風格就在這一代的新要求之下，遇到了嚴苛的考驗。

對於葉氏的創作業績，「陽光小集」所下的兩句評語固然代表了新世代的評斷；但是從另一角度加以考慮，就可以發現它具有另一層深刻的意義。所謂「遲滯不前」，也可解釋爲他對於自己的創作風格，一直在穩定中逐漸轉變、定型。說是遲滯不前，也並不完全正確，因爲他在早期所表現的憂時憂國意義，固然在近期旅遊中國大陸的詩中，仍潛存有這類情緒；但更多數的詩卻以澄澈的語言呈現出人與自然之間的關切關係，並非是遲滯不前。至於「影響力漸小」就大有意味：從關切現實、時代使命等觀點考察，卻正是葉詩嘗試純粹性所遠離的一個方向；而從傳統的美學視境的觀點考察，葉維廉所要重建的觀物方式，卻也在新生代的詩觀中逐漸消失。其實他被批評的兩大缺失都與他的詩觀有關，而這一美學體系卻又正是他在學術上、創作上所苦心孤詣要重建的。葉維廉數十年來從不懈怠地想重新建立現代中國詩的美學風格，既要現代，又要中國，它要能區別於西洋詩的傳統，這是經由他長久從事比較詩學、美學之後的心得，絕非率爾爲之。但爲何這一努力的嘗試，卻不爲青年詩人所接受，其間到底隱含著什麼訊息？這是值得關心現代詩的加以特別關注之處。

從舊十大到新評選的新十大，葉維廉在排行名次的升降問題，並不只是一分傑出詩人名單的變化，而應該還有另一個更深刻的意義：就是葉維廉早期和近期的詩，爲何會讓前行代和新生代之間產生不同的印象和評價？「陽光小集」所說的遲滯不前，卻反而是他近期的寫作風格中，逐漸從比較西化、複雜化，回歸到更多的中國傳統的純粹化，這是葉氏在接受訪問時所作的自我說明。④雖然較近期的兩冊是近年才出版，但較諸瘂弦等人已停筆的，他的創作生命持續之久仍是具有無限生機。⑤因此其中值得探討的問題就頗有意義：葉氏由於研究中國詩，對於山水詩、對於王維詩所代表的中國詩傳統，進入愈深就愈覺得適合自己，因而相當程度地影響了他的近期詩的風格。就作者而言，他能從早期深沈的憂時憂國的鬱結裡衝決出來，顯示他嘗試走出另一條創作的路。但爲何這一新風格卻會被新生代的詩人評爲遲滯不前，而且影響漸小？因此從青年詩人的創作立場考慮這一問題，就可發現當前的創作情境，無論是社會文化、或是經濟、政治，都有較強烈的關懷現實的傾向，而這是近期葉詩較未表現的部分，而且這種原因又可直接探究王維詩的美感特質。不過更值得深究的恐怕在於中國傳統美學的特質，是否能與現代社會銜接起來，而融入現代詩人的美感生活中？當前年輕一代對於中國的傳統詩學是否能完全地體會，並進一步能成功地加以轉化，成爲現代詩學的主體？本文將廣泛討論葉維廉的近期風格的形成，並檢討他的審美意義在現代中國詩壇的意義，以期提出一種說明：葉詩在臺灣詩壇的評價問題。

二

有關葉維廉詩的風格，從他的自述中確可發現早期與近期階段的轉變。⑥對於早期詩風格的形成，後來有他自述自己和三、四十年代的血緣關係，算是將一把度與人的金針解出一些針線密縫的紋理；而評論家也多少能解開這些作品的繁複手法與沈鬱主題。⑦對於近期詩風的轉變，則他在一篇訪問稿中，親切自剖其創作歷程，無疑的也提供了解讀葉詩的竅門。就是他在融合東西方的美學與詩學時，中國傳統的再體認，使他對山水的愛好，在他的詩中絡繹而出的山水意象，更能接近中國唐詩，尤其王維詩的精神。因此他在討論中國詩的一些相關論文中，提供了一部分的詩學理念——當然並非全部，因爲他也提到論文的寫作是另有學術意義；此外就是他也寫下了爲數不少的散文，尤其是一些巧妙融合詩、散文於一的遊記，更直接提供了一些山水詩的創作背景，較「敘述性」地傳達一些山水意象出現的情境。⑧從這兩條線索尋繹葉維廉頗具個人風格的審美觀，雖不中亦不遠矣。

葉維廉以學者身分所寫的美學、詩學論文，與以詩人身分所創作的詩，其間所存在的「微妙」關係，有時詩人本身都會有不願輕度金針之感，甚至有時是連詩人都有不自覺地表現。有關唐詩的美感意義是傳統詩論、傳統文學批評的主流，他們曾拈出一些術語描述唐詩的最高理想：司空圖有景外、象外及味外之味；嚴羽有興趣之說，王漁洋有神韻之說，至近代王國維又有境界之談。⑨對於這些精采的論詩之譚，晚近學者更以新觀點加以詮釋，其中王夢鷗先生所提出的「純粹性」，更是專治中國文論、詩論者的專門之論。⑩葉維廉則以比較文學學者的身分在比較中西美學、詩學之後，提出中國詩人的美感特質。⑪關於他所傾心的妙悟主義和形上理論，確是用以連結道家美學和王維詩。爲了強調這一特質，雖則杜國清認爲葉氏在立論和論證上「不無以偏概全之嫌」，但的確也能把握其中所具有的「中國味道或特質」。⑫

中國詩、尤其唐詩的美學特質，是與道家、禪宗的觀物方式有密切的關係，這一點是葉氏在研究中國的詩學、美學時常一再涉及的。⑬老、莊哲學中對一切人爲的歸納、類分宇宙現象，借以組織而成的概念世界，是採不贊成的態度。對於語言表達宇宙現象的限制性，道家有深刻的體驗，因此人在宇宙間，與森羅萬象的自然遇合之際，常會有無言、忘言的感覺。類此莊子的心境，讓他慨嘆山林歟、臯壤歟，使我欣欣然而樂歟，這種欣然而樂的大美，常是言語道斷，無以言宣。王維的山水、田園詩，就表現出人在出神狀態下，與大自然思與境偕的神秘體驗。這是王漁洋深深有所領會的唐詩三昧，就這一血脈相承，葉氏不僅反覆申述其中的精粹，採用新的觀點將中國傳統詩之美闡揚至再，而且在無形中也就成爲他在近期詩所要企及的境界。

葉維廉在所寫的與自然有關的詩中，以〈臺灣山村詩輯〉、〈松鳥的傳說〉及〈驚馳〉爲主，尤其臺灣的山水，「因爲更接近傳統山水畫的美，易於引起我的詩興。」⑭在葉氏的旅遊經驗中常有一些是在出神狀態下寫成的，是一種與山林臯壤冥合的狀態，因而易於興發無言、忘言的體驗。他有一組題爲〈沛然運行〉的詩，最能具體表達「道統：無爲獨化」的精神，面臨風景，那沛然運行的大化，他在每節的首句即以謙虛的虔誠的心情敘說：「教我如何把它顯現得完全？」「教我如何結一條長線」、「教我如何用針和線」、「教我如何執著河流的一端」，類此「教我如何」正是靜觀宇宙的大美時卒然之際，不知如何說！

採用否定的敘述方式正是道家哲學的特色，經由設問、否定句式等可以更透徹地彰顯事物之本然，也就是更積極肯定事物之眞相。⑮葉氏透澈地體認無言、難言的意境，因而採用類此無言而言、教我不知如何說而說的方式，它以不同的狀態出現：

唐宋啊！
教我如何
妳沾一身空翠的鳥聲

——未發酵的詩情

「教我如何」是請大自然或往古盛世的教導，那是眞實的師法自然、歷史，經由它才能啓發虔敬的心靈。或者是像莊子的濠上之樂一樣，對著堤南堤北的海水、淡水湖，問水裏的魚類草族，此中有答案，但還是要問？水色、炊煙、投影，最後吊詭地以「你叫我如何說／你叫我如何說啊」作結，這首於〈吐露港前〉所作的〈淡水湖的推理〉，叫我如何說？就是設問句或直透入當下的心情。

一個哲人對於至理有難言之感，一個詩人對於至情；對於景外、象外，也會出現失語症，發現自己所學習的語言符號有它的拘限性，有時也會發現自己所儲藏的記憶倉庫也有它不敷使用之處。這是葉氏深有悟及陸機〈文賦〉所說的「言不盡意，文不稱物」，所以他寫《松鳥的傳說》三部曲的第一部〈散落的鳥鳴〉，就化身爲鳥，採用獨白體敘說飛行的心情：

我如何
能把記憶中的五嶽和瀟湘
配入這線路不明的地圖上

對於至情至性，對於生命中深沈的情緒，葉氏也有難以言宣的感覺，在《驚馳》的〈夜曲〉六首中，深刻表達「憂傷」的心緒，其中就一再閃現作者的童年經驗，那是〈自序〉所說的「從一個窮鄉逃難到香港，那盡是酸楚的記憶」；在第二首中就連續出現了兩處：「我如何去問。」這是對於自我內在情緒的探問。

在詩集中，他也習慣使用疑問句式，使用的比例之高是現代詩人中少見的。這絕非只是一種單純的修辭手法，而是基於他所體悟的自然獨化之理，且是深受道家、禪學的啓發。因此對於超越性的至情至境，既知其有不可言宣之妙，就謙虛地在大化流行的狀態下，表白自己不能言又不能不言的兩難處境。這是相當東方式中國式的表現手法。從他早期的作品中就已在三、四十年代的詩人中尋找一些因緣。他們有些作品中有「我如何如何」、「我們應如何如何」，這種寫法，葉氏批評爲「一片純屬於傳教式口號式的散文的說明」，也就是他和瘂弦當時所急欲反對的「濫用敘述性」。⑮而在這些詩中，他卻一再使用類似的「我如何」的句型，多少是要實踐他所主張的：敘述性既已存在於白話文裏，但應可產生雖用了敘述性卻又可以超脫其實用說明性的效果。所以詩中雖有「我」，雖是「有言」；不過卻是要表現我在面對宇宙萬物時一般，傳統詩所常見的高明手法「任自然無言獨化」。可見他早期的論詩主張，直到近期才有更落實的表現。

由於時代的變亂，臺灣的前行代在五十、六十年代，詩中多充滿著「游離不定的情緒和刀攪的焦慮」，這是當時的現實，在政治壓力下，詩採取了相當隱晦的形式，因而造成類似晦澀的現象。葉氏在〈三十年詩的回顧與感想〉中，明白說明他早期的詩，如〈賦格〉一類的陽剛聲音，是爲了表現當時中國人關心中國文化的鬱結。但這種聲音對於中國詩的傳統，卻是一種相當新異的，這也是造成只有少數詩評家贊同，而也有不少讀者不能完全接受的主因。後期的轉變，按照他自己的說法：「是對自己的批判與反省」，所批判與反省的正是早期沈鬱的風格，而轉變爲以物觀物、任物自然的美感意識。這就是爲何使用同一類問句型式，卻反而能達到「不隔」的效果，所以從這一轉變來看，葉氏不是遲滯不前，反而是對自我的超越。

葉氏在理論和創作上確是深刻體會到不言之言的妙處，所以寫詩就成爲一種與山林、自然偕合的神秘體驗，他曾明白說明他的詩，是「略爲離開日常生活的觀看方法，而是在出神狀態下寫成的。」這裏所說的出神狀態與他所嚮往的王維詩一樣，有相當程度的神秘之處，就是指「一種特別安靜狀態之下看到的事物。」⑯王維詩中他最常引用的〈辛夷塢〉、〈鳥鳴澗〉，都是絕句，是瞬間的美感經驗，不夾雜任何人爲的思慮，將敘述性減到最低。基於同一理由，龐德（Ezra Poand）之能欣賞日本詩，尤其是俳句；而俳句之美也是葉維廉所常提及的，那種自然湧現的純粹經驗，像尾崎芭蕉的〈古池〉就是一例。因而他在遊太平山的日記中，就有一次瞬間湧動的美感：

好一株　早梅　雲　湧動著　暗香　溫暖

這不是一行詩句而已，而是一個圓滿具足的意象，是一首詩，他收錄在〈宜蘭太平山詩組〉詩就將它逕題爲〈梅意〉，⑰類此手法其實較近於俳句的純粹之美。

要瞭解他如何實現讓景物自然興發與演出，而不介入主觀的情緒或知性的邏輯，最佳的例證就是旅遊雜記中的散文和詩：散文是以敘述性爲主的文類，雖然葉維廉的散文仍具有詩人的寫作習慣，有近於詩的風格。但終究散文可包涵較多事件的敘述，而這些較屬敘述性的文學剛好提供詮釋一些詩的創作情境：〈上霧社入廬山看櫻花〉見於散文〈海線山線〉第一回；另外〈耕雨〉、〈剪出的山影〉、〈古鎮湖口〉也是。〈珊珠湖詩組〉、〈無名的農舍〉見於第二回。〈通天的山路〉、〈風雕水鐫〉、〈太魯閣詩之一〉、〈追逐〉、〈武陵農場〉四首，見於〈千岩萬壑路不定〉〈向武陵農場〉；〈躍雲〉一首見於〈山濤與雲岳〉；〈蘭陽溪〉、〈山中谷中山〉、〈昇騰〉、〈巨雲世界裏的玩具火車〉及〈梅意〉五首，則見於〈誰能超世累，共坐白雲中〉（宜蘭太平山行）。這一散文與詩兼行的寫法，也見於日本、韓國之旅，〈古都的殘面〉（由京都到會澤八景）、有〈京都〉（《驚馳》詩集作〈霧雨登京都塔〉）、〈麋鹿和孩童的奈良〉；並附錄〈未發酵的詩情〉；〈玄海松浦覓燦唐〉則有

〈玄海景物〉㈠、㈡、〈唐津〉、〈雲仙路上〉；〈唐州行〉則附有〈韓國古都慶州詩三首〉：〈山行〉、〈觀稼亭〉及〈田舍翁〉；就是〈夜抵東京本鄉六丁目〉，也附著有一段附記。此外，在他的散文集中，也常有詩。類此詩出現在散文中，與散文的敘述體構成一趟旅遊之記，確是葉維廉的寫作中的一大特色。

在這一種獨特的寫作策略中，作者顯然有意將某些事物的敘述置於散文，它不經意地承擔了敘述性的一部分，也提示了詮釋一首詩的相關情境。像兩首短詩：〈剪出的山影〉、〈無名的農舍〉，尤其前者還與《萬里風煙》書前照片〈臺灣的雲山〉作一對照。

雨霧裏
山影
緩緩的
一層一層的
被剪出
竟是如此的輕
竟是如此的薄

這首詩是在離開臺北——那機器切入人聲的現代都市；而且是在林口回顧，厚厚的塵靄抵住大雨，就在這一情境之後，前面「風雨中的田野別是一番風味」。對這些詩不必運用一段文字解說，但心領神會詩人行旅的心境，就差可意會。

其實，讀葉維廉近期的詩，這些散文的作用有些類似他所引述的王維〈與裴迪書〉，這些散文所流露的，「正是來自體內的眞實聲音」。基於他近年的旅遊嗜好，他之遊歐、美，是與旅遊臺灣、香港及大陸稍有不同的感受，東方的、中國的山水之能神秘地與境遇、心與物遊者，「是因爲對境、物有一分愛與關懷，境與物屬於自己的境與物」（《驚馳》序），就是同一心境，使他在日本古都、韓國的山寺，殷切地尋找唐宋的文化遺跡，這些景物因著愛與關懷，就增多一分關注，以物觀物，而物中有一分飽含歷史、文化的思緒。這是與他寫〈尼亞爪拉瀑布〉及洛杉磯的〈沛然運行〉有不同之處。無論如何他之寫山水，從表現手法上說，是「單純的寫景詩」⑱，但從他的序記、散文就可發現其中仍然流露出他早期的關注。只是一則是陽剛的鬱結的聲音，一則是陰柔的舒暢的調子，縱使他寫〈江南江北〉一輯的浩劫後山河，也只是在淡淡的憂傷中透露出深沉的關愛。

三

葉維廉在詩的表現手法上，從早期到近期，雖說有他的一貫主張，就是「剔除敘述性」，但前後兩期的整體表現卻也各有異趣：雖則從內容決定形式說解釋：早期詩較鬱苦，宜於採用複雜而多層次的表達，因而仍有相當程度的敘述性；而近期的敘述性較低，則是因爲這些故國山河及名山勝水宜於短句及簡單意象。不過從他曲折而動人的追求現代中國詩的最高境界言，確是到了近期他才進一步較成功地融合了傳統詩的技巧與白話詩的殊勝之處，而能逐漸展現現代中國山水、田園詩的整體風格。此下即嘗試按照他自己的提示，說明他有得於傳統詩的是什麼？又如何將它與新詩傳統融合爲一體，這樣或將有助於瞭解一位學者詩人，如何將他夙所傾心的美學觀逐漸轉化、消納，終能落實於實際的創作行爲中。

他在一篇傑出的匯通語言、美學的論文中，比較〈中國古典詩與英美現代詩〉[19]，曾指出中國詩最多最特出的表現，即是超脫語法——所謂羅列句式，構成了事象的強烈的視覺性，而且也提高了每一物象的獨立性，使物象與物象之間形成了一種共存併發的空間的張力。這些最佳的詩句，如「月落、烏啼、霜滿天」或「雞聲、茅店、月。人跡、板橋、霜」，由於物象羅列並置的蒙太奇效果，及活動視點的靈活運用，因而讓景象自然演出。詩人在出神的狀態下不加以分析性、說明性，因而讀者也可自由參與這些景象所帶入的創作活動。直到近期他終於完成將這一種手法較實際地運用在山水意象中。它通常是短句，由一句句所帶出的物象逐漸呈現，最後才顯出物象本體，這是最常見的超脫語法。像王維詩「月出驚山鳥」，可處理成現代詩式：

在這黑色的雲裏
突然
從山的子宮裏
躍出
一點

一塊
一半
一整圓的
光輝的
月
驚起
山峯
驚起
島嶼
驚起
漁船

——聽漁

杜甫的詩句「四更山吐月」的同一意境，到了現代詩的分行排列中，居然可以用電影慢鏡頭式的一一呈現，也可說是現代詩人的幸運。他將這一種處理手法廣泛使用，在〈水鄉之歌贈江南友人〉，他要「你最好屏神凝注，屏神凝注」，然後用羅列句式顯示一葉小舟、一位蘇州姑娘：

水瓣裏

的
水瓣裏
的
水瓣裏
的
蕊心的
頂上
正搖盪著一葉小舟
小舟上站著一個
紅裏透白
白裏透香
香裏透柔
水一樣的
蘇州姑娘

類此採用類疊手法所描述的宇宙物象，在形式設計上可說是極其能事。現代詩在視覺效果上頗爲講究的圖象詩，就是採用同一機抒。葉氏之能欣賞林亨泰的〈風景〉，就因爲他發現稻田之外還是稻田，在雨中所有的活動都是連綿疊現。[20]他也一樣地描寫〈水田〉：

在
一片高　一片低
一片長　一片短
水田上

這是印刷技巧所造成的形式美、圖像美，描摹自然界的現象排列爲圖象，是一種當下直截的表現，較易於獲致訴諸視覺的藝術效果。在臺灣的現代詩史上曾有一個時期出現了圖象詩的流行現象，葉氏並非有意隨從這種風潮，而應是基於他對傳統詩的羅列句式的現代處理。他深信以物觀物，讓景物自然演出，因而這類短句式的意象分行羅列，是比較符合其不說明、不分析，而只是純然的演出的自然原則，因此當他表現爲如下的：

細鳥
輕啼
觸
破

只因這種形式比較能夠表現「此際輕啼」的當下的臨場感而已。

為了達到當下、臨即感的把握，也為了如實呈現內在的感應，有時一句仍不能委曲其妙，因而重覆的手法就會一再出現，這是類似於修辭學的類疊手法：

一隻凍寂的鳥
一棵凝結的松
萬壑沉寂
鳥鳴裹在冰雪的春心裏
松濤伏在記憶的果核中

〈在散落的鳥鳴〉一詩中就有多處的重覆句型，具有強調、對應或增加氣氛的作用。鳥與松是這首詩的關鍵意象，從前面（其一）所開展的鳥鳴逐漸拍結到孤松，經過（其二）發展。至此才將兩個意象對應，所以它不只是修辭形式的整齊，而是詩旨的聯絡照應。由於〈松鳥的傳說〉三部曲是借用歌曲的形式，也就更易於出現重疊的句式。但這一種手法也時常見於其他詩中：「讓風的手指去跳彈／讓風的手指在肚裏敲響」是一個斷了弦的琵琶，以之寫〈古鎮湖口〉；「好一個插天的螺殼／好婉轉多姿的雕花」，則是刻劃太魯閣〈風雕水鐫〉的奇石怪峰；至於使用「多少里／多少山巒／多少城鎮」（睡眠），則是用來隱喻不知晝夜的「睡眠」的歲月，更是有意表達了空間的無限延伸。所以類疊手法基本上可視為羅列句式的同一修辭系列。

純任感官與外物接觸，在特殊寧靜的狀態之下，物自物地在人的感覺中，視覺的、聽覺的以及其他觸、嗅等多種的感官經驗，多較易於產生與大自然的色、聲直接感受的不隔之感。「不隔」、「當下」即是葉氏在山水風景詩中所企圖獲致的美感，所以他善於各類摹狀的詞句：像〈驚馳〉夜曲之四，先從出現沉沉的、軟軟的、寂寂的、凝凝的、薄薄的、繼繼續續的……，並非是極力描摹夜的諸般感覺，這是詩人將全身的知覺敏銳地投入景象之中純任自然，因而獲致這種細緻的感受。尤其是聽覺上的，聯合其他的感覺，讓飽受機械摧殘、折磨的感官，重新復活，重新發現大自然的生機。因此擅用狀詞顯示他在自然之中人類原始的、未鑿的能力的活潑與生氣。在狀聲詞中，他使用得頻率頗高的是「霍霍」，〈木蘭詞〉中「磨刀霍霍向豬羊」本即是極爲生趣迸發的聽覺意象，一旦被轉化爲與刀有關的感覺時，葉維廉就使用得妙入毫顚，「霍霍」即作爲模擬刀聲的：

還是霍霍金刀
割破萬里愁雲的
千山馬蹄血
彷彿我們已經跨過了
霍霍的武士刀
和熊熊的破火

——塞外之晨

——山行

用霍霍摹擬刀，還兼具有聲、光及其形成的威赫氣勢。塞外騎馬英雄執刀的姿勢，日本軍人執刀的殺氣，得此二字聲勢盡出。他在描寫大漠景象時，用詩句寫「彷彿是／亞拉伯／彎刀霍霍的馬隊／向那中世紀的／古城Arila」；用散文寫「蹄聲遍野，彎刀霍霍的回教武士穆爾人，重振聖光的奧放翔聖旗蔽空的雄風。」㉑這種彎刀的霍霍感，易於與風產生聯想關係，〈風雕水鐫〉描寫太魯閣的奇景就有這樣的隱喻：

風的大鐮刀
霍霍的
霍霍的
兩下
便把萬尺的山頭
割斷

將鐮刀的霍霍氣勢巧妙移轉於風之上、自然之力，有時連刀的喻依也俱可省略；或許霍霍本就可狀風之勢：

空氣
是沒有邊緣的黑色
霍霍然

他描寫雪橇「霍霍然／括括然／割著白令海峽上厚厚的冰雪。」㉒也直接描寫乘坐快速火車時，「手臂扶著霍霍的風，頓覺無比的清爽。」㉓或者描寫在高昂的空氣中的情緒，而使用「在霍霍紅旗的揮動裏」以之與「在蝦蝦口號的旋躍中」互襯，傳達熾熱的政治氣氛。類此「霍霍」一例只是他對於聽覺意象使用的例子之一，表明作者純任感覺舒伸時，當下日所聞所感，而後迅速寫下，類此手法都是履行讓風景自然演出的原則。

對於風景的自然演出，單純意象是不著人爲的表現手法。但葉氏有時採用另一策略，則是複合意象所形成的聯想關係。在〈海線山線〉中有段敘述：說明「詩人愛用自然景物來推展女子的美和女子種種的情愁」，是因爲自然現象提供了「情意中甜蜜而不便直說的感覺」。溫飛卿所寫的「鬢雲欲度香腮雪」，不止是鬢似雲、腮似雪，而因雲的出現給與鬢流動的生意，因著雲度的活動而挑起欲撫觸香腮的白雪和雪涼感。㉔這是頗爲豐富的詮釋，解說了複合兩組意象可以產生多重的聯想，它存在於以人擬物，也可以以物擬人，在物物互擬中延伸出較豐富的隱喻的新鮮性，讓人不斷地重新認識宇宙間各事物之間的新認知關係。因此在他的山水意象中就出現了一些新穎可喜的擬人化手法，刺激了新的想像力。

他要寫水面上雲影點隱點現，就說：

有驚雲湧起
如花瓣

——散落的鳥鳴第一部之一

無聲
落
任冥沈沈的
黑夜裏

——聽漁

或者爲了強調大地默然讓車輪割裂無數看不見的傷痕，而說：

街道如
黑色的
發散著藥味的
膠布

類似的手法基本上是屬於喻依、喻體與喻詞的明喻形式，不過他對於喻體的分行排列仍採一貫的羅列式，因而構成了繼起意象的輾轉發展。爲了寫水面雲彩，他喻之以花瓣的飄落，旨意即置於「點隱點現」；而街道與膠布則承自之前割傷的大地與啓引「浸洗過太多的藥水」，將相關的感覺不斷延伸，因而獲致了較爲豐富的趣味。

在隱喻關係中他也使用暗喻，有時直接敘寫而保留了喻詞，如「雲仙路上」首句就是「像許多高入雲霄的孩童／手搭著手／輕輕的搖擺……」；有時就省略喻詞，而直寫譬喻的本體，像〈下弦月〉通篇不寫月而句句寫月的方式：

熱了一些
熟睡的女娃娃
一身都透著微紅
輕輕一翻身
安詳地軀在山的臂彎裏
一絲雲帶
像透明的被單
從她的腰間
飄動
使到哄著她睡的黑夜
忽地也甜蜜起來

前半用透紅的女娃熟睡，將下弦月在山上的情景寫明，而後半的明喻仍順著這一旨意聯想下去，將相關的景象也一併擬人化。對於景象，有時詩人確有直述之不足的感覺，使用隱喻反而能興發出另一種趣味。他用斷了弦的琵琶寫〈古鎮湖口〉，或是將〈肇慶七星岩〉，按照民間傳說，以醉仙神活表現七星岩的傳奇，都是擬人化的生趣蓬勃，讓人們經由詩人的聯想，發現宇宙萬物的另一種美。所以擅於運用羅列句式以舒伸新感覺，借以獲致另一景物的純然傾出的效果，也是葉詩的標幟。

在表現形式上，與比擬有關係的還有另一種相近的，就是關鍵性動詞的妙用，其實從〈野花的故事〉就已出現這種句型：「山嶺／引著／老鷹／老鷹／引著／山嶺／山嶺／引著／太陽／太陽／引著／我／和／妳」，其中的「引領」動作將事物的關係巧妙聯結，它的效果多少是建立在短句型的羅列，及同一語句所形成的連環扣式的效果。不過在修辭學的形式設計之後，又能產生如歌的韻律。近期這一手法仍持續地發展，他將自然事物擬人，因而就多了動作：

白日
就要
帶著他的山和海
船隻和撐櫓
希望和
無法預知的風浪
起來了

——驚馳第六首

曙色一來，所有的生命也活動起來。詩中所羅列的山、海、船隻……由白日「帶著」起來，這是葉詩讓人激賞的處理。有時也用「引領」二字，「天空／引領你／越星辰的飛渡」（〈通天的山路〉）；或者使用「牽引」，寫懷人的思緒，因距離在雨中變化著，「牽引著我的思懷／牽引著／我／你／比肩走在楊柳夾岸的江南／在水亭上……」因爲〈夜雨懷人〉，所牽引的是心中的懷念，這是屬於感覺的。

葉維廉所處理的不管是單純意象，或是複合意象，基本上都儘量使用短句，使用跳脫的羅列句式，因此就形成了在不同的情況下都是景象的自然演出。這一種技法固然是承受傳統詩的啓發，但由於現代詩分行形式的開放，因而也就不必遵守整齊格律的束縛，展現了更自在、也更接近事物本然的呈現形式，讓事物能以電影式的映象效果一一演出，這是回復到事物之初的道家美學的表現。從創作原理言，宇宙⇄作者⇄作品⇄讀者⇄宇宙的順逆關係，景象是以語言符號作爲媒介，它既純然地表現，而作者也應純然地表現，這是直覺。讀者也只在作品的表現中感應作者對宇宙的感動，因而興發一種對宇宙的親和關係。在這當下的直感中，意象圓滿具足，而不煩說教與說解，這是唐詩及其詩學的根本精神。由於格律形式的存在，也因爲文言的精鍊與簡約，有它的優點，也有異於分行詩之處。葉氏自是深刻瞭解詩語的符號性，只是指月的指，引領讀者自己去看所指，就可捨筏登岸。而現代詩強調形式之美的特質，也就成爲他突破、跨越傳統詩之處，而讓事物更純粹地在自然中演出，這是新時代的「以物觀物」的新美學。

四

臺灣的現代詩人在傳統與現代之間，他們所使用的語言多少決定於各自和傳統詩的接觸，葉維廉對於傳統詩的容受，早期既已有之；但隨著接觸漸廣，在詩中就出現了不少嘗試將古典詩句融合於白話詩中。因此討論他的語言風格，就需要說明他如何消化古典詩語與創新白話的語言問題？其實就是他如何解決敘述性與景象性，將文言詩與白話詩作到較完美的組合。長期以來學者型詩人一直各自努力，以馴服這兩種語言所帶來的困擾，也多少建立了各自的獨立風格。由於前行代詩人的詩觀各異，也因此余光中、楊牧、鄭愁予及葉維廉都各有不同的語言策略，葉維廉在曲折而萬變不離其宗的探求過程中，近期詩的語言多少已達到了他所說的：「先在白話和文言之間提煉了一種語言之後，而以這個基礎再來調劑一下民間的語言」㉕，這是他在語言嘗試上的成就。

對於語言的選擇問題，他在回答訪問時曾提到寫大衆詩和傳統詩的兩個方向，也考慮過在普通的民間語言和文學的語言之間如何提煉？由於他長期旅居於國外，又從事中國詩學、美學的研究，在這一種環境裏培養出對傳統詩的深厚感情，是完全可以理解的事。不過作爲現代詩人在面對白話語文的運用時，到底要如何採取、融鑄，卻也是一件不爭的事實；尤其他又精通英文的文學傳統，凡此均會對他具有不同的衝突和選擇。無疑的，他所指陳的白話的貧瘠與敘述上的洋化，確是當前詩人對於口語運用亟待努力之處；但對於文言，尤其是詩語的使用卻也存在一些困擾新文學作家的因素。葉氏就不斷地討論中、英詩的語言，也想找出現代中國詩可以走的方向，凡此均可視爲詩人的選擇過程，近期詩只是他至今所獲致的一種語言形式而已，但這一類嘗試無疑的多少有可供借鏡之處；至於這種語言風格，影響力是否漸弱，則仍是一個有待討論的問題。

他的詩會出現古典的文字或借用古詩的文字，早期的詩既已如此，這是想將「白話和文言儘可能混合到不可以分開」的嘗試；近期的詩由於使用短句多就更清楚地排列成爲一行、或置於詩的肌理中。有一種情況則是借用的：將「冷冷長江水，湛湛故人情」的文言置於詩中，表達對歷史的古典的感受（〈驚馳〉），這是和〈道風山戲詩〉所引用陶潛的「結廬在人境」不同。這些文言詩句有意被當作詩的一部分，以之製造相應的氣氛和感受。他曾模擬古詩的詩句生生插入白話中，多少都是爲了展現同一古詩的情境，像〈夢與醒〉：

風雲滾滾在遠方
江河澎湃在心胸裏
當落日的火
把高原展開
回頭一看：
木落秋草黃
白骨横千霜

末兩行是有意使用，將「一看」之下的景象借用古人邊塞詩的景象濃縮地表現出來。對於這一手法的使用，恐怕仍有人見仁見智，並不能完全接受。

另一種情況則是如同用典，這是熟讀古詩之後常有的僻好：像寫吐霞港的水色，說「連驚濤裂岸／千堆雪的捲姿都完全一樣」（淡水湖的推理）；或者〈回音壁〉寫一段動亂的回憶，對於愛人，「彷彿在久違了的月光裏／彷彿啊／香霧雲鬟濕／那種被棄經年的思念」，類此常常使用，只要情境相宜，就可以作爲較濃縮的表現手法，省卻了太多的敘述。將樂府詩句融於白話中，有時可以產生調節語勢之效，在〈雨後的紫花樹〉中，作者以一種重返臺北的心境抒寫自己的感受，就有融合得比較不著痕跡的例子：

在那樸素明淨的山上
好一棵獨立燦然的紫花樹
靜靜的
發散著永久的清香
年年歲歲花相似
你不信？我不信？

這首詩圍繞紫花樹起興，引帶出詩人對臺北這一城市的複雜情緒，屬於他個人的、知識分子的，因而陳若虛〈春江花夜月〉中的名句就湧上心頭也是極爲貼切的。

其實傳統詩既是歷經琢磨，有些敘述模式自有可以轉化之處，而不一定就是死的語言，像修辭學上有名的提問句「君不見」的寫法，一經提問其下必有精采的詩句，唐人就將它發揮至極，這一形式至今現代詩中還很難產生這樣美妙的發句，葉氏就直接襲用也多少能產生某種較佳的效果：〈出關入關有感〉寫香港與大陸之間的關卡，在第二節的詰問之後，就接下一句「這邊遠遠的站著一堆人焦躁地等待著」的長句，以之顯現焦躁的心情後，忽地迸出：

君不見
正義者那麼慷慨激昂地
登高向八方疾呼
「我們天生是自由人」嗎？

「君不見」之下即引發激昂的情緒；與〈北京詩束〉街景之三，親睹碑石折、古董碎之後：「君不見／天壇、頤和園……啊故宮／到處塵化、風化、雨化，唉！」這是深沈的感慨，那些躍出的古蹟一一在老化中。類此轉化古詩多是較成功的佳例，句法、手法雖非新創，但讀者多少仍可從中獲得預期的情緒。

不過作者在熟讀古詩之後，有時技癢，就難免試試一些近於傳統詩的詩句。它只能說是近於戲筆：像〈玄海景物〉㈡、〈唐馬〉之試寫唐人詩境；或〈夢與醒變調〉——寄意〈山坡羊〉。倒是〈鷄鳴〉詩三帖之三——〈鷄既鳴矣〉，則賦與現代人的生活情景，乃是一種有趣的嘗試；至於「其他」也是一些戲作的。其實都可表現葉維廉對於口語的使用。其中有些妙句確能起到淨化民族語言的責任，屬於健康的白話，精煉而不鬆散，簡潔而不拖沓，其中就不乏美妙的日常語言，像寫馬鞍山和迷濛的島嶼：

隨著慢慢停定的搖籃
在海軟柔柔的墊褥上

如依偎在母親
偉大的胸懷裏
沉沉的睡覺了

這是明白如話的，符合不隔的健康白話。他寫〈塞外之晨〉，將塞外的生活、景象傳神地表達出來，從窗外風沙到煤屑車聲到小驢子的叫聲，等到寫晨光時：

一股暖暖的晨光
這時
把城頭一棵獨立的樹裹住
山西大同已經和我
一齊起來

詩的語言透徹而有味，這是不隔；就像他在〈雲岡大佛〉寫武州河，出入夢中的呢喃：

那樣不舍晝夜
訴說著一些
一些怕被人遺忘的故事

把這些澄淨的口語作爲現代人的語言成就也不爲過，我們實在需要一些如此語意明澈而又不囉囌的語言。

從日常語言中提煉，就可以在他所強調的景語象語之外，增加適度的敘述性，否則會因景象語的高度濃縮，變成濃得化不開，這是他一部分寫景詩的情況；尤其是他早期過度繁富的造語，密度太高，稍不留神就會流於「新而訛」的語言毛病。因而適度的口語化，這時的敘述性反能造成稀釋的作用，讓語言的「氣」舒暢地流動，這種內在的氣需要用唸、誦，而不要完全在意於視覺的形式美。近期他的嘗試中就有對話、獨白的插入，頗能切近詩情的自然流轉，也比較近於記實；〈沙田隨意十三盞〉的隨意之筆中，就常將一些生活中的對話引入，像「朋友說：你老了／也許／也許」（〈沙田舊墟的懷念〉）；「你說：無稽。我承認」（〈火炭約〉）。這類晤談性質的詩，還有〈追尋〉，及〈北京詩束〉街景之一，〈春暖花開的時候〉（〈致卞之琳〉），尤其北京有關綠化的對話，兩人的對談，親切如晤。現代詩應也可像唐詩、甚至比唐詩有更寬廣的天地。諸如至友夜談、送別道好、甚至親人閒談，都可在更自由的形式中入詩。臺灣五、六十年代詩的狹窄化，遠離生活，除了可以時代的動亂解釋外，主要的仍在當時詩人過度地強調向內裏挖，以此表達孤絕的境域有關。因而當時將詩的天地深化、窄化，才會與日常生活有隔。這也是一種流行病，現在病癒之後，所需要的正是健康的語言表現現實的生活。

葉維廉的詩中最能表現他的獨創性，符合他所揭櫫的「因境造語」的佳句仍是不少，在出神狀態下始能敏銳地「細推物理」，將宇宙、人世的脈動感應於心，因而吐辭造語，能因境、因情委婉而生，這些妙手偶得的詩句多可擊節欣賞，在〈散落的鳥鳴〉中他寫松的成長：

因爲我確曾聽見

松子欲發芽的微響
因爲我確曾聽見
地層下
某種親切的湧動

在他的聽覺中這是感受生命的脈動，也是宇宙的細微消息，類此神秘體驗在臺灣現代詩人中實不作第二人想。在〈深夜抵廣州某區〉，敍寫窗外所見，那種稍縱即逝的情景：

一點點奮發的綠色
自一排排剝落發霉的洋房牆上
爆放出來
春天是遲來了

這些生鮮的句子將「奮發」的生意與「剝落發霉」的腐朽意象作成對比，可與另一首〈無名的農舍〉有異曲同工之妙：

奮發的夏木裏
苔綠的瓦塊間
腐蝕的木門上

這類今昔之比，生意與衰頹的對照，就像唐詩「一樹繁花照古墳」的造境，但廣州的一景卻在生命的對比外，更增添了一層歷史文化的感傷色彩。類似的造語都是他的詩集中比較成熟的語言，精練而凝定，既具有白話的清晰度，也兼有文言的凝鍊，而驅遣這類新語言以描摹物態，獲致傳神寫照的效果。如果詩人對於民族的語言品質有提昇的責任，那麼他能以古典素養調劑民間的語言，應該在這類詩句中獲得某種程度的語言成就。

最後再從健康的詩語來看他所試作的童詩、兒歌，在寫給兒女的詩，從〈漫漫的童話〉，而有近期〈兒歌〉五首，〈兒童〉二首及〈兒童詩〉兩首。㉖他也曾說想寫兒童詩卻寫得深奧了，但仍有一些兒童詩的意味，㉗像以下的句子：

一桶桶的星
越過耳葉和鼓膜
傾倒在漠漠的天裏
玎玲玎玲的
驚起了一群紅玉的火鶴
自漫白漫綠的菖蒲

在聽覺、視覺上都具有兒童奇妙的想像力；這一類特色也見於〈兒歌〉（五首之二），就連續運用了白水橋、青色的山、赤泥嶺、藍色的海、綠油油的童年、金黃的歡笑，以這些顏色意象構成了繽紛的兒童世界。另一類則如〈老鷹來了〉、〈雲大人〉則是在語言意象上，活潑生動而具有卡通的趣味。在此特別要提及童詩的寫作，就因爲它更需注重感官的反應，又有創造的想像。不過這一部分最不需分析性、說明性的兒童文學，他只是淺試即止。或許這種童詩風格的詩，只能視爲他的逸出之作，不過對於講究不隔的，其中眞純的世界倒是有待開發的詩中天地。

五

對於葉維廉詩的前後期轉變，他自己也說：有些朋友不喜歡；[28]而臺灣戰後的一代也不盡喜歡，才會以「遲滯不前」及「影響力減弱」爲由，讓他退出十大之外。不過從他近期詩的通盤考慮，就可發現他仍是有所轉變，而且是朝著自己所理想的詩境邁前一步。他自己認爲：能夠脫離了早期濃縮的鬱結的心境之後，就什麼都可以寫，什麼都想寫，證之於後來的詩集中，這些自述是很有道理的。其實近期諸作，範圍確是寬廣得多，手法也澄淨一些，但爲何評論者會有「不喜歡」之感？難道詩人只能持續早期的風格，而且不會隨著時代環境及年齡閱歷而轉變？其中的關鍵恐怕在於他的山水詩的寫作，對於現代人的接受可能有些問題。

杜國清就曾有一個坦率的質疑：認爲某些現代詩在語言表現上是半文言，在詩情上是矯虛造作，在境界上則是假古典的劣品。[29]這自是非專對葉維廉的詩而發，而是泛指詩壇上的一些僞劣詩。不過葉氏所要企求的山水意境，對於現代社會的人是否會有接受上的困難？工業社會發達之前中國人所面對的山水，雖然不一定全多能像王維的深得其中的三昧，但至少人與自然之間是有種較和諧的關係；而工業化以後，機械文明對於自然的破壞，讓詩人一方面對於污染、紛亂有切身之痛；另一方面則想借出遊，以之與東方式中國式的山水取得冥合體驗，他在山水中所得到的是現代心靈、是飄泊於異國的遊子心靈的一種安慰，這是山水詩境後的眞正意義。然而這一代中國人對於這種視境是否眞能從這一個角度認識？對於失去了自然的現代人，除非以寧靜的心情感受，否則這些詩難免會讓有些人有種虛假之感，這是現代山水詩人的一大困境。

其實說葉氏在「關懷現實」上有所不及，但從他的詩集則可證明這是不正確的。他相當關心現代社會的污染問題，對於美國如此，對於香港也有深刻的感受，尤其對於中國大陸的政治、文化更有深刻的觀察。在前行代的詩人中因爲他所具有的旅美學人的身分，故也是較早關心故國山水及友人的，《驚馳》的第三輯〈追尋〉、第四輯〈江南江北〉，就有不少作品對於文革後的大陸有所感應，其中有種震撼後的冷靜：那是混合著憂傷與激越的情緒，他自陳詩中所寫的只是「通過他們的聲音，或依景物直描，記下了一些印象。」（序）只是這些山水或對話詩的感受，對於臺灣戰後成長的一代而言，都是一種遙遙遠遠的感覺。在解嚴之前，那是政治禁忌，那是一種想揭而不敢揭的夢。無論如何在葉維廉寫作的當時，這些詩，不論是卞之琳的聲音，或代席進德二姊、衡陽莫老太太擬的詩箋，都是臺灣詩史上較早出現的另一種聲音。

總之，葉維廉的詩集成《三十年代》的厚厚一冊，說他是遲滯不前或影響力不大，那是不完全近於事實。不過有一點還是要指出的，就是他雖把臺灣當作第二（或第一）故鄉，但終究是客座身分，匆匆來去，確實無法對臺灣的政治、社會有所批判；而他近期所專注的山水衆作是旅人心情，又不適合表達現實的關懷，因而在一波波鄉土文學運動後，新生代的年輕詩人才會坦率地批評：影響力漸減。因爲他們對臺灣的現實有較切身的感受，也較強力要求詩要批判、要積極介入社會，因而類似王維詩的純粹、葉維廉詩的近期風格，就易於讓他們產生空疏或不關痛癢之感。如果能夠從這一個事實得到一種啓示，那就是作家一旦離開了國土，離開了人民，就是失根的蘭花，這也就是爲什麼蘇聯的鬥士索忍尼辛等只有在被放逐時，才會不甘願地離開祖國。對於葉維廉在美國、臺灣、香港、大陸之間的行旅，其中到底產生了什麼深沉的感觸，這恐怕是作爲詩人的他會不斷尋思的答案吧！

——錄自淡江大學中文系主辦「當代中國文學：一九四九以後學術研討會」會議論文，一九八八年十一月十九—二〇日。

【附註】

① 詳參葉氏《我和三、四十年代的血緣關係》，爲《花開的聲音》代序，對於早期詩作三十餘篇曾自述其文學因緣。（臺北：四季出版公司，民國六十六年）

② 張默在《中國當代十大詩人選集》的〈編後散記〉中，說明他們曾徵詢各方的意見，研擬出入選的名單，再由他與張漢良選定。十大是：紀弦、羊令野、余光中、洛夫、白萩、瘂弦、商禽、羅門、楊牧、葉維廉。詳參該書五四一—五四二，（臺北：源成文化圖書供應社，民國六十六年）

③ 《陽光小集》所策畫推選的「青年詩人心目中的十大詩人」，是有意在創世紀詩社的評選之後，另

外以較公開的方式進行，他們選後所寫的〈誰是大詩人〉也代表了新世代的觀點。見詩雜誌《陽光小集》十（一九八二．秋季號），新十大是：余光中、白萩、楊牧、鄭愁予、洛夫、瘂弦、周夢蝶、商禽、羅門、覃子豪、楊喚、羊令野。

④ 梁新怡、覃權、小克，〈與葉維廉談現代詩的傳統和語言〉對於葉氏幾個階段的詩有一篇很親切的訪問，收於《三十年詩》（臺北：東大，民國七十六年）頁五五九－五七七。

⑤ 《松鳥的傳說》原出版於民國七十一年五月（臺北：四季），其後收於《三十年詩》的第七、八輯，寫作時間分別是一九七五－八三及一九七六－八三及《驚馳》出版於民國七十一年九月，部分收於《三十年詩》第九輯，爲一九八〇－八二所作。《三十年詩》爲至目前爲止葉氏詩的主要選集，所選的較具有代表性，頗爲方便；但本文仍以原詩集爲主要的取材依據。

⑥ 註④前引訪問稿，頁五六四－五六五。

⑦ 詳參王建元，〈戰勝隔絕：馬博良與葉維廉的放逐詩〉（上）（下），《中外文學》七－四、七－五，頁三四－七一；四二－五九。

⑧ 較早的一種是《萬里風煙》（臺北：時報出版公司，民國六十九年），其中有第一輯《海線山線》，第二輯《歷史的探索》；後來又出版了《憂鬱的鐵路》（臺北：正中，民國七十三年），其中的甲輯、丁輯，有些就是詩組。

⑨ 詳參拙撰〈論皎然詩式的純粹性〉（青年戰士報，星期雜誌一〇四，民國六十三年十二月）；〈司空圖詩論中之純粹性〉（星期雜誌一〇六，民國六十四年一月廿五日）；〈嚴羽詩論中的純粹性〉

（青年戰士報、民六四、三、七）；〈王漁洋詩論之探究〉（青年戰士報、民六四、三、廿一）；〈現代詩論對傳統純粹觀念之應用及其轉變〉（臺北：《大地文學》一）

⑩王夢鷗，《文學概論》提出「純粹性」之說。（臺北：藝文，民國六十五年）頁二三五—二四八。

⑪張漢良〈語言與美學的匯通——簡介葉維廉比較文學的方法〉，《中外文學》四卷三期，頁一八二—二〇六。

⑫杜國清，〈詳介葉維廉論文集「飲之太和」〉，發表於《笠》一一三（一九八三年二月號）

⑬葉維廉《飲之太和》（臺北：時報文化，民國六十九年），其中〈無言獨化：道家美學論要〉更是直接闡述道家的美學。

⑭此語爲《驚馳》自序之語；又見於〈境會物遊與愛〉收於《憂鬱的鐵路》，頁八。

⑮〈我和三、四十年代的血緣關係〉與〈與葉維廉談現代詩傳統和語言〉均曾提及同一件事。

⑯《三十年詩》，頁五六二、五六三。

⑰散文題爲〈誰能超世累，共坐白雲中〉，其六〈山人的日記〉，《萬里風煙》頁五二；此詩題爲〈梅意〉，見《松鳥的傳說》頁七九。

⑱呂正惠析評〈沒〉中所用之語，收於《中國新詩賞析》㈢，（臺北：長安，民國七十年）頁一四一。

⑲〈中國古典詩與英美現代詩〉，《飲之太和》，頁二五—八四。

⑳《萬里風煙》頁六、七。

㉑〈卡斯提爾的西班牙〉，《萬里風煙》頁一一一。

㉒〈飄浮著花園的城市〉，《萬里風煙》頁一三六。
㉓〈玄海松浦覓燦唐〉，《萬里風煙》頁一五四。
㉔《萬里風煙》頁十八。
㉕《三十年詩》頁五七〇。
㉖這些詩依次見於《醒之邊緣》、《野花的故事》、《松鳥的傳說》及《驚馳》。
㉗《三十年詩》頁五七六。
㉘《三十年詩》頁五七六。
㉙杜國清前引文，頁八八。

葉維廉詩中的超越與現象世界

梁秉鈞

一

葉維廉早年的詩作以沈雄蒼鬱、氣勢磅礴見稱。具有代表性的《六十年代詩選》這樣介紹他：

> 葉維廉是我們這個詩壇一向最感缺乏的具有處理偉大題材能力的詩人。在中國，我們期待『廣博』似較期待『精緻』更來得迫切。①

葉氏早期兩本詩集《賦格》和《愁渡》裡面的詩，或許可以用西方美學中的雄渾（Sublime）風格來初步作一體會。這些詩具有郎嘉納斯（Longinus）所言的雄渾風格來源的要素，比方形成偉大觀念的能力、雄壯而生動的感情、思維的形象化比喻、高貴的辭藻（如用字的雕琢、意象的運用、風格的經營），以及總括上述各點由莊盛與提昇而來的整體效果。②從《賦格》到《愁渡》兩本詩集③中的各詩音色鏗鏘、意象華美，處理的亦多是宏大的題材。〈致我的子孫們〉彷如先知的發言，探索歷史的本質，〈河想〉和〈追〉對自我作出探索，〈賦格〉反思文化，〈「焚毀的諾墩」之世界〉思考時間與超越，〈降臨〉中充溢著降臨、出航、節慶等高昂的情緒。而貫徹在這些詩作中的，是一種尋覓與追索的主題。從表面的風格觀察開始，繼續細探下去，我們發覺這些詩也面對康德所分析出來的「雄渾」的成因：由於人類面對外界自然事物壓倒性的威脅，無法企及，無法綜悟，唯有作純理性的超越。雄渾經驗是人類從形而下的物質世界提昇，企圖超越有限世界的一種努力。④

我們在早期的葉維廉詩作中，無疑見到種種對外在繁複變幻的世界感到無法企及，由此產生了種種如何理解及超越的焦慮。

比方在早於一九五五年的一首〈我們忽略了許多實事〉裡，詩人說：

我們注視一些現象的
發生、變動、衰毀
注視一朵花生長的過程
風雨的援助和戲弄……（四至五頁）

在一連串個別獨立的現象的描寫後，詩人說

我們追逐和盤算一些解釋
我們追不上，算不清
它們追過了思想，追過了
世界（五頁）

詩人在詩中所說及的忽略了的事實並不是眼見的現象，而是「流血的本質、時間的意義」，是對如何觀看現象的思考，詩人對自我要求一個可以匹配這個繽紛世界的完整綜悟。

但這似乎是不可能的，理解眼前這紛亂而矛盾的世界是困難的。一九五六年的〈城望〉被主觀的幻象和解釋所滲透。現實變成內心的風景。原因是如敘述著所說：「不敢認知／我們尚未認知的城市」，詩最後是這樣結束：「我們什麼都不知道，我們祇期待／月落的時分。」（三十五頁）這更是對認知的猶豫、對觀看的否定，退向內心自塑一個世界。此詩初刊在香港的《文藝新潮》時名爲《我們只期待月落的時分》，更突出了這種對現象世界的否定。

一九六〇年的〈賦格〉在許多方面說都是一首重要的作品，既包容廣博的題旨、又有豐富的意涵，其中有對傳統與文化的思考、傳統與現代語言比較融貫的結合。從本文討論的焦點看，我們更可以特別集中看它如何面對外在世界壓倒性的劇變，表達一種理解與認知的困難。

詩開始於自我面對外界的變化而不知能否超越的刹那：

北風，我還能忍受這一年嗎
冷街上，牆上，煩憂搖窗而至
帶來邊城的故事；呵氣無常的大地
草木的耐性，山巖的沈默，投下了
胡馬的長嘶，烽火擾亂了
凌駕知識的事物，雪的潔白

教堂與皇宮的宏麗，神祇的醜事
穿梭於時代之間，歌曰：
月將升
日將沒
快，快，不要在陽光下散步，你忘記了
龍蔡的神論嗎？……（五三—五四頁）

第一二行開始，外在的現象世界已經混淆在內在的「煩憂」、「忍受」、以及「無常」的感受中。下面我們發覺文字逐漸離開一個現象世界的跡線，文字世界喻示的是一個價值標準正在崩潰的世界：知識、純眞、宏麗等事物被擾亂了，正處在變佚交替的時代，過去的種種權威受到懷疑，傳統的禁忌和盲信是不知是否仍然有效，現在是茫然不知去向，眼見種種異象，而第一節的結尾是「我們且看風景去」。這周覽和行旅的題旨在詩中反覆出現，正如如何理解世界的題旨亦穿插出現：

究竟在土斷川分的
絕崖上，在睥睨樑欐的石城上
我們就可以了解世界麼？
我們遊過
千花萬樹，遠水近灣

我們就可了解世界麼？
　　我們一再經歷
四聲對仗之巧、平仄音韻之妙
我們就可了解世界麼？（五八—五九頁）

詩中閃現一連串異象後，提出是否遊過「千花萬樹，遠水近灣」（注意其中古典套語的應用）就可以了解這個世界，是否經歷古典傳統詩藝的要訣就可了解世界？這世界繁複多變，異乎常情常理，變得無法了解與把握了。詩並非指向答案，而是對如何了解世界提出問題。但問題提得如此鏗鏘華美，本身也成爲獨立存在的藝術。〈賦格〉及其他早期的詩，在蘊含哲學玄思的同時，文字的濃縮與彈性，結構的開闔變化。令人折服。〈賦格〉由複音樂曲Fugue的結構而來，幾個主題先後重複出現。詩以哲學的焦慮開始，而完成於藝術的結構，並以此命名。但這兩面是同時存在的，這詩並不僅是強調文字華麗的獨立存在的純粹象徵主義作品，即使音樂性的題目〈賦格〉也同時帶有「飛逸」或「遁走」之意。詩中的古典引文如「予欲望魯兮」等段落，暗示的隔絕與放逐，亦有現實政治情況的所指、與傳統的疏離、價值觀念的轉變。所以這表面上是純粹藝術的、反歷史的作品其實亦正有一個歷史的脈絡。

是在這種無法說清楚現實世界的混亂與崩潰的緊迫下，詩人以藝術超越現實經驗，以文字建立一個世界，其中也不乏往來爭奪，彼此商量。〈夏之顯現〉是文字之夏與現象世界之夏的爭奪（「我欲扭轉景物」），〈仰望之歌〉欲給予混亂的現實一種提昇的秩序，〈塞上〉

從一種武俠小說式的言語和歷史空間中流露中國感情和流放主題，即使被作者本人稱爲「爽直辭質」的早期作品〈生日禮讚〉，其實正是在尋找一個藝術化的語言和形式去代替現實的經驗。早期的葉氏作品總在尋找恰當的藝術形式去理解或包容現實經驗。這可見於他對十四行及其他詩形式的翻譯和練習；對法國詩人從魏爾倫、藍波到聖約翰波斯的翻譯與吸收（後者的影響明顯見諸〈降臨〉）；對小說家如普魯斯特的譯介；對喬哀思的興趣（可見於〈赤裸之窗〉及後來刊於〈現代文學〉的小說〈優力栖斯在台北〉）；最重要的是對艾略特的翻釋與研究，不但譯出了〈荒原〉，而且在師大唸研究所時曾撰寫艾略特的論文，在《賦格》詩集中最明顯的關連是〈「焚毀的諾墩」之世界〉，此詩從艾略特詩中得到的提示是去思考流動的時間與超越的剎那之間的關係。

面對混亂難以企及的現實世界尋找藝術形式欲建立一純粹藝術世界與之對抗，自不免有隨之而來的晦澀與難解。最顯著的實驗可能是〈降臨〉，我們可以感到其中情感的律動、聲勢的方向，意象有金石的硬朗和鏗鏘，也可以感到降臨、出航、囚禁、展望、節慶、尋索等等的氣氛和姿色，但那裡並沒有敘述性的故事線索，或者具體現象世界的指涉。過去的論者亦只以意象疊向來解，沒法把它還原爲一現實世界。

這一階段的探索，如音樂的結構、捨事件敘述而取律動與氣氛、捨說明性的文字而取創造性組合的文字，大概是因爲既有的藝術形式、政治化或通俗化的粗糙文字，無法幫助詩人「了解這個世界」，也無法幫助他「把握」以及表達「某些事物」。詩人企圖超越現實經驗，以文字自造一個世界，希望能賦予零散片段的個人經驗一種更大的意義。〈賦格〉以來一直多方探索的主題，如放逐、錯位、與文化母體的割斷，到了〈愁渡〉可說是到達一個比較渾成的綜合了。

〈愁渡〉五章，仍然是意象繽紛，但隱約有更清楚的方向。雖然五章分別用五個不同角度敘事，但整首詩涉及遠航、放逐、追尋等線索卻遠比〈降臨〉明晰。「千樹萬樹的霜花多好看／千樹萬樹的霜花有誰看」是舊詩「中天月色好誰看」的回響，是放逐所帶來的哀傷。但詩中五個不用角度的敘事，亦減低了個人抒發感情的傷感，把哀傷化爲藝術；五個角度的敘述，減低了明顯的敘事交代，突出了雕塑的立體感。葉氏這時期連載於〈純文學〉中討論中國現代小說的文字也提出類似的藝術手法。⑤而詩人在遠渡的愁思中其實亦已開始了企圖超越放逐的反思：

親愛的王呵，爲什麼你還在水邊
哭你的侍從呢？
捎起你的城市，你侵入遠天的足音裡
不盡是你的城市嗎？
親愛的王呵，別憂傷
你在那裡，城市就在那裡（一五二頁）

二

〈愁渡〉在葉維廉詩中也是一個過渡，〈愁渡〉之後，他的詩作有了顯著的轉變，這在跟著的兩本詩集《醒之邊緣》（一九七二）和《野花的故事》（一九七五）中都看得出來。這固然是因爲詩人想自覺地離開那鬱結，⑥另一方面，自從一九六七年，葉氏開始在加州大學聖地牙哥分校任教，海外放逐生活逐漸安頓下來，而且加大新音樂和演出方面的實驗，對他的作品也構成新衝擊。《賦格》時期移用巴哈或韓德爾的音樂形式。《醒之邊緣》時期的作品卻有與新音樂的作曲家對話，亦有不少綜合媒介的試驗作品。這時期的作品有異地文化的衝擊，寫美國生活的作品亦不像較早的〈曼哈頓〉或〈聖·法蘭西斯哥〉那樣只是內在的風景、文字建造的城市，〈北行太平洋西北區訪友人詩記〉或〈曉行大馬鎮以東〉等都有明顯的外在景象的跡線。詩人似乎能夠超越了放逐的愁結，欣賞及抒寫異地風景面對異地的文化。高岱亞·歸岸在〈放逐與反放逐〉一文中說：被放逐的作家除抒寫懷鄉的愁緒，還有一種反放逐的文學，克服地方上或言語上的隔膜，超越對舊地的依戀而能發展更開闊的視野，⑦那麼葉維廉這時期的作品是否可以稱爲超越放逐的文學呢？

葉氏這時期的詩的確更多地抒寫海外生活的空間與日常意象，吸收外國文化的新風，他爲另一位移居美國的詩人馬朗詩集《美洲三十絃》寫序時亦肯定了戰勝隨放逐來的孤絕的意義⑧，比較接近歸岸的看法。但另一方面，葉氏對中國文化的懷戀卻通過其他途徑流露出來。

他曾討論龐德翻譯中詩的得失，在這階段更進一步探討中國詩獨有的美學與表達方法，他翻譯了王維，寫了一些文章去討論中西山水美感意識的形成。而在他這時的創作中，我們越來越少見他以雄渾修辭扭轉景物的實貌、以理性思維去建立一個自給自足的藝術世界，相反，我們見到更多以文字點逗自然律動，更多企圖虛心讓自然景物直接呈現，不以主觀文字去闡釋風景的嘗試。

對王維詩的愛好，對道家美學的嚮往，也見諸這階段詩文中對純粹經驗的追求、對一種未經知性分析割切的自然和人際關係的企盼。但這一階段的葉詩似乎並非如論者所言只是呈現一個純粹經驗世界，在其中我們同時見到一個紛亂現實跡象的塵世，以及超乎這個現實經驗的和諧世界。

〈甦醒之歌〉就借介乎睡與醒的狀態，寫出這兩個世界。一個世界是「破車場微明的傾倒」、「風被時速六／七十里的匆忙／割得零零落落」、「廚房裡的炊食／……沈重得如雨季的雲」，這世界殘破、零落、笨重，充滿了人造的物件、現代文明的現象，另一個世界卻是「解盡一身的牽掛／攀著紛紛的頭髮／到河上。汲水。沏茶」，是舒暢、自然、樸素、和諧的世界。這超越的世界也可以是對現象世界的一個批評，詩中並列造成對比中強化了對現象經驗的批評：

什麼時候的踈踈的救火車的鐘鳴
（河水那麼清澈涼快！）

造船廠的新船早已辭廢鐵開行
（河水泛著茶的花香！）

但葉氏其他詩作對這兩個世界，還有其他的反覆推敲，還有辯證的思考。〈嫦娥〉中，天上的世界是「千年萬年的黑色有多沈重」，「歸臥白雲？青熒的弧形的檻外，看那淼漫連綿、純黑的廣寧？」人世才是充實多姿的：「持著花樹降下，讓那溢滿市聲的歙歙的風吹去那千年萬年的堆積得厚重如睡眠的空虛……」（一八七頁）

另一首《簫孔裡的流泉》開始於一種凝神的狀態、一個美好和諧的時刻、一種聲音、顏色與感覺相連的通感：

鳥鳥鳥鳥
一片織得密不通風的鳥聲
隨著朝霞散開
便透明肌膚似的
延伸起來
城市渺小了（三二一頁）

注意最後一行，在這個超越世界中，現實世界的現象變得萎縮了。

但葉維廉詩並不僅是寫一剎那的純粹經驗，甚至不完全是肯定超越世界的勝利，在詩的末尾有一個急轉把前面營造的安寧打破了：

瀑布一瀉
瀉入洗衣洗菜洗肉洗化學染料洗機身車身的
一片密不通風的馬達的人聲
人人人馬達馬達人人人馬達人
響徹雲霄

詩中的急轉並不是突兀的，因爲其中幾層經驗面其實都在發展：蕭聲由清脆而激越而高昂、流泉從輕流而積瀉成瀑布、現實的層次裡則可解爲從清靜的黎明至早晨逐漸響起一日操勞開始的人聲喧鬧。這些帶出另一層面的意義：即自然美好的世界爲物質文明的人爲世界所破壞了。所以我以爲，若說葉維廉此時的詩是道家美學的詩、是關於純粹經驗的詩，不若說是徘徊於美學與現實之間、超越與塵世之間的詩。詩人也像詩中的嫦娥，知道人世的毀滅性又渴望回到人間、知道天上的孤寂最後又不得不回到天上。

葉氏這時期的詩，因爲嚮往中國古典山水詩的直接呈現，喜歡實體的展露與視覺的澄鮮，所以也逐漸離開一種以文字建構一個世界的象徵詩觀，而開始對現象世界有更多的描畫。

從〈永樂町變奏〉開始，我們才第一次在葉維廉詩中發現了幾乎接近白描的手法，這也開始了其後一連串以臺灣地方爲題的詩作，如〈暖暖礦區的夕暮〉（這詩在聲音的把握上可說是一首失敗的作品）、〈布袋鎮的早晨〉、〈台灣農村駐足〉等。但就本文討論的焦點來說，〈永樂町變奏〉還可能是最豐富也最複雜的一首。跟〈賦格〉時期的詩作比較起來，〈永樂町變奏〉對現實的指涉、文字的不加雕琢，幾乎接近白描了。但它不是白描，詩中也不斷帶進另一世界的比喻，企圖爲眼前的現象與經驗賦予種種意義。比方第一節中出現的「一切的風浪都給河口堵住了」，除了是直寫，還有喻意，暗示了圍困、隔絕、封閉等種種意義。

因爲題目中的「永樂」，也許不禁使人想到永恆、極樂世界、種種宗教與超越世界的聯想，詩中對這一世界確有涉及，卻是這樣寫的：

說永恆
道永恆
城隍廟香火鼎盛
白無常黑無常
依鼓樂離去
　馬祖膝前
一車砍好了一半的佛像
瞪著茫茫的獨目
向

喧聲沸騰的永樂市場
永恆的是——
永恆的是——
永恆的是世代相傳的
腥羶

這裡超越的世界不是用來解釋或了解現實的經驗，相反，是現實世界去界定了超越的庸俗化、殘缺與不可能。永恆與腥羶等同起來，這並非把現實瑣碎提升，而是質疑了超越的可能。最後說「這條街眞像一個壽字」，「壽」這由抽象吉祥的意義，一旦與現實世界的器物結合：「壽衣的／壽／壽器的／壽」，指的就是死亡的器物，指的不是超越，而是超越世界的現實與庸俗化了。

如果說〈永樂町變奏〉代表了詩人對庸俗化的宗教世界（以香火鼎盛的城隍廟爲代表）的否定，並非表示，他不承認在現實之外有一個超越的世界。〈愛與死之歌〉詩中隱含著來自現象世界之外的種種訊息，如第一首中顫抖的童子傾聽地層下遙遠的泉聲而說：是愛，是美的湧動。詩後記中說明這詩在腦中突然成形，又與親人的逝去有關，彷如難以解釋的神祕經驗。在《醒之邊緣》和《野花的故事》這時期的詩，比起《賦格》和《愁渡》時期，更多自然語言和現實現象，但並非完全落實在現象世界而否定了超越經驗，反而是由於兩者的拉扯爭奪而產生了新的起伏張弛。詩人面對外在世界，在主客的接觸中產生了知識論的焦慮，有時彷如浪漫主義詩人把靈魂提昇離開現象世界，有時則欲如中國古典詩人把感悟落實回到自然現象之中。

《賦格》時期有尋覓西方文藝形式去把握及理解複雜的現實世界，這在《野花的故事》時期同樣有，不過卻是換了不同的方式。〈更漏子〉一詩（二七七—二七八頁），細心的讀者會發覺，是王維〈鳥鳴澗〉的改寫，其中四段恰好是王維四行詩的境界的重造，這可視爲一種致意、一種練習，流露了現代詩人對中國古典山水意識的嚮往，嘗試以之去結構現代經驗。更進一步的嘗試可見於〈曉行大馬鎭以東〉（三二四頁至三二八頁），從詩中的用字、意象、意境看，很可能受到柳宗元〈秋曉行南谷經荒村〉一詩的啓發，但卻不是如〈更漏子〉，逐句改寫，在這裡現實經驗和現象世界都有更連綿的展露，現代詩獨有的斷句造成的連與斷，彷如電影鏡頭的推移剪接，是原詩中沒有的。〈秋曉行南谷經荒村〉中比較說明性的一句：「機心久已忘」，在〈曉行大馬鎭以東〉裡也略去了，純粹以景物在眼前展現而暗示了其中的意思。這詩可說是與柳宗元古詩的一個對話，詩人一方面仍是如《賦格》時期以藝術結構去盛載及理解現實經驗，但另一方面這時期又不是完全超越了現實經驗，而是如前面說：兩者有一種拉扯張馳的對話。

三

到了八〇年代的詩集，如《松鳥的傳說》和《驚馳》裡，我們見到了上述母題的延續，亦有不同的發展。

從〈賦格〉、〈我們忽略了許多事實〉等早期詩作開始，詩人面對外在壓倒性的劇變，表達了理解與認知的困難，這在八〇年八月寫於香港的〈驚馳〉中，仍有同樣熱切的深思。在第三首，描繪了漫天風雨的劇變（天地的驚動夾雜著人事的爭奪與衰榮），而在這外在雄渾驚人的壓倒性經驗「滅絕」以後，詩人回到個人認知的焦慮：

你呢？我呢？
小小的圓窗裡
小小的凝望
望不斷
滂沱生命的黑穴。（四九一頁）

〈驚馳〉是一首內省的詩，詩中動作的孤線是由內而外，由外而內，又再由內而外，心志與外在世界有種種觸動、有溶匯也有相斥、有雄渾的震撼也有自然的舒展。其中求索與內省的主題，是《賦格》時期以來的延續，但也有了不同的處理手法，帶入了新的成分：

也許我該邀你
看灑滿一天的
破布的碎雲

也許你我便
踏著它們
一若踏著
忽遠忽近
跳石似的
歷史
走出這沈沈的
沈沈的
黑夜（四九二—四九三頁）

「歷史」是葉氏這一階段重新提出來的課題。在迷茫與破碎中，彷彿只有把握「歷史」才可以走出沈沈的黑夜，才可以重新建立個人與世界的聯繫。這一階段葉氏的學術論文，如〈歷史的完整性與中國現代文學的研究〉，特別提出從歷史的完整性看中國現代文學，葉氏在這階段亦重拾起他早年對三、四〇年代新詩的興趣，在稍前的一篇文章中，以今日的角度重新衡量三、四〇年代詩作對他早期詩作的啓發⑨，這是對個人文學歷史發展的回顧，也可以是對港台現代文學與五四新文學淵源的一個回顧。此外在中國大陸文革結束後過去沈默多時的詩人再度出現及發表作品，部分詩選集或文學資料重新整理出版，也造成比較可以從歷史完整性看問題的契機。葉氏本人在八〇至八二年回港出任中大英文系教授及比較文學研究所所長，其間亦有機會回大陸交流，多少影響了此時期的感性與視野。如果說七〇年年代葉氏的詩接近歸岸所說的反放逐的作品，放眼世界的變化，吸收其他媒介的衝擊，此時則在感情上回到〈賦格〉時的濃重，但在處理上有所不同，同時在「歷史」主題上有所發展。

八〇年代兩個比較重要的作品是〈松鳥的傳說〉和〈愛的行程〉，都有多部分的結構、多重的敘述，以及《賦格》時期所無的較可辨認的敘事脈胳。〈松鳥的傳說〉寫一隻凍寂的鳥與一顆凝結的松，在空寂的冰原上，其中插入鳥群飛聚在煙突上自焚而死的新聞故事，又以獨唱溶入合唱的羽祭作結。〈松鳥的傳說〉回到放逐的主題，放逐當然其實也是一個歷史的傷痛，這些濃愁有其歷史及文化上形成的原因。〈愛的行程〉進一步去探索這些問題。〈愛的行程〉中的年輕人，是過去歷史所造成的錯亂與隔膜的犧牲者，他欲了解自己的過去歷史而不可得：「多少次，他把耳朵傾向河面，想凝聽一點點有關他自己身世的信息，他的過去，就如那清晨遠水上的霧，還沒有到中年，他竟然像走在黑森林中的但丁，迷惑而不知前路。」

〈愛的行程〉的第三部份〈碎鏡〉讀來仿如早年的〈降臨〉和〈城望〉等詩的一個比較敘事性強的重寫。詩的主角意識裡亦只有往事的碎片，零星的意象，其他剩下來的只是一些感覺，他無法把握什麼，弄不清楚記憶裡的身影，聽不清楚遠方無形的呼喚。不同的是，在《愛的行程》裡，第一段已有交代，所以這一段裡破碎的鏡影、骨肉的傷錯皆有一個歷史的成因。同樣面對巨大而壓倒性的錯亂而產生認知上的焦慮，但這裡人物的主觀意識並非籠罩全詩，他只是詩中一個人物，作者和讀者比他更完整地看到前因後果，同時也知道了他的限制。

八〇年代與「超越」有關還有兩首作品：〈沛然運行〉與〈尼亞瓜拉瀑布〉，兩者有相似也有不同，辯證地提出問題的兩面。〈沛然運行〉面對大自然的雄渾，先提出一連串的問題：我該怎樣描畫，我該怎樣把握、我該用人工經營，刻意安排嗎？詩的回答是道家美學的回答：無爲獨化，沈入風景裡，與風景同呼吸。

但現代人未必可以回到這樣一種和諧的關係：《尼亞瓜拉瀑布》代表的是這種和諧的失落，在第三首裡，敘述者拒絕了雄渾的經驗，超越的可能，因爲他不敢，因爲他怕承受不住，他固守在現有的隔絕中，拒絕超越現實經驗，去了解「宇宙的秘密」、「遠古的冰寒」，換言之，他拒絕了那超越的世界。

〈沛然運行〉和〈尼亞瓜拉瀑布〉代表了葉維廉詩的兩面。他詩的魅力也許正來自這兩方面的拉扯張力，辯證思考：一方面是對超越的嚮往，越過現實而與更高的經驗合而爲一，但另一方面亦未嘗沒有對現象世界的留戀，對一更高遠的超越世界的懷疑。

——錄自《創世紀》一〇七期，一九九六年七月，頁八一—九四。原文爲「第二屆國際宗教與文學會議」論文，輔仁大學主辦，七十九年九月。

【註釋】

① 張默、瘂弦主編，《六十年代詩選》，臺灣，大業書局，一九六一年，一五二頁。

② Longinus: On the Sublime, in Aristotle, Horace, Longinus: Classical Literary Criticism (London: Penguin, 1965), P.108.

③ 第一本詩集《賦格》出版於一九六三年，第二本《愁渡》出版於一九六九年。但爲統一，下文引詩皆引自《三十年詩》（臺北：東大，一九八七），文內引詩頁碼亦依此書。

④ 見 Critique of Judgement (New York, Hafuer Press, 1951) 亦可參看 Tomas Weiskel, The Romantic Sublime: Studies in the Structure and Psychology of Transcendence (Balttimore and London: Johns Hopkins Press, 1976) 中文可參看朱光潛、梁宗岱、姚一葦、陳慧樺、王建元諸位的討論。本文對雄渾觀念的一些想法，始自在加州聖地牙哥與王建元兄談話間得到的啓發，謹此致謝。

⑤ 見《現象、經驗、表現》（香港：文藝書屋，一九六九年）

⑥ 葉氏在接受筆者訪問時的自述，見〈與葉維廉談現代詩的傳統和語言〉，原刊香港《文林》雜誌，收入《三十年詩》，五六五頁。

⑦ Claudio Guillen, "On the Literature of Exile and Counter-Exile" in Books Abroad, Spring, 1976, p. 272.

⑧ 見馬朗著《美洲三十絃》（臺北：創世紀詩社，一九七六）五至二十頁。

⑨《我和三、四十年代的血緣關係》，見《三十年詩》附錄，五七八—六〇五頁。

山水・逍遙・夢

——葉維廉後期詩及其詩學

李豐楙

一

在臺灣屬於前行代一代的詩人中，葉維廉是具有多方面成就的一位。他的特色是能詩能文，同時又是比較文學學者。基於他的興趣與事業，有機會出入於古典與現代、中國與西洋，因此一個有的問題是：他的創作與理論到底具有什麼關係？固然他有時也會善意提示詩評家：不要完全從他的詩學理論衡量他的作品！但熟悉他三十年詩的發展，又對中西美學、詩學有興趣的人，一定會深深感覺，其間聲息相通，血脈相連，是不可分割的整體。對於這樣長期涵泳於詩的世界的現代詩人，他的創作勢必也隨著生命的軌跡（人生的、學問的）成長、成熟，逐漸臻於個人較高深的境界。不過從較近期的一次評選活動中，他從七十年代的『十大詩人』退出，屈居新十大之外①。其實這只是臺灣詩壇兩代之間的不同評斷，並無足訝異。但從期間趣味的變化，適可刺激有心之士思索一些較深刻的問題：就是葉維廉所營構的美感世界，是否仍可落實於當代社會？這種純粹經驗是否逐漸從新生代的詩人中失落。諸如此類問題的深入思考，終會激發一個關鍵問題，就是現代詩、現代中國詩能否建立一個既現代又中國的詩觀？其中關聯到現代中國詩人的審美意識，他們的觀物方式及語言問題，這是討論葉氏詩學及其創作的根本，也是由此中論當代中國詩學的主要課題。

二

葉維廉在當代有成就的詩人中，是有意且有能力建立其一己的詩觀的。從早期他基於實際創作的經驗，並經由中西詩學的比較，沈思所得，發而爲文，既已能精闢點出中國古典詩的特質，並以此創獲己見綜合檢討那階段的中國現代詩，也確爲處於『一種澎湃的激盪狀態』中的現代詩，產生某種程度的影響力。②這時他正在師大英語研究所深造，並與創世紀詩社瘂弦、洛夫等人認識，發表詩作；這時期的詩論，重要的約有〈論現階段中國現代詩〉（一九五九）、〈靜止的中國花瓶〉（一九六〇）、〈詩的再認〉（一九六一）其中第三篇是發表於《創世紀詩刊》十七期、並被創世紀集團，認爲『該文之觀點大多能代表今日我國詩人對詩之認識』，而被一九六七年編選的《七十年代詩選》選作序言。由此可看出他的論點深受創世紀詩社倚重的情況。

後來葉氏赴美繼續深造，除了他對現代詩的創作活動外，並譯介現代中國詩，及以比較的觀點介紹中國詩，這些研究、教學經驗，表現在融匯詩學的成績，其代表爲英文中國現代詩選（Modern Chinese Poetry）的緒言〈中國現代詩的語言問題〉，及其補述〈視境與表現〉。在這些日漸精當的論文中，經由中國古典詩譯介，發現中國人使用文言的語法習慣，進而探索其背後的美學特質，在此一理解下，他為當時尚缺乏反省其美學觀的現代詩人，提供一些足資思索的觀點。這些論點或許對當時、以至當今的詩壇，仍有不同的見解；但重要的是他的宏觀視角，為激盪、且有所困惑的詩人，詩評家，提供建議是否需要虛心檢討較根本的問題；語言、視境與表現。

其實討論葉氏的詩學與美學，就可以發現他具有『一以貫之』的態度，他認為自己尋獲的中國人的美學觀後，就以此觀照其他文類或藝術，可以論小說——〈中國現代小說的風貌〉即為其成果；也可以論『中國繪畫』——莊喆的畫；甚而及於其他舞、劇等，都自有創見。其次就是他所具的孤心苦詣的精神，將原本的論點不斷思索、整備，因而深化、體系化，歷經二十年，《飲之太和》的出版，更全面而深入地建立其『比較詩學』，其中較有關的七、八篇專論，均嘗試『語言學的匯通』，確是中國詩學的溯源探本之論。③其中較細緻地說明中國詩人的觀物方式，中國詩所表現的視境；它在語言風格上的諸般特色；包括自身具足的意象而無主詞、時態；羅列句式而少跨句，它不是分析性、指導性、知性；而偏於視覺性、並置性。葉氏採用電影的鏡頭原理，解說中國詩的小銀燈效果。然後他追溯這種自然演出的美學，原本就是中國詩學史上，自皎然、司空圖以下，歷經嚴羽、王漁洋等人的闡發，成為詩評的主流；而其思想依據則是道家、禪宗。這是研究中國詩學、美學者共通的進路，而葉氏是基於創作的實踐、譯介的體驗，因而從比較的觀點，重新闡釋中國的傳統詩學，清晰而有力地顯明中國詩的特質，而這正是現代中國詩人需要深思之處。

葉氏的好學深思，使他對於現代詩人的創作活動提昇到哲學的高度，並將這一問題放在當今世界性的鉅觀視野中，就是人與自然的關係。在科技掛帥的現代社會，西洋文明高度膨脹其文化本質，諸如征服慾的錯誤運用，對於生物環境造成過度破壞，而最根本的則是人與自然的關係。由於近年來生態學的崛起，使得一些『文明人』要向自然、要尊崇自然的『落後』民族學習，也就這一精神的引導下，葉氏再次強調中國詩人與自然之間的感應關係，而且對老、莊道家及禪宗的智慧，賦予一種現代的評價。在《無言獨化》中，他綜述道家美學的旨趣，提出道家的宇宙觀，是否定了用人爲的概念和結構形式來表現宇宙現象全部演化生成的過程；由此可以對比西洋哲學中，採用歸納、類分宇宙現象的方法，使得詩人與自然間不易達到完全不隔的境界。在當代詩人中，從創作與理論聯結的關係，這樣深刻地溯源探本之論，應以葉氏爲第一。隨著其年齡、體驗，以及學術生命的深化，可以感覺他作爲詩人的性格外，另外一種哲人式的生命深度。

將道家哲學、道家美學落實在文學，葉氏將早期既已注意的詩的語言問題，放置在兩種情況下：不道、不名、不言的『無語界』，這是道家認識語言的限制性，所以採用否定的敘述方式，以更澄澈地造顯事物的本然。但文學又勢需運用『語言』作符號，無法完全停留在無言之境，因此就要在儘量減低人爲的有爲的原則下，以物觀物，目擊道存，由此他體悟及中國山水詩的美感意識——讓景物自然演出，詩人在出神狀態下，獲致一種神秘經驗、純粹經驗，這是他在〈中國古典和英美詩中山水美感意識的演變〉中的中心旨趣。

對於傳統詩學中的精粹，葉氏從史的立場作過不同的詮釋，司空圖的韻外味外的旨趣說，嚴羽續予發揮的興趣說，下至王士禎偏嗜王維一派詩，以禪喻詩說唐詩的三昧、神韻，乃至近人王國維的拈出境界二字。其中又對嚴羽的論詩之譚寫過專論，由此可見葉維廉因受過西洋詩的洗禮，反而更熱切而準確地把握中國古典詩的審美特質，這是他與純中文系所出身者不同之處；又因他所具的哲學、詩人氣質，使他不斷省視其實踐所得的經驗，以其他藝術媒體諸如電影蒙太奇理論，重新詮解中國傳統詩及詩學，並溯源探本於道家、禪宗的宇宙觀，及落實於語言時的美學表現，他長期思索的這些詩學成就，對研究中國詩評史者應是新的啓發。

三

葉氏自己定位的是：『我基本上是詩人，而非純學者』（《秩序的成長．序》），不過隨著學術生命的成長，數十年來，他以傳授其論詩見解活躍於美、中學界，其對詩學、美學所賦予的新意，也多爲當代詩評家所接受。而現今生態學的崛起，使得有識之士覺醒，需要調整人與自然的關係，則作家的觀物方式也需有所超越，一些美國新一代詩人有些既已體悟及此，葉氏在與人作心靈的對話時，他所熱愛的創作生命是如何因應？這是有趣的事。

葉維廉詩學是否可作爲他的詩集的註腳？提出這一根本的問題，不但作者本人要先縷敘其創作歷程，然後巧妙作答；就是旁觀者的詩評家也要沈思之後，才可回答這一弔詭的問題，按照莊子的哲學式答法，正處於是與不是之間：說是不是、不是亦是。因爲詩的生命是與作家的生命軌跡息息相關，而非完全屬於理念的產物。葉氏詩前後期的風格，從繁音複旨轉趨於清淡細緻，剛好顯示他走出憂時憂國的鬱結愁結，由非個人性到個人的，因而呈現在藝術手法，也由偏於因語造境到因境造語，且逐漸朝向一個美學高境「境語合一」探索，這就是《三十年詩》的脈絡。

在中國古典詩中，李白、杜甫與王維、孟浩然各有不同的意境，這是熟識唐詩者所共有的審美經驗。不過葉氏的讀法自有其視角，因此李、杜，尤其杜甫成功之作，他認爲都能達到，將「個人的感受和內心的掙扎溶入外在事物的弧線裡；外在的氣象（或氣候）成爲內在的氣象（氣候）的映照」，維廉詩話的這段論詩之譚，移以解讀他前期—從《降臨》到《愁渡》中的成功之作，就可感覺詩中的沈鬱韻味，何嘗不是演出青年葉維廉「他個人內心的戲劇」（詩話），這是當時創世紀詩社認同其〈降臨〉一詩的主因，也剛好表現前行代詩人，尤其離鄉入軍旅的大兵詩人的共同感受，面對大陸的挫敗、流亡，臺灣政局的低壓、禁忌，他們用寫詩對付殘酷的命運（洛夫語），因而以晦澀的意象包裝〈逃亡的天空〉，這是葉氏及當時創世紀同仁所折射的歷史現實。

不過葉氏論詩最爲得力的仍是王維詩一路，屬於自現象中擇其「純」者而出之的（詩話）；

到後期有關王維詩，尤以《輞川集》所顯示的美感意識，諸如物各自然、依存實有、即物即眞，均能表現人與山水間的純粹經驗，他坦白承認這些純詩啓發，走出鬱結而呈現另一種風貌。其中道家哲學引導他面對山林、皋壤時，在出神狀態有一種謙虛，那是面對大美所不能言的失語感、無語感，類似宗教體驗裡，發覺人類所發明的語言符號，無以言傳其悟道的經驗——大道大言而又不能不言，所以近期的詩常會出現「教我如何」，或「我如何」的設問、自問句，宇宙與我，冥然合一，靜觀之際，但覺眼前只是山山水水何從說起，在「吐露港前」，詩人既自覺有股詩情噴薄而出，但又覺察擬似一物即是不是，因而逼拶詩人當下直說「你叫我如何說／你叫我如何說啊」④

「我如何」句型的出現，不是一位從少年時代就寫詩者無以駕御其文字，而是當下瞬間對於大美的失語症式的眞實感，這是直覺的美，就如至情、至理的感動與感悟，爲至美的接觸經驗，東方哲人以此譚禪論道，而詩人也以此一超直入妙悟，唐詩中寫山水田園的五絕，或日本的俳句，就有些詩人詩境通禪境，達到以最少的字數捕住瞬間、當下之美。葉氏頗爲熟悉的日本俳句詩人紅葉芭蕉就有首作品：

古池也蛙飛過去水之音

這是無法完全翻譯的，只是自身具足的豐盛的美感。王維所作的辛夷塢、鳥鳴澗，無論是花開花落，鳥鳴鳥逝，屬於同一出神狀態下寫成的。葉氏就有同一觀物方式，在特別安靜狀態下，他靜對早梅：

好一株　早梅　雲　湧動著　暗香　溫暖

這是遊太平山日記裡，沈思中回味的瞬間湧動的美，是圓滿具足的一首詩——梅意，它與芭蕉的俳句相近，甚至連俳句所要遵守的格式俱無，而爲完全自由演出的自然。

葉氏傾向「短句和簡單的意象」（三十年詩序），⑤從理論言之，正是接近絕句之美，這種美感經驗並非完全只能得諸名山勝水，而是「俯拾即是，不取諸鄰。俱道適往，著手成春。」（司空圖·詩品）正是道家道在瓦礫的藝術精神，他寫「無名的農舍」：

奮發的夏木裡
苔綠的瓦塊間
腐蝕的木門上
夢
是暴風雨
醒
是暴風雨

瓦塊、木門的苔綠、腐蝕，對照夏木的奮發，只是羅列意象，而境界全出矣，這是他所嚮往的王維詩境。

司空圖的詩學提出「思與境偕」，外在的境轉化爲內境，因此他論及不同的境就會興發不同的詩情，這是證驗有得的話。葉維廉爲蒐集寫作素材，常旅遊世界各地，也都有散文或詩記其事，但他綜合這些天涯遊蹤後，發現臺灣的農村與山水，是更接近傳統山水畫的美，易於引起詩興；〈驚馳序〉與之相較，香港、中國大陸以及日本，所激起的東方詩情，也會有同一意境，但可能會夾纏一些複雜情緒：酸楚、傷悲，甚或是壘壘傷痕，因而寫出的詩也就多些變徵、變羽之音，他覺得與在臺灣以『愛與關懷』看山看水，具有不同的情懷，《驚馳》中『江南江北』詩輯，就常在斑駁與古意的意象中，顯露一些淡淡的悲懷。

情隨境遷，他遊蹤所及，以中國人而接遇異國的山山水水，就會出現另一種形式相俱的作品，〈松鳥的傳說〉中，在寫作策略上固然仍以短句，簡單意象為主，卻發展成氣脈綿長的調子，那種感覺就如同他所擬的詩題，就是『沛然運行』內氣充實之美，它富於動態、氣勢，卻出之以悠、遠的語調，屬於調整前、後期的另一種表現，葉氏對於這類較長的詩作，是採用不隔的態度，純任意象的自然演出、傾出，它是視境的，也是聲感的，由於語句簡短、意象單純。讀者隨順讀下，那感覺如行雲流水，姿態橫生，但常『行於所當行，常止於不可不止』，是集中的精品。

葉維廉綜理他的寫作，特別題為『三十年詩』，其中詩的轉化、成長，也映照出他的生命歷程，可拈出二字以論之；一為憂類，憂時憂國、憂文化命脈，為反映歷史現實的沈鬱表現；一為遊類，遊山遊水，遊自然大化，為心境的優遊不迫。其實或憂或遊，俱是士人的生命情調，從陽剛到陰柔，從鬱苦到舒放，這是現代中國詩人的一種生命進境。

四

葉維廉創作現代詩，並且建立自己的詩學、美學，持續三十年，尤其近十餘年，轉變他的寫作風格後，較能實踐有本有源的美學觀念。但對於這一轉變，卻引發不同的評選，香港有詩人覺得太淡，「失去了以前的磅礴和濃厚」（《三十年詩·序》）；而臺灣新生代詩人也嚴苛地批評為「遲滯不前」（新十大的評語）。對於這些批評的原因，牽涉到多種複雜因素，在此只從一個觀點解釋，就是葉氏美學、詩學中的視境表現與語言表現，通過他的實踐後，所造成的傳釋問題，為何新一代對這種美感意識會有所質疑？

中國古典詩中屬於山水田園之作的，表現人與自然間的無為、獨化，故能以平常心觀物，就像陶潛的「採菊東籬下，悠然見南山」；或王維在鹿柴中，但覺「空山不見人，但聞人語響」；為出神狀態的美感。惟此類逸品，詩人中也僅得此數家而已，尤其是精神層次的悟境、化境，惟其近於純粹狀態，因而古人既已不易企及，何況現代社會山水田園的嚴重失落，詩人走出農村，走出土地，與都市生活形成一種鎖鍊的關係，因而對於這類優遊不迫之作有「隔」，不知如何感悟其中的純美，這是現代人的一種悲哀，山水、田園之夢的失落。其實正因整個自然生態的破壞，臺灣固然享受科技成長的成果，卻也付出重大代價，甚至是預付——臺灣的山河大地，葉氏詩及詩學中關心生態，提醒現代人——尤其受西洋思潮影響的現代人，要向大自然學習謙虛的美德，這是有其時代意義的。此地曾出現保護自然生態的抗議詩，從另一角度言，葉氏的自然詩是正宗的維護生態、自然的作品，值得重新評價。

對於葉氏詩的語言、短句、跳脫語法等，也是新一代較少接受的，臺灣前行代詩多少都具有影響，有所謂愁予風、楊牧風，但殊少維廉風，這與他的語言風格有關，前期的繁複意象不易索解、不易模仿；而後期的輕淡，簡單在可解、不可解之間，更不易學。其中牽涉到文言與白話，中文與洋文的調適問題，葉氏嘗試過新鮮而自然的口語，卻出之以自身自足、羅列句式，其中簡略至於有所欠缺，並不全符合口語，白話與洋式組詞的現代習慣，因而造成閱讀習慣的「隔」。讀者需參與其作品，塡補其中的想像空間（空白）；但一般而言，現代人已較習於解脫的明白的表達，葉氏所要提醒，卻是新生代反抗與反省晦澀詩之後，特意是口語化一路；且又對古典詩的羅列的鐘頭式語法較少接觸，因而不覺得後期詩作在語言上的獨創性，本能給予較高的評價。

陽光小集詩社在票選十大詩人時，對葉氏的評選是較少使命感、影響力，兩項俱與當時詩壇形成的「關切現實」的風尚有關，這是時代趣味的轉變。前行代所關懷的歷史現實，不管是葉氏或創世紀等，是以民國三十八年的大事件爲分水嶺，探索其中的何去何從？由於是僑生或軍人等身分，對臺灣此時此地的感覺就有些隔，所以創作時顯然就留下一片空白。新生代則是在現實關懷的氣氛中，發覺前行代無法啓迪他們，葉氏前期所關懷的，後期則是另一清淡路數，自然不符新生代中部份詩人的品味：他們不易體會葉氏並非常住此地，縱使回臺也是學者生活的方式，他所關心的臺灣生態就不易引起注意，至於對大陸的悲情，更是戰後出生的一代難以體會，這是葉氏在前行代中持續力強，卻反而未受重視的委屈之處。

其實在詩人葉維廉的生命史上，時至今日，他仍是對自己有所批判與反省，《三十年詩》的出版足以證明其持續努力的成果，並非他對既成風格『遲滯不前』，只是他的詩與詩學走在大家之前，其中提醒現代人重新回歸人與自然的原初狀態，喚醒現代人無機心地步入純粹美的世界，在此時此地大家正視現實；以文學介入社會行動的時期，顯得太高蹈、太純粹，而有空疏、空靈之感。也許有一天，此時此地已獲得現實界應有的：政治的眞民主、自由，生活的高度改善；大家想回頭找那片失落的山水、污染的土地；就會發現詩人的大音希聲中，透露一些古哲人的智慧。

——錄自《創世紀》一〇七期，一九九六年七月，頁七三—八〇。原文為「第二屆國際宗教與文學會議」論文，輔仁大學主辦，七十九年九月。

【註　釋】

① 《陽光小集》同仁推出票選新十大，發問卷有分創作經驗、光復後出生的詩人選出，十大是余光中、白萩、楊牧、鄭愁予、洛夫、瘂弦、周夢蝶、商禽、羅門、覃子豪、羊令野，而紀弦、葉維廉居其後，見該刊十集、一九八二，秋季號。

② 〈詩的再認〉後記，收於《秩序的成長》頁一三二·臺北·志文·一九七一。

③ 這些論文先收於《飲之太和》（臺北·時報文化·一九八〇）；後又收大部份於《比較詩學》（臺

北·三民·一九八三）

④ 筆者先已發表〈葉維廉近期詩的風格及其轉變〉，爲淡江大學主辦『當代中國文學：一九四九以後學術研討會』論文，一九八八年十一月十九～二十日。

⑤《三十年詩》爲葉氏詩集的整理合集，由臺北、東大，於一九八七年出版，頗爲方便研究葉氏的作品。

無言的焦慮

——葉維廉早期詩歌的城市印象

洛楓

杰姆遜認爲西方十九世紀後半期人們對城市的感覺發生了變化，工業化城市進一步增長擴大之後，人們感到了一種新的孤獨和焦慮；又說在現代主義階段，心理上各種複雜的感情還不能完全用語言來表達①。杰姆遜的見解，正是葉維廉早期詩歌創作的寫照，也是他在詩學研究上所關注的問題和遭受的困擾，「無言的焦慮」，不獨是日常生活的感受，甚至也是文字表述的美學追尋；杰姆遜又言：「現代主義的到來帶來了這樣一個意識：不管你感覺到什麼，你都不能說出來。這種危機在很多現代主義的文學中表現爲寂靜，不能表達，不能言語」②，葉維廉關注詩歌的語言表述，同時有很自覺的意識，他的〈我和三、四十年代的血緣關係〉，以及〈與葉維廉談現代詩的傳統和語言——葉維廉訪問記〉③，無不體現他思考語言的歷程，而所謂「焦慮」，表現於他的詩中，也不單單是表述的危機，更多的時候，是生活帶來的憂患和衝擊，葉維廉曾說：「在五十年代六十年代間在臺（灣）的詩人，大都充滿著游離不定的情緒和刀攪的焦慮……這個游疑焦慮的狀態曾經是當時不少詩人的主要美感對象」④，出生於廣東中山的葉氏，一九四八至四九年間，依據他的敘述，是在「一個夜裏，在全面清算來臨之前，葉家渡海到了香港」⑤，並於一九五五年與王無邪、崑南合辦《詩朵》，而他所言的「在臺經驗」，其實已在香港的時期隱約出現、成形，並衍生而成他日後所謂的「鬱結」：「我作爲當時一個現代的中國人，作爲一個被時代放逐的人，出國之後空間的距離使我更有被放逐的感覺，我的感受複雜而且有一種游離的狀態，在當時來說，我只是忠於自己的感受」⑥，從中國大陸、香港、臺灣，然後是美國，從葉維廉身上的確體現了那一代中國人的流徙、飄離與放逐，這些經驗，連結作者對家國世情的憂患意識，便構成個人的「鬱結」、詩中的「焦慮」，他的〈城望〉與〈降臨〉，寫出了杰姆遜所言的現代人的孤獨、無言的絕望等劇烈的情緒⑦，是對現代城市既疏離又投入的苦悶、對田園、鄉土、理想既遠隔又懷戀的迷失，例如〈城望〉寫道：

在許多預知或未知的騷動中
使我們忘記了不少去遠的塵埃，忘記
我們走過的山野、幽谷、陰徑
和聲息花繁生的地方。
……
我們焦急的生命，
爬過了低氣壓下的泥路，爬過了

寒鴉盤桓的荒地，足入
小囡囡和小妮妮柔弱的聲音中，驚醒
哥哥懶洋洋的情夢。撒嬌要踏雪尋梅去……

對田園和傳統生活的追蹤，在城市的現實裏，只能寄存於記憶和夢想之間，與馬朗不同，葉維廉並沒有以熱血的戰士姿態，剖析他的中國情結，相反的，他是以比較抒情的調子顯露那分浮動不定、遲疑莫辨的哀思，中國的變化固然令他不知何去何從，香港的城市速率卻同樣使他無所適從，並加深了內心的煩躁，生命是焦急的：「穿過潮水／穿過草／穿過尙未盡乾的露珠／爲期待援助或死亡」，事物是匆忙的：「我們停下，沉思，在許多來路的前頭，／在催促我們疾飛的急切中間」，因而形成一種生活的壓迫力、難以言喻的失落感，〈城望〉寫城市的騷動、人際關係的短暫和浮淺、群衆的盲目與麻木，以及貧富的懸殊、生命的枯竭、腐敗等，無不著染消頽的氣氛，彳亍於城市生活急湍的節奏與時間的流逝間，詩人的感覺是虛空的，彷彿抓不著邊際，個人彷彿被時代遺落，以至遺忘，〈城望〉的詩末有這樣的感歎：

我們貧乏的力量再不敢
在想像和想像的事物間
實踐太熱切的旅行，不敢
迎接那些無力欲滅的燈光，不敢認知
我們尚未認知的城市，不敢計算

我們將要來到那一個分站，
或分清我們現在坐臥的地方。
我們什麼都不知道，我們只期待
月落的時分。

〈城望〉原題爲〈我們只期待月落的時分〉，寫於一九五六年，刊於一九五七年五月二十五日《文藝新潮》的第十一期，後收入詩集《賦格》，更名〈城望〉⑧，因此，「我們只期待月落的時分」含有很重要的象徵意思，表面上，那是一種面對黑暗的姿勢，實際裏，卻是等候光明的來臨，因爲月落以後便是黎明，黎明帶來希望、溫暖和新生，藉以對比現階段城市的衰頹、囚禁、灰暗與墮落，然而，這又並不顯示作者的態度是積極的，「我們只期待」的語調裏，不但包含被動的成分，而且還顯示了那分無力而蒼白的希冀，城市混亂的景觀，在詩人眼中，是陌生的、無可預視的：「不敢認知／我們尚未認知的城市」，詩人對城市產生驚懼、迷惘，是因爲他無從掌握城市變化的規律，極目所見的現況，又使他覺得厭惡和抗拒；杰姆遜認爲在新的城市裏，過去以村莊、家庭爲單位的社會共同體系地遭受破壞，也就是說，由於一大群互不相識的人生活在一個城市裏，舊有的集體感消失了，因而產生一種很強的離異感、孤獨感，相互之間誰也不認識，陷於不斷的焦慮和不安之中⑨，〈城望〉的現代意識，恰恰表現於這種城市生活內在精神的刻劃，寄託了現代人的夢，如渴望回歸田園、尋覓消失的過去，也隱喻了對現實的不滿和批評，過於急忙的生活步伐，瓦解了人類沉思的時間與空間，使一切的事物、記憶、人情關係，以至生死等，只存在於瞬間，而且稍縱即逝。

焦慮的情緒帶來焦慮的藝術，「不敢認知／我們尚未認知的城市」，「認知」的意涵，不僅是現象的理解和詮釋，還是一種訴諸美學的追尋，如何從「未知」而達「知」，以至詩的「表述」，對葉維廉來說，都是一個焦慮的過程，他曾說：「在我們被漩入這種游疑不定的情緒和刀攪的焦慮的當時，流行的語言卻完全沒有配合這個急激的變化」，又說：「所謂語言的藝術性，除了避開老生常談的慣用語之外，還要看它有沒有切合當時實際的感受」⑩，〈城望〉的語言藝術，表現於強烈的敘事傾向與密集的意象，詩人敘述的語態是急促的、游離的，街景和意象的穿插也片段零碎而又滔滔不絕，一方面是配合了城市節奏的律動，一方面又是詩人內心輾轉浮躁的外現，詩人甚至迫不及待從景象的描繪中加入個人的看法，因此，詩裏反反覆覆的充滿了抒情與評議的聲音，最後更在急促而無可傳達之間，拒絕「認知」，只守住一個「期待」的姿勢，立於外像以外；可以說，這時期的「城市詩」，詩人往往很少介入城市的內部中心去，只站在邊緣的位置，仰望城市，並且表達他們主觀的理解或想像，梁秉鈞說：「一九五六年的〈城望〉被主觀的幻像和解釋所滲透，現實變成內心的風景」，又說那是表現「對認知的猶豫、對觀看的否定，退向內心自塑一個世界」⑪，葉維廉的城望，最終仍以「寂靜」（Silence）收結，表露不可言詮的焦慮與迷失，不敢認知、尚未認知，甚至是不能認知的城市，是混沌的存有，詩人只期待它成形，卻不參予改變，正如他對〈城望〉的闡釋：「對於香港，我沒有什麼好說的。中國人奴役中國人。中國人欺騙中國人。〔以下引詩略）對於香港我有什麼好說的呢？」⑫這種「無話可說」，既立定了拒絕的語調，也披露了對事理無從認識、解釋和表達的憤懣。

寫於一九六一至六二年間的〈降臨〉，進一步將現實不安的撞激發展而爲對古典語言的追尋，寫詩人內心抽象的感覺，寫城市外部破碎的景觀，形成一個比〈城望〉更隔絕的世界，葉維廉曾說：

> 由於我們站在現在與未來之間冥思與游疑，除了語態上充滿著「追索」「求索」的母題外，我們很自然地便打破單線的、縱時式的結構，而進出於傳統與現在不同文化的時空，作文化聲音多重的迴響與對話。也因此，在語言上、在意象上，不少詩人企圖通過古典語彙、意象、句法的翻新和古典山水意識的重寫來再現古典的視野、來馴服凌亂的、破碎的現化中國經驗。⑬

這種求索意識與〈城望〉的焦慮是貫徹的，所不同者，是作者抓住了古典語言鑄練的方向，藉以來投射陌生的現代經驗，使城市的時間和空間游離於過去與現在等個人主觀印象的摺疊間；〈降臨〉共分五個片段：「裂帛之下午」寫出時間消逝的痕跡，「冬之囚牆」，顧名思義，寫城市的隔絕感，「日日群山」寫慾望的流失，「從我們的指間」假想景物的遷移，「斷層與黃金的收成」寫古典的幻覺等，五個片段裏，作者以壓縮的語言寫出壓縮的經驗，城市不再成爲認知的對象，而是感覺和觸覺的構想，例如「冬之囚牆」：

冬之囚牆緊觸著

明朗的空漠，憂傷的
冷冽的腳鐐搖鳴
一冰柱的叮噹，囚窗的太陽
獨佔霜髮的蓬野而歸於
樹的淋漓美麗之欲滴，潔麗
歸於密集遠山的城市，匆忙
是春夏而風流
是夜

先前說過，焦慮的情緒帶來焦慮的藝術，美學的追尋同時亦體現了認知的程序，「冬之囚牆」寫在隔絕的空間裏，個人對城市模糊的感應，古典的字彙、句式，顯示了作者感應的方向，那是一個比較自我，封閉的系統、一種相對地個人、主觀的意念，葉維廉認爲：「現代主義一開始便不承認這肉眼的世界，竭力希望在破壞與重新排列中去重新獲得一個打破時空的世界的再造。」⑭〈降臨〉游離於古典的語言與現代的經驗之間，的確包含了重新排列、再造的契機，城市的形態便少有現實的指涉，卻蘊藏更多的象徵意味，像波特萊爾（Charles Baudelaire）的〈巴黎之夢〉（Rêue Parisien），通過夢境，幻想巴黎城市世紀末色彩濃厚的金屬形相，在睡夢裏或室內構造眞實⑮，例如〈降臨〉的第四片段，把香港看成「碑石」的感覺⑯：「從水中湧出船隻便也鎮住了／骨灰與墓石的港口」，表現駭人的觀照——葉維廉曾翻譯〈荒原〉（The Waste Land），也寫過艾略特（T. S. Eliot）的專題研究，包括：〈「焚燬的諾墩」之世界〉、〈「艾略特方法論」序說〉、〈艾略特的批評〉、〈靜止的中國花瓶〉⑰等，如果說艾略特的〈荒原〉把倫敦看成「不眞實的城市」，那麼，葉維廉的〈降臨〉，也同樣透現這種不眞實的境況，同樣以象徵和典故體現城市的空虛和貧脊，彷彿文明崩潰了，現實與非現實混在一起⑱，雖然他沒有像崑南那般激烈地鞭撻城市文明荒原的腐敗，也沒有利用戲劇性的手法強化外在世界的矛盾和衝突，但〈降臨〉一詩對城市的認知，卻承接了現代詩人如波特萊爾、艾略特等人視域的內向性和象徵性，波特萊爾以夢發掘城市人內在的潛意識，艾略特引用大量的聖經和神話傳說，裸露都市的齷齪、宗教信仰的沒落和人類精神、靈魂的衰頹，而葉維廉則以古典語言呈現、暗示的特性，追蹤對城市的觸覺，相對於〈城望〉，〈降臨〉的敍述與抒情成分減褪了，代之而來是傾向象徵的布置，詩行隨情緒與感覺的流動而截斷，所謂「再現古典的視野」，並以此「來馴服凌亂的、破碎的現代中國經驗」，不獨見諸於文言的句構，還隱含於這種主觀意識觀看城市的態度，「城市」也變成私人的象徵（Private Symbol），被賦予個人感官的色彩。

【附　註】

① 弗·杰姆遜著，唐小兵譯《後現代主義與文化經驗》，陝西師範大學出版，一九八六年九月，頁一七三及一六三。

② 同註①，頁一六一。

③ 收入葉維廉著《三十年詩》，臺灣：東大圖書公司，一九八七年七月。

④ 葉維廉〈三十年詩：回顧與感想〉，同上，頁三。

⑤ 〈葉維廉年表〉，同註③，頁六一六。

⑥ 〈與葉維廉談現代詩的傳統和語言——葉維廉訪問記〉，同註③，頁五六四。

⑦ 同註①，頁一六三。

⑧ 葉維廉〈我們只期待月落的時分〉，《文藝新潮》一卷十一期，一九五七年五月二十五日，後更名〈城望〉，收入葉維廉詩集《賦格》，臺灣：現代文學叢書，民國五十二年。

⑨ 同註①，頁一七三。

⑩ 同註④，頁四。

⑪ 梁秉鈞〈葉維廉詩中的超越與現象世界〉，臺灣輔仁大學主辦「詩與超越」研討會上宣讀論文，一九九〇年九月。

⑫ 同註⑤。

⑬ 同註④，頁四。

⑭ 葉維廉〈論現階段中國現代詩〉，《秩序的生長》，臺灣：時報文化出版，民國七十五年五月十六日，頁三十四。

⑮ Charles Baudelaire LES FLEURS DU MAL, U. S. A. : David R. Godine, 1983.

⑯同註⑥，頁五六五。
⑰收入葉維廉《秩序的生長》，同註⑭。
⑱布魯克斯和華倫〈T.S.艾略特的「荒原」〉，查良錚譯《英國現代詩選》，湖南人民出版社，一九八五年五月。

——錄自《創世紀》八五、八六期，一九九一年十月，頁七三—七七。

葉維廉及其〈仰望之歌〉

張　默

葉維廉處女詩集《賦格》自五十二年八月出版以來，瞬已兩年有餘，我不知想要爲《賦格》說幾句話是多麼艱困的事，感於一個詩人創作的眞誠，我是常常被迫不得已時才去從事評述的工作的。要評釋葉維廉的詩，必先進入他的創作的領域，而像〈降臨〉那樣氣勢森然意象饒富的作品，個人思維的觸角實在難以抵達，我之放棄全面的評釋，無法克服對〈降臨〉的難題，這不能不說是一個最大的理由。

葉維廉的詩，氣勢有之，謹嚴有之，張力有之，深度有之，甚至「自身俱足」的意象也有之……初接觸它時，彷彿我們是在雲霧裏穿行，迷迷濛濛，等到一旦撥開眼前的魔障，你會驀然發現他詩中精神綠洲實在遼濶之至，他從未逼著人們去讀它，但是當你一旦深入他的堂奧，你會愛不忍釋地苦苦去追探他的心靈的領空，我就是在此種初覺其怪異與晦澀的氣氛中而開始接觸與喜歡他的詩的。

〈仰望之歌〉不是葉維廉最好的作品，可能確是一首很重要的作品，論氣勢，他沒有〈降臨〉的壯濶，論進程，它沒有〈赤裸之窗〉的多變，論意象，它沒有〈河想〉的圓潤與繁富……但是，它自有其存在的價值，這價值就是作品本身，我們惟有深一層地去挖掘，才能體悟得到它的眞摯的美點。

〈仰望之歌〉是立基於現實，可是最後所呈示的風貌卻是非現實的，它的秩序是嚴密的，也是舒放的，它的意象是繁富的，也是純淨的，它的進程是遲緩的，也是快速的……〈仰〉詩可說是作者苦悶心靈所展開的活動的紀錄的縮影，從前面的引語——「在一個荒落的小站上，一尊皺乾的佛像悠悠醒來」就建立了一個十分美好的架構，以後一層一層地展開，非常奇特而穩定，直至我們一口氣讀完它，心中還餘留著它的那份難以捕獲的豐盈的影子。

丟掉的記憶把我承住，我就舒伸
因爲祇有舒伸是神的，我就舒伸

一個根基穩實的詩人，無不是掌握語言的魔術師，一開始，詩人就把我們引領至一個多麼安祥而又平和的世界，雖然我們無法界定「丟掉的記憶把我承住，我就舒伸」，究竟所指爲何，但是它給予我們心靈的感受卻是異常的濃郁，讀詩的喜悅已遠逾尋求解釋詩句的本身，這不能不說是現代詩最大的功能，如勉強給以解釋，此句係由「一尊皺乾的佛像」轉化而成，似無不可。

白翅的瞻望入你們馱負習俗的長雲
而跟著清白的風河萬里在嬰兒
空無的胸間一再複述，你們進入光

一若一頭獅子走向水邊，聲音進入你們

樹便散開，扇形的記事就移出圍牆

詩人的願望自這幾句中可以隱約地透出，「白翅」、「長雲」、「風河萬里」，一但成一鮮明的對比，且暗示詩人的胸襟是何等壯濶，第二、三、四句宣洩生命本體所隱伏的力量，不然「在嬰兒，空無的胸間」怎能「一再複述」（注意此四字的動向）。接著「你們進入光」，「聲音進入你們」，這表示一切無往而不利，一切都在默默進行著。維廉詩中類似這種相尅相生的情境是隨他的筆觸以俱來，詩人不是以肉眼去看視大千世界，而是以心眼爲之。所以「樹便散開，扇形的記事就移出圍牆」，「樹」與「圍牆」都不是形容現實的事物，至此，他已全然跳開龐雜的巢穴，他的心靈的舞步已經沒有一點點間阻，這種內在的氣勢，作者非具有最敏銳的感受力，是無法達到這種既堅實且澄明的境域的。

而孩提富庶的月光

忽然在眾多的竚立間穿出

這是詩人特爲製造的「動作」的高潮，以此而轉換一下情緒。「富庶的月光」，「在衆多的竚立間穿出」，是一種什麼樣的景象，童稚的幻想，記憶，以及一種與生命本身息息相關的希冀的追尋，由此而全部傾出。「穿出」一詞尤其佳妙，使人產生無限的驚喜。緊接著「一串裸浴女子的水珠在廣場上迎接」，「而擠滿了臉的窗戶敞開來歡呼」，可以看出維廉的世界是不斷地進變著的，這些原本冷峭的意象在詩人的心靈裏轉了彎，且彼此相互探觸，呼應與吸納，使其從語言本身衆多的岐義中，產生互相撞擊的迷人的音響。

接著詩人又把我們帶入另一個世界——

我的流行很廣的奧德賽，因爲
城鎮已依次自造
在盛夏鋸木板的氣味中
神與饑饉依次成爲典故
在梁桁間葉子不負責任的搖曳

開始我曾說過，〈仰望之歌〉是立基於現實而直指向非現實，但是「從在盛夏鋸木板的氣味中」以及「在梁桁間葉子不負責任的搖曳」當可察出詩人畢竟是不能完全摒棄現實世界而獨自生存著，祇是詩人的軀體不得不置於現實，而心靈的火箭則早已穿雲而去，所謂「神與饑饉依次成爲典故」，恐怕再沒有比這樣更犀利的觀察，而把一切的俗務自詩人的心靈界剔去。

因爲是風的孩提
因爲是雲的孩提
〈那些是新來的客人自花姿
那些是船隻自容貌
那些是藍目凝視

那些是糖
自山色）
因爲是風的孩提
因爲是雲的孩提

「風」與「雲」同是流動的自然的氣體，他以此而展示詩人視覺的幅度，好像「風與雲」一樣難以捉摸，刻刻生出無窮的變化，本節雖然所描述的是現實的事物，可是令人有超然物外之感，彷彿它們遠離事物的本身，獨自森然而突立，這不能不歸功於作者所掌握的那一些些奧妙的氣氛。所謂「客人」自「花姿」，「船隻」自「容貌」，「藍」自「凝視」，「糖」自「山色」，他把這些不相關的事物放在一起，以超越常人的想像暗喻著。這種切斷聯想系統的手法與配合中國語文的特色，我以爲作者是掌握得相當的成功。

我的木馬在凌波上
我的鈴兒在說話中

詩人雲遊了很久，所以偶而插上兩句不是童話的童話，我覺得是無可厚非的，何況它們與上面的語句又是一脈相承，且「木馬在凌波上」，「鈴兒在說話中」其本身都富有高度的戲劇感。下面一節請以比較快速的語氣讀下去——

當欲念生下了來臨與離別
當疲色的形體逼向車站

當燃燒的沉默毀去邊界
風的孩提
雲的孩提
你們可知道稻田怎樣被新穗所抓住
我怎樣被故事，河流怎樣被兩岸
兩岸怎樣被行人，行人怎樣被
龍吞蘭的太陽？

這種連鎖的，近乎探詢的，一層緊似一層的意象的動作，實是全詩的精華所在，詩人的願欲在這一節中完全宣洩無遺，他是太激奮了，太迷惑了，太沉重了，甚至那種被逼迫與無可如何的進退維谷的情境，統統在這裏一股腦兒地拋出，存在的迷惘，生命的焦慮，期盼的難耐，在在促使詩人不得不作這樣的詢問，也許那詢問是沒有什麼結語的，所以最後他又緊接上幾句：

花朵破泥墻而出，我舒伸
因爲祇剩下舒伸是神的，就舒伸
向十萬里，千萬里的恐懼

〈仰望之歌〉——難道眞是作者向「十萬里，千萬里的恐懼」所作的無窮的仰望嗎？

——錄自張默：《現代詩的投影》，臺北：臺灣商務印書館，一九六七年十月。

飛騰的象徵

——試探葉維廉的〈公開的石榴〉

張默

「詩的眞正不可思議之處，是在許多互相矛盾的東西皆集合起來，把它組成。一個天才必是無微不入，同時又必須是健全著實，在表現裏必是細微同時又必是有力。一首眞正的詩，其結構與組織必定有一定東西是高貴的，同時是公正的，是驚人的；同時是悅意的，心靈裏必有很大的激動以便發明，又必有很大的沉靜以便批判和改正，在同一的樹上，並且在同一的時間，必須有花，又必須有果。」這是英國文學批評家赫拔・里德（Horbert Road）在「論純詩」一文裏結尾時所特別強調的幾句話。我之所以一開始就把這些精闢的見解提出，確是不無緣由的。其一、葉維廉是當代公認的主張純粹性的詩人之一，而且他的某些作品，如〈河想〉、〈仰望之歌〉、〈降臨〉等，的確已達到某種純粹境界的極致。其二、作者的詩絕大多數充滿著不可思議的魅力，他的詩不是一觸即能產生那種顫慄的感覺，而是愈加深入愈會覺察其內裏隱藏奧秘的豐實，讀他的作品，就如白略蒙神父（Abbo Honri Bromond）所指證的：「一種沉思的魔力，我們在其中祇是聽命」。

每個在創作中的詩人，都有他難以爲外人宣洩的種種神秘愉悅而巨大的心靈的感應，葉維廉極其固實地掌握住他創作的初意與動向，他確曾強勁地向他窺探的事物的核心準確地射入，不僅是使內心經驗與字語本身相結合，同時也使意象與張力相結合，氣氛與動作相結合，形式與內容相結合，矛盾（情境）與統一相結合，而使他所創造的藝術品能變爲一個熠燿閃耀的結晶體。基於以上的概念，我們對葉維廉的詩，有了初步的體認之後，才能作進一層較比深刻的論析。我們對於一首詩嘗試解說，無非在劈出作爲讀者在讀過某首詩後所被喚起的心靈神奇的感應，如果它毫無所感，胃口倒盡，何能令人有試著解說它的意念，必是因這首詩在讀者心中掀起陣陣巨大的情感的浪花時，由於一種無形的精神力的推動，使它那美麗的影子，由小而大，自遠而近，從無聲而至轟轟震耳欲碎，如此，一個批評者也許才能紀錄一些眞知卓見的片語，而把心中想說的話欣欣地一圈一圈地拍出。

葉維廉在追求永恆藝術的那條直線上，確然展示了一種龐大無匹的仰望與可驚的衝力，而〈公開的石榴〉這個作品即是由於他的千錘百鍊的「手」以及穿透無限時間的「眼」所雕塑出來的。

〈公開的石榴〉的確是一篇不可多得的純粹的詩，它美麗而冷冽，跳躍而固實，從清新的風格中透閃出一片繁複與蒼茫，可是細細嚼咀彷彿又不是，總之，當我們極仔細地一遍又一遍閱讀它時甚至也嘗試著朗誦它時，我竟無助地深深地感動著，這也許是由於透過高度欣賞所產生的必然的現象吧。我始終堅持一個眞正的批評者的眼睛應該對準那些偉大的心靈去作深深的揭發，一個完美的詩人與一個平庸的詩人之間是不能有一絲妥協之存在。

從〈公開的石榴〉可以明顯地測出一個詩人觀念的形成，那好比花朵怎樣在帶露的深夜悄悄地吐蕊，朝陽怎樣突破黎明的警戒線而指向廣闊的大地，瀑漲的河水怎樣緩緩地也是洶湧地流向無邊的滄海，於是「專注」、「守候」、「凝鍊」應是一個成功的詩人所不可欠缺的，設如我們在一首詩的開頭，就手忙腳亂，不知如何表現使其緩緩地成形，那麼其所得的結果必不會有像〈公開的石榴〉那樣的神秘與謹嚴。

葉維廉創作〈公開的石榴〉的意念是非常眞誠的，作者把原詩區分爲五個小節，猶之五尊不凡的雕塑在一片廣漠的曠野裏聳立著，它們如何各各地在閃動著不同的光耀，可是若予仔細鑑別，它們是發射至一個母體。〈公開的石榴〉所展示和瀰漫的是一片「生之歡愉」。宇宙間萬事萬物所追求的先決條件，除了生存別無其他。詩人擷取了如此可愛的素材，透過內在清晰的觀點，賦予「石榴」以積極生長的意識，其中並適切地插入一己主觀之感受和客觀的描繪。下面我們所要觸及的就是原詩的本身。

一開始作者即把「石榴」視爲一個有機體的新生命，他形容它如何生長，以及人們對它的渴欲，而以琴韻一樣的音樂的旋律，使其充滿在作者心中的意想與形象得以溢出。

營營的日午用它倦倦的拍動
輪軟用它風箱的抽逼，向每一扇
敞開的門窗，可愛的石榴

在遠遠微顫的風林的潮湧下
恣恣的爆開，當一群赤身的男童
蕩蕩的從旭陽的心間奔向一種召示
那猶存的茶道的幽室
正是石榴紅上肌的時候

第一節祇有八行，充滿詩人精神動作的勁勢，他一開始就指出「時間」的觀念，譬如「營營的日午」即是，那也就是說以時間來預示石榴的生長當最爲貼切，「倦倦的拍動」該是暗喻時間是有翅膀的吧，然後緊接著「輪軑用它風箱的抽逼」「向每一扇敞開的門窗」而到「風林的潮湧」及「恣恣的爆開」，這些事象是更加形象化了人們對於石榴競相生長時的眞確的感受，（如「恣恣的爆開」之句）這感受熱烈顯示——詩人絕非常人，穿過他犀利之觀察，必然產生一種狂摯得要令人即時擁抱的情緒。於是，詩人的筆突然間朗了。「蕩蕩的從旭陽的心間奔向一種召示」。不錯，那的確是一種「召示」，召示它應該猛猛地生長與逼進，這一節，幾乎所有的意象都是跳躍的，迴轉的，開放的，……

即使在這首比較偏向於音樂的旋律，甚至它們是時刻不停地波動著以及沉思著，然而作者拋給我們也絕非一些平庸的想像和感情，如果我們沒有透過深刻的觀照，也可能是無法領受他詩中所噴射的情趣，某些人誤以爲作者的詩晦澀難懂，可能由於他喜用冷僻的字眼所引起，然而當詩人在凝神觀照的瞬間，它們心靈會像照相機一樣拍攝的風景能一成不變嗎？無怪乎W．B．葉芝在〈詩的象徵〉一文裏說了幾句調侃大衆的話，他說：「我們的城市是從我們心中抄襲出來的片斷的東西，每個人底巴比倫城都竭力分享他的巴比倫式的心底光榮。」詩人看視世界能不隨著他波濤起伏的感情和想像而不斷地變化嗎？否則法國詩人馬拉梅所說的：「賦予事物以一種新的看法與見解」這句話不是要大大落空了。

如是一列列被棄的瓷皿和家禽
便爲年長的人所眷愛，每天都彷彿有
白色的蘆花從星群中溢出
而從沒有人會糾結在未被拉開的垂簾
未被進入的房間，一盤剛切下的甜菜
當眉睫從井中射出光，喧呶只從街道去
神秘只從層層疊疊的水之芽
如是黑色的倦倦的哆嗦
翰軟的風箱的抽逼
每一扇門窗都等著
孩童的嫩臉自石榴的雲霓開放

這是一個什麼樣的境界，詩人所創造的境界。在這一節中詩人藉「被棄的瓷皿和家禽」頗有唾棄現實的傾向，藉「白色的蘆花從星群中溢出」（一種歡愉的想像之飛翔），藉「未被拉開的垂簾」，「未被進入的房問」（以物喻人，暗示菓實等待摘取前的一股靜默），藉「眉睫從井中射出光」（展示人們的內心的飢饉），藉「層層疊疊的水之芽」，「黑色的倦倦的哆嗦」（從這些細緻感情的泡沫中宣洩音樂的魅力，然而它仍是詩的。愛倫坡說得好：「音樂與一種可悅的觀念結合便是詩，有音樂而沒有觀念，那就僅是音樂，有觀念而沒有音樂，那就僅是散文」，作者深體這個道理，所以他的語言是音樂與觀念相融和的。）直到最末一句「孩童的嫩臉自石榴的雲霓開放」，如果前面所有的話都是爲等待和象徵這句詩也絕不爲過，特別是最後一句，以菓實給予孩童喜悅的直接的印象，而烘托出一片眞正的純眞與逸樂，試問以「孩童的嫩臉」來對比「石榴的雲霓」，那是一種什麼樣的爆發的意味，維廉的詩往往在這種不經意問的營建與刻繪，顯出他眞正創造的才具。

東城的河流梳著繞繞的紅草。西城的樹傾散著黑黑的鳥聲。
不死的太陽在花圃的墻頭上，按照汲汲的蛇的騷動指證；
石榴已於層層地公開

詩人心中的潛意識在強烈地活動著，它們都有超現實的傾向，作者以這些頗饒趣味的意象，如什麼「繞繞的紅草」、「黑黑的鳥聲」、「不死的太陽」、「汲汲的蛇的騷動」，使其自然地融會在一起，即是在暗示該詩另一個可能的動向——企圖以這些不需訴說的玄秘的經驗而來展佈永恆的喜悅。

我們試著探視作者如何採集到這些豐富而且各別獨立的經驗，首先必須追究語字在作者詩中所佔的份量，那也就是說在一首詩中，語言之聲音所產生的感覺，首先發生作用，但是我們不能拿邏輯上或是科學上所用的術語用以來描述詩人心中的風景，一首詩有它特別的性質，詩人所用的方法也是極其繁多的，然而詩人如何運用它這要全靠他自己的體驗與觀照，別人是無法插足的，就以前面一節爲例，我們實在不能責怪作者爲什麼先是用了「東城的河流梳著繞繞的紅草」，緊接著又說：「西城的樹傾散著黑黑的鳥聲」，作者當時心中的經驗就連他自己完成這首詩後也難以完全傾吐，一個讀者甚或是一個批評者所要追求與探索的就是在這首詩中，爲什麼要作這樣的表現，而有時就連這種探詢也是多餘的。

我們一開始說過維廉的這首詩是展示「生之歡愉」，那麼他創作它時，可能儘量以自己心中所儲留的經驗，屬於記憶的，夢的，直覺的，自省的創造等等，把它們作一遍極精細的檢拾，然後很固實地納入到〈公開的石榴〉之中，頭兩節詩人展示了很多不平凡的經驗，且把主題巧妙地點出，但是在這一節，詩人更強勁地暗指，豐收所帶給人們無限的驚喜，開始時，作者所抒寫的範圍是侷促於一隅的，但是到了第三節，所謂「東城的河流……西城的樹……」乃是指地域觀念的擴大，不然作者何能如此指證：「石榴已被層層地公開」。意思是謂大家都知道現在是石榴結實的季節了，而跟著也應是人們最歡欣鼓舞的時候，可是作者卻摒棄那種熱情的展現，而祇輕輕地說了那麼幾句，且完全是近乎現象的描繪，這種欲「隱」還「顯」的手法，可能更使讀它的人感到奔湧感到滿足。

而栗樹潮汐的歌聲沉澱後

獨立在一川煙霧飄洗的屋角
風信雞以未被日光污漬的早晨
把山河印透在
曾是強弩曾是風的
滿溢著淒其的女瞳
如是，石榴在孩子們的仰視下
展出了海天的更年期
而爲了喝飲去年停在
雪地裡的一聲歡呼
就在鹽的雨雲裡
猛猛地抓住一個固實的影子

當我展讀至此，除了爲作者豐富的「暗示」（Suggostion）和熱烈的「召喚」（Evocation）而感到無限的欣忭之外，反而覺得沒有什麼好詮釋的了。顯然在這一節中，作者所觸及的事物的內層更爲令人震撼，譬如「栗樹上的潮汐」，「風信雞以未被日光污漬的早晨」，以及「滿溢著淒其的女瞳」，……乍然一看，好像它們漠不相關，甚至互相矛盾，可是等你作深一層的透視，定會感知這完全是作者特意的安排，即是藉這些看似漠不相關的事象，而勾劃出如下的情境。至此我們當可瞭悟「石榴在孩子們的仰視下，展出了海天的更年期」，以及在「鹽的雨雲裏抓住一個固實的影子」它的眞正的註腳是什麼。那不正是吻合「林花謝了春紅，太匆匆」那個無限嘆息的感覺嗎。菓實由萌芽而成長而凋落，這是自然的現象，宇宙間萬事萬物，生生死死，死死生生，唯有時間才是永恆的，才是一切。（抓住時間即是抓住一切。）

營營的日午用它倦倦的拍動
輪軑它風箱的抽逼厭厭的蒸騰
自坐禪草旁一雙剛死的鼬鼠
向鬱雷一般呆椅著的九月的孕婦
雖然白色的醉漢一個個從杯沿溢走
一隊聽不見的行旅仍然移動
婚媾的鼓聲從腳步的風暴中
成爲一道汲汲汲的儀節的流泉
衣物是繁花，天候在春色有無中
是沒有個性的海之嫩芽
如是，石榴就是召示
對那狂濤的血而言
在營營的相爭爲上的火焰中

未始不是一夜燦爛的高歌
白色的蘆花其後就微微戰慄

全詩至此已告結束，從這結尾的幾句看來，作者的意圖是極明顯的，他是以物喻人，以葉實的成長凋落來象徵人世的滄桑，所謂「白雲蒼狗」，物亟必反，就是這個道理。原詩中所指證的：「向鬱雷一般的呆椅著的九月的孕婦」，「白色的醉漢一個個從杯沿溢走」，「一隊聽不見的行旅」以及「婚媾的鼓聲從腳步的風暴中」……都在在說明這種略帶不得已的悲劇的傾向是愈來愈強烈地擊打著讀者的心智。作者的詩一向避免直陳，避免敘述的重覆，所以當我們一旦眞正懂得了作者的創作方法論的話，曾經加諸於他的「晦澀」，「難懂」一類的評語，似乎根本就不存在了。我們試拿第一節與這一節來兩相對照一下，即可明顯地看出，同是「營營的日午」與那種「倦倦的拍動」而其所帶給人們的感受與意念卻是全然不同的，開始是「興奮」，「激昂」，「奔盪」，而末尾卻是充滿無限的「平和」，「回憶」與白色的微微的「戰慄」。

綜觀〈公開的石榴〉的全程，我們好比聽了一闋小小的但卻雋永的樂章，作者的整個觀念已隨詩中豐富的象徵性，音樂性而飛騰，原詩所展現的好處，實難令我們以幾個無法抓牢的象徵名詞來替代，而一個評論者也並非是一些「名詞」或「代名詞」的創造者。祇要以他整個的心靈去傾向屬意於他的詩作，我想即使是說了一些心不由主的詩，也應該邀得作者和讀者的原諒吧。論詩，尤其是像葉維廉的詩，實在是難以討好的。如果我們把葉維廉的詩眞正當作詩讀，也許對他稍嫌艱澀的字語定會體悟其表現的眞諦，否則若祇一味追求其意義，那是沒有什麼用處的，而他詩中所噴射的朦朧的魅力，早已悠然獨立於意義之上，是以對一個眞誠創作的詩人，過早指出其缺失，可能是一種莫大的戕害。所以我一直努力思索著：「一個眞誠的人之整個努力，是在把自己個人的印象構成規律」。也許古爾蒙（Remy do Gourmont）的話更加提醒了我們對葉維廉的詩一向所持的嚴謹的態度。

——錄自《創世紀》三二期，一九七三年三月，頁九〇—九四。
後收錄於張默：《飛騰的象徵》，臺北：水芙蓉出版社，一九七六年九月。

插花

——評葉維廉詩集《醒之邊緣》

翱翱

詩道有如畫道，畫道有如花道。

都是在空間內的擴展，從自我到無我，從有形的充塞，放射，澎漲，撞擊，以至擴展至無法分辨的無形，某種山石只可遠看，不可近視，因爲眼睛的轉動是有限的，靈思的活動是無限的，畫道如此，花道又豈可不如此，花，與花瓶；是構成角度位置的基本元素；同樣，詩道又怎能不如此，字，與白紙，或者是，形狀，與空間，又怎能不重視——

那些移動的形象
終於來到了
某種流盪的邊緣
俯身向
狹窄的出口

去攔住
解體以後的字母①

所以，字的安排（最基本的構成元素，或者可以稱爲單音）以及形象的位置，在稿紙限制的空間內決定了它們本身蘊含的空間，於是，一首詩的形式便如此這般的創造出來了，「內容決定形式」已是中國現代詩的老生常談，更是平庸式的歸附，形式豈可純被內容而決定？而創造？形式就是形式，字就是字，長的，圓的，方的，扁的，三角的，心形的，同樣地，花就是花，芍藥，劍蘭，素心蘭，萬壽菊，康乃馨，豈能說我的內容就是這些字，這些字寫出來就是這些樣子，這些樣子就是形式。

葉維廉是廿世紀最懂插花的詩人。

橫在風中
開放的花的棺木
迎接你啊
或者還有拍動
或者還有
化作無形的肌理的
飛翔②

聖地牙哥，葉維廉的花瓶，再過去，是太平洋，再過去，是最美麗的古瓶——中國，

在樹林的外邊
是草原
草原上是
綠色
綠色裏
有
馬
鹿
馬
鹿
馬
鹿
馬
鹿
馬
鹿
馬

鹿
馬
鹿
孩子們到了街頭
狼狠的
被白刺刺的車頂的光刺破了眼膜
陌生的太陽
是每一個高速旋轉的輪胎
「我們手牽手，不要讓聲音把我們旋入無聲裏。」

停③

因爲手的動作只是靈思動作的反影，而每一下手勢必得發成聲音，正如瓶內的康乃馨和杜鵑，再也不是康乃馨或是杜鵑，而是一種叫康乃馨杜鵑的花。

所以聲音有抑，有揚，有面具，有廬山，維廉聲音剛柔並濟，與本質相稱，「蜘蛛爬／黃梅熟／荷渠在水上獨自開著／好細好細的聲音／傾聽之外」是天下之至柔。「晨光把傷痕護送入雲」是天下之次柔，

跳、跳、跳
跳、跳

跳
春水擊傷了所有的初生的魚
花朵在煙眉濃烈的淡水河邊呼喊
呼喊不爲人知的淒切④

是柔中的至剛，當思想的韌度不能再忍受文字本身澎漲的撞擊時，所有標點符號的強調都屬徒然，詩人筆下迸裂上一幅爆炸性的意象，而後果證實中，所有字體的強調都屬徒然，隱藏在字體背後的應該還有它最原始的姿勢。

插花的姿勢就是寫詩的姿勢。

開始時是：

打開了一扇門
其他的門都消失了
長廊裏
蝙蝠依聲音飛翔
「來是你語
去是我言」
打開了一扇門
其他的門都重現了

由是
再開始、
打開另一扇門……⑤

第一扇門，或是第一朵花，或是第一段闖入現實世界的詩，都必定準備（準備，多麼重要的一件事情）了後來者的位置和角落，所以，我堅持，甚至詩人也堅持著，必得從神思出發——

……我說只一夜之間花草就高過了我們住的房子。她微笑著，看著窗外，在藍中找綠的草葉，和開向飛雲的花瓣、枝莖間，呼的一聲鞦韆把鴉逐得一天的黑⑥

難道花草眞的一夜就高過那房子？還有，她找不找到開向飛雲的花瓣？劉勰說：文之思也，其神遠矣。故寂然凝慮，思接千載；悄焉動容，視通萬里；吟詠之間，吐納珠玉之聲；眉睫之前，卷舒風雲之色：其思理之致乎。

所以，醒之邊緣就是夢之未醒，未醒而將醒的夢是在醒之邊緣間做成一種大蔴的世界，花是花也非花，夢是夢也非夢。

凝視你瞳孔裏的
影像裏的瞳孔裏的
影像裏的
瞳孔裏

影像

的

凝視

凝。

止水。⑦

徘徊於夢與醒的世界就是舞者的世界，舞者的世界，是穿梭於內在與外在世界的出入通道。某年某月某夜，南北葉相聚於西雅圖，一曲樂與怒，少聰艷麗如蝴蝶，葉維廉還是那充滿夢幻的莊周。

杜鵑花說：跟著我的爸爸走吧，我們來玩跳影子的遊戲。燕子花就揚著紗衣踏過杜鵑花旋舞的影子，金雀花就唱

The cow jumped over the moon……

The dish ran away with the spoon.⑧

詩人的心靈是一籃子春天的花，詩人開始幻想著意念的花瓶，怎樣的花瓶便應插上怎樣的花，但是詩人並沒有去決定了一切的花與一切的花瓶，直至拈來了第一朵花，直至第一朵花或最後一朵花插在花瓶後，詩人說：

一切已完成了。

後記：詩有可說處，有不可說處，某時，不可說處尤勝於可說處，其一，因爲說出來雖有助了解，其實卻限制了詩的格局，詩與讀者均徘徊於訓誨式的批論，無法突破而轉折入另一層深度。其二，「因爲事實上詩的秩序不是可以用散文說明的，況且詩人的意象的層次有時來得突然，用散文所說明的只是後來設法追憶的，往往犯了『硬解』之病」（見維廉給胡耀恆的信，中外信箱，《中外文學》雜誌，第一卷，七期，一九一頁）。

如此，詩話式的批評確有舉一反三之效。

——錄自《創世紀》三二期，一九七三年三月，頁八七—八九。

【註釋】

① 葉維廉：《醒之邊緣》（附朗誦唱片），長春藤文學叢刊之七，臺北，一九七一年。第七十七頁。

② 仝上，七五頁。

③ 仝上，〈陌〉，五十、五十一頁。

④ 仝上，〈永樂町變奏四首〉，五十六頁。

⑤ 仝上，〈醒之邊緣〉，第三頁。

⑥ 仝上，〈絡繹〉，十七頁。

⑦ 仝上，〈日本印象〉之二「凝」，三十五頁。

⑧ 仝上，〈跳影子的遊戲〉，廿三頁。

思維詩的來臨

——評介葉維廉《憂鬱的鐵路》

王文興

艾略脫在〈詩歌與哲學〉一文中，提到詩人的思想與哲學家思想的差別時，說明詩人的思想並非「思想」，只是情感的表達①。換一句話，詩人常常流露思考性的情感，這便是一般所謂富於哲意的詩人。這等看法，也適合其他諸藝術，譬如貝多芬的音樂，塞尙的繪畫，亨利．穆爾的雕塑，他們的都是富含哲意的藝術，但並非哲學家的思想，而是藝術家的思考性的情感。我國的現代詩，不得否認的，思考性的思維詩的出現數量甚少。倒也不是說只有思考性的詩才是唯一優秀的詩作。「小溪澄，小橋橫，小小墳前松柏聲。碧雲停，碧雲停，凝想往時，香車油壁輕。……」（朱竹垞，〈梅花引〉）珠圓玉潤，完美無疵，也是上上的藝術品。只是，我們的確樂意見到多量的思維詩的降臨。而葉維廉的作品，許許多多恰屬思維詩的方向。

我認識葉維廉早在廿七年前。我清楚，至少有三位詩人影響葉維廉。他們是王維、聖．約翰．濮斯，和威廉．卡洛斯．威廉斯。廿七年前，當我常和他在臺大文學院走廊見面，閑談近時的所讀時，即知道他深折服王維和聖·約翰·濮斯，而事隔廿年後，當他重回系裡擔任客座時，知道他對王維的崇慕依舊，而同時他也推重威廉·卡洛斯·威廉斯。葉維廉的兩集近作，《驚馳》和《憂鬱的鐵路》，明顯看得出來受到這三位詩人的影響。二書中自然大主題的屢現，可知出之於王維；散文詩的風格，受之於聖·約翰·濮斯；大部份短詩的透明，一塵不染的文字，得之於威廉·卡洛斯·威廉斯的簡潔，明晰的短句詩。這三位詩人，王維、聖·約翰·濮斯，和威廉·卡洛斯·威廉斯，也都是思維詩詩人，其中二人由於文字之不同，難以舉例，在這裡試舉王維的一首詩，作思維詩的例證。

木末芙蓉花，山中發紅萼。
澗户寂無人，紛紛開且落。

——〈辛夷塢〉——

這一首詩的思考性，見之探觸到宇宙的時序的運轉，能使我們的眼光，看得既開闊，又邈遠，而同時，我們又覺得，大自然中一種無所爲而爲的「生」同「滅」，興發不知道是窮侈底「富有」，還是漫無目的的「浪費」的噫歎。這首詩，總之，試在了解大自然的內在的實相，是要探討出大自然的「神秘感」而來的，——這樣的一首詩大約便是所謂的「思維詩」。

葉維廉開始的時間非常早，從我初認識他時起，我便覺得他寫的是思維詩。惟不知爲什麼始終，他的詩，未獲衆人廣大的注意；五年前，我偶在報端讀到他的短詩〈吐露港〉和〈大尾篤〉，感覺他的詩已步入成熟階段，甚至感覺他已邁入創作的高峰時期，而數週前，讀到他的結集詩冊《驚馳》和《憂鬱的鐵路》，更感到我近數年來的看法不謬，《憂鬱的鐵路》尤其可稱爲他的代表作，因其中，像「吐露港」和「大尾篤」一樣的好詩連連不斷，《憂鬱的鐵路》實在應該得到衆人的注意和讚許。下面我擬介紹幾首《憂》集中的好詩，而我介紹這些好詩時，擬先介紹「吐露港」和「大尾篤」，雖然二首收在《驚馳》書中。但是書籍的劃分畢竟是強制和偶然的，就脈絡言，二詩（或二詩所屬的「沙田隨意十三盞」組詩）應歸收到《憂》集的群詩隊中。現在我先介紹《憂》集中短詩的成就，而討論優秀的短詩，便要從〈吐露港〉和〈大尾篤〉開始。

吐露港

眞正的情話
很少是滔滔
不絕的
更不是向世界宣布
生命！自由！愛！
那種革命的情操
而是緩緩的
一絲絲
一滴滴

在溢出與
未溢出之間
有千種話語
在邊緣
爭渡
這大概是眉波泛泛
綿綿湧動的
吐露港之爲吐露港吧
所以充滿著愛
所以美

「吐露港」是一首情景交溶的短詩。就視覺效果來看，這首詩迫眞地描寫出漣漪圈圈的吐露港，而若就更深一層的思考意境來看，葉維廉有意闡寫大千世界的源頭，創造的流泉汩汩溢出，溶溶不停，生生不息。視覺的意義若謂之景，思維的意義便謂之情。尤不能忽略的是結構緊密，蓋通一首詩都從一個焦點出發。不，如以兩方面來看的話，則各自一個焦點，應說出發自兩個不同的焦點。一個焦點是，吐露港的名字：「吐露」二字。通篇詩的內容都來自「吐露」二字引起的聯想。一整個詩就是「名字」的註腳。第二個焦點是，一整首詩所發自的詩歌意象：情話。爲了傳達吐露港的波浪像「情話」的意象，詩中屢屢出現暗示情話的字眼，諸如：「緩緩的」，「一絲絲」，「一滴滴」，「千種話語」，「眉波」，「綿綿」。「情話」意象的達成，有助於全詩氣氛的營造。因而，這首詩不但是爲情景的溶合，也是情景氛三者的結合。

大尾篤

爲了讓幾條
安詳的漁舟
像戲弄天風的鴨子那樣
滑溜在水鏡上
八仙嶺霍然站起
把袖一拂
擋住一切北來的厲風
然後手執毛筆，蘸墨
斜斜一揮一洒
幾個島嶼
洒落在東南方
好把夜來
過猛的海風

　　梳溜梳溜

可能是葉維廉近作中音樂感最傑出的一首。「滑溜在水鏡上」，「好把夜來／過猛的海風／梳溜梳溜」。「大尾篙」是一首十分純粹的意象詩。海上的島嶼，彷如仙人潑墨的墨蹟。驚人的是，從這意象再一縱，依想像力縱出來的結尾：「好把夜來／過猛的海風／梳溜梳溜」。這一縱眞是奇思妙想，予人意想不到的驚喜。能夠狂想馳突，是針對研究的意象格物格出來的結果。格物便是深深的思考，貫注的思考，長久的思考。

「釉的太陽」，出現《憂鬱的鐵路》集中，是另一首格物產生的短詩。全詩僅十九個字，比五言絕句還短。其短促，和突兀的風格，更近日本的俳句，而非我國的絕句。

　　落在泥溝裡
　　太陽
　　一下子
　　把濃濁
　　釉成
　　陶亮一片

令人側目的是「釉成／陶亮一片」的結尾。「釉」本名詞，作者大膽將之易爲動詞，收到新穎不俗的效果。「陶亮一片」，也是不拘陳規的自創，所「釉」的既非陶，也非水，既是陶，也是水，介乎陶與水之間，故曰「陶亮一片」。

《憂鬱的鐵路》中似小令的短詩很多，它們的語言都能做到威廉斯語言的清空明澈，纖塵不染。而〈麋鹿居的辭行〉卻是一首內容更見豐盛的較長詩篇，一闋慢詞。〈麋鹿居的辭行〉是一首悼亡詩。悼亡詩歷來很少寫得好的，一來常觸濫情的毛病，作者悲慟太過，聲淚滂沱而下，反而無法感動讀者。二來，角度千篇一律，無不直寫主觀的感懷，至少歷代的中國悼亡詩例皆如此。是故，中國悼亡詩，屈指可數的，恐只有元稹〈遣悲懷〉一作。再有一首，接近悼亡詩，出於懇摯的友情，沉痛傷別的，是清人顧梁汾的〈金鏤曲〉。〈金鏤曲〉是我讀過最感動人的一首中國舊詩（當然可以說舊詞）。我不妨簡潔扼要的說，〈麋鹿居的辭行〉是一首足可媲美〈金縷曲〉的詩。雖曰長了一點，我還是抄錄原詩於下爲好：

麋鹿
請你們像往常一樣
從山谷的晨霧裡
漫步出來
圍到你們好主人窗下的欄杆前
鷓鴣鳥
請你們啣著朝霞
拍動著樹葉和草葉的香
比翼飛來

停在你們好主人窗前的枝頭
松鼠
請你們暫棄地上枝頭間的戲逐
乘著泥土初發的清郁
齊齊聚合在
你們好主人的樓梯前
聽我說
今天你們的好主人要走上
一段漫長的旅程
在無聲的睡眠的甬道上
追尋他更深遠的生命
離去，他說，使他唯一放不下心的
是他再不能每天早晨親身地飼餵你們
但你們可不要擔心啊
他已經準備了很多很多豐盛的糧食
請你們像往常一樣
來到他窗前分享

這樣，他在那遙遠的國度裡
便也可以安心歡快地旅行
麋鹿、鷓鴣、松鼠
離去，他說，你們絕不能鎖眉啞調啊
他要你們像他往常那樣
戴著他的小帽子輕快地
進出樓房上下樓梯的樣子
他要你們像往常一樣
濯足試水鼓翼攀枝
因爲這是你們的好主人
最愛看的晨舞
就請你們像往常那樣躍動
陪你們的好主人
走到他遙遠的旅程上的第一個長亭
麋鹿、鷓鴣、松鼠
讓我們帶著他永久的輕快與微笑開始……

可曰自成一格。

在《憂鬱的鐵路》集中，還有若干台港二地以外的旅遊詩，語言均極佳妙，但詩意尚值加強，也許因爲旅遊速寫，未及深思、熟考之故，這類的材料，可待將來再寫成更好的詩篇，發展爲更成熟的思維之作，當共爲本文作者及讀者的齊同之望。

——錄自王文興：《書和影》，臺北，聯合文學出版社，一九八八年四月，頁一三七——一四六。
原刊於《中國時報》一九八六年三月十二——十三日，第八版。

【註　釋】

① 見 John Hayward 編《艾略脫散文選》，企鵝版，一九五三年。

斷層與黃金的收成

——略論葉維廉的詩

許悔之

一、

一九六〇年，詩人完成他的《賦格》，諸多音聲交相舛互傾軋下，詩人意圖重現一些『凌駕知識的事物』，是以我們聽見詩人『穿梭於時代之間』的音聲，時而激昂無比，時而歌誦「大地滿載著浮沉的記憶」，也時而惶惑於『我們一再經歷／四聲對仗之巧、平仄音韻之妙』然而『就可了解世界麼？』詩人等待著一個「無上的先知」，這一切『搖窗而至的煩憂』，不僅僅是『花的雜感』，它是詩人『神話的企圖』——一種「偉大敘述」的企圖：

我的手腳交叉撞擊著，在馬車的
狂奔中，樹枝支撐著一個冬天的肉體
在狂奔中，大火燒炙著過去的澄明的日子
　蔭道融和著過去的澄明的日子

一排茅房和飛鳥的交情圍擁
我引向高天的孤獨，我追逐邊疆的
夜禱和氈牆內的狂歡節日，一個海灘
一隻小貓，黃梅雨和羊齒叢的野煙
那是在落霜的季節，自從我有力的雙手
撫摸過一張神聖的臉之後
　　　　　　　他站起來
模傚古代的先知：
　　　以十二支推之
　　　　　　應驗矣
　　　　　應驗矣
我來等你，帶你再見唐虞夏商周

全詩彷彿流徙於逃亡之歌和耳語相傳之間，箇中心境不外乎「大道久不作」之嘆，意識的操縱之下，潛意識排壑奔來，故全詩極具超現實感，這一切都緣由詩人離散家鄉，羈旅外地的愁苦，苦而不得渡，是故日後詩人有《愁渡》一集。

要踏入葉維廉的詩路，尤其是在《賦格》、《愁渡》時期的詩，五、六〇年代席捲臺灣文壇的現代主義浪潮，是我們所不能不回顧的。一九六九年葉維廉在他所寫的一篇文字裡①

引申數位現代詩人的作品後，曾有一段感慨甚深的話語：「儘管 David Jones 所說的『文化情境』（a civilizational situation）並不存在，詩人的責任（幾乎是天職）就是要把當代中國的感受、命運和生活的激變與憂慮、孤絕、鄉愁、希望、放逐感（精神的和肉體的）、夢幻、恐懼和懷疑表達出來。」相同的，詩人種種的疏離感受化爲詩境，是故有節奏沉重的《賦格》與《愁渡》，在詩集《愁渡》的前言詩人喟嘆：「寫詩，在現代世界裡，是一巨大的孤獨和痛苦的事。」睽諸這一切，葉維廉在《花開的聲音》的代序〈我和三、四十年代的血緣關係〉一文說：「變亂的時代終於把我從三、四十年代的臍帶切斷，我游離於大傳統以外的空間，深沉的憂時憂國的愁結、鬱結，使我在古代與現代的邊緣上徘徊、冥想和追蹤傳統的持續，遂寫下了沉重濃鬱的《賦格》與《愁渡》。」②正是如此，我們可以在〈愁渡〉（一九六七）的「第一曲」聽見詩人這樣的言語：

親愛的王啊，爲什麼你還在水邊
哭你的侍從呢？
捐起你的城市，你侵入遠天的足音裡
不盡是你的城市嗎？
親愛的王啊，別憂傷
你在那裡，城市就在那裡

其時詩人滯留美國，中國對他而言是動盪離亂，傳統裡的「唐虞夏商周」更久不存矣，詩人發憤以抒情，雖然「親愛的王」在那裡，城市就在那裡，但身在異邦，中國彷彿十分遙遠，詩人當然要呼喚「親愛的父」，因之，《賦格》與《愁渡》直是遠追離騷的放逐詩，葉維廉在這兩本詩集的總體表現在於他隨著臺灣文壇似乎無可避免的現代主義浪潮，憂憤鬱起，卻又取鎔古意，辭來切今，我們看見在《賦格》裡的上下追索和披髮行歌止於「龜山蔽之」而「爲群樹與建築所嘲弄」。違山十里，惠蛄之聲，猶尙在耳，衆多高拔危顚的音聲形容呼喚招引著父，王，和中國。親愛的流犯詩人，我們看見他立在高原，他的馬，嘶鳴向天悲。

二、

一九六〇年，葉維廉在〈靜止的中國花瓶——艾略特與中國詩的意象〉③一文論及中國詩（筆者按：指古典詩）的「文法構成獨特性」是缺乏語格變化、時態及一般「連結媒介」的特性，正是使中國詩產生非凡效果的來源，而中國詩的特色，可簡述如下：㈠缺乏「連結媒介」反而使意象獨立存在，產生一種不易分清的曖昧性；㈡帶引作者活用想像去建立意象間的關係；㈢用「自身具足」的意象增高詩之弦外之音；㈣詩人與世界的關係是他純然的出現其中。從《醒之邊緣》（一九七一）開始，詩人對中國古典詩特色的再認與肯定，逐漸在他的詩中被進行實驗，我們試讀〈醒之邊緣〉：

鉸鍊戛戛
停住

又開始
停止
洗碼頭工人的談論
沒入霧裡
熱烈的爭執
爆發
又沒入霧裡
衣物拂動天藍的水
天邊的郵輪
緩緩的
激起
晶明的散落
方的窗
打開
方的窗
打開
方的窗

打開
方的窗
打開
張開的手掌
飛揚
張開的手掌
飛揚
張開的手掌
飛揚
青靄裡
風箏一樣
成排的
停在氣流裡
那些逍遙的
展翼的手掌

（其一全錄）

筆者之所以不厭其詳地抄錄這一大段詩，目的在期能較完整地呈現這一首「無我」（某種相較的層次上）的幾乎完全抽離情緒（emotion）的詩，詩中的疊沓句一詠再詠，造成一種純然的近於歌謠式的音聲，而這一首「純詩」（或者說是「眞詩」）的作品正爲葉維廉往後的許多詩作開導先河。

另外値得一提的是《醒之邊緣》與其他藝術媒體的結合。這本詩集分爲四部份：第一部份是純「文字演出」的詩；第二部分是作者的畫與詩八幅八首，左右對照的短詩與近於本然創作的墨筆畫相互映襯，詩因畫而顯，畫因詩而貴，詩近自然，畫極活脫，這一切妙處都彷彿有意經營而無意得之，詩畫著筆落墨不輕不重，是故清而不濁，潤而不燥，而能在詩中立定精神，於畫中決出自然；第三部份是「即興演出」的詩（what is the bautiful），緣起於一九七〇年詩人在加州大學任教時，發起每週一次的文學散步，而此部份收錄的兩篇，都曾由他的學生在散步途中即興演出過；至於第四部份則是「混合媒體」或者說是多媒體的詩、音聲、舞蹈媒體整合，由詩人寫詩，李泰祥、許博允作曲，陳學同編舞，顧重光、凌明聲從事藝術設計，於民國六十年五月六日在臺北市中山堂演出，這項演出乃基於「表現上的需要」，呈現了「每一個藝術家都受到其他三種藝術的提示、啓發、牽制」，同時也使他們「各人的想像得以互相延展和融合。」此部份在詩集出版同時附唱片一張。

從《醒之邊緣》開始，詩人逐漸脫離舊日長句給人的巨大壓力，而多以類似中國古典詩的短句演出，總觀這本詩集，是臺灣詩壇多媒體創作的濫觴，另外也是詩人朝向另一種美學觀或者說是詩觀的出發，可乎可，不可乎不可，詩人開始以非指喻之非指也，開始有那麼一點「道家」。

降至《野花的故事》（一九七五）雖有『仇恨啊原是爲了劇情需要』的反諷，但野花並不純然只是「故事」，讀杜年齡，眼看野花紅似火，其實更像『滿是血傷的士兵』。詩人一方面持續「無言獨化」的嘗試，同時也利用原始詩歌精簡的特性來創作，以期使結合其他社會工作者「阻止過度現代化的文明諸害」，例如〈龍舞〉（一九七二）一詩，在一摺頁上同時編排三種「聲音」，一是沈帶殺傷，二是雄而冷漠，三則幽弱；這首計劃要演出的詩是「以音樂的結構方式寫宇宙中三種命運的律動」，正如詩中的佈局：星散石濺雲飛雨斜，詩人企圖（僅僅是企圖）重現陸沈已久的自然音聲，雖然實際上這一切都離我們那麼遙遠而幾不可聞。

《花開的聲音》（一九七七）集中收錄了詩人一九五四以來一些從未發表的作品，加上絕版詩集《賦格》和第二本詩集《愁渡》的重要作品，但讓我們暫時存而不論。

三、

一九八二年，葉維廉先後結集出版了《松鳥的傳說》和《驚馳》兩本詩集，前者多收七〇年代的作品，後者則錄一九八〇年以後的詩。

《松鳥的傳說》概分松鳥的傳說三部曲，臺灣山村詩輯、宜蘭太平山詩組，沛然運行及其他，愛的行程等五卷，較諸《野花的故事》更形清澈，茲錄〈臺灣農村駐足〉組詩的第八首〈深夜的訪客〉（一九八一）：

夜沈得更深了
依著桂花的香息
把小巷走完
到了土地廟
在大榕樹的側面
當井沿那些女子洗衣的笑聲
早已潮退盡去
我提起腳
偷偷的走到井邊
用最迅速的手勢
從井中
打出一桶瀝瀝閃閃的星星

平緩的聲調中透露出無言的喜悅，又好像不是喜悅，像是一種細語提醒向更廣的空間伸延，詩中的文句「不是一個可以圈定的死義，而是開向許多既有的聲音的交響、編織、疊變的意義的活動。」④，是極新鮮的抒情。《松鳥的傳說》持續著詩人對「以物觀物」詩觀的實驗，卻又不能絕對「喪失」、「無我」，或許我們可以這麼說吧，人爲必有就其限制，語言活動的最大邊際僅是不將「我」強名爲主，不將「物」強說是客，閱讀葉維廉的詩作時，尤其該有這樣的體認，詩的語言有說與未說的空白，畫有虛有實，在我們淪入語言的牢房前，是否能儘量將時間空間化空間時間化，端看各人造化了。

《驚馳》則較多家國觀感，外來的衝擊顯然對使人震撼甚鉅，一九八一年五月，詩人因職責上的需要，去了三十多年未見的大陸一次，故鄉纍纍傷傷，使他肝腸寸斷，注入詩篇中的情感，無可避免的轉爲濃冽顯露。

四、

在一九八三年出版的詩、散文合集《憂鬱的鐵路》裡，除了篇數可觀的詩化散文及憶舊文字外，詩也佔了一些部份，《臺灣農村駐足》的詩組；有一部份是收錄在《松鳥的傳說》的舊作，餘如〈鳥鳴與扇〉、〈短章〉、〈麋鹿居的辭行〉等，皆有可觀之處，茲錄〈鳥鳴與扇〉之一：

鳥鳴
而不知藝術爲何物
我們可以說哀
我們也可以說愛
我們也可以說樂

都合乎自然

人因景生情，應物感念，豈不自然？或哀或愛或樂，鳥為何鳴？正如藝術（文學）的詮釋衍生活動，能「入乎其內」又能「出乎其外」嗎？空山不人，但聞人語響，返景入深林，復照青苔上——原來，吾之所以有大患者，爲吾有身啊！這種困境，在《留不住的航渡》（一九八七）有更深邃的斷想，詩人說讓我們「向肉身辭別」：離開物理的存在，放棄聲音，放棄觸覺，在夢與醒那不夢不醒的過道上……

觸覺稀薄
稀薄
至止而
無、無而
無涯、無涯而
至大、至大而
至極、至極而
能動、動而
有
一點跳躍
一絲

一抹
一掃
彷彿要
爆
發，彷彿
要……
冰凝。溶化。岩漿。沖天的火燄。
離開，棄肉身與一切知覺
你便升起
依著水烟，依著火燄

整首詩音韻律動的掌握幾達出神入化。當我們離開「自己」，「棄肉身與一切知覺」，便能自由無羈，或依著水烟，或依著火焰，像老僧看山看水，最後讓一切還它本來面目；但當我們再進一步想，語言本身就無可避免的帶著「人爲」的痕跡，語言對人而言是他的擁有物，是擁有物便存在隸屬的關係，永世存在著無法還其「本來面目」的糾葛與添補。禪宗主不立不文，以心傳心，但也須藉著公案來顯現機鋒對辯，畢竟棒喝前，我們都「過度」耗費了語言，詩人自然也不例外，「向肉身辭別」是一種告誡，畢竟也可被視爲一種「遁辭」（

alibi），誰又能呢？像《傳燈錄》裡的一段記載：曰：「和尚修道，還用功否？」師曰：「用功。」曰：「如何用功？」師曰：「飢來吃飯，困來即眠。」語言本身即帶著這種不可逆的特性，何況，詩人還要談及「人生」（《留》集第一卷），還要驚於「故園的夢與醒」（《留》集第三卷），還要夢裡醒裡都是錯錯錯，何況還有『載不動的／千層萬噸的憂愁。』「留不住的航渡」正是「記憶的埋伏」：音聲形容既棄之不得，詩人能做的極限正如〈雷雨〉一詩的出場。

要把
裹著的甜蜜
滿溢的沈醉和
錯亂而揮霍無度的睡夢
一同逐出
肉體之外
去流浪
流浪
到饑餓與失眠的荒野
到情思洶湧的大河……

五、

葉維廉在最近發表〈沈淵〉一詩（八月三日《人間副刊》）第五節裡這麼說：

沈默
比耳邊的銅鑼一響
還要震盪
也許
爆炸才是
看見自己破碎後
眞實的形象

值得注意的是「也許」這個疑問性繫詞，畢竟「以非指喻指之非指」仍須用到「非指」，而語言的背後，蹲踞著好大一片沈默的空白。大音希聲，大象無形，詩中的音聲形容永遠只能是「人爲」的音聲，和形容；「筆補造化天無功」畢竟只是「詩人語」。從《賦格》到《留不住的航渡》，葉維廉由繁複至清明，由極現代主義的表現手法到中國古典詩特長的創作嘗試，中間有太多可以談的了，這篇「略論」當然是名副其實的略論。

葉維廉，一個長期忍受著肉體與精神雙重流放的詩人，由鬱鬱累累的心境到「無言獨化」的嘗試而實際上仍須「有言」，不正是他與中國的交談嗎？像〈降臨〉（一九六一—二）一詩的結尾：

斷層與黃金的收成一齊自我腰間陷落我是一尊

升起的獨石柱牌依著你的指示……

近代中國的歷史斷層，以往古中國的文化斷層，他都在努力的修補，他的詩，正是「黃金的收成」。

——錄自《創世紀》七二期，一九八七年十二月，頁一二九—一三五。

原刊於《自由青年》七卷八十四期，一九八七年十月。

航向現實之外

——評葉維廉《留不住的航渡》

簡政珍

以同一時代的詩人來說，葉維廉詩中的語言較少有意象經營所造成的緊張感。大抵洛夫，瘂弦等詩人，詩所營造的氣氛滲入詩行，以一隱約無形的目標作導向，顯彰詩語言的特性——語言來諸現實，還諸現實；現實經詩重整，但詩仍以現實爲依歸。若詩剪裁現實，語言勢必濃密緊張。葉維廉的詩則不然。詩似乎游離現實之外，傍依心中的山水。詩追求無塵埃的清明境界，詩心超乎個別的人事，寄居永恆的玄機。「留不住的般渡」沿襲他作品一貫的意象，二十世紀的紅塵裡，林耀德看到的是電腦，積體電路，而葉氏詩中卻是一片唐代山水，花鳥雲煙，偶爾雷鳴驟雨。即使路過喧囂的臺北街頭，詩中人渴望的是「一句新詞」，耳聞的是「鳥群最後的一浪鬧聲」，轉化成心中「獨立燦然的紫花樹」。

葉氏的詩似乎要讓讀者直入自然的現象和本質，使人和山水中產生臨即感。他要逼視山水的神髓和本貌，語言因此也似乎偏重形象的展現；而非意象的經營。文字導遊，不論實際景觀或心靈之旅，讀者大都在閱讀進行中感受其意境，但閱讀後，很難追述一兩句印象突出的詩行或意象，這一方面是前面所說的語言不力求稠密緊湊，一方面是否是寄情山水已忘言？

葉維廉有時且有意打破語言可能造成意象給人的鮮明感。詩集中「水鄉之歌贈江南友人」這一首詩裡幾個詩行：「屏神凝注／水瓣裡／的／稻瓣裡／的／水瓣裡／的／蕊心的／頂上／正搖盪著一葉小舟」，一般詩人可能只用三四行來處理這個意象，而葉維廉卻用了十行，且將其中的「的」個別另立一行，使閱讀的時間和節奏延長，將原來可能造成的緊湊感稀疏，使意象的輪廓模糊。葉氏的詩不乏這種例子，如另一首詩「雀躍之歌」裡的詩行：「飛雲／出／谷／迷茫／輕輕地／啓開／眉睫／光／……」。

葉維廉大都著筆心中的山水和景象，但這可意謂他的詩已割捨現實？《留不住的航渡》和其他的詩集一樣，仍以旅遊寫景爲主。事實上從《愁渡》開始，旅遊幾乎已變成葉維廉詩作裡極富意義的隱喻，而這個隱喻也暗指現實。《愁渡》裡放逐遊子的鬱結，《留不住的航渡》似乎航向現實之外，現實卻一直未脫離詩中人的意識。但現實的確在葉詩中一再稀釋得只剩浮光掠影。習慣且喜歡葉詩的讀者在《留不住的航渡》裡除了忘神於景色的情境外，還有不時的驚喜，如〈桂林山水十說〉中的幽默，〈春日懷杜甫〉裡的天機和禪意。〈北方之歌〉，〈遊馬城的落日〉，〈向肉身辭別〉等都是佳構。但對於另外一些讀者，當他們想到這八〇年代中期裡人世的狂飆，當他們聽到街頭群衆的呼號，看到河溪的汙水裡飄浮著死去的魚蝦，感受詩中的天機清妙之餘，霍然醒轉回到現實，也許有另一番期許？

顯然，葉詩主要的導向是人世和自然的本體，而非落實現有的時空。有少數詩如〈夢與醒〉也曾碰及現實，但或許較不熟悉這方面的處理，句法有時稍顯生硬直接。如此看來，葉維廉在山水中的性靈之旅自有其獨特的天地和意義了。

——錄自《聯合文學》四卷八期，一九八八年六月，頁一九六—一九七。

旅雁上雲歸紫塞

——序《葉維廉詩選》

楊匡漢

記得有人說過：「要了解詩人，最好到詩人的故鄉去。」廣東省中山縣有個小小的村落，這裏依山傍嶺，面海臨洋。當年崛起於臺灣文壇，於今旅美的詩人兼學者葉維廉，一九三七年出生在這塊爲無數生存的信念與悖論造成的沉重和抑鬱所籠罩的土地上。童年是在炮火的碎片和飢餓中煎熬著悠長的白晝，在打魚和砍柴中仰望孤獨的藍天。母親要依著星光冒著炮火也戒備著野林深處強盜的襲擊，去翻山越嶺爲農婦接生；而癱瘓臥床的父親，則以抗日的故事和歷代興亡的傳奇塡充著他的漫漫長夜，自然也組合起他那寧可承受苦難也要奔趨的幼小的心靈空間。

人類的歸宿往往是在路上，而不在表層是寧靜的海灣。誠如杜甫詩云：「大哉乾坤內，吾道常悠悠」，在亂世時分，葉維廉從故鄉出發，踏上生存與苦難的旅程。在香港，他目睹「假中國人專整眞中國人」的種種景象，「不敢計算將要來到哪一個分站」；到了臺灣地區，儘管有一種再生的家園氣息在心中緩緩滋長，卻由於空間的切斷而「充滿著游離不定的情緒和刀攪的焦慮」（《三十年詩：回顧與感想》）。他在臺灣大學外文系和臺灣師大英語研究所度過七年寒窗，於「現在」與「未來」之間彷徨，也曾以隱居的方式抒寫個人情懷。懷著游離母體的廢然絕望，爲了尋覓也爲了生計，他負笈異邦，赴美攻讀比較文學博士學位，畢業後任教於加州大學到今。

守住學院的幽適意味著生活的停滯，這不符合葉維廉進取和追求的品行。他喜歡淡泊自守，在安定與清靜中沉思默想、進入學域——這自然是作爲學者必要的性情和功夫；可他同時更是一位詩人，嚮往著流動——流動的色彩、樂聲、畫面、情景、語言、人臉，並在藝術與美的演出活動中投下了躁動不安的詩心。他時而過於吝嗇自己的感情，時而又不惜放縱自己的激情。正是在這一「放」一「斂」之間，他以學者的心靈去寫詩，又以詩人的心態做學問，於欹斜槎牙中彰顯謹嚴，於抽象之理中蘊含飽滿而不泛溢之情。這樣，集近四十年獨立特行的勤奮勞作，葉維廉既有《賦格》、《愁渡》、《醒之邊緣》、《野花的故事》、《花開的聲音》、《松鳥的傳說》、《春馳》、《驚馳》、《三十年詩》、《留不住的航渡》等多部詩冊問世，亦有《秩序的生長》、《中國現代小說的風貌》、《飲之太和》、《比較詩學》、《與當代藝術家的對話》和《中國詩學》等著述踵事增華。他的詩有著可貴的呈露具體經驗的思維質。他在比較詩學研究方面篳路藍縷，卓有建樹，對臺灣詩潮有切實的推動。然而，人生忽忽憂患裡，情景過眼皆須臾。他深知已有的成就不過是消逝的環節，因爲認定要「不作自我的重覆，要不斷地超越自己」，把詩魂和學魂繫在不斷尋覓的路上：

永久的幸福是永久的追迹，
依著痛苦的翅翼……

——《追尋》

創造與進取的快樂由痛苦作陪伴和象徵，這是人生和藝術中一種眞實的自由，眞實的幸福。葉維廉的詩歌之翼因此而逐漸堅強起來，在一個更廣闊的審美天宇間翱翔。

對於不同的詩人來說，其創造與進取，總是努力尋求那種屬於自己的獨特的聲音和易於辨認的異采殊風。但同時，一個詩人常常因爲生命歷程和情感體驗的特殊性，而有若干基本母題（Motif），游動如嵐地瀰漫於心靈與世界的調適、個體人生與族類命運的關聯之中。葉維廉曾作如此告白：「身在外國，心在家園。我關心的是家園的進展、變化。所以在外國時寫的詩，題材表面變化很大，而且也換了許多語言的策略去表現，但有一天回頭一看，背後的母題竟然逃不開兩種：懷鄉與放逐。」（《推移的痕迹》）需要補充的是，不獨身在外國，而且在居留臺北時期，也都有同一母題在心中迴響。故國山河夢裡尋，所謂夢，實實在在是悲切的投影。詩人時空交集點發生的遷移——從大陸到臺灣，從臺灣到美國，這不能不使自我從特定的空間游離，也不能不呈顯圍繞著思鄉情懷、時空錯失、精神放逐的迷惘。

詩之所以爲詩，並非僅僅專注於格律與聲韻，而往往是從一種情思定向出發，讓濃重的詩意氣氛籠罩情境，把不同層面的意象和經驗焊接起來，達至感性與知性的應和互滲。從「氣氛的把握」的視角，葉維廉的詩作中無疑有懷鄉的低迴開徑自行，有放逐的情調養空而游。在《十四行》中，他感喟：「生命中的星辰／將再一次在眼前展開／而那昔日眩惑的夢／和未來的理想時代／都從天空進入墳墓」，那是時間之傷和空間之隔造成的人生哀懷。在《城望》中，他長嘆：「窗外的枯枝／爲風吹動時偶然相遇／僅僅一下輕的磨擦／便完結兩者日夕渴望的交談」，那是難以分清坐臥之地而發自內心的疾痛慘憺。在《塞上》中，他吟哦：「假如現在點起一些狼糞烟／假如還有人認知這久違了的訊號／她追憶　期待　追憶　期待／江南　塞外　西湖　瀚海／來復著來復著／而雷在地下，澤不升天」，那是尋根者知性反省的誠篤潛慮。在《嫦娥》中，他企盼：「摘下一莖花枝，接種在我的體內，給我鬱結的根，結結實實的抓著泥土的芳香」，並「持著花樹降下，讓那溢滿市聲的欷欷的風，吹去千年萬年堆積得厚重如睡眠的空虛」，那是彼岸回歸此岸、超越與塵世之間輪迴的詩魂繾綣。在《愛的行程》中，他憂傷：「多少次，他把耳朵傾向河面，想凝聽一點點有關他自己身世的信息；他的過去，就如同那清晨遠水上的霧，還沒有到中年，他竟然像走在黑森林中的但丁，迷惑而不知前路」，那是在探究放逐的歷史成因時的濃愁斛怨。即使是以臺灣風情爲題的《永樂町變奏》，詩人哀嘆「一切的風浪都給河口堵住了」的隔絕，也心馳萬里：「九曲腸裡／矮屋擠壓著矮屋／向黑色的南／向黑色的北／破裂的門楣上／彷彿是杜先生的詩句／暗水流花徑／春星帶草堂」，那也是把曩若烟波的孤漠化爲懷鄉的溫暖。儘管葉維廉作品裡佈滿由傷痛和錯失釀成的悲涼之霧，儘管精神的和人文的放逐已屬浸透血脈且成爲後天給定的事實，但詩人仍能堅執地站在漂流與歸返之間，在理解現實的經驗時不棄對超越的世界的追尋，讓一種熾烈的心智燦然開放。於是，我們看到了他在書寫懷鄉和放逐時悄悄變更沉痛的情調，傳送出對於博大文明的祈禱祝福：

大地滿載著浮沉的回憶
我們是世界最大的典籍
我們是亙廣原野的子孫
我們是高峻山岳的巨靈……
大火燒炙著過去的澄明的日子
蔭道融和著過去的澄明的日子
我們對盆景而飲，折葦成笛
吹一節逃亡之歌

——《賦格》

這樣，葉維廉的詩作雖然涉及了許多具體的事關個人的情境，但它們往往脫離詩人本身也跳出一般所指，而上升爲對自然——生存——文化——意象世界的動態把握。在不少詩裡，他的歌吟、盤結、隱情和述析，並不停留於單向度的情感抒發，而是謀求時空與經驗、生命與思想、言語與詩人之間相互的能動選擇和重新發現。他並非僅僅滿足於眞情實感，而是以對複雜經驗的體認與識見，以對文體的自覺和詞語的歷險，作爲有力的支撐。於是，懷鄉與放逐就越過字面的含義，而成爲一種象徵，一個啓示，一聲召喚，吸引詩人又一再蕩開，神凝酣辣而澀挺逸朗，最終將他的作品與那些直捷輕薄的「懷鄉詩」、「放逐詩」區別開來。

放逐和漂流並非本性或智性的迷失，相反，當詩人在「井」與「背井」之間的地帶彷徨，當詩人履道坎坎而生疑竇、行於杳冥而求施報時，他應該在一個更深的層次思考命運，承擔人生的苦難。理解了這一點，我們也易綜悟葉維廉所寫的諸如《賦格》、《降臨》、《公開的石榴》、《愁渡》、《松鳥的傳說》等一批比較難懂的詩。

這些詩如葉維廉自述，是「我的心理現實最複雜的時期」創作的，貫徹的是一種尋覓與追索、飄泊愁結與超越放逐的主題。《賦格》以冬天爲背景展開蕭蕭風思，那北風「帶來邊城的故事」乃是長久戰亂的感傷，爲國而憂嘎然「搖窗而至」。詩人離鄉背井，在「呵氣無常」的現實世界中，更加感受著文化放逐、與傳統疏離、價值觀念崩潰的痛楚，於是有「月將升，日將沒」的失落感，有「予欲望魯兮，龜山蔽之」的圍閉感，有「游過千花萬樹，遠水近灣，就可以了解世界麼？」的疑惑，也有「從突降的瀑布追尋山石之賦」的遁逸。詩從哲學的焦慮起始，經由多重旋律列柱式呈現的藝術結構，以不是指向答案的人生旅程作結，「搔首延佇」成了一代人無法逃脫的命運。《降臨》所面對的是和《賦格》同樣混亂而難以把握的現實世界，因之而有尋找藝術世界與之抗衡的爭取。在這首詩裡，你難以觸摸現象世界的具體指涉，卻可以感受降臨、出航、囚禁、展望、節慶、尋索等等的氛圍、聲勢、姿態與情境，也仍然有思緒的律動迴蕩其間：「欲望之鷹盤索大地的掌紋」，「所有的牽掛向著那持久的藍天」，詩人欲將人們的哭泣變易成其亮若天、其氣如蘭的傳說之色澤，既包容現實苦難又走向幻美境地。切莫以爲《公開的石榴》是純粹的頌歌，詩中「被棄的瓷皿和家禽」暗示著對現實的唾棄，「眉睫從井中射出光」展現著內心的飢饉，「輪胎的風箱緊緊的抽逼」

隱喻著生命的艱辛，「郁雷一般呆倚著的九月的孕婦」指證著無奈的悲哀……正是在人世滄桑的背景下，「石榴」作爲飛騰的象徵，「在營營的相爭爲上的火焰中」層層公開，以血和火爲代價，才帶給人們「生之歡愉」。《愁渡》雖然標明寫給自己的小兒子，但在一個廣闊的時空展開了遠渡的愁思，將遠航、放逐、錯位、斷層、追尋渾成一體。全詩五曲，以一個母親和她的棠兒爲中心，窮盡離亂，寫足漂流，把哀傷轉化爲對祖國的殷殷期待。「散發爲旗，赤身而歌」，明指流亡的人們飄泊失根，一無所有：「圓旋爲點，你我同眠」，暗喻「同是天涯淪落人」的飄轉無定又相憐相親。然而即使是強移棲息一枝安、天亮鳥鳴復流浪，那也要讓「松濤看護著妻子／青鳥殷勤著母親／聽：山根好一片雨／澗底飛百重雲」，無根的一代自有超越放逐的渴欲。《松鳥的傳說》恰似一則寓言，起首即是肅穆悲愴的氣氛：萬物飄忽無定，千山隨著流烟的長髮緩緩消失。此時此刻——

一只凍寂的鳥
一棵凝結的松
萬壑沉寂
鳥鳴裹在冰雪的春心裡
松濤伏在記憶的果核中

這使此詩高蹈著某種近乎天意的述說。空寂的冰原沉穩得足以囊括一切死亡，凝固的松濤莊重得足以承載歷史傷痛，凍鳥的翅翼悲慨得足以顫震全部生命。詩中插入鳥群飛聚在烟突上自焚的新聞，詩人更傾心於松鳥與生命（天地萬物之靈）的相互塑造，從而改變了凍寂之鳥的自身精神結構，爲凍鳥重新命名，讓它抖擻羽毛，「背著春天飛躍／提著青松浮升」，在生命過程的展開中充任聖職。這依然是宿命與使命、放逐與歷險、惶惑與欣悅之間的拉拔爭戰，詩將靈異的隱情托松鳥的翅翼遞送，寓言不啻是詩人充滿內省的心智話語。

這些作品顯然屬於內省的詩。它們曾被持有固定砝碼的論者列爲「不可取」的「現代派」而不屑一顧。其實，對於文學與詩歌中的內省傾向，應作歷史的、具體的、藝術的分析。湯因比在與池田大作對話時談到：「所謂內省，可以認爲是出於如下兩個目的之一。其一是避免和其他人或宇宙相接觸，完全閉鎖於個人的內向。其二是在精神的意識之下的深層中探求和終極的精神之存在的相互接觸。」（《展望二十一世紀》）若是以前者爲目的而寫作，必然導致脫離現實、逃避生活，陷入孤立的自我，因而也是藝術的否定主義。葉維廉在創作上述篇章時明言「離開日常生活的觀看方法」，指的是超脫平常的意識形態，撤離一般的時空觀念，求取切合眞實的經驗，進至出神入化的心態，通過詩去創造一個美學的世界。這該是無可厚非的。況且，就五六十年代臺灣文壇的實際而言，由於和大陸母體文化的切斷而造成心理上的游離狀態，精神的放逐和認同的危機，自然會驅使文學與詩歌趨於內省的方向；由於流行的「戰鬥文藝」、「反共八股」虛張聲勢，作假不眞，破壞語言的藝術性，這就刺激了作家的良知，故而有進入內心世界、忠於眞切感受、經營純詩語言的謀求，以與官方崇尚的文學現實相抗爭；由於以「內省」對付殘酷命運，詩人在現時與未來之間冥思游疑，複雜動蕩的心理現實，必然要打破「近傳統」中線性的、縱時式的宣敘模式，而發出以心靈感應現實、以主體匯通文化聲音的多重回響。這樣，外在的拂逆——內心的掙扎——語象的凝聚和藝術的反諷，以此作爲在特殊人文環境下一批知識者生命與經驗統合推展的方式，現代主義在臺灣文壇上的出現並非偶然。葉維廉作爲探索者之一，他的詩作體現了歷史和美學的蹤迹，對我們不無認知的意義。

葉維廉是對西洋詩傳統和中國詩傳統兼具了解、知識淵博的學者型詩人。詩無國界。如何將中西詩學構成一種新的調和、匯通，是葉維廉多年來的著力之處。在《賦格》一詩裡，整體交響式的架構接近西洋的表達方式，但不少意象的經營如「披髮行歌」、「折葦成笛」、「江楓堤柳」、「千花萬樹」、「良朋幽邈」等等，卻與中國詩歌傳統密切關聯，透露了互通聲氣的信息。他說：「自從我繼續寫下來以後，對中國傳統更加進入以後，尤其當我討論更多中國傳統的詩的時候，我相信中國傳統比西洋傳統更適合我，所以我漸漸回到更多的中國傳統。」（《與葉維廉談現代詩的傳統和語言》）他始而更注重「以物觀物」的視境，在《醒之邊緣》《臺灣農村駐足》《簫孔裡的流泉》《鳥鳴與扇》《桂林山水十說》《折疊的早晨》等詩裡，漸漸擺脫往日長句造成的擠壓，以短句演出而使意象並置獨立，以沉潛一隅而騰踔萬象，以非直接指喻而留出一片空白，處身於境而視境於心，搜求於象而神會於物，力主虛空中傳出動蕩，神明裡透出幽深，使詩作不致於那麼負載沉重，而興味澄敻，呈示一顆更自由更充沛的深心。既纏綿悱惻又超曠空靈，使詩之抒情處於純然傾出的狀態，這就同中國古典詩境接通了氣脈。

杜甫詩云：「旅雁上雲歸紫塞，家人鑽火用青楓。」（《清明二首》）作爲一個長期忍受著肉體與精神雙重流放的詩人，葉維廉亦如旅雁上雲左旋右轉，閱盡冷雨疏花，依然有深深的文化鄉愁，思歸那一片青青的楓樹林，藝術上投入那招魂的湛湛江水。不過，這並非一般意義上的「浪子回頭」，也不是某些論者所理解的「迷途的羔羊」重返南山下的東籬。他保持著開放的視野，維繫著藝術的執拗：

把早晨打開
把空氣納入
我們從心中出發
爬向邊緣
來製造
那永久失去的鄉之愁

——《春日懷杜甫》

「回歸傳統」對於葉維廉來說，實際上是經歷了一番現代尋求之後有容乃大、秘響旁通而體現出來的走向成熟的徵兆。「西方取向」是技術層面上的，「中心」依然是作爲中國血統的詩人對家國現實的關愛。葉維廉對中華民族有眞摯的熱愛，對「五四」遺緒有一定的知覺，與三四十年代有血緣關係，傳統文化、地域、歷史和中國古典詩歌，無不給他的新詩創作以潛在的影響。他「走向西方」而又「回歸東方」，就有可能以開闊的目光面對詩歌遺產，並注入反思，也在溶解東西方詩藝的過程中貫之以現代意識的觀照。他的「爬向邊緣」，可以說，是在「橫的移植」與「縱的繼承」之間苦苦尋找超越和創新的生力，是在「古典」與「現代」的結合部謀求由此岸通達彼岸的臨界的聲音。

這種「邊緣意識」，促使葉維廉不讓自己拘囿於凝固的思維模式的投影之中，而著墨於「邊緣地帶」爆發詩意之光。自然，葉維廉注意到了藝術策略的運作。擇其要者，我以為大致有如下路數：

擺脫邏輯思維的演繹性和分析性，用似是而非的無關聯性的意象並列，造成整體的詩意氛圍；

外在氣象與內在氣象的交溶，外象弧線與內象弧線的應合；

逃遁語言失真的痛苦，虛設一個個具體的「地址」或「故事」，作為象徵，使理想生活和現實生活協調起來；

創制有秩序的詩境形態，去包容混沌的情思內涵；

以心靈感應的方式呈現瞬間的多重透視，放射出多層的暗示力；

使可解與不可解的事物相融會，激發讀者用想像去參與領悟和填補詩之空間；

持續「無言獨化」的嘗試，在處理詩人與世界的關係時儘量讓「自我」悠然、超脫又純情地出現其中；

意象結構和音響結構相交叉，以打破單一的敘述性；

詞語上「文」「白」雜陳，時又取熔古語，爵來切今，以引發現代詩的「古典回響」。

上述詩法，雖非均系葉維廉首創，但他在長期的寫作實踐中達到的綜悟、自覺乃至堅執，使他無疑走上了「純詩」之路。然而，他對歷史上某些名家托意虛空、軟媚纖靡的詩風作了明智的規避，即使是在那些外物和自我處於純粹抒情狀態的作品中，也仍然隱藏有內心的懸慮和人世的苦痛，難怪他欣賞並取法王維，卻更傾心與懷戀杜甫。把美感的經驗、靈心的慧意、瞬間的狂喜、詩意的傳達和風格的獨舉熔鑄一體，眞正的「純詩」將在內容與形式的統一之中得到確證。詩是自由的象徵，其自然美意味著人與人的交流，其藝術美意味著靈台的和鳴。對於葉維廉來說，他寫了近四十年的詩，迄今尚在詩與美的探索跋涉中。他的篇章並非十全十美，他的作品也不盡平衡。在若干篇什裡，有理大於情的傾向，有飣餖成章的欠缺，亦有遁入文言而未至創化的遺憾。但作爲「歸紫塞」的「旅雁」，他孜孜矻矻於詩的純粹性，努力從哲學和美學的高度，在匯合中西詩藝方面探尋通途，即使有某些並不很理想的成果，但這種詩精神，正是有志於詩創造的人們所需要的文化氣魄和建設品格。請聽葉維廉與詩界的對話：

斷層與黃金的收成一齊自我腰間陷落　我是一尊升起的獨石柱牌依著你的指示……

——《降臨》

詩歌自然植根於文化之中。經由停滯的或動亂的歷史，也由於外來文化的衝擊，中國的詩壇曾造成過「斷層」。一旦我們唱起「甦醒之歌」，一旦有了融進炎黃子孫血液裡的終極情懷，必然要作文化面上深層的思索、挖掘、清理和重構，也必然會在詩墾地上合力耕耘並髹之光明涵容的新綠鮮穗，以洞徹之悟參加到塑造更高尚的民族靈魂的進程中來。我們將在一個新的世紀自立於世界文化之林。我們也必定會有詩歌「黃金的收成」。

——錄自楊匡漢：《葉維廉詩選》，北京：中國友誼出版公司，一九九三年四月，頁一——一二。

葉維廉的風景

羅登堡（Jerome Rothenberg）著
杜　良譯

三十多年來，葉維廉一直致力兩個傳統——美國溯源自龐德（Pound）一系的現代主義、中國的詩學傳統——相向地傳遞訊息。美國的現代主義長久取汲於中國詩學自不待言。葉維廉用英語撰寫的兩部經典著作是《龐德的〈國泰集〉》（Pound's Cathay）和《中國古典詩舉要》（Chinese Poetry:Major Modes and Genres）：「經典」作爲一語詞及概念，在漢語的語境裡依舊活潑生動，這多美妙！在這兩部專著中，葉維廉不僅展示了優秀學者的視野，這是不辯自明的，更處處流露著一個身體力行的詩人的玄思。葉維廉是他那一代詩人的中堅人物，致力使詩歌在中國（以前我們習慣說的兩個中國）保持生命力，推陳出新。惟來自「左」與「右」的勢力卻不停對他們的努力施加壓制。葉維廉，一言以蔽之，是一流的作家和眞正的文人，他的中國外表與此相得益彰。他是學者、遊子、現代主義的旗手、記者、散文家；而縱使他具有多重身份，仍一直與其時代、地域、運動血脈相連。

做爲一個學者他的進路安穩順遂，他在各所大學及有關的學術機構的屐痕歷歷分明；同時，他亦在一個更爲複雜的新世界摸索前行——那是詩域，做爲一個詩人。五〇年代末，葉維廉來到美國，並開始推出一種新的語言。這部詩集最早的作品成於一九六〇年，顯示出他已經成爲一個語言傳統的一部分。這個傳統自然包括像康拉德（Joseph Conrad）一輩的作手，這不待言，但亦有新移民的美國新生代，以及自己來美的一代人，如Stein、Reznikoff、Bukowski、Hollo、Cruz、Codrescu、Simic、Waldrop、Joris等皆是。我們漸漸意識到，這批作者並不構成這語言的威脅，反而凸顯了這種語言的凝聚力量——經過不同作手的使用，因而愈見強悍。

這部集子出版以前，葉維廉在這種語言上的探索——一個詩人之旅——鮮爲人知。相反的，我一九九〇年訪問臺北時發現，他在學域裡已備受尊崇。那是一個國際研討會，課題是詩歌與靈性（Spirituality）。葉維廉是四方矚目的其中一位。這不單指會上用在討論他的作品的時間，更指那非常明顯的環繞他和他的作品的推重和爭議。惟葉維廉卜居異域達三十餘年，他只用語詞把思維精粹郵回該地，而他的語詞已明顯在那裡札根，他因之成爲一個重要人物，從「我們」到「他們」的津樑。會上他的回應是給與會者創作並朗誦了一首長詩。那首詩充分發揮了他的詩藝，並體現了一種意義的探求，這種探求可以引領我們到危險或安全的境界——「目眩的意象」（Blinding Images）與夫「清晰的意象」（Clear Images），用葉維廉自己的術語說。坐在輔仁大學的禮堂我寫下了一些他說的以及別人說他的片斷，命之爲

有懷——贈葉維廉

A Poem of Longing (for Wai-lim yip)

冥府的陰魂
與乎腥臭的氣味
現實世界，破碎
不完整
因而疑竇
與乎憧憬
在另一個世界
我們搜索
有如眼睛
在攝影機背後，說
予欲望魯兮

環山蔽之

下面的詩作自然更能呈露葉維廉這些年的心路歷程：然而，這亦僅僅是他用英語創作的作品的一小部分而已。這些詩篇塑就的詩人或人物是一個自我隱藏而又明察秋毫的個人；能在這個集子裡親炙此人，讀者何幸。跟以前不同的是，現在他以英語詩篇接觸我們，我們初次有機會聆聽他作爲詩人的聲音並感受其力量。他是腳踏中國、加州西部海岸的作家。其友史奈德（Gray Snyder）曾有高論，以「詩人・巫師」（Poet-shaman）爲詩人最終始的典型和模楷——詩人「進入形態以及其他生命的種種情態，賦夢幻以歌詩。」葉維廉正是這種「詩人・巫師」。

以「夢幻」（Dreams）爲「自然」（Nature）——存於腦海爲「無意識」（Unconscious），見諸世界爲「曠野」（Wilderness）——正是詩人職志所在。於葉維廉如是，於史奈德亦復如是，即使葉維廉生活在「西方文化」當中。葉維廉正是以詩歌及其志意完成這種期許。作爲詩人和教師，他站到前面去。在我的印象中，葉維廉一直站在太平洋海洋的一個尤加利樹叢裡——他的確愛這樣——鼓勵從游諸生跟他一起進入詩，由肢體開始，讓肢體穿越空間和時間（簡言之，穿越「自然」）。這是返回未封的境界的邀請。他的詩篇亦可作如是觀。這是一個孕育於眞正的文化與傳統的文士所成就的詩歌——通過對一個更宏大的過去的體認，現在的他的姿態更見力量雄渾。

（附記）：《在風景之間》英文本Between Landscapes: Poems by Wai-lim Yip(Sante Fe: Penny-

Whistle Press, 1994)

譯者贅言

聽說學者詩人葉維廉年初有英文詩集一種行世，卻一直沒機會看到。近從孫康宜教授處借得，長夏展讀，甚覺醒神。集前冠以美著名詩人羅登堡（Jerome Roth-enberg）的序言，篇幅不長，而行文灑麗，論葉氏詩亦有獨到之處，乃迻譯成中文於此，以供讀者參考。過去兩年，葉維廉還有英文專著兩種面世：Lyrics from shelters: Modern Chinese Poetry 1930-1950〔《避難所下的抒情詩：一九三〇—一九五〇中國現代詩》〕（New York & London: Garland Publishing, inc., 1992）和 Diffusion of Distances: Dialogues Between Chinese and Wsetern Poetics（《距離的消融：中西詩學對話》，Berkeley: University of California Press, 1993）。前者爲葉氏編譯的三、四〇年代中國現代詩；後者爲論文集，收葉氏歷年用英文著述有關比較詩學、文化評論等課題的論文七篇。

現當代中國詩的研究在北美學界一直不算活躍。直到近幾年，北島、顧城、多多等人詩作的英譯相繼出版，加上一九九一年Michelle Yeh（奚密）著成具相當學術水準的Modern Chinese Poetry: theory and Practice Since 1917〔《中國現代詩：一九一七年以降的理論與實踐》，New Haven: Yale University Press, 1991〕，討論才稍見熱鬧起來。嗣後，九二年到九三間，又出現了三種現代中國詩的英譯集，可算是一個不小的豐收了。其中一種是奚密編譯的Anthology of Modern Chinese Poetry（《中國現代詩選集》，New Haven: Yale University Press,1992），選材相當廣泛，上至五四，下及當代，共收中、臺、海外詩人六十六家的作品。其中臺灣詩人（或在臺灣成名的詩人）佔了一半以上，推介臺灣詩壇可謂不遺餘力。另一種爲Tony Barnstone編譯的Out of the Howling Storm: The New Chinese Poetry（《吶喊暴風：中國新詩》，Hanover and London: Wesleyan University Press, Published by University Press of New England ,1993），此選本全收中國大陸年輕一輩詩人的作品，分爲「朦朧詩人」、「後朦朧詩人」兩部分，各收七家。作品則率爲俱反抗／顛覆意識形態者（就政治／美學言）。惟現代文學研究者所最樂意見到的，可能還是葉維廉編譯的Lyrics From Shelters。葉氏選譯了活躍於三、四〇年代的十八家詩人的作品，其中包括如馮至、戴望舒、艾青、卞之琳、何其芳等名家之作，亦有當時較年輕一輩的「九葉」詩人——王辛笛、穆旦、杜運燮、鄭敏、陳敬容、杭約赫、唐祈、唐湜、袁可嘉——的作品。「九葉」詩人當時在詩藝和理論上都取得了極可觀的成績，在中國新詩發展史上應是該大書特書的一筆。他們是英美現代主義第一代自覺的信徒。但由於政治的原因，五〇年代以後，中、臺幾乎無人提及他們的作品或活動。到到八〇年代末，經港臺學者的努力，「九葉」詩人才再爲現代文學研究者重視起來。至於海外，關於「九葉」詩人的評介幾近於零。奚密在Modern Chinese Poetry一書中雖稍有論及，然而由於論述架構的限制，僅是點到即止；上而其Anthology of Modern Chinese Poetry亦只收了王辛笛、鄭敏、穆旦、陳敬容四人各數首作品而已。現在葉維廉的Lyrics from Shelters行世，當可彌補北美學界在這方面的缺失。葉維廉早年的詩藝乃至詩觀取汲於三、四〇年代者甚深（可參其〈我和三四〇年代的血緣關係〉一文，附錄於《葉維廉詩選》〔北京：中國友誼出版社，一九九三年〕），在美國且長期採用集中的作品爲教材（見其〈序言〉），則葉氏傾注在本集的心力及誠意可以想見。葉維廉在集前並冠以"Modernism in a cross-cultural Context"和"Language Strategies and Historical Relevance in the Poetry of 1930-1950"兩篇專論，對這時期的詩作在新文學發展史上的傳承意義、語言及美學上的突破、以及今天文學研究者析讀此時間作品時所應考慮的理論取向等等問題，提供了相當獨到的見解。此外，還附有梁秉鈞另一篇名爲"Literary Modernity in Chinese Poetry"的論文，比較集中地討論現代主義與新詩發展的互動關係，極具參考價值。梁文爲其一九八四年提交加州大學的博士論文 Aesthetics of Opposition: A study of the Modernist Generation of Chinese Poets, 1936-1949的其中一章，梁氏的博士論文如能早日整理出版，則當可爲我們提供有關這段詩史更詳盡的論述。北美中國現代詩的研究尚待開拓，而葉維廉的諸種著譯該有導夫先路之功。

——錄自《當代》一〇二期，一九九四年十月，頁七二—七七。

詩之邊緣

洛　夫

詩人寫的散文，通常不外乎兩種風格，或者說兩種不同的語言，一種是一般習見的散文，語言清晰，敍事暢曉，一種是詩的散文，其語言特徵在於以意象代替敍述，除了在整個結構上仍是知性的，仍遵循邏輯的句法形成一種架構外，往往還大量運用暗喻和象徵的技巧。然而，當我們讀葉維廉的散文時卻很難以這兩種風格或語言來界定他的文體，因爲他在散文中分別運用了這兩種不同的語言。換言之，他散文的特性是文中有詩、詩中有文，在精神上，二者合一，在語言上，其功能又各自不同。這種情況猶如中國國畫中的題詩，就藝術的整體性而言，詩與畫融爲一體，但如果把題詩拿掉，仍不失爲一幅完整的畫，這可說是中國藝術一項神奇的特性。

其實，葉維廉很早就具有追求這種連體式的綜合藝術的傾向。記得十幾年前他即與李泰祥等人在臺北中山堂舉辦過一次詩、音樂、舞蹈等綜合藝術的演出，當時這一演出可說是臺灣文學和藝術界的一項創舉，在現代藝術新奇感的刺激下，觀衆反應極爲熱烈。但事後我們冷靜分析，發現這是一種爲成全整體而必須犧牲個體的藝術，其中的音樂與舞蹈由於訴諸聽覺與視覺，而能產生直接迅速的效果，且兩者本身具有強烈的排他性，故在演出時仍能保持各自的獨立性，但詩則不然，因爲詩必須透過語言來表現，在觀衆的反應上就慢了一步。因此在這演出中，葉維廉的詩，其個性與生命完全被音樂與舞蹈所消滅。這或許就是這種綜合藝術僅止於實驗，而無法繼續發展的原因。

不同媒體的藝術既然在一綜合的形式中會產生相尅的反效果，但同一性質的媒體——如詩與散文的語言——是否可以同時呈現呢？這在葉維廉來說，答案是肯定的，他的文學連體嬰《萬里風煙》，就是一個相當成功的實例。這是一種詩與散文並置而不悖的新形式，不論在詩壇上，或散文圈內，他這種形式都是獨一無二的。

就內容而言，《萬里風煙》中除了第三輯「兒時追憶」，和第四輯「思懷」之外，其餘約佔三分之二的篇幅，都是作者近年來旅遊中外名勝古蹟，尋幽探勝的遊記，而這些篇章全都出之以前述的那種詩與散文交互呈現的連體形式，其中〈古都的殘面〉、〈巴黎啊，你將走向何方？〉、〈卡斯提爾的西班牙〉、〈飄浮著花園的城市〉等諸篇，詩的比重尤大，幾有喧賓奪主之勢。讀這本《萬里風煙》中的文章時，有時竟會生出一種異樣的感覺，這就是說，讀這些散文彷彿像讀詩，而讀其中的詩時，卻又像在看畫——一幅幅的中國潑墨山水，如〈千岩萬壑路不定〉一文中最後一段中的詩句：

> 夾道宛轉
> 累累粉紅水蜜桃數里松風相邀

山開溪露
樹斷成橋
涉裳水中武陵
拂袖星裏夢境
四五茅亭
清茶靜坐好逍遙
山菜野禽
沖雲長瀑月來照

大體而言，葉維廉的文學理論、詩、和散文，三者都有相互貫通的脈絡。也許可以這麼說，他的詩與散文實際上是他理論的兩個面貌，這兩個面貌縱然各具特色，但內在的生命與氣韻則是一致的。

葉維廉的文學中心觀念是「去知存眞」，也正是道家一脈相承的美學傳統。老子說：「吾所以有大患者，爲吾有身。」此身不僅是一具穿衣吃飯的皮囊，是一有形的欄柵，柵住了我們那顆活潑自在的心，同時也暗指我們那無形的意念與慾望。不論是有形或無形的，此一欄柵多爲後天的人爲因素（知性的過度擴張）所造成，當我們面對自然時，這些人爲因素便顯得極爲脆弱，虛僞，微不足道。是以葉維廉的藝術創作觀特別重視「返璞歸眞」，重視「原始經驗」的再現。同時他鑒於我們的日常語言，遠比我們的實際經驗來得單純而有限，無法眞實而完整地表現出世界的原貌，故他主張詩人應學習中國古典詩中那種不言而喻的表現方法，盡量排除那些分析性和演繹性的形式邏輯關係（包括詩中的人稱、連結詞、時態等），俾得以保存事物與經驗的純粹性（有關葉氏理論可參閱他的近著《飲之太和》）。

葉維廉可說是一位相當執拗的自然主義者，他毫不保留地把他的文學觀貫徹於他的詩與散文中。關於這一點，我們可從他的一篇形同散文詩的短文〈四四方方的生活曲曲折折的自然〉中窺其端倪。他在這篇文章中指出了「心爲形役」的困境，他表示：人爲了求解脫，希望「走出箱子一樣的房間，脫下箱子一樣的鞋子，拆下繩索一般的領帶，鬆開繩索一般的髮夾，把身體從一個無形的罐頭裏抽出來……」。這是第一層的形而下的掙扎，似乎人人可爲，但我們走出房間之後，身體仍是一個箱子，脫了鞋子之後，腳仍然那麼笨重，領帶拿下之後，脖子仍然那麼僵硬，「因爲我們的心靈也是一個方方正正的箱子」。我們如何能拆散這個方方正正的心靈的箱子，以求得第二層形而上的掙脫呢？

葉維廉認爲，唯一紓解之道是學習自然，投身自然，而他心中的自然，實際上就是一活潑美好的生命：

河流不方不正，隨物賦形，曲得美，彎得絕，曲曲折折，直是一種舞蹈。

……………

樹枝長長短短，或倒吊成鈎，或繞石成抱，樹樹相異，季季爭奇，其爲物也多姿。

風，翻轉騰躍，遇水水則興波，遇柳柳則盪迎，遇草草則微動，遲松松則長嘯。

雲飛天動星移月轉，或象或兔或鳥或羊或耳目或手足或高舉如泉或翻滾如浪或四散如花如棋。

則山，則笨重的山啊也是「凝固了的波浪」

著著都是舞躍，無數的曲線，緩急動靜起伏高低，莫不自然。

這是一篇闡揚道家思想，近乎自然主義宣言的文章，在旨趣上，與我多年前所寫的一首詩〈裸奔〉頗有不謀而合之處。〈裸奔〉是寫一個人由如何形成，到如何次第捨棄有形的衣飾、肌膚、骨肉和無形的情慾、意念、精神，而終於把自己「提升爲一種可長可短可剛可柔或雲或霧亦隱亦顯似有似無亦虛亦實之赤裸」的過程。我與葉維廉所追求的都是一種絕對的、極終的解脫，所不同的是最後葉維廉爲勞勞人生提供了一個方向——皈依自然，而我只在這首詩的結尾提出一個暗示：

他狂奔

向一片洶湧而來的鐘聲……

在此處，鐘聲就是一種警惕，一個呼喚，一聲促使徹悟的棒喝。這是詩的手法，也是禪的機鋒，而葉維廉在〈四四方方的生活曲曲折折的自然〉一文中所運用的則是散文的手法，表達的則是道的信念。

《萬里風煙》這本散文集中主要部分雖屬遊記，卻又不是一般報導式的紀遊文學，宜乎稱之爲一種精神的、文化的，和歷史的導遊，其中的境界，正如他在〈卡斯提爾的西班牙〉

一文中寫他在西班牙邊境乘火車穿越一片空無的褐色平原時所產生的心境一樣：「這確是一種奇異的空靈，一種時間、歷史、生命的激盪……。」事實上他的散文，也正是他把個人生命整體投入大自然後所激起的波浪，有時是漣漪微漾，有時又是波濤壯闊，更多的是水波平靜後在陽光下呈現的一片瀲灩，讀後所激起的反應無不是對自然的驚喜與崇敬。例如在〈千岩萬壑路不定〉一文中他寫道：

> 千岩萬壑路不定，峯迷峯現，如一頁頁的綠浪百步九折的翻轉，雲無心而飄過，染峯翠而著青，竟也澹澹欲滴。突然，彷似天開而列缺，妻說：你看！好比霹靂崩摧，眼前現出難以想像的岩石的一道夾縫！上無以極目，下無以見底，好狹長筆直的裂口，乾淨俐落，後面陽光晶亮，另有山水另有天，清澈易見。

葉維廉的散文筆法偶爾帶有蘇東坡的韻味，但對自然的描寫則不僅限於外在的景觀，卻是向廣袤而律動的自然景色，茫茫的宇宙洪荒，以及由歷史與文化交織成的異國精神層面，撒下一片感覺的網。他以心靈去感應這些豐富，而不用頭腦去探索這些繁複，或分析評價這些歷史與文化在時間遞嬗中所發生的變異。顯然，他藉著詩與散文的連體形式，透露出自然中某些永恒的信息。但有趣的是，在同一篇文章中，有時當他覺得寫散文比較得心應手，便利用散文形式，有時當他覺得散文語言在表達上力有不勝時，便利用詩的意象，把對景物的感受具體而鮮活地呈現在讀者眼前，譬如〈古都殘面〉中的第四節：「麋鹿和孩童的奈良」，全部就是以詩的形式來表現。

葉維廉的詩，在幅度上通常都很長，句子的展開如簷滴，如扇面，如濺射的水花，如一匹蒼茫的夜色，如鬱鬱勃勃的森林，而不可多見的是三五句的精緻小品，倒是在〈古都的殘面〉這篇文章中，竟然出現一首暗示性強烈，卻不為作者本人承認的小詩：

啊
才到了唇邊
便已成岩石

每一塊黑岩啊
都是一聲叫喊

這是作者遊日本信州高原，途中訪問「鬼押出し園」所見一大片火山爆發後的黑岩時，信手拈來的詩句。據作者說：原來一百年前，這片黑岩下面是一個百多戶人家的村莊，在火山爆發的一夜之間，村民全部被活埋在岩石之下。他得悉這段悲劇歷史，內心在一陣驚懼下頓時浮現出這兩段詩句。作者認為這是一首不完整的詩，我倒覺得這五行已足以表現他當時驚呼無聲而耳旁彷彿又響起一群亡魂在嘶喊的那種迷惑心境，著墨不多，但含義卻很豐富。

——錄自洛夫：《詩的邊緣》，臺北：漢光文化公司，一九八六年八月，頁一五八——一六四。後收錄於葉維廉：《山水的約定》附錄三，臺北：東大圖書公司，一九九四年五月。

「遊記」‧「歐洲」

——評葉維廉的《歐羅巴的蘆笛》

王德威

書名：歐羅巴的蘆笛
作者：葉維廉
出版：東大圖書公司，一九八七年四月

《歐羅巴的蘆笛》是葉維廉歐遊的散文與詩合集。除〈卡斯提爾的西班牙〉一文外，全書大抵根據葉氏一九八四年夏旅歐所聞所思而成。其行腳由德入法，再跨海赴英，繼之以法南地中海勝景，而至義、奧，終於匈牙利。歐洲菁華，可謂半卒於斯。葉氏擅詩，兼治比較文學；以詩人兼學者之心壯遊歐陸，或徜徉山水，或尋訪古蹟，或自抒塊壘，發爲文章，果然各成天地，引人深思。在本文的篇幅內，筆者不擬對各篇文字所述之風景人物，重作介紹，但求從大處著眼，討論《歐》書在文類及主題上所可能展現的話題，並由此揣摩葉氏所努力的方向。「遊記」、「歐洲」正是掩映於這本新歐洲遊記下的兩大關目。

在中西文類傳統裏，遊記固屬「小道」，但數其淵源，亦是其來有自。從柳宗元到徐霞客，從馬可波羅到拜倫，不過是信手拈來的例子。遊記所內蘊的種種文學理論問題，包括了作者觀點、造型的創作，「異鄉」情調、行程的描摹，準認識論式的風土史料報導，乃至意識形態的牽引，過於繁雜，不能在此詳論。但自較明確的文學史情境來看，則《歐羅巴的蘆笛》不啻代表現代中國散文「歐洲紀遊」項下的又一新猷。五四以來知識分子心繫歐洲的情結是不難瞭解的。作爲「西方」文明的基地，「現代」政經文教模式的先驅，「歐洲」不只是一地理名辭，也暗涵了文化及理念上的新價值觀。早在留美滯美風潮之前，赴歐遊學考察已是一代中國新青年課表上少不了的花絮。徐志摩、朱自清去過，巴金、周恩來也去過。他們在文藝或政治上的「歐洲經驗」將成爲日後的傳奇，雖然在同時另有數萬華工曾在後援歐戰的名義下，默默的「西遊」，而後又默默的歸來或老死異鄉。

對葉維廉輩的學者文人而言，歐遊的意義顯已由「取經」（如梁啓超的《歐遊心影錄》）轉而成爲「還願」。數十年文字圖像頌之記之的結果，不論是巴黎羅馬，或是萊茵多瑙，實已深植現代中國讀者作者的想像中。尤其葉氏浸潤西洋學術多年，「歐洲」種種更可謂似遠實近，早成其生活修養的一部分。「歐洲」的魅力依舊，只是在葉的筆下，一種印證的、反省的歷史觀照已儼然可見，與他所極力著墨的「靈犀互通」式美感經驗相互僵持。如何衡量取捨不同的「歐洲」印象，往往成爲全書的張力所在。

我們且先以一本早期的歐遊作品爲例，來參看葉著的特點。在朱自清的《歐遊雜記》（一九三四）中，作者對歐洲城市勝蹟的描寫，僅可以「粗略」一語蓋之。這並不意味朱心存敷衍。相反的，他必曾努力累積可供讀者臥遊的資料；即使錄自指南，亦聊勝於無。於是萊茵的傳奇、威尼斯的典故、巴黎的街景，一一付諸劄記。世故的讀者或不免爲朱的倉皇行程及疏漏而莞爾。但奇怪的是，在拮据的翻譯地名中，在模糊的風景意象間，該書竟能透露一種異國情調，影影綽綽，卻使人心嚮往之。遊記之異趣，或可若是？然而《歐遊雜記》式的文字可一而不可再。多少朱的後續者仍抱著逛大觀園的心情速寫歐洲，實僅徒落人云亦云之譏。

比起半個多世紀前的《歐遊雜記》，《歐羅巴的蘆笛》眞可謂是大異其趣。當年輾轉歐陸城鎮，忙不迭記錄彼邦文化一鱗半爪的中國文人，如今已換爲客居「新」大陸的學者。歐洲的山水文物不再是全新的異域奇觀，而先已淬鍊爲胸中丘壑的基石。我們閱《歐羅巴的蘆笛》不難爲葉氏的文學歷史知識所傾倒。反値得注意的是，葉氏之遊是闔府同樂，是駕著自租的小轎車馳騁於各國的高速公路上。憑弔古蹟也好，探訪林泉也好，葉總能如數家珍般盡傾眼前的詩情畫意。在僕僕風塵的行色外，因別存一種顧盼怡然的自信與世故，這正是求之朱著《歐遊雜記》而不可得的特徵。

意識到一般遊記的窠臼不易突破，葉顯然好生利用了一己之所長：一爲學識，一爲詩才。半數以上的文字讀來恰似散文詩。像〈讓景色擁有我們〉活脫是遙擬印象派繪畫的光影筆意，試以文字捕捉法國洛蘭平原的悸動色彩。像寫巴黎與塞納河兩岸的風貌，葉延伸「河」的意象，使全文成爲對文明文化源起的沉思禮讚。散文盡處，更以詩歌代之。〈巴黎地下火車的一日〉依稀有龐德的影子，而感喟各自不同；康橋過渡，〈讓他撐船吧，我們好重新歷驗志摩的夢〉，追念使徐志摩「由經濟學家突變而爲詩人的草地」，輕吟淺唱，一掃〈再別康橋〉的「傷涕夢啼」。但正因由葉矜持自省的風格，那曾迷煞五四詩人的「康橋」或「歐洲」，或已成一去不返的傳說。

葉對歐洲文學藝術的熟稔，亦使他在行踪之下，另外營造了文學之旅。萊茵的古堡不只讓人一開眼界，也引伸出歌德、賀德齡、雨果、拜倫、叔本華等「前輩」的文學隨想。塞納河畔的漫步，海明威、喬伊思、史坦兒、龐德、戈底葉、波特萊爾的影子，似相左右。當然最引人注目的是〈讓我們隨著詩的激盪到英國〉。自初見多華海峽起，葉的文筆即纏繞實景與詩歌之間，彷彿魂縈舊夢，依稀眼前。從安諾德到蘇子美，從古詩十九首到莎士比亞，更不提喬叟、霍金斯、濟慈等人。「書本上的認識，詩人的句子，他們所記的意象、活動、事件，忽然完全具體化了。」如若搬弄理論，葉的英倫之遊正是文義相互指涉（intertextual）的佳例，但筆者毋寧相信，葉更別有所寄：在文學吟誦中所喚生的美感經驗，雖隱然肯定了歷史的存與逝，但也反芻了時空的界限，投射一亦虛亦實、物我相照的境界。

這一觀點可說巧妙的內蘊於《歐》書的敍述結構之中。本書正中〈卡斯提爾的西班牙〉其實是按照作者七二年的詩與筆記補成的。時光轉換的痕跡可以得見。當時「五歲的灼」一晃已成青年，而葉所拜望的西班牙大詩人浩海．歸岸（Jorge Guillen）也已逐波而去。但葉仍將西班牙一章穿插於原不相屬的旅程中，乃使《歐羅巴的蘆笛》另外衍生敍事的秩序。咫尺天涯、得失寸心，《歐》書所錄畢竟是詩人的心路歷程，純屬「文學」的遊記！葉氏卡斯提爾〈空靈的褐原〉之旅應是全書的高潮，但這趟行旅實是「凴／虛／御／風」，在時序以外，山色有無間的追認。然而也就是這四顧蒼茫的褐原牽動了葉氏最深刻的生命感觸。他所賴以回應古老歐洲大陸的，竟是蘇子的千古感嘆：「自其變者而觀之，則天地不能以一瞬；自其不變者而觀之，則物與我皆無盡也。」葉維廉的歐洲經驗因此反映了他互照互省的比較文學觀。但如前述，這一美感觀念不是弭除歷史包袱的空無境界，而是持續參照「不同」的歷史因緣而臻至融貫的理想。葉代之嚮往東西美感交匯的可能，已迹近現象學式的靈光初透。像描寫古城提里爾，他寫道：「我們沒有留下什麼，也沒有帶走什麼。但如水銀燈的一閃，那些在燈光下亮起的事物，將永遠留在我們的記憶的底片裏。在適當的時刻裏，擦一根火柴，亮一盞燈，我們又可以重新看見。」而另一方面，葉氏顯然有心反省歷史去來的軌跡，俾免簡化了感知外物的範疇。葉引蘇東坡對天地「變」與「不變」的對照條件式感懷，也許差堪說明他個人的寄託，兩者是原須相剋相生的。

然而筆者不能無惑的是，葉的遊蹤與遊記究竟是在繼續湧現的歷史中完成。物我參詳、今古融通的目標豈眞能無窒無礙的展開？葉不時的在中西文學情境裏表達感受：西班牙農民與艾青筆下的中國人民；〈最晚的晚餐〉與李白的詩句，「屈平詞賦懸日月／楚王台榭空山丘」；莎翁商籟與古詩十九首，都是佳例。但他是否仍得應對「西方主義」的誘惑呢？

相對於薩伊（Said）的「東方主義」（Orientalism）一語，西方主義（Occidentalism）源

於筆者的杜撰。但正如薩氏指陳西方文學史料中種種對「東方」想當然耳的迷思，葉氏的遊記多少也反省（或反映！）了我們對「歐洲」約定俗成的觀念。他的行程到底是沿著傳統歐洲的風景線前進。他陳述了萊茵古堡及英倫王室之後的血腥歷史，但卻毫不遲疑的把法國原野放在「印象派」大師的視景下觀賞。拜訪了歐化的詩人徐志摩所流連的康橋，我們鮮記得小說家老舍、散文家蕭乾曾任教的倫敦大學亞非學院。「藍色」多瑙河的神話是消失了，但還有多少「歐洲」的符號左右我們對她的印象呢？如葉所記，一群羈留海外的中國人，在米蘭八月的星空下，聽著半懂不懂的義大利文歌劇，而戲碼竟是「中國風」的《杜蘭多公主》！東方西方，這其間千迴百轉的歷史文化政治轇轕與嘲弄；居然在〈古堡夜聽杜蘭多〉一節中洩露無遺。筆者論「西方主義」並無貶意，亦暫不涉及薩伊「東方主義」所揭櫫的「權力」讓渡問題，但卻願就此回顧歷史影響與印象美感交流中，種種不由人意的齟齬，兼誌半個世紀以來我們所承自「歐洲」的龐大文化財產。

據此，《歐羅巴的蘆笛》不只是單純的歐遊心影錄，也間接暗示了現代中國文學有關東西方印象及經驗的又一場對話。

——錄自王德威：《閱讀當代小說》，臺北，遠流出版社，一九九一年九月，頁二六七—二七四。

原刊於《文訊》三三期，一九八七年十二月。

鄉愁的歸宿

——評葉維廉的《一個中國的海》

王德威

書名：一個中國的海

作者：葉維廉

出版：東大圖書公司，一九八七年七月

葉維廉教授向以詩及藝文評論見知文壇，相形之下，他的散文則較不爲讀者注意。事實上葉以詩人之筆談情說理，往往靈機自抒，別成一格。《一個中國的海》恰可爲一佳例。這本選集蒐錄了葉氏八〇年代前後的作品二十七篇，分爲五輯。其中部分作品文字的佳妙處，已由王文興教授以「散文詩」一詞延伸討論（見「附錄」），毋需在此贅述。我所關懷的是綿延書內的鄉愁主題。這篇短評希望描述葉如何處理這一主題，行有餘力，則求「借題發揮」，探討鄉愁情結與鄉愁寫作間的應對關係。

我所謂的鄉愁須從寬定義。鄉愁不只代表一種寫作的內容，更是一種寫作的姿態。在是類文字中，作者或緬懷故里風物，或追念童年往事，或憮思故舊親朋；隱於其下的，則是時移事往的感傷，近鄉情怯的尷尬，以及一種盛年不再的隱憂。時空的移轉是構成鄉愁情懷的要素。今昔的對比，新舊的衝突，在在體現了時間銷磨的力量；另一方面，情牽萬里、夢斷關山，己身的飄零放逐也引生了空間的懸宕感觸。然而在回顧文學史上浩浩蕩蕩的鄉愁式作品時，我們也不禁得莞爾承認，鄉愁自有其寫作的傳統與方式，也預期讀者應有的情緒反應。作者所思念的人或事早已渺然難尋，思念人事的作者（及作品）反而成爲我們注意的目標。究其極，鄉愁的歸宿不再是那去而不返的故人故里，而實在是敷衍這一切的回憶想像，以及其發皇於外的文字符號。

以這樣的觀點來讀《一個中國的海》，我們乃能自葉維廉的散文另尋一層意義。試看書內五個專輯的標題，〈臺北與我〉、〈鄉情的追逐〉、〈美國東行記事〉、〈故鄉事〉、〈懷念〉，葉的念舊思鄉姿態，已可思過半矣。首輯以〈我那漸被遺忘了的臺北〉破題，細述「當年」初履斯地的興奮與惶惑，「當年」的克難生活、純美戀情，「當年」的詩酒酬酢、笑語喧聲，無不令人動容。只是一切的人事風華於今俱往矣，作者本人也早成異鄉異客。我們只能借助回憶，「進入時間的甬道，重溫一切美的形式吧」。葉的回憶之網，持續延伸。或存或歿的老友，風雲一度的「現代文學」，均紛紛再現字裏行間，見證往日情懷。然而回憶是一種永難饜足的欲望，也是一件無從了結的「創作」。因緣而起的幻象，何能填充原鄉情切者的永恆空虛？於是葉維廉不得不感嘆「時間無情的破毀」了。

《一個中國的海》第二輯蒐錄作者徜徉南臺灣的種種印象。當臺北已經淪爲現代文化的都會，南方的漁港農村、晨光夕影仍能依稀喚起作者的「鄉情」。一反第一輯平舖直述的格調，此輯各文詩意漸盛，佳句疊出。王文興教授所讚的散文詩作，或詩化散文，盡現於此。果眞「鄉」的召喚，是如此眞切自然，使葉的文風因丕然而變？反諷的是，第二輯以〈境會物遊與愛〉作結，其中作者明白指出臺灣其實不是他的第一，而是第二（甚或第三）故鄉。好一個「權把他鄉作彼鄉」！葉對臺灣的一往情深，固然來自他對斯人斯土的「愛與關懷」，但我仍要說從鄉愁傳統而言，他的文字已暗暗自我暴露原鄉想像的位移（廣東—香港—臺灣）與置換（第「二」故鄉）。他果眞能在臺灣（南部？）重拾鄉夢嗎？他果眞能在「懷鄉」與「放逐」的異鄉文學題材外，「抓住我心中的根，抓住屬於我的境與物」麼？南臺灣的美景是否仍是一個中介的幻影，指向又一場追逐鄉情的文字／想像遊戲呢？

由是觀之，《一個中國的海》第三輯的美東行腳，與第四輯的長安古都之行，竟與作者的南臺灣與五〇年代的臺北，形成一條相生相剋的原鄉幻影鎖鍊。每一個地點都羈留了悵惘與懷念，每一處居停都許諾了期望與等待。這裏的弔詭當然是，儘管明知往事不堪回首，像葉般的作者卻沉湎於一再探本溯源的企圖，以及隨之而來的失望。他們的作品因此形成一自閉及自足的循環，喃喃重複著那已失的過去。不僅此也，到底「過去」是怎麼回事已無關宏旨，那重複敍述的本身才是我們傾聽思索的對象。盛唐的長安也罷，普林斯頓的校園也罷，五〇年代的臺北也罷，都是成就葉本人驀然回首的場景罷了。而我們也從他寫作的姿態，而未必是寫作的題材，「暫時」一圓我們自己無所寄託的鄉情。

鄉愁不只顯現於對故里事物與情境的懷念，也驗證於對故人的追思。《一》書第五輯盡爲悼亡之作。作者摯愛的母親、岳父、西班牙鴻儒浩海·歸岸、美學家朱光潛、以及名學者吳魯芹等，都在時間無盡流逝的過程中，先行而去。葉對故者的蒼茫敬謹之情，於各文中表露無遺。尤值得注意的是，他將悼母文字，列於輯首，標題是〈母親！你是中國最根深的力量〉。「母親」與「中國」儼然代表作者生命最神聖的意義象徵，也是啓動他鄉愁文字的基本媒介。全文情深意切，固不待言，但作者所最亟於說明的，竟是「滿胸話語，說也說不盡，不管我如何說啊，都會把你的形象減少。我的文字無法表達你偉大的沉默中所含孕的生命的深度，和中國的滿溢著我胸膛的歷史。」「母親」、「中國」、「故鄉」的魅力，豈非因位於文字所注成的《一個中國的海》之彼岸，使我們無從回歸、表達於萬一？我們所能說能寫的，只有我們說不盡寫不完的遺憾——我們永遠的鄉愁。

《一個中國的海》之所以值得注意，因此不僅祇於葉維廉澎湃的文采以及誠懇的個人經驗告白，它也爲文學寫作中「一」種文字與題材間的弔詭現象，提供了精彩的實例。而我們若因應書中對往事故人的悵惘，對時間劫毀的憂慮，再思葉教授文學理論常強調之情境交會、物我相忘等超越觀點，更可體會其中曲折的對話關係。

——錄自王德威：《閱讀當代小說》，臺北，遠流出版社，一九九一年九月，頁二七九—二八三。

原刊於《中央日報》一九八九年七月十四日十六版。

秩序如何生長？

——評葉維廉《秩序的生長》

陳芳明

《秩序的生長》（臺北，志文，新潮叢書之六，六十年）是詩人葉維廉最近出版的一本文學論集。此書的詩觀，無疑是當今西化派詩人的重要理論根據。倡導超現實主義的洛夫，及其擁護者如張默、碧果等，都曾顯著地接受葉維廉詩論的指導；雖然葉維廉的理論已經被洛夫等人做相當程度的曲解和轉化，但葉維廉對他們所產生的影響，則是毫無疑問的。近來，批評界對超現實主義逐漸展開知性的批判，卻對超現實主義背後的有力影響者幾乎忽視了。

如果仔細觀察的話，便可發現洛夫早期對詩的純粹性的瞭解，完全是接受西方理論的灌輸；在近期他則以葉維廉提倡的「純粹經驗」來取代了。姑不論洛夫對「純粹經驗」是否一知半解，不過，這項事實卻證明葉維廉的理論，已經對超現實主義者起了相當大的作用；或者更確切的說，葉維廉多年來提倡的「純粹經驗」，已經爲超現實主義者注入一股有力的興奮劑。過去標榜超現實主義的詩人，已開始諱言超現實主義了，他們或自稱是「廣義的超現實主義者」（如洛夫、張默），或附會中國傳統文學已有超現實主義（如周鼎），而他們最大的飾詞，則是利用「純粹經驗」來掩護。對他們而言，當他們談到「純粹經驗」時，事實上就是指超現實主義了，雖然洛夫原來提倡的超現實主義，與葉維廉提倡的「純粹經驗」有很大的出入。

至此我們可以瞭解，葉維廉和超現實主義者之間的關係，葉維廉自始至終都是特立獨行的，很少受到超現實派的影響。相反的，超現實主義者則努力發揚葉維廉的理論，並襲取他養分。所以，葉維廉的詩論是値得探討的，近年來的批評似乎都側重他的創作方面，對於他的理論很少觸及。筆者願就《秩序的生長》一書，來討論他的詩觀，以追溯他的思想痕跡。

《秩序的生長》收錄了他十餘年來的重要論文，從這本書可以看出他早期和近期詩觀的轉變，也可看出他對中國新詩境界的影響。此書共分三部，第一部謂之「開始時，追索與試探」，是他在師大研究所時期所撰寫的論文，性質很雜，包括中國現代詩的批評，艾略特的研究，及田納西．威廉斯戲劇方法的探討；第二部謂之「或許是距離的關係」，思考較爲周密，是他在留學時期寫成的論文；第三部謂之「漏網之魚：維廉詩話」，大約是他在創作的過程中，留下來的一些思想的片斷。本文所討論的範圍，僅就有關中國現代詩的論評拿出來檢討。

一

此書的第一部份有兩篇重要的文章，即：〈論現階段中國現代詩〉，與〈詩的再認〉。

前篇寫成於民國四十八年，正是中國現代詩步入高潮的時候，現在看來，非常富有史料的價值；後篇成於民國五十年，後來成爲《七十年代詩選》的序文，可以代表當時某些詩人的共同看法。

〈論現階段中國現代詩〉一文，對民國四十八年前後的詩壇有一概括性的析論。他指出當時的現代詩人，一方面反抗中國的傳統，破壞固有的形式，一方面接受歐美現代主義的各種實驗和運動，其間包括現象說、立體主義、意象派、表現主義、達達主義、存在主義等等。由於現代詩人對西方的各種主義作毫無選擇的繼承，乃形成一種混亂而複雜的運動，他分析現代詩人的基本精神有四：

一、現代主義以「情意我」世界爲中心。

二、現代詩的普遍歌調是「孤獨」或「遁世」。（以內在世界取代外在現實）

三、現代詩人並且有使「自我存在」的意識。

四、現代詩人在文字上是具有「破壞性」和「實驗性」兩面的。

這段簡單的分析，可以說非常客觀，而且也很準確。由此可以發現，當時的現代詩人在思想上是相當貧乏的，現代主義之引進中國，並非始於臺灣的現代詩人，在大陸淪陷以前，已有部份詩人展開這方面的工作。不過，對當時的新詩界並未產生多大的影響。葉維廉認爲臺灣的詩人之所以重新接受歐美現代主義，主要有二因：第一、是由於過去詩人的成就被封鎖於大陸，而從大陸流到海外及臺灣的書也甚貧乏；第二、已經成熟而往自由世界的詩人幾乎可以說沒有；要寫詩，則要從頭做起（頁一五一一六）。這種情形可以說是臺灣新詩發展史上的不幸，由於政治的因素，乃迫使詩人和三十年代的文學隔絕，而向西方的各種主義吸收養分。顯然，葉維廉的說法大致上已取得一般詩人的同意，歷來的評論家也往往以此觀點做爲臺灣現代詩人爲什麼要西化的理由。

事實上，葉維廉和一般的評論家一樣，都只看到事實的一面而已，對於現代詩人爲什麼要反抗傳統，則避重就輕忽略過去了。「反傳統」、「破壞傳統」可以說是文學史上的一大課題，一位創作者在反抗傳統之先，必定是認清了傳統面目，辨別傳統的優劣，同時，本身在思想上已建立了一套新的秩序，足以引導文學的方向，然後才有破壞傳統可言。從葉維廉的文中，並不能看出他筆下的「傳統」究竟是指什麼？這也是西化派詩人的共通弊病，他們在西方的文學主義衝激之下，「反傳統」已成爲一句口號，認爲這是當然的事實，一般說來，反傳統的詩人並不知道什麼是傳統，他們打起反傳統的旗幟，原是一項盲目的舉動。到目前爲止，還未曾看見有那位反傳統的詩人，冷靜下來分析傳統的得失，或者有意去探討傳統的內容。如果有人能用心指出傳統的缺失，並且提出自己的新觀點，也許對讀者還有一番說服力，問題是，大部份反傳統的詩人對於中國傳統文化的認識還是一片茫然，至少就當時的詩壇而言，部份西化派詩人還不能具體的檢討傳統的內容。讀者有興趣的話，可以參閱張默的〈現代詩爲什麼反傳統〉一文（收入氏著《現代詩的投影》，商務，五十六年），該文自始至終未能觸及傳統的核心，除了認爲反傳統是當然的事實之外，並沒有提出反抗傳統的原因及理由。

現代主義在臺灣的推展，究竟是功是過，目前已漸能窺其端倪。葉維廉在當時認爲，「現代主義的來臨中國是一種新的希望，因爲它很可能幫助我們思想界衝破幾是牢不可破的制度，而對世界加以重新認識，加以重新建立。」（頁十一）以現在的事實來印證的話，這段預言已有很大的偏差了。現代主義並沒有爲新詩界帶來新的希望，遑論思想界了；相反的，現代主義到了末流，竟挾帶許多弊病，而造成新詩界的混亂。因此，現代主義運動的推行是失敗的，其失敗的理由可以分成兩方面：

第一、就現代詩人的基本精神而言，前引的四項特質正好都構成了失敗的根源。由於現代主義以「自我」世界爲中心，使得詩人逐漸放棄對外界的觀察，亦即以內在世界來取代外在現實，這種傾向迫使詩人的心靈形成封閉的世界，他們所關心的只是自己的心理狀態，誤認現實必須要符合他們的心靈，而不知如何在內在世界與外在現實之間取得和諧。當他看到了自我，便以爲看到了宇宙；看到了幻象，誤以爲看到了現實。詩人一旦脫離他的經驗世界，乃不知不覺與他生存的社會脫節，他們提出「孤獨」與「遁世」的口號，正是最大的致命傷。詩人引進現代主義原是要重新建立秩序，爲舊有的社會開創新的道路，然而，他們日夜汲汲挖掘自我，他們的詩觀與社會越離越遠，卻忘記原來的使命，當初大量吮吸西方各種文學主義的目的究竟是爲了什麼？似乎沒有一位西化派詩人提出肯定的答案。

第二、就現代詩人的創作技巧而言，葉維廉認爲詩人在創作上有兩大發展，即實驗與感覺。西化派詩人創作的最大特色便是實驗，它意味著一種新的文學即將誕生。大錯的，新的文學形式之完成，並非一蹴可及的，必須依賴詩人多年的摸索與嘗試，然後才能尋出一條可靠的途徑，因此，在實驗階段所產生的作品不可視爲定論。但是，西化派詩人卻始終以爲實驗即在創新，創新即是成果，對於標新立異的形式，不惜長年經營，所謂「晦澀詩」與「僞現代詩」乃無可避免追隨而來。同時，西化派詩人「從感覺出發」，誤認「感覺即詩」，因而許多純屬個人的偶發經驗乃大量出現在詩中，從一滴汁可以引發人類的苦難，從一滴血可以引來世界的悲劇，詩的氣勢壯則壯矣，詩的主題卻言人人殊。這兩種技巧正是創作的危機，葉維廉在當時已指出它的弊端（頁二二二）。可惜的是，他的忠告並未被西化派詩人接受，直到今日，西化派詩刊仍以刊載實驗詩爲樂事，這種把手段誤爲目的的後果，葉維廉在當時已預見其危機，但是它的嚴重性，恐怕葉維廉也未曾預料到吧。葉維廉說：「破壞文法而求取一種特別效果在詩的國度是一種特權，但在破壞中，我們應注意到不要傷害語言本身，照艾略特的意思：詩負有提高語言的使命。中國現代詩人對這方面似乎也缺乏努力。」（頁二二三）這段話的語氣是相當的委婉的，西化派詩人卻把它當做一種鼓勵，大肆傷害語言固有的特性，以致成了尾大不掉之勢。

以上兩個理由，足以說明現代主義失敗的根由。葉維廉認爲現代主義的來臨，是「處於一個非常有希望的階段」，認爲「中國詩可能很快跨進一個新的偉大的時代」（頁二二三）。如果冷靜檢討的話，葉維廉的這段預言應是很客觀的，只是許多西化派詩人誤解了他的原意，乃使他的預言有了偏差。當時葉維廉假使能夠更進一步詳論現代主義的弊端，以達到諍諫的效果，或許臺灣現代詩的發展不會走得那樣偏。瞭解藥性的人，不指出它的惡果；不瞭解藥性的人，卻胡亂服用。臺灣的現代詩乃在現代主義的誤導之下，走上歧途。

〈詩的再認〉寫於民國五十年，五十六年成爲《七十年代詩選》的序文。這段時間正是西化派詩人大行其道的年代，因而這篇文章可以代表一些西化派詩人的觀點，葉維廉於五十八年爲這篇文章寫下後記說：「本文寫成之時，中國現代詩正在一種澎湃的激盪狀態，不宜舉例；但本文所論及諸點，其實都已在中國現代詩完成。」（頁一三一）足證此文對西化派詩人具有很大的影響作用。

〈詩的再認〉主要在探討詩的本質，由於原文非常難懂，筆者只能推敲其中之一二。第一節是探討詩的眞性，葉維廉謂之「意義之伏魔」，「伏魔」一詞很費解，他說：「如果說目前的詩人在寫詩時，讀者在欣賞時，完全是從某種局限的意義下出發，這將是太隨意的結論；但如果說大部份的詩人和讀者均在某種局限的定義之困纏中，則並未言過其實。」（頁一一七）他認爲詩不應只限於某種意義，因爲意義往往限制創作者的詩思，同時意義也很容易使讀者誤解詩。由此可以推測，葉維廉所謂「意義之伏魔」有三種意思，一是詩應是不含任何意義的，一是詩的意義應是無限的，一是詩中的意義要隱藏起來。如果這三種解釋是正確的，那麼，「意義之伏魔」一詞是說不通的；如果這三種解釋是錯誤的，則「意義之伏魔」更是毫無意義了。

葉維廉既認爲詩人不應在詩中追求固定的意義，所以他對傳統的「詩言志」一詞有特別的見解。他認爲後人對「詩言志」的誤解至深且鉅，後人以爲「志」即是指意志、決意、目的、志向，也因此以爲詩應是「載道」的，他認爲這種看法太狹窄了。葉維廉以字源學的觀點來分析「志」的原意，他說「志」是由「士」和「心」兩部份所構成的，而「心」應解釋爲「吾人意識感受活動之整體（全貌）」，準此，「志」就可解釋爲「吾人對世界事物所引起的心感反應之全體。」（頁一一八）葉維廉的這種解釋是獨斷的，他把「志」拆開，只分析「心」的內容，而忽略「士」的存在，完全不解釋「士」的意義，這種字源學恐難令人信服。

一位理論家爲了堅持自己的論點，不惜拆字，對自己做最有利的解釋，是不能獲得讀者首肯的。如果把「士」解釋爲知識份子，又何嘗不能把「志」解釋爲「知識份子對社會的關心」呢？葉維廉強調內在世界的重要，所以對「心感反應」就特別偏愛了。此文的出發點既有偏差，則全篇的理論基礎也不免使人懷疑。事實上，「詩言志」一詞的解釋，也不是像葉維廉所說的那樣狹窄，開明書局出版朱自清的《詩言志辨》一書（五十三年），已經有很詳細的立論與考證，讀者當可拿來參閱。葉維廉指責後人對「詩言志」的誤解：「由此可見，『載道』的詩人等於在藥片上加糖衣，『獵道』的讀者等於利用糖衣吞藥，自己蒙騙自己。」（頁一一八）從相對的立場來看，葉維廉推行現代主義不遺餘力，現代主義又何嘗不是一種「道」（如果「道」的解釋不那麼狹窄的話），則葉維廉的指責豈非針對自己？孔子說的「

毋意，毋必，毋固，毋我」，似乎也被葉維廉忽略了。

第二節是比較音樂、繪畫、文學的異同，此節的論點可以說是第一節的申論。他強調：「一首成熟的詩往往把『意義顯露性至爲明顯的敍述』去掉，而利用純粹意象的飛躍，或利用神秘主義的敍述語勢以期達到心象全貌的放射。」（頁一二三）這段話大致是正確的，問題是，要把詩中顯露的意義隱藏起來，是不是要利用神秘主義的敍述語勢，或利用純粹意象的飛躍？以余光中的長詩「敲打樂」爲例，整首詩的主題和意義都是隱伏的，這首成熟的作品所運用的意象既準確又落實，絲毫不沾神秘主義的色彩。一首詩的完成，並非一定要依賴某種固定的方法，成熟的詩人出手皆成詩，無需任何文學主義的幫助。

葉維廉主張把詩中的意義隱藏起來，事實上已被他的追隨者所曲解了，一些西化派詩人以爲「意義之伏魔」就是指詩不應追求任何意義。因此，他們所寫出來的詩往往以曖昧不清的姿態出現，主題含糊，意義不明，一旦受到質詢，卻又以「詩中含有無限意義」之語爲詞。另一些西化派詩人雖有意隱藏詩中的意義，然而，由於駕馭文字的能力還未成熟，或是創作技巧的笨拙，卻以一些意象不準確的語句來代替，結果常常造成「文不對題」的局面。

第三節是討論現代詩所表現的情境，他指出四種，即矛盾語法的情境、遠征的情境、旅行者或「世界之民」的情境，及孤獨的歌者。葉維廉指出的這四種傾向，正是日後西化派詩人所津津樂道的，凡是西化派詩人的作品都可歸入這四種型模。尤其是矛盾語法的追求，更是西化派作品中屢見不鮮的技巧，它往往把兩個「似眞且謬」的意象放在一起，而產生互爲暗示的相尅相生的作用。這種技巧的啓用，原可爲詩帶來新的力量，不過，到了濫用的程度以後，使每首詩只見矛盾的句法，不見全詩的力量，如「沒有飛翔的翅膀」、「沒有岸的河流」、「寂靜的巨響」、「雪在火中成長」……等等的句子，在西化派詩中俯拾即得，兩三句一小矛盾，四五句一大矛盾，果然把讀者逼進「矛盾的情境」裏。

葉維廉在這一節裏所討論的，最後都被超現實主義者一一吸收。例如矛盾語法的情境，洛夫便將之納爲中國現代詩的特性之一（見《中國現代文學大系》詩序，頁十七）。葉維廉指出現代詩「從混亂中找出秩序」，洛夫也跟著說：現代詩的特性是「從混沌中建立秩序」（同上，頁十七）。葉維廉在遠征的情境說：「……或美或醜或盡是荒謬。……均自成一種意義，一種象徵，一種神秘的經驗」，洛夫也跟著認爲「不論是迷惘或荒謬，都是富於積極意義的工作」（見《詩人之鏡》序，頁二）。葉維廉在旅行者或「世界之民」的情境說，詩人的掙扎是人類全命運及其自己命運的思索，洛夫也跟著強調「思考到整個人類面臨的命運」（同上，頁六）。

要之，〈詩的再認〉一文對西化派詩人的影響是至深且鉅的，雖然這篇文字晦澀難懂，但是最後還是爲西化派詩人肢解消化。西化派作品的風格之所以整齊劃一，主要是由於作品背後有一特定的理論在指導，只要把西化派詩人集合起來，每一位都是關心人類的，每一位都感到很孤獨，每一首詩都有矛盾的語法，動作整齊，步伐一致。這種影響力非常可觀，則葉維廉的詩論，對於中國現代詩的發展，究竟是功還是過呢？

二

此書的第二部份包括四篇文章，即〈自我萬變的秩序〉、〈現象·經驗·表現〉、〈中國現代詩的語言問題〉和〈視境與表現〉。〈自我萬變的秩序〉是批評莊喆的繪畫，〈現象·經驗·表現〉是討論當代中國小說的語言，此二文不擬予以討論。

〈中國現代詩語言問題〉是葉維廉在美國出版《英譯中國現代詩選》的諸言，這篇序的論點和過去的詩觀大致相同，只是對語言的討論更爲詳細、更爲周密。他指出，臺灣現代詩的語言已較早期的白話詩更爲豐富而複雜，詩中所表現的經驗也較爲深入，不像過去的白話詩那樣單純。他首先指中國舊詩的特性：第一、中國舊詩很少有跨句（enjambment），每一行的意義都是完整的。第二、大多數的舊詩沒有人稱代名詞如「你」如何「我」如何，能夠以個人的經驗，表達「無我」的境界。第三、舊詩能超脫時間的限制，極少採用「今天」、「明天」及「昨天」等特定的時間。白話詩雖然也能具備這些特點，但是詩人往往不自覺的又把人稱代名詞，時間的限制，以及跨句，再帶回詩中。他強調，一位詩人在創作時，應該像水銀燈的鏡頭一樣，抓住刹那的現象，而不宜在詩中大量運用分析性的字眼。

無疑的，葉維廉的觀點非常精闢，他找出舊詩和白話詩的不同點，同時也指出白話詩的缺陷，文中所舉劉大白和余光中的詩，確實也顯露了白話詩的弱點。不過，葉維廉主要在建立他的「純粹經驗」理論，他以爲舊詩的這些特性，正是要回到「純粹經驗」與「純粹情境」

裏(頁一六七)。根據他純粹經驗的理論,一首詩的完成應該是未受知性的污染,詩人和自然界溶合在一起,沒有特定的時空性,文字也幾乎沒有分析性的元氣。這種觀點,使現代詩的發展受到很大的限制,最大的致命傷便是限制創作只有一條路線。一位創作者在寫作之前,必先考慮到不受知性污染,作者不插身其間,不應用演繹的邏輯,不把事物限制於特定的時空,不用分析性的字眼,此五「不」主義足以戕害詩人的詩思。因爲,在葉維廉的觀念裏,唯「純粹經驗」才是詩,這種狹窄的詩觀正是西化派作品的流弊,到了末流,詩人以爲表現現象的混沌狀態即是不受知性污染,顚倒語言的特性即是不用演繹邏輯,主題脫離現實即是不受時空的限制。

其實,創作的技巧是多面的,不用誇句固能成詩,採用誇句也能成詩,詩可以不用人稱代名詞,即使用了「你」「我」的字眼也能成爲好詩;超越時空能表現美,落入特定的時空也同樣是一種美。以鄭愁予的詩爲例,他的作品大多是抒情的,詩中所用的誇句最多,人稱代名詞也用得最多,如他的「厝骨塔」最後一節:

窗外是熟習的掃葉老僧走過去
依舊是這三個樵夫也走過去了
啊,我的成了年的兒子竟是今日的遊客呢
他穿著染了色的我的舊軍衣,他指點著
與學科學的女友爭論一撮骨灰在夜間能燃燒多久

魂）在厝骨塔上，竟發覺自己的兒子也來了，最後一行很耐人尋味，究竟是感傷兒子的冷漠，還是作難解的自嘲呢？詩中的「依舊」是跨句，卻是詩中必須的跨句，省去它，都足以破壞整首詩的氣氛；而且這首詩是主觀的想像，「我」的成份很濃，仍不失爲一首好詩。鄭愁予的其他作品，如〈知風草〉、〈四月贈禮〉、〈裸的先知〉、〈編秋草〉……等等，一再採用跨句來寫詩，縱然如此，他的作品還是篇篇可讀，句句可吟，相信葉維廉對他的評價也不會太低吧。

這首詩非常富有宿命的味道，他以一位陣亡的軍人的眼光來觀察現實的社會。他（的靈

葉維廉以「純粹經驗」做爲立論的基礎，特別著重詩人觀察世界的出神的意識狀態（頁一七八），唯其如此，時間和空間的限制不再存在，亦即達到水銀燈的效果。他以鄭愁予和葉珊的詩爲例，指出他們「也將自己投入星、山、花的運行裏」（頁一八〇）：

隕石打在粗布的肩上
水聲傳自星子的舊鄉
而峰巒　蕾一樣地禁錮著花
在我們的跣足下
不能再前，前方是天涯

這是鄭愁予的〈壩上印象〉第二節，此詩主要在敘述登山的經過。詩中的星與花都是烏有的，因詩裏說得很清楚，爬山的時間是在早晨，「水聲傳自星子的舊鄉」只不過是形容水

聲從昨夜就一直傳過來，在早晨已見初陽，何嘗看到星子？同時，他以「蕾一樣地禁錮著花」來比喻腳底下的山巒，並沒有眞的花存在。葉維廉認爲鄭愁予把自己投入星、山、花的運行裏是錯誤的。而且，一個人爬山時，是不可能進入出神的意識狀態的，如果出神的話，恐怕要跌入極樂世界了，因此，詩中有「不能再西　西側是極樂」、「不能再前　前方是天涯」等句子。葉維廉似乎可以不必把一首單純的抒情詩解釋得如此玄奧，批評原是一段澄清的過程，爲什麼要辛辛苦苦把詩攪混呢？同樣的，葉珊的〈夏天的草莓場〉一詩，也應做如是觀，葉維廉如果要勉強把此詩與宇宙萬物拉上關係，固然解釋得通，但是，這樣的做法已歪曲詩人的原意了。

葉維廉接著進一步指出：「詩人的責任（幾乎是天職）就是要把中國的感受、命運和生活的激變與憂慮、孤絕、鄉愁、希望、放逐感（精神的和肉體的）、夢幻、恐懼和懷疑表達出來。」（頁一八四）這裏所說的中國的感受及其一切，就必須以認知的態度處理。換言之，這裏所指的都是與我們切身有關的事物，詩人在經營這些題材時，是不是還能以出神的意識狀態來寫詩呢？詩人必須放棄那不可言狀的心靈，放棄冥想式的獨白，放棄神秘主義的色彩，可是，如果要做如此多的犧牲，豈不與純粹經驗的理論發生衝突了嗎？相信葉維廉必已發現純粹經驗與現實之間的矛盾了，因爲純粹經驗是超越時空的，不受任何特定時空的限制，更具體地說，純粹經驗論者認爲時間與空間是不存在的；而中國的感受則是特定的時空，純粹詩人如何取得其間的和諧呢？在葉維廉的文中，並沒有更詳細的析論。

嚴重的問題是，西化派詩人對於暴力、混亂、神經錯亂等歪曲的意象，過份在詩中誇張表現。前面所說的孤絕、放逐感、夢幻、恐懼等西方人的經驗，卻在中國現代詩中屢見不鮮，眞正中國的感受反而消失殆盡。另一嚴重的問題是，葉維廉不斷強調水銀燈的效果，乃使詩的晦澀更形濃烈。〈視境與表現〉一文，就一再申論這個觀點。

〈視境與表現〉是〈中國現代詩的語言問題〉的補述。他再度指出，「由於詩人不堅持人爲的秩序高於自然現象本身的秩序，所以能夠任事物毫不染知性的瑕玭的從自然現象裏純然傾出，這樣一個詩人的表現自然是脫盡分析性和演繹性的」（頁一九三）這個觀點無疑就是純粹經驗的強調，葉維廉一再勸告西化派詩人避免在詩中運用演繹性和分析性的字眼，他認爲這樣能夠使景物和讀者之間的距離拉近，以達到「不隔」的境界。這是葉維廉過份的把純粹經驗理想化了，一首詩如果完全脫盡演繹性和分析性，它是不是還能成爲詩，是很令人懷疑的。以洛夫的〈石室之死亡〉爲例，他自認此詩有純粹經驗的傾向，讀者之所以不能接近它，是因爲它太隔了，而「隔」的根由乃來自它的純粹經驗。〈石室之死亡〉並未重視詩的演繹性，每一行詩各自獨立，把四五行各自爲政的句子放在一起，即成詩一首，其結果反而把讀者拉遠了。相反的，洛夫在《外外集》的表現，有些詩之所以超過〈石室之死亡〉，使讀者能進入他的詩境，究其原因，便由於他放棄對純粹經驗的迷信，近期洛夫的詩漸漸有演繹性的字眼出現，他的詩風反而清爽許多，這種轉變葉維廉也出乎意料之外吧？如果葉維廉有足夠的時間，筆者很願意虛心向他請教碧果的詩，碧果的作品該是純粹經驗的典型，則葉維廉對他的評價是否高於其他西化派的詩人呢？

三

第三部分是葉維廉的詩話，在詩話的開始，他寫了一段引言：「詩人多不願談自己的詩，這，常常被視爲一種煙幕。一種故作的姿態。這是不大公平的看法，因爲根深在詩人的意識裏的美感視境，是不容分析、解說程序的；這種程序，無論你如何的詭奇，都會破壞一首詩的機心。詩不是分析網中的獵物。」這段話主要在說明詩是不容任何解釋的，顯然，他在維持詩最初的美感。

這是值得商榷的，一位詩人寫詩，並非看到什麼就紀錄什麼，即使以「自動語言」來寫詩，畢竟還是要經過修改的，這種修改已和原來的美感產生一段距離了。再進一步說，即使「自動語言」都不經過修改，但是，事物或意識在轉換成語言過程中，其間也會有偏差的。換言之，詩人完成一首詩時，他與當初的意識必已發生相當大的出入。以葉維廉的詩爲例，他在《雪之臉》（仙人掌，五九年）發表一首〈茫〉，寫到中途，不知該以何種文字來表現他的意象，乃以幾個雜亂的圖案來代替詩，相信那副圖案與他心中當初所想的也有很大的差異吧，更何況以文字寫詩了。詩人既以文字毀壞原有的意象，實不能再視詩爲「根源在詩人的意識裏的美感視境」了。

一首詩能不能分析，端賴創作者的表現技巧，以及讀者的鑑賞能力。筆者相信，一首詩的好壞，必須看它經不經得起分析，《唐詩三百首》經過後代無數人的解說與分析，未聞破壞了一首詩的機心，只有解析的不同看法越多，才能越近詩人的眞貌。其實，葉維廉的論評和詩話中不是對其他詩人的作品做了不少的解釋嗎？只要認清詩的主題和意義，不做過份偏差的臆測，詩如何不可分析呢？

詩話中，對中國傳統的舊詩有很多新的見解，這是非常可喜的。一位浸淫在西方文學中的詩人，能夠回過頭來看自己的傳統，探討它的優劣，相信會得到許多更客觀的看法。讀者細心的話，便可發現葉維廉在近期的最大轉變，便是完全放棄他早期那種「反傳統」的態度，這種轉變可以說是經過多年的沉思所得的，這是西化派詩人中，自覺得比較清醒的一位詩人。在中國現代詩的進展中，西化派詩人的回頭是一大公案，將來必會有人討論這個問題。

綜觀《秩序的生長》全書，足可看出一位詩人的心路歷程，在詩話最後，葉維廉說：「有許多人問我是象徵主義者，還是超現實主義者，還是印象主義者，我以爲，我既是中國人，對中國這類視境又極其深愛的，雖則在寫詩或有意或無意的用了象徵，但很自然的會以外象的跡線映入內心的跡線這種表現爲依歸……。」（頁二三四）從這段話不難看出他的心向，雖然目前他還在猶豫階段，但是他向中國現實的投入是可以預見的。相信《秩序的生長》是他的一個結束，下次他的詩論出版時，他或許已在中國的土壤上登陸了。（六十二年八月五日晨）

——錄自陳芳明：《鏡子和影子》，臺北：志文出版社，一九七四年三月，頁二〇一—二一八。

語言與美學的滙通

——簡介葉維廉的比較詩學方法

張漢良

在從事中西比較文學的學者中，葉維廉教授是有具體成就的一位。從學生時代追索與試探時期的第一篇論文——一九五七年的「陶淵明的〈歸去來辭〉與庫萊的〈願〉之比較」，到一九七四年杪的〈中西山水美感意識的形成〉，葉先生文學秩序的生長過程標示出一個不變的方向，即透過中西（英）語言的特質，以及它們所反映的心智狀態與美感意識，從事消極的比較與積極的滙通。在比較與滙通的過程中，作者很自然地涉及某些重要的比較文學課題，如文學的淵源與影響問題（一九六九年〈龐德之《國泰集》〉與同年之〈中國現代詩的語言問題〉）；翻譯問題（〈龐德之《國泰集》〉，一九六九年〈詩中敍述方式的翻譯問題：外在與內在對白〉）；國民文學與文學理論問題（一九七一年〈從比較的方法論中國詩的視境〉、〈王維與純粹經驗美學〉）；以及類比問題（一九六〇年〈靜止的中國花瓶〉，一九七四年〈中國古典詩與英美現代詩——語言、美學的滙通〉與〈中西山水美感意識的形成〉）。

當然，每篇文章所討論的非僅單一的課題，如〈龐德的《國泰集》〉同時涉及影響、類比、翻譯和美學論題。大體上說來，上述各篇文章的標題顯示：葉先生的學術生涯偏重於詩的比較研究與美學理論的建樹。

除此之外，作者以其詩論爲基礎，擴大到其他文類的探討。一九七〇年出版的《中國現代小說的風貌》是極少數傑出的現代小說批評之一。正如劉紹銘教授在書末所謂：

> 葉維廉教授以他獨特的美學觀點，替中國現代小說批評，開拓了一條嶄新的道路。……葉氏以一個詩人的觀點，強調現代小說的特質在於詩化的一瞬間的頓悟（Epiphany）。……在文學批評匱乏的中國文壇，本書的出現實有建設性的意義。

本書除了末篇〈現象、經驗、表現〉爲較完整的小說理論體系外，前面諸篇皆係當代中國小說的實用批評，距比較文學課題稍遠，故存而不論。至於〈現象〉一文，後來再收入一九七一年出版的《秩序的生長》一書，筆者在下文會單獨討論。

探討中國詩傳統的視境時，葉先生發現宋詩的演繹性傾向，因此撰述了英文的〈嚴羽與宋人詩論〉一文（一九七〇年十月《淡江評論》），對此問題作深入的剖析與探討。這篇文章與比較文學的直接關係不大，筆者亦從略不論。

本文旨在介紹葉先生對中西比較詩學的方法，討論的焦點是他的兩本論著〈龐德的《國泰集》〉與《秩序的生長》，以及發表在《秩序的生長》以後的幾篇論文，包括〈王維與純粹經驗美學〉（一九七一年九月）、〈中國古典詩與英美現代詩——語言、美學的滙通〉（

原以英文發表在一九七四年三月之Comparative Literature Studies XI,1，中文收集在一九七五年出版之《文學評論》第一集），以及〈中西山水美感意識的形成〉（《中外文學》三卷七期、八期，一九七四年十二月、一九七五年一月）。由於下面的論點皆爲葉先生所有，許多段落皆爲直接引文，爲行文方便起見，除非必要之處，多未使用引號。

一

「龐德學」研究在今天美國學院中仍然方興未艾，主要的原因之一便是龐德本人過於博大精深，使學者望而生畏。這位統領現代文學風騷的一代宗師，涉獵之廣令人歎爲觀止。除了歐美文學傳統外，他對東方文學的接觸也頗爲廣泛，包括中國古典詩、日本俳句與能劇，與印度邦加里詩。龐德汲取中日兩國文學過程中，最重要的橋樑人物便是費諾羅沙（Ernest Fenollosa），他在〈費諾羅沙文稿〉中發現了李白等中國詩人的作品，其中包括某些艱深段落的逐字英譯，字詞的訓詁，詩行的詮釋，以及漢學的日文注音。龐德見獵心喜，技癢之下，乃以規律的英詩形式修改了十九首，這就是所謂的《國泰集》（Cathay）。一九一五年出版時，龐德在扉頁上題辭：「埃茲拉·龐德譯，大部份譯自李白的中文，故額尼斯特·費諾羅沙的註解，以及森教授和有賀教授的詮釋。」

對於《國泰集》的翻譯，論者歷來聚訟，非褒即貶，而褒貶者多未能對照中文原詩，從意象發展、節奏、效果與語調等方向入手探討，以便客觀地衡量龐德譯詩的信、達、雅。葉先生認為這些批評家「蒙蔽了原詩的眞象」；持平的態度應當首先排除一切先入之見，不得遽作褒貶，進而力求瞭解，這樣才能「擴展溝通的可能」。這是他撰寫〈龐德的《國泰集》〉的動機。接著他揭櫫了四點原則，以為學者瞭解龐德譯詩的圭臬：

㈠審察中詩英譯的諸般問題，尤其是中文句構的特殊表現方法，以及轉換為英文時所呈現的困難。

㈡透視龐德的詩人心智，尤其應當瞭解他迻譯這些中文詩時的創作理論與技巧，因為譯詩不可避免地會受到創作觀念的影響。

㈢由於龐德翻譯根據費諾羅沙的註釋，費氏又啓蒙於日本學者，因此我們應當檢討中、日、英三重關係——從中文原詩入手，研判費氏註譯，再閱讀龐德譯作——看看這位日化媒人如何影響龐德的翻譯，龐德有時又如何挾其不世之詩才，超越了費氏拙劣的註本，恢復了原詩的神髓。

㈣論者應銘刻於心者乃：譯詩本非易與，無人敢奢言得其三昧。龐德自不例外。因此吾人當細讀原詩與譯作，看看龐德究竟作到幾分。

葉先生在序言中所揭示的這幾點便構成了本書的大綱。全書分為四章，分別為：

㈠中國詩：翻譯的句構問題

㈡精確性與暗示性：《國泰集》以前的觀念

㈢龐德翻譯的技巧：限制與突破

(四)意識形式的探索

現在我們把本書重要的觀點摘要討論如下。

中詩英譯時，吾人首先遭遇的問題便是中文特殊的語法結構所造成的特殊表現形態。茲以李白「送友人」一詩爲例：

青山橫北郭 Green mountain(s)Lie across(the)north wall.
白水繞東城 White water wind(s)(the)east city.
此地一爲別 Here once(we)part.
孤蓬萬里征 Lone tumbleweed(;)(a)million miles(to)travel.
浮雲遊子意 Floating clouds(;)(a)wander('s)mood.
落日故人情 Setting sun(;)(an)old friend('s)feeling.
揮手自茲去 (We)wave hand(,)(you)go from here.
蕭蕭斑馬鳴 Neigh,neigh goes(the)horse at parting.

和英譯相較之下，我們會發現幾個語言的特色：

(一)中國詩沒有跨句（enjambement），每行爲一句，或爲一意義完整的字詞。

(二)和大多數舊詩一樣，本詩沒有人稱代名詞，因此詩人個人的經驗變成普遍的經驗。

(三)中文沒有時態變化，因此詩中經驗超越了人爲的特定的時間範疇，而回歸到現象本身。

(四)由於缺乏以人稱代名詞和冠詞爲基礎的賓主從屬關係，和以動詞時態爲基礎的邏輯時間概念，因此中國詩多半避過分析、詮釋過程，它讓現象的共相自然演出。

現在我們來看詩句中語法的結構。五言詩最常現的型式是二——一——二式，如「青山——橫——北郭／白水——繞——東城」或「鳥影——度——寒塘」。中間的一個字往往是連接媒介（動詞、前置詞，或近乎動詞的形容詞），以連繫前後兩個單位的關係。這個結構和英文的主詞——動詞——受詞結構最接近。英譯時相當方便，不必更改句構。上述李白詩的頭兩句，龐德譯爲：

Blue mountains to the north of the walls,
White river winding about them;

但某些譯者，摧毀了原有的結構，加上時間或地點的關係副詞，或更改爲從屬關係的結構，使具體呈現的許多景物演變爲分析性的從屬關係，舉二例以明之：

Where blue hills cross the northern sky,
Beyond the moat which girds the town.
('Twas there we stopped to say goodbye!) ——Giles

With a blue line of mountains north of the wall,
And east of the city a white curve of water.

（Here you must leave me and drift away……）——Bynner

對於這兩段英譯與原詩的字面差異，以及彼此所反映的不同心智狀態，葉先生分析得相當精彩：

> 我們暫不談誤譯部分——亦不必在此指出Giles，是把整個情境置於「過去」（特定的時間）——其破壞原詩的超時間的特性亦很明顯，讓我們把注意力集中在語法的結構上。在原文裏……我們看到自然的事物本身直接的向我們呈現，而在英譯裏，我們是被"Where"和"With"之類知性的、指導性的字眼（牽著鼻子帶回這些事物），在英譯裏，我們看到的是知性的分析過程，而不是原詩裏事物在我們面前的自然呈露。在原詩裏，詩人彷彿已變了水銀燈，將行動和狀態向我們展現，在英譯中……由於加插了知性的指引，我們所面對的，是一個敘述者向我們解釋事情（這是一個很重要的分別）。
>
> （引自〈從比較的方法論中國詩的視境〉）

另一種常見的五言詩結構是二——三式的，翻譯時也會產生同樣的問題。例如杜甫的「春望」：

國破　山河在　Empire(is)broken(:)mountains and rivers remain.
城春　草木深　Spring(in)city(:)grass and trees(grow)thick.
名動　名名動

這種結構到了英譯者手中，就變成一種說明因果或主從關係的句子。例如W.J.B.Fletcher的翻譯：

A nation though fallen, the land yet remains.
When spring fills the city, its foliage is dense.

雖然國破了，然而山河仍在。
當春天滿城時，它的草木深。

這變成詩人對自然事物關係的分析詮釋，而非事物的同時演出。

類似的因果關係，可由下列二句看出：

星垂　平野濶　Stars dangle; flat plain broadens.
月湧　大江流　Moon surges; big river flows.

但賓那（Bynner）譯爲"The stars lean down from open space,/And the moon comes running up the river."（星從廣濶的天空垂下，月亮順江流升起）白之（Birch）譯爲：Stars drawn low by the vastness of the plain,/The moon rushing forward in the river's flow."（廣濶的平原引星而下，月亮隨江流而湧）。兩人的翻譯都把事物的關係位置限定了，不但喪失了原詩的歧義，也剝奪了讀者直接參與玩味的權利。

勉強使兩個並列的意象建立關係，往往會在英譯時產生原文所無的明、暗喻結構。例如「浮雲遊子意／落日故人情」兩句，到底是浮雲是遊子意，還是浮雲似遊子意？落日是故人情，還是落日似故人情？中文巧妙之處，便是沒有顯示喻詞結構的動詞。但翟理斯（Giles）譯爲"Your heart was full of wandering thought;/For me,——my sun has set indeed;"葉先生認爲原詩的「兩個視覺意象的對位節奏」完全消失了。龐德把這兩行譯爲"Mind like a floating wide cloud,/Sunset like the parting of old acquaintances."（心如浮雲，落日如別離）葉先生認爲原來兩個具體意象的並列，被「巧妙地改變了」。一個抽象的概念與一具體的意象並列，仍然產生相當的詩趣。

「浮雲」與「游子」的並列，是艾森斯坦（Sergei M. Eisenstein）的蒙太奇手法。並列的效果與兩個意象分別出現的效果大異其趣。事實上，龐德在艾森斯坦之前就談到過詩的這種特質。一九一九年九月他在《雙週評論》（Fortniglitly Review, XCVI）上發表〈渦漩主義〉（"Vorticism"）一文，引用了一首日本俳句（想係龐德模擬者）：

The footsteps of the cat upon the snow:

（are like）plum-blossoms.

龐德說：「原文本無『像』字，爲了明朗起見我特意加上去。這種『單意象詩』是一種疊位形式，即一個觀念加在另一個上面。」他著名的兩行詩〈地鐵車站印象〉（"In a Station of the Metro"）便使用這種「語法切斷」手法：

人群中千張面孔的顯現

一條濕黑樹枝上的花瓣

The apparition of these faces in the crowd:
Petals on a wet, black bough.

一九一五年龐德在《新時代》（New Age）上發表了一篇論雕刻家Gaudier-Brzeska的文章，他談到這種意象重疊的特殊美：

> 在遠山上霧中的松樹很像日本盔甲的甲面。
> 霧中松樹的美並非因它像盔甲的甲面而引起的。
> 盔甲的美亦不是因爲它像霧中的松樹。
> 在兩種情形之下，從其形態美來說，是根源於「不同平面的互恃關係。」
> 樹和盔甲的美是因爲其不同的平面以某一種姿態重疊的關係。（葉譯）

這種意象重疊或並列所構成的雕塑美，正是中國詩的特色之一。葉先生接著舉了一個更純粹的例子：

雞聲茅店月
人跡板橋霜

每行中五個字皆爲名詞，分別呈現五個意象，彼此相互觀照。五個意象一齊出現，使我們無法確定彼此的空間關係。葉先生用了佩特（Walter Pater）所謂藝術中的Anders-streben，錢鍾書所謂「出位之思」（詩或畫各自欲跳出本位而成爲另一種藝術的企圖）來解釋這種意象的自然呈現。上面的兩行中國詩正像繪畫和雕塑一樣，表現出詩的空間性。

「出位之思」實際上是葉先生美學思想與詩論中極重要的觀念。他繼承了赫德爾（Heder）對萊辛（Lessing）的批判，強調空間的時間化與時間的空間化（Time-spatialized & Space-temporalized）。認爲中國詩不僅是時間藝術，也是空間藝術。中國詩最具此特色，象形文字便爲一證。蓋中文與拼音的西洋文字不同，不是人爲符號（arbitrary sign），往往是自然符號（natural sign），如house, maison, hauser三字，其義爲舍則一；其貌不爲「舍」則一看便知。當然，象形文字的空間性僅爲處淺層次；中國詩的時、空藝術特色便建立在對意象的美感剎那的強調，上述「人跡板橋霜」爲一例。類似的例子俯拾即是：「月落、烏啼、霜滿天」；「枯藤、老樹、昏鴉」；「鳳去、臺空、江自流」……。

綜上所述，葉先生認爲中國詩以其特殊的文字和語法結構爲基礎，發展出純粹視覺性、雕塑性與電影意味（蒙太奇技巧和水銀燈效果）的特色，至於超越了分析說解的思維習慣與思想範疇，使事物（意象）自然呈現，因而把握了現象的眞相，則更是西方詩所無法企及的。這便是中國詩的視境。

中國詩的特色對龐德啓示很大，至少與他的詩觀相當契合。他在後來詩章中所用語言，往往去掉人爲的表因果、賓主關係的連繫字詞。例如〈詩章四十九〉中國古謠的翻譯：

日山而作　Sun up; work

日入而息　Sun down; to rest

鑿井而飲　dig well and drink of the water

耕田而食 dig field; eat of the grain
帝力予我何有哉？ imperial power is?-and to us what it is?

除了這些中文詩片斷外，〈詩章〉本身也包括許多類似的句法，例如："Rain; empty river, a voyage"；"Broad water; geese line out with the autumn"。龐德在語言上提供了四種技巧，使後來者翻譯中國詩時，可以免除以往的分析表現，讓事物自然演出。讀者的想像力得以參與，而不受譯者限制。

一九一八年，《國泰集》出版後三年，龐德在《今日》（To-day）雜誌上分兩期發表了一篇短文〈中國詩〉（"Chinese poetry"），他說：「中國詩具有某種清晰呈現的特質；某些中國詩人表現素材時不加道德教訓，也沒有翻譯時會加上去的說解。」這些特質竟然與寫象主義的信條相同，譬如「直接處理」，「不要採取觀點」等。類似的論調所在多有，早在一九〇八年十月，龐德寫信給威廉斯（W.C.Williams），表明他寫作的態度：㈠客觀地描繪事物；㈡唯美；㈢不說教。葉先生論文的第二章便討論龐德翻譯《國泰集》時的美學觀點與技巧。

歷來論者多以爲龐德理論的核心，是追求精確的視覺性（precise visualization）而捨棄暗示性（suggestiveness）；但葉先生卻指出，雖然龐德強調「精確」與「視覺表現」等字眼，卻無意捨棄「無法名狀」（ineffable）與「暗示的模式」（suggestive mode）等觀念。龐德稱讚但丁的精確；卻不貶斥莎翁的模糊。因此他早期詩中有「麻醉的氣氛」、「難以捉摸的光暗」，固定的象徵，如「珠寶、貓眼石、寶石般的光芒」，半象徵性的景象，「情感顯現」的形容詞，以及比較刻意經營的象徵。這一切都無法精確地表現事物。根據這點，葉先生指出龐德與世紀末詩人、早期葉慈，和唯美派的淵源，以及其翻譯原則與其後期前拉斐爾學派背景的關係。透過世紀末詩人，龐德受到印象主義與象徵主義方法的影響。此時龐德最重要的兩種藝術技巧成形，一爲濃縮（intensification），一爲邏輯跳躍（the leap of logic）。前者最佳表現便是上引之〈地下鐵車站印象〉，原來長達三十二行，濃縮後祇剩兩行，但呈現許多層次的暗示性。

這個技巧可從龐德改寫的一首中詩英譯上看出。翟理斯（Giles）譯班婕妤〈怨歌行〉爲十行，被龐德濃縮爲三行（此時龐德尚未正式譯中國詩）：

新裂齊紈素，皎潔如霜雪。裁爲合歡扇，團團似明月。出入君懷袖，動搖微風發。常恐秋節至，涼風奪炎熱，棄捐篋笥中，恩情中道絕。

O fair white silk, fresh from the weaver's loom,
Clear as the frost, bright as the winter snow——
See! friendship fashions out of thee a fan,
Round as the round moon shines in heavens above,
At home, abroad, a close companion thou,

Stirring at every move the grateful gale.
And yet I fear, ah me! that autumn chills,
Cooling the dying summer's torrid rage.
Will see thee laid neglected on the shelf,
All thoughts of bygone days, like them bygone. ——Giles

O fan of white silk,
Clear as frost on the grass-blade.
You also are laid aside. ——Pound

翟理斯的翻譯把人的境遇比擬爲扇子，使人的美德間接由扇的美德表現出來，如透過fair, resh, clear, bright, round這些暗示完美的字眼。境遇的改變在詩中表現得很清楚。但龐德祇保留兩個形容詞「白」與「清」，把它棄置在一個新的背景草片上，使扇的兩種特質更明顯，並突然被轉換爲人的情境。此處翟理斯原譯的明顯比喻關係被壓下去，僅靠末了的「也」字暗示出認同關係。如果此詩純爲龐德的創作而非改寫，可能連「也」字也省略了。

龐德的第二種技巧「邏輯跳躍」，也是印象主義與象徵主義的產物。譬如「地下鐵」詩中，臉孔與花瓣意象之間缺乏句構上的關連，但一方面由於兩者有情感的連繫，另一方面由於它們同時呈現在讀者想像力的銀幕上，彼此重疊而相互認同。

因此，龐德的詩雖然由清晰懾人的意象構成，卻含有內延化的曖昧與暗示性，這點和休姆（T.E.Hulme）的寫象詩大異其趣。

這種暗示性影響到他處理中國詩的改譯。譬如他重譯翟理斯英譯的"Liu Chie"（劉徹〈落葉哀蟬曲〉）：

羅袂兮無聲，玉墀兮塵生
虛房冷而寂寞，落葉依於重扃
望彼美之女兮安得，感余心之未寧

The sound of rustling silk is stilled,
With dust the marble courtyard filled;
No footfalls echo on the floor,
Fallen leaves in heaps block up the door... For she, my pride, my lovely one is lost
And I am left, in hopeless anguish tossed. ——Giles

the rusting of the silk is discontinued.
Dust drifts over the courtyard,
There is no sound of footfall, and the leaves
Scurry into heaps and lie still,

And she the rejoicer of the heart is beneath them:

A wet leaf that clings to the threshold. ——Pound

兩首英譯的前四行中，每行都有一個獨立自足的意象，具有相同的暗示意義。不同的是，翟理斯末二行中詩人直接地宣洩哀慟，到了龐德手中，突然變成一個懾人的新意象：「倚附著門檻的濕葉」，產生了更繁富的情感，象徵意義，一如〈地下鐵〉的「濕」樹枝。

龐德之所以喜愛李白的〈玉階怨〉也是基於同一個理由：

王階生白露，夜久侵羅襪，卻下水晶簾，玲瓏望秋月。

The jewelled steps are already quite white with dew,
It is so late that the dew soaks my gauze stockings,
And I let down the crystal curtain
And watch the moon thru the clear autumn.

本詩的意象發展過程引導讀者置身悲傷的現場，清晰的外在意象內延化爲人的悲劇情境。從英文文法的觀點看來，句構上的邏輯跳躍，頗類似印象主義的詩。這種方法龐德後來在《詩章》中頻頻使用（例如三十八、四十九、五十四、七十九）。當然，龐德的英譯仍然多了一道原詩所沒有的說解過程：李白的詩裏沒有主詞，讀者可直接參與意象在眼前的戲劇演出，使得它更具普遍性。但我們要知道，這時的龐德還在演變過程中，他祇顧及到和印象主義手法相近的中國詩中的句構跳躍，還未發展到人稱代名詞的省略。我們在後來的《詩章》中看到下面的句法時，龐德已進入一個更成熟的階段了：

Orion at sunrise.

Horses now with black manes.

Eat dog meat. 64/101

Prayer: hands uplifted

Solitude: a person, a NURSE 52/6

Moon, cloud, tower, a patck of the battistero, all of whiteness 79

要之，在龐德漫長而多變的創作生涯中，《國泰集》是他早期技巧理論與後來的《詩章》之間的一個過渡。而中國詩的空間觀念影響到他對詩行革命性的幾何安排；意象的重疊並列使得他突破邏輯與語法的限制。葉先生指出這些技巧產生了五種美感效果：(一)提高意象的視覺性；(二)使每一個視覺事象獨立；(三)使讀者（觀衆）感應其中的空間對位的玩味；(四)加強物象的物理存在狀態；(五)使詩以分段視覺層次的活動（如水銀燈的活動）。這些效果，一再洗鍊後，便成爲《詩章》主要的技巧。

中國詩的種種特色直接影響到龐德；透過龐德，間接影響到部份寫象主義詩人，以及後來的威廉斯與當代美國詩人。關於這個問題，葉先生的〈中國古典詩與英美現代詩〉一文有詳細的發揮，我們在下面會談到。

二

中國古典詩所呈現的特殊視境與美感經驗，葉先生先後在許多篇文章中，從事各個角度、不同層次的申論。在〈視境與表現〉一文中，他進一步比較中西視境的差異。

根據不同的視境與表現形態，詩人可以分爲三類。第一類詩人置身現象之外，將現象分割爲許多單位，再用許多現成的（人爲的）秩序——如以因果律爲依據的時間觀念——加諸現象中的事物之上；這種詩人往往會引用邏輯思維的工具，語言裏分析性的元素，設法澄清並建立事物間的關係，他的詩是分析性、演繹性的。第二類詩人設法將自己投身入事物之內，使事物轉化爲詩人的心情、意念或某種玄理的體現，但他的感悟仍然是知性的活動。第三類詩人在創作之前，已變爲事物本身，而由事物的本身出發觀察事物，即邵雍所謂「以物觀物」。由於他不堅持人爲秩序高於自然現象本身的秩序，所以能任事物不沾知性的從自然現象裏純然傾出。他的詩是非分析性、非演繹性的。

一般說來，泰半的西洋詩是介乎一、二類視境的產物；而中國詩大多介乎二、三類的觀悟的感悟形態，甚少演繹性的表現。最典型的例子便是王維，譬如〈鳥鳴澗〉：「人閒桂花

落 夜靜春山空 月出驚山鳥 時鳴春澗中」。詩中的景物自然發生與演出，作者毫不介入，既未用主觀情緒去渲染事物，亦無知性的邏輯去擾亂景物內在生命的生長與變化的姿態。在以物觀物的感情形態下，讀者與景物之間的距離被縮短了，因而得以參與美感經驗的直接的創造。這正是王維詩中所表現的純粹經驗。

葉先生在第一屆中西比較文學會議上宣讀的論文〈王維與純粹經驗美學〉繼續探討這個問題。作者首先「拈出」司空圖二十四品中的「自然」，作爲王維的注腳。接著再舉〈鳥鳴澗〉，說明王維非概念性的自然；並舉史蒂芬斯（Wallace Stevens）與史栖德（Gary Snyder）的詩，顯示現代英美詩反分析的趨向。

傳統西洋詩受柏拉圖二元論——劃分世界爲本體界與現象界——的影響，詩人呈現的是隱喻表現的抽象（概念）世界。因此隱喻或象徵在英美詩扮演著相當重要的角色——雖然現代詩逐漸脫離這種傾向。而王維的詩（與多半中國詩）是事物具體的呈現，不依賴隱喻或象徵的作用。因爲純粹經驗是非知識之經驗，個體與宇宙合一。這種純粹所覺，不雜以名言分別的經驗正是莊子所謂「眞人」的返樸歸眞經驗。因爲吾人眞正經驗之物是具體的，而名之所指是抽象的，祇是經驗的一部份。

葉先生認爲王維的詩和莊子的重視純粹經驗有密切的關係。一方面兩者皆反名言、皆抽象的知性語言，以免歪曲現象的具體性；另一方面，由於反名言，他們皆主張齊物的自然秩序，不需人爲的認可與賦形，譬如時間範疇，因果關係等。如此詩人才能泯除自我，溶入現象與自然相呼應。這種莊子所謂不「藏舟於壑」而「藏天下於天下」，超脫現象界一切人爲畛域觀念，齊物的整體經驗，即純粹經驗。〈鹿柴〉、〈鳥鳴澗〉、〈辛夷塢〉等詩表現的，正是「心齋」、「坐忘」時絕對寂靜的經驗。

由於不受知性干擾，每件事物或每一瞬間都能充分具體顯現出來，像兒童眼中所見的那麼清新。此外，由於詩人已轉化爲現象本身，因此他得以同時把握到一片刻經驗的各面，正如中國山水畫所採的透視法，不是定向的、直線的，而是多向的、鳥瞰式的（可參考前面所談之中國詩之雕塑美）。王維的詩使我們能「提其神於太虛而俯之」，充分擴展心理的領域。

葉先生所提倡的純粹經驗美學，不僅肯定了王維的價值，使我們重新體認這位詩人；更重要的是，他清晰的揭示了，並肯定了從傳統宇宙觀出發的中國藝術（如詩、畫）的視境與精神。他對中國現代詩的檢討，正是以此爲價值判斷的依據之一。

三

這個問題分別見〈中國現代詩的語言問題〉和〈視境與表達〉二文，作者指示現代詩脫離傳統後所面臨的危檢。要點大致有：白話文興起，西洋詩傳入後，詩人的思維和語言習慣如何改變（譬如分析性語言介入）；傳統視境如何逐漸喪失；純詩傳統本係中土固有，西洋純詩（如里爾克、史蒂芬斯等人作品）之如何不純，遠不如王維作品；當代英美詩人（如史迺德）如何嚮往中國詩的視境，因此現代詩人大可不必捨本逐末，效顰西方不純之純詩云云。

綜合這幾點，就最嚴格的意義而論，葉先生也是一位維護並發揚中國詩傳統的詩人兼學者。

不幸的是，葉先生的美學觀念頗受部份人士的誤解。「純粹經驗」四字一出，立即被視爲洪水猛獸，遭受非議：有視爲世紀末唯美主義餘孽者；有視爲西洋純詩剽竊者；有視爲超現實主義遺毒者。最普遍的誤解即望文生義，把返樸歸眞的「純粹經驗」照字面釋爲唯感覺主義（按：純粹，唯也；經驗，感覺也。），乃至個人濫情主義。更遺憾的是有人倒果爲因，認爲「純粹經驗」之被部份詩人誤用，是葉先生之罪過。隨手引幾句話：「『純粹經驗』已經爲超現實主義者注入一股有力興奮劑。」「在葉維廉的觀念裏，唯『純粹經驗』才是詩，這種狹窄的詩觀正是西化派作品流弊。」前一句話不知是作者臆測，或者實際觀察的結果。其實某些詩人接受「純粹經驗」是事實；卻不儘然曾把純粹經驗與超現實主義扯上關係。這位批評家的句構顯示的語意是上半句話；但他的弦外之音卻是後半句話。這顯然是邏輯栽贓手法。至於第二句話，更是絕對的栽贓，葉氏從未以爲「唯『純粹經驗』」才是詩，充其極他祇告訴我們這種美學觀念的價值。至於說葉氏的詩觀是西化派作品流弊，則是「純粹」倒果爲因的錯誤「經驗」。這祇證明作者未曾看過葉氏作品。即使「純粹經驗」（因）爲人誤用產生一些流弊（果），即使眞有「末流」詩人把「混沌狀態」認爲是「不受知性污染」，「顚倒語言的特性」視爲「不用演繹邏輯」、「主題脫離現實」視爲「不受時空邏輯」，我們是否可以把這些果歸咎於因呢？我們是否可以把暴行（果）歸咎於人的存在（因）呢？這種童騃性的因果關係論者（如伏爾泰的Pangloss），早已成爲哲學史上的笑話。何況任何一種意識形態誤用之後都會產生流弊，這是無容置疑的事。

不容否認的，這三十多年來的中國現代詩壇，處在傳統與現代、本國與西方的力量衝擊之下，曾有不少的混亂局面。葉先生以比較文學學者的身份，戮力引介西方學說（如艾略特），更積極發揚傳統詩的美學價值（如純粹經驗美學）；他同時以詩人身份不斷創作，嘗試各種形式。他的作爲，非但不如某君所云：「使現代詩的發展受到很大的限制，最大的致命傷便是限制創作只有一條路線」，反而刺激詩的創作，使之蔚然蓬勃。而傳統返樸歸眞的純粹經驗美學的提出，對盲目西化的詩人，更有如暮鼓晨鐘，振聾發聵的作用。

四

葉維廉先生反分析性、演繹性、說解性，讓現象自然演出的詩觀，發展成他的小說理論。實際分析過幾位當代中國小說家的作品後，他在〈現象、經驗、表現〉一文中，繼續談到語言的本質、功用，和在藝術中應該扮演的角色。

語言的目的無非是傳達和表現，但傳達的方式和表現的方式不應止於解說。現象本身自成系統，自具律動。語言的功用，在藝術的範疇裏，應捕捉事物伸展的律動，不必一定硬加解說。因此，成功的小說最基本的條件，便是任事物、事件明澈的一面從現象中湧出，覆射隱藏在後面的繁富性，作者不必加太多的不必要的說明，如此讀者不但可以身歷其境，還可以「參與」。

作者進一步提出小說表現上的幾個問題：㈠剔除解說式的敍述性文字；㈡凝縮（包括捕捉最明澈的片面）；㈢要求讀者做個主動的參與者，而非被動的受教者。

要達到上面的要求，使表現接近經驗本身，使藝術進入自然，小說家必須衝破三種人爲的限制：㈠語言的限制；㈡感受性的限制；㈢時間的限制。爲了破除第一種限制，作者不妨打破時間順序，使用「意象併發」，或者擇其最明澈、最具暗示性的意象，將之呈露。爲破除第二種限制，作者應儘量擺脫因果律的詮釋關係。至於破除第三種限制之法，便是「自其不變者而觀之」，不「藏舟於壑」，而「藏天下於天下」，使經驗與現象超越狹隘的時空，如〈王維〉文中所說的：「將讀者帶上天空使他能看到整個現象的本身，因而擴展開讀者心理的領域。」

五

在〈王維與純粹經驗美學〉文中，作者已指出現代英美詩人如史蒂芬斯、史迺德等人的中國詩境傾向。這個問題更深入的探討便是〈中國古典詩與英美現代詩——語言、美學的滙通〉一文。作者首先指出中西思潮隔絕的文化危機，接著提出一個發人深省的問題：在這兩種文化及美學的分歧和交滙中，我們應如何補充或修正苦苦追尋的文化認同？他探討的兩個命題是：「就中國文言的特色及其固有的美學上表達的特長而論其對西方詩人所提供的可能性，另外又從西方文化模型美學理想的求變而逼使語言的革新論其對我們所提供的新的透視。」

作者在本文甲篇再度論及文言與以之爲媒介的古典詩的特色與優點，大部份觀念在〈龐德的《國泰集》〉與其它論文中再三闡述，強調中國文言超脫文法，不受語法牽制，而能保有其暗示多元性，達到更完全的表達。

某些論者以爲文言並非缺乏類同西洋的語法，而係「電報式的用法——長話短說」，葉先生認爲這是錯誤的，蓋文言企圖表現「一種更細緻的暗示的美感經驗，是不容演繹、分析性的「長說」和「剝解」所破壞的。」

作者繼續以電影的表現手法與山水畫的透視觀點，重申前面所論的傳統特色，末了，他指出詩的表現形態、語言與宇宙觀的因果關係，作爲甲篇的結論：「中國詩人能使具體事象的活動存眞，能以「不決定、不細分」保持物象之多面暗示及多元關係，乃係依賴文言之超脫語法及詞性的自由，而此自由可以讓詩人加強物象的獨立性、視覺性及空間的玩味。而顯然，作爲詩的媒介之文言能如此，復是來自中國幾百年來所推崇的「無我」所追求的「溶入渾然不分的自然現象」之美感意識。」

相反的，西方人陷入柏拉圖與亞里斯多德的二元論宇宙觀與「普遍的邏輯結構」裏，無法達到以超脫語法爲先決條件的境界。如果西方人不努力去擴大其美感的領域，包含其他的觀物方式，他們也無法打破英文的語法。

但西方傳統的宇宙觀，在近一世紀來，逐漸獲得調整。所有的現代思想及藝術，都極力要推翻自柏拉圖以降的抽象思維系統，而回到具體的存在現象。詩歌自不例外。

現代詩的開拓者之一，休姆提出了對詩的語言革命性的看法，詩的語言應爲「視覺的具體的語言，……一種直覺的語言，把事物可觸可感的交給讀者。」他並提供了一個方法：「譬如某詩人爲某些意象所打動，這些意象分行並置時，會暗示及喚起其感受之狀態……兩個視覺意象構成一個視覺的弦。它們結合而暗示一個嶄新面貌的意象。」

這正是中國詩特色的蒙太奇手法。類似的技巧龐德使用頗多，其疊位技巧便是根據這種疊象原理。其餘如語法切斷、空間切斷等技巧，前面已談過，不再重複。

要之，葉先生指出從龐德以降的一系列美國詩人，如何革新他們的語言，使詩的表現更趨近中國詩的境界。例如龐德與威廉斯的語法、空間切斷，克里爾（Creeley）的「氣的放射」，無不是要擴大詩中多元的空間觀念，把握瞬間經驗，以及模擬瞬間活動的生機。作者希望西方讀者能像上述詩人一樣「接受部份東方的美感領域及生活風範」，中國讀者能體認自己文化的價值，這樣透過語言與詩學的滙通，才能達到眞正的文化交融。

六

葉先生最新的一篇比較文學論文，是一九七四年末在中國比較文學學會上發表的演講稿〈中西山水美感意識的形成〉，作者自稱是未定稿，但我們仍然可以看出他美學體系的精到之處。

作者開宗明義地點出，中國傳統山水詩的定義有它特定的歷史意義，無法擴大適用於西洋的山水詩。因此吾人必須跳出六朝「莊老告退，而山水方滋」的特定時空格局，純粹以知識論的觀點來探討此一文類的美學含義，進而比較中西詩裏山水美感意識的衍生過程。

首先面臨的是文類區分或定義的問題：如何決定某首詩是否山水詩。因爲詩中有山水不必然是山水詩，譬如羅馬時代與中古時代的詩裏，往往有山水林泉的描寫，但那多半是修辭學的練習，「是根據修辭的法則（包括數字奇偶的規定）去組合自然山水，而非由感情溶入山水的和諧以後的意識出發。」我們無法名之曰山水詩。同樣的，任何以山水爲其他題旨的背景、襯托，或暗喻的詩，都不能稱爲山水詩。因此，就較嚴格的意義而論，山水詩中的山水必須「解脫其襯托的次要作用而成爲主位的美感觀照的對象。」

這個定義又引發了一個表現上的問題：即詩人不同的思維方式、經驗形態與語言習慣，會影響到山水之是否能成爲「主位」，作純然的演出。根據我們前面的瞭解，在葉先生分類的三種視境的詩人當中，第一、二類分析性的詩人皆不足論；祇有第三類無我齊物，溶入自然的詩人才能作到這點。以王維和華滋華綏爲例，王維的〈鳥鳴澗〉景物自然發生與演出，作者在入神狀態下，以「虛以待物」的態度聽任自然生長與變化。而華滋華綏始終拘泥於解說性、演繹性的觀物思維方式，不斷說明景物如何發生，如何感應智心，智心又如何印證外物。他一再懷疑自然山水本身不能自足，而有待詩人的智心活動去調停，去賦予意義。在這種情形之下，自然景物的具體性被抽象化了，其直接性也被間接化了。兩人表現的不同，正是由於出發點的不同，葉教授說：「華氏是在感悟自然山水之時同時作了形而上的意義的追尋；王維是在感悟以後只作迹出自然山水的一種不加解說的肯定。前者近乎見山非全是山，見水非全是水，後者近乎見山只是山，見水只是水。」

王維的美感意識與觀物形態在中國後期山水詩中位居核心，王、孟、韋、柳無不皆然。但這種意識並非一蹴而幾的，有其歷史、哲學的衍生過程。葉教授認爲山水詩在魏晉之後突然蓬勃發達，則是由於三玄影響，尤其是郭象注的莊子。他說：「郭象注的南華眞經不僅使莊子的現象哲理成爲中世紀思維的經緯，而且因其通透的闡說而替創作者提供了新的視境。」

郭注莊子的「物各自然」齊物順性思想直接啓發了初期的山水詩人，如王羲之〈蘭亭詩〉所謂「仰視碧天際，俯瞰淥水濱，寥闃無涯觀，寓目理自陳，大矣造化工，萬殊莫不均，群賴雖參差，適我無非新。」詩人眼中的自然，是可以直觀的，是完整的。復由於莊學的「心齋」、「坐忘」、「喪我」的返樸歸眞思想的影響，隨著歷史的發展，山水詩中的悟理情歎，乃至用喻成分便越來越少，到了王、孟等人，終於成就了一種極少知性侵擾的純粹的山水詩。

西方山水詩的情況則反是。華滋華綏說：「無法賦給的智心／將無法感應外物」（葉譯）。詩人把美感的主位放在自己的智心中，從智心的活動出發，而不從山水景物自足的存在出發，因此山水詩有大量的抽象概念的敍述。固然華氏的詩中也有詩人忘我的刹那，與自然產生超越存在的神秘和諧，但這種和諧並非外物原有，而係物我調停的結果。這是華氏（以及其他浪漫主義詩人）觀物感應形態的矛盾之處。他一方面覺得物象實實在在的存在於現象之中；另一方面卻無法像中國山水詩人那樣任其「物各自然」的呈露。

葉教授認爲這種矛盾的情結有兩個哲學與歷史的原因。第一個原因便是傳統二元宇宙觀的影響，現象是現象，本體是本體，現象界可能由感覺體驗，本體界則非由理性認識不可。因此詩中在在顯現詩人思維活動的探索痕跡與形而上的焦慮。第二個原因是受基督教自然觀的影響。十八世紀以前，變化多端，逸放不工整的山水是醜惡的、敵對的，它們破壞了代表造物者精神的對稱、均勻、整齊等美的觀念。十八世紀之後，郎介納斯（Longinus）的雄偉觀念開始流行，人們對崇美的山巒產生新的迷惑；再加上「中國化運動」（Chinoiserie）的影響，人們開始注意庭園林泉之美，自然的概念開始改變了，詩人開始把形容上帝偉大的語句轉化到自然山水來。但由於詩人始終脫不開他對智心的倚靠，以爲它是從現象到本身的橋樑，必須透過它超越物象（譬如說外在的自然美），求得形而上的意義，詩人也就始終無法與「自然而然」的自然認同。

這問題一直困擾著西方詩人。即使希望成爲「事物本身而非其意念」，希望「有冬天的心／去觀霜雪和枝椏」的史蒂芬斯，仍然「還有那永不安寧的智心」，無法接納物之爲物的自主完整性。但從龐德以降的這一系列詩人，推翻抽象的思維，革新了語言習慣，終於替後來的詩人（如史迺德）開拓了視野，而使一些近乎中國意境的山水詩實現。

七

從葉先生的這些論文中，我們發現他似乎頗爲肯定西洋詩如要擴大視境（或走出困境），必然會趨向中國古典詩的表現。徵諸半世紀來英美詩學與創作的發展，我們大致可以這麼預測——雖然這是後來文學史家的事。至於反映不同的心智狀態與美感經驗的中西各種詩形式，孰優孰劣更是見仁見智的問題，也許我們應該取採多方面的價值判斷標準。但至少作爲一位比較文學學者，引介西方文學觀念，發揚傳統美學價值，擴大各種藝術的限制，使之溝通融合，甚至藉實際的翻譯工作，把中國詩介紹給西方（英譯《中國現代詩選》與《王維詩》先後在美國、日本出版），就這些工作而言，葉維廉先生對中西比較文學中的語言與美學的相互關係的研究是很有意義的一條途徑。

——錄自張漢良：《現代詩論衡》，臺北：幼獅文化公司，一九七七年六月，頁一二七——一五七。

原刊於《中外文學》四卷三期，一九七五年八月。

小說與詩的美學匯通

——論介葉維廉《中國現代小說的風貌》

古添洪

一、楔子

二十世紀似乎眞的不是詩的年代了。詩集的銷量，讀者的愛好程度等，都顯示著詩不再爲人群所熱衷了。除了看電影外，一卷在手的，恐怕是小說了。我們能不說這是一種危機嗎？也許不！這種危機一方面可以迫使詩人們重新出發，一方面可以刺激小說藝術的成長。那就是說，如果小說家能在小說裏容納了詩質，把小說藝術提升到詩的領域，即使「詩篇」沒人問津，「詩」仍活在我們的閱讀大衆裏。葉維廉先生《中國現代小說的風貌》一書的最大貢獻，也同時是它特具的時代意義，莫如用詩的藝術（主要是語言與視境）來討論小說，迫使小說進入高度的藝術領域。在該書裏，作品的實際批評與理論的探討是相互印證的，一方面顯示了中國現代小說的風貌，一方面顯示了小說的藝術本質。在整個實際批評的背後，我們發覺是有著一套完整的美學觀念的。這一套美學觀念，我們名之爲小說與詩的美學滙通。葉維廉用詩的藝術來討論小說，把詩和小說放在兩個平面上相互比較，發覺兩者實互通表裏，肯定了「技巧」（源於語言與視境的本質）本身的廣泛應用性，對克羅齊理論中文類共通性提供了一具體的支持。本文主要是論介小說與詩的美學滙通，試圖從迸發的山泉怪石裏，勾出其系統來。至於葉氏在該書中對諸小說家（如王文興、白先勇，於梨華、聶華苓、王敬羲等）的精闢分析及改進意見，因不在本文的論述重點內，僅在此提而不論了。葉氏一書，最初以《現象、經驗、表現》爲書名，於一九六九年由香港文藝書屋出版。其後，以《中國現代小說的風貌》，於一九七〇年由臺灣晨鐘出版社出版。現於一九七七年由臺灣四季出版公司再版。再版序中，葉氏再度強調思想性與藝術性的融滙無間，在強調思想性的目前，更不應忽略其藝術性，否則會流入口號化與公式化，因此，「有再版的必要」。同樣地，葉著自初版以來，雖備受注意，但眞正作深入探討者尚付闕如，因此筆者也覺得趁此傑作再版之際，有執筆論介之必要。同時，葉氏最近爲陳若曦選集作序，序名爲〈陳若曦的旅程〉（聯副六十六年十一月七日），頗有要實現其思想性與藝術性融滙無間的批評諾言。本論介也想爲葉氏將來的小說批評文字催生，爲小說批評帶來更燦爛的花朵。

二、融滙與飛躍

批評家一著手便碰到的難題，往往是一元論、二元論的困惱。究竟主題結構與語言結構是可分還是不可分呢？葉氏說得好：

爲了便於討論，我們把小說的結構分成「主題的結構」和「語言的結構」兩方面。但一篇好的作品的起碼條件應該是：「主題的結構」就是「語言的結構」，「語言的結構」就是「主題的結構」。（頁二五一六）

那就是說：從「主題」的演出作考慮，我們得到「主題結構」，從「語言」的演出作考慮，我們得到「語言結構」，兩者實是一物的兩面。葉氏就如此調和了一元論、二元論的爭執。「主題結構」是主題演出時的結構，它並非指靜態中的主旨（如果我們探論此靜態中的主旨的好壞得失，我們是作思想性的探討），而是指「意義採取了不同的方式所展開的態勢」（當我們討論此態勢時，我們是作藝術性的探討）。這展出的態勢，是多采多姿的，有如舞蹈者於臨空的鋼索上演出的種種姿式，一一得其平衡，一一自成豐姿。在詩裏，最通常見到的，就是兩種經驗在進行，這兩種經驗或平行，或交割，或逆轉，葉氏先從李白〈胡關饒風沙〉的分析入手：

胡關饒風沙，蕭索竟終古，木黃秋草黃，登高望戎虜，荒城空大漠，邊邑無遺堵，白骨橫千霜，嵯峨蔽榛莽，借問誰陵虐，天驕毒威武，赫怒我聖皇，勞師事鞞鼓，陽和變殺氣，發卒騷中土，三十六萬人，哀哀淚如雨，且悲就行役，安得營農國，不見征戎兒，豈知關山苦，李牧今不在，邊人飼豺虎。

這首詩中有兩種經驗在分別進行，而這兩經驗面又互相交切，而結於一點。那兩種經驗面即是自然世界的殘暴與人類的殘暴面：時間爲切膚之秋，於塞北，朔風擾亂了大漠，謀殺著草木，奪其生命之顏色（綠）及肌膚（葉）。另一面是暴殺，慾望衝倒城墻，奪去人身的肌膚，致白骨遍野，致「發牢騷之士」。朔風永不停息，殺戮永不停息。（頁七）

進而指出司馬中原的〈荒原〉也是有著兩種經驗同時在進行：人爲的暴力（土匪、鬼子、八路）及自然的暴力（水淹、瘟疫、火災、乾旱）是互爲表裏。

兩種經驗在進行是中國舊詩中的一特色。在葉氏所舉的例子裏，一是自然界，一是人事界，這種自然界與人事界互相平行或交割的情形更是普遍。此傳統始軔於詩經，詩經中景物層次與意義層次的諸種關聯，構成了其藝術特質（詳見拙著〈詩經國風藝術形式的簡繁發展〉一文，收於《探索在古典的路上》，普天，一九七七）。這種景物層次與意義層次的關聯，一直在傳統詩中靈活地應用。葉氏剖釋白先勇的小說時，引用了王昌齡詩「閨中少婦不知愁，春日凝妝上翠樓，忽見陌頭楊柳色，悔教夫婿覓封侯」的逆轉手法，來討論白先勇底「在激流中爲側影造像」的特質。衆例中之一說，在「安樂鄉的一日」裏，白先勇先作安樂窩式的外在描寫，鑾不經意似的，突然轉入寶莉與母親間「我是中國人」「我不是中國人」的強烈爭執；就是用了昌齡詩的層次去支配這小說的脈搏，使人驚覺與戰慄。毫無疑問地，這是主題演出的一逆轉姿式，但我願意指出，這「陌頭楊柳色」，這「安樂鄉」的外在描寫，仍不失是詩經景物層次的一種靈活應用。當然，這兩種經驗並非限於一爲自然界一爲人爲界，如「可憐無定河邊骨，猶是深閨夢裏人」，如「朱門酒肉臭，路有凍死骨」，是兩種人事經驗的交錯。小說裏的情形，更不乏此例。

於是，我們發覺，構成小說藝術之一的乃是主題演出的姿式。葉氏一再強調主題演出的姿式，是切中時病的，多少讀者與作者眞正能注意到姿式的欣賞與耕耘？葉氏對姿式有極佳的描述：

所謂「思想的形態」，我們用一個比喻，海牆，潮湧，漩渦，漣漪，同爲動水，但動姿全異，現代作家要抓住動姿本身，不問動因（如果牽及動因，亦以標出動姿爲主）。（頁八七）

「語言結構」大概可分兩個層次來講。一是就語言本身，如音調、語彙、修辭、文法及其影響於其語言結構的演出而言。一是把語言與視境（Perception）連起來討論。語言與視境互爲因果，視境帶動意象的活動，他同時帶動語言的活動，而歸結於視境、意象與語言的三位一體。前者是語言學的範疇，後者是語言美學的範疇。葉氏的「語言結構」的討論當然是指後者了。

葉氏首先討論文字所引起的意象。當導演要把「內在的獨白」於銀幕上模擬出來的時候，他們發覺從語言到銀幕上的演出過程裏，有許多困難要克服，因而辨別出兩種「象」，即「映象」和「心象」。映象是呈現於眼前的，心象則是回想時呈於心幕的。葉氏謂文字所引起的象爲「意象」，是介乎「映象」與「心象」之間。小說家似乎企圖在努力突破「意象」的囿限，而進入電影的「映象」或「心象」世界。葉氏舉了司馬中原的〈黎明列車〉作爲前者的代表，白先勇的〈香港〉作爲後者的代表。在〈黎明列車〉裏，男主角注視著她，出現在車廂，落在他所想的位置上，燈亮著，車窗玻璃上面映著七盞燈都亮著。車廂的影子，他和她的影子，重疊，流動著旋轉的原野的風景。顯然地，這些意象的演出，一如在銀幕上。在「香港」裏，訴諸思維的內在的進行多於映象的交替，且看下面一小段的內心的獨白：

> 我只爲眼前這一刻而活。我只有這一刻。懂嗎？芸卿哭出了聲音，說道：至少你得想想你的身份，你的過去啊。你該想想你的家鄉。你是一個有身份的人，個個都知道你的名聲。你是說師長夫人？用過勤務兵的，是吧？……

在這內心的獨白裏，所有的活動是在主角的內心進行。這些意識流般的對話，也許是過去曾發生，而此刻主角在內心內重現，也許僅僅是主角內心的產品。無論映象或心象，構成其魅力的是其「節奏」問題，這節奏顯示出主角的情緒的波瀾。節奏不同，況味就不同了。這種情形在電影上最能看出來。但詩歌及小說也如此。在詩歌的例子裏，試把李白的「噫吁嚱危乎高哉」和柳宗元的「獨釣寒江雪」並排，其節奏的高低緩急便不言而喻。好的小說，讀起來也會有其節奏感，如上述白先勇的例便是。當然，這種全篇重在映象節奏或心象節奏的，只能在短篇裏發揮，「進入長篇以後，就只能溶入某些『剎那』的刻劃中」（頁一九）。

語言不單憑藉其所引起的意象及其動速模擬著內心世界的波瀾，事實上，好的語言在描述裏都暗藏著主觀的感受，而諸意象間也有著內在的應合，這情景交融與呼應是舊詩中的基本條件。好的小說也能達到這個領域。葉氏引王文興的〈母親〉爲例：對岸碾石工廠單調的馬達聲，呼應著母親神經質的囈語式的獨白。帶病的母親逆對著豐滿身段的吳小姐。母親不喜歡與這離了婚的女人來往，而他的兒子貓耳在樹蔭下等著一個人——吳小姐。葉氏指出該小說中，如何利用光、色、觸覺意味，律動的複意，使原來是並置而在敍述上不相連的經驗面應合起來。外在的景物衝入內在的世界，而成爲主觀經驗的一部分。

舊詩除了要求情景交融裏應外合外，尙要求所謂韻外之致、弦外之音，是指詩中的音韻、意象在微妙的組合裏帶領讀者到此音韻、意象以外的世界去。正如我們前面所述的，語言、意象、視境是三位一體的，這韻外之致、弦外之音是賴於其通體的合作及微妙的蘊合。據葉氏的觀察，這現象通常或賴於轉折或賴於凝縮：「一種是語法的轉折重疊自然的轉折而使讀者飛躍文字之障，一種是文字的凝縮和簡略而使讀者突感景外之景」（頁五九）。（按此處的語法實包含了意象及視境）後者，葉氏舉了「大漠孤煙直」爲例，前者，葉氏舉了王維〈終南別業〉爲例：

中歲頗好道，晚家南山陲。
興來每獨往，勝事空自知。
行到水窮處，坐看雲起時。
偶然值林叟，談笑無還期。

葉氏謂第一、二聯是供給我們「剎那飛躍」之前的時機與場合，最後一聯是飛躍後的效果陳述。「行到水窮處，坐看雲起時」是「韻外之致」的句子。據葉氏的分析，我們似乎應該強調弦裏弦外的互爲條件，沒有弦裏便沒有弦外。我們願意說，如果沒有「結廬在人境，而無車馬喧，問君何能爾，心遠地自偏」，那麼「采菊東籬下，悠然見南山」，仍然是「采菊東籬下，悠然見南山」底事態的陳述，采菊就是采菊，南山就是南山，如此而已。只有在前者的投照之下，這「采菊東籬下，悠然見南山」才有自然之趣。而在「此中有眞意，欲辨已忘言」的迴照下，其趣更盎然。簡言之，只有他弦之投照下，這一弦才迴蕩著弦外之音，有刹那的飛躍。當然，除了前後的投照而使它產生迴蕩外，此產生「弦外之音」之弦的本身，也有其獨具的佳勝處。葉氏說得好：

> 「行到水窮處，坐看雲起時」的趣正是因爲它們在詩裏的進程的轉折與自然的轉折符合（隨物賦形），所以，雖然，意象本身不含有外指的作用（譬如槐樹暗示死），但由於文字的轉折（或應說語法的轉折）和自然的轉折重疊，讀者就越過文字而進入未沾知性的自然本身。（頁五七）

我願意在這裏重覆一次說，語法的轉折也就是意象的轉折（隨物賦形），也就是視境的本然（未沾知性的自然本身）。在語言美學裏，語言似乎是不能與意象及視境割裂開來討論的。葉氏的美學是致力於語言與視境，引文中單標出語言者，不過就語言爲著眼處，事實上，引文中所作的討論，是熔語言、意象、視境於一爐的。

這種的「韻外之致」的經營，在小說中是不容易的。在詩中的「韻外之致」或「弦外之音」，往往是指超越了意象本身，而指向恆久的律動，得其自然之趣，人事之趣；那就是詩中的小世界向無窮顫動而使大宇宙迴鳴。正如葉氏所說的，他用王敬羲的小說作例子是不盡恰當的，〈昨夜〉一小說並沒經營出「韻外之致」來。但詩中的所謂「弦外之音」不但提供了小世界撼動大宇宙的幽微效果，也同時提供了諸弦的相互關係。這相互關係就是所謂主賓。前引的詩裏，顯然的，前二聯及末聯是處於賓的關係，而第三弦（那產生「韻外之致」的一弦）是主弦。王敬羲的例子卻闡明了這種諸弦的關係。葉氏的分析指出：

> 至此我們有兩個事同時交錯著，一個是「弦裏」的故事，即以金劍霞爲中心的故事，一個是「弦外」的故事，即是杜梅娟與柏青的故事；金劍霞的故事只有骨幹而無肉體，杜梅娟的故事雖然是一刻的、片斷的顯露，但正是金劍霞故事的肉體，而金劍霞的故事也正是杜梅娟的故事的骨幹。（頁六九）

如果我們改「骨幹」與「肉體」爲「肉體」與「靈魂」也許會更清楚些。杜梅娟的故事是片斷的顯露，但卻是精神所在，我願意指出，這卻又近於文心雕龍所謂的隱秀。我個人的了解，隱處也就是秀處，也就是精神所在處。對於所謂「弦裏」「弦外」的關係，葉氏有很好的見解：

> 當我們進入那近乎抒情的一刻時，我們實在是不斷的在「弦裏」「弦外」來往——而我們所要求的小說的對象，不在金劍霞的故事裏，亦不在杜梅娟的故事裏，而在兩者之間。（頁七〇）

三、經驗的回歸

上面我們就不同的的著眼處，而把「主題結構」及「語言結構」分別開來討論。事實上，兩者實不可分，所謂練字，也就是練意，所謂文字結構的經營，相對地，也就是主題結構的經營。在此，我們不再把他們割裂而論了。所謂經營，不可思議地，往往竟是回歸到經驗本身，回到自然本身，姜夔所謂自然高妙是也，是謂詩之最高境界。從自然到斧鑿而又回歸自然，似乎我們一直是迷途的羔羊呀！然而，自然就是自然，經驗就是經營，好不簡單，爲何須回歸才能回到自然，回到經驗本身？原來，我們從文化中成長，不知不覺爲許多限制所囿，打破這些限制，才能回歸到經驗的自然本身。我們的視境被我們的思維習慣及文字的內在限制歪曲了。舉個最簡單的例子，在很多的場合裏我們本身不察覺行動者是我們自己，但當我們用文字表達時，還得把我自己不察覺的「我」加進去。譬如說：「我走」。如果我單是說「走」，恐怕人家以爲我下逐客令哩，葉先生把這些限制歸納爲三種，即㈠語言的限制；㈡感受性的限制；㈢時間的限制（頁一四六）。事實上，根據葉著中的諸種分析，尙應包括㈣空間的限制及㈤眞幻的限制。簡言之，就是名理障及文字障，而這兩者又實是互爲表裏的。要回到經驗本身，就得打破這些障。

西方的繪畫強調一角度下的觀察，故有所謂透視法；同樣，西方的某些小說，也強調一角度下的觀察，故有所謂統一觀點（Point of view）。當然，我們無意說這不是某些經驗的本身，但這些經驗顯然是局部的，僅是從某一角度觀察所得。中國詩與畫卻能超越此空間的限制，能從各角度觀察，而把觀察所得迸發呈現。葉氏析王維〈終南山〉爲例：

太乙近天都（遠看——仰視）
連山到海隅（遠看——仰視）
白雲廻望臺（從山走出來回頭看）
青靄入看無（走向山時看）
中野中峰變（在最高峰時看，俯瞰）
陰晴衆壑殊（同時在山前山後看，或高空俯瞰）
欲投卜宿處（下山以後，同時亦含山與附近環境的關係）
隔水問樵夫

終南山的重量感，它的全面性都在我們視境及觸覺以內。（頁七三—四）

小說裏也可作此經營。〈羅生門〉近於此，但這小說是由四個人去看同一事物，而非由一人從不同角度下觀察。當然，無論一人從不同角度觀察或多人同時去觀察，都有利於該事物全面性的把握。把王維〈終南山〉移到小說裏，可有兩種啓發，一是從多方面觀察獲得事態的全面性，一是讓不同時空的事態同時呈現，而呈一雕塑體。葉氏所舉的王敬羲〈開花的季節〉又是一個不頂恰當的例，它只能闡明了後者。蓮麗與其妹梅麗（兩人互無來往）在港臺二地交錯經歷的愛情滄桑在全書六章中往還演出，其結果「就好像現象多線的延展，偶然結爲一個八面玲瓏的光球」（頁七九）。我想，這種不同時空不同事態同時呈現而能歸結爲一雕塑之全體，也可用於某種結集，白先勇的《臺北人》就是一個例子。

關於打破眞幻的限制，葉氏有很好的例子。所謂打破眞幻的限制，就是葉氏所謂：把所謂的「主觀的現實」和所謂的「客觀的現實」重新融合爲一，或者不分賓主的對待（頁一六一）。他用了余光中先生〈食花的怪客〉爲例子。一個陌生人建議在草地上上課。突然笛音揚起，自杜鵑花叢背後。雲的悠閒，流水的自在。笛音一變，行板變成諧謔調，高瘦的青年從花叢背後站了起來揚起一管笛子：「這才叫春天」。他隨手採了一束杜鵑花一朵一朵的嚼了起來。「怎麼樣？您們那些明喻，暗喻！」跟著學生也嚼起來，冒思莊也嚼起來……。那年青人長出兩隻角，毛茸茸的手臂正圍著寧芙雅的腰和背……。那眞是最好的例子了，那小說著實地超越了眞幻的限制。如果硬要說它眞或幻，正如葉氏所說，就好比朱自清硬要說「采菊東籬下」目的在下酒一樣的掃興（頁一六三）。此故事眞有「周之夢爲胡蝶，胡蝶之夢爲周與？」的韻味。這是小說中上乘的境界，「詩」眞正在小說裏了。

打破這些限制，其目的爲一，就是回到事態或經驗的本身，回到事態或經驗的原有姿式。

葉氏對現象持樂觀的看法：

> 現象（由宇宙的存在及變化到人的存在及變化）本身自成系統，自具律動。語言的功用，在藝術的範疇裏，只應捕捉事物伸展的律動，不應硬加解說。任事物從現象中依次湧出，讓讀者與之衝激，讓讀者參與，讓讀者各自去解說或不解說。（頁一四二）

既然現象或事態自具律動，我們就應該讓我們的視境如待虛的明鏡，納入現象或事態的活動，而不應由文字作主動，而讓文字去接近它。葉氏從於梨華〈又見棕櫚〉中取出三片斷來討論語言、視境與現象的自然演出。茲更簡化地移錄如下。

第一例

燕心到洛杉磯的時候，眞是舉目無親……。

第二例

她站起來，懷裏的皮包掉在地上，一支口紅，一副近視眼鏡，一張揉縐、印著兩圈大紅嘴的衛生紙，藥瓶的三面小鏡子一起滾出來。一面菱形的跌壞了，裂開許多細痕，像一張裂了縫的臉，她的臉。

第三例

她抬起頭來，耳墜子晃了好幾下，正要說話，天磊帶點粗暴地說：

「把它拿掉，那對東西。」

她愣愣的望著他，然後把杯子放了，取下耳墜，放在皮包裏，又手足無措地端起杯子來，卻沒有喝。

三者迹近視象的差距是顯而易見的。在第一例裏，我們本身就沒看到現象，只聽到作者概括性的敘述。據我的意見，如果把「舉目無親」改爲「一副副陌生的正面、側面豎著」，也許就比較迹近視象。第二例末句的說明，破壞了現象本身的活動，現象只演出。第三例就迹近現象了，男女主角的內心就躍然現於紙上了。他們昔日的戀情，遺留的默契，此刻相對時不可分析的心境，倘用言詮嗎？

然而，值得注意的是，葉氏對現象雖持樂觀的看法，但他提醒我們，回到現象本身，是要掌握明澈的一面，揚棄造成傳達上障礙的由特定某時空形成的事物。把司馬中原〈紅砂岡〉的片斷與李白的〈鳳凰臺〉拼在一起，便不言而喻了：

早在夏天裏，石二就暗中找過劉駝，托他過湖帶根「獨子拐兒」後膛槍（註：原始步槍之一，無彈匣，每次祇能裝一發，打一發——作者原註，以下括號以內俱是。）石二曉得，買賣槍枝槍火的事，在周圍附近，除了劉駝找不出旁人。劉駝面上是個猥瑣人物，骨子裏走黑道兒，早先扒灰挖窟起家，後來也過湖拉過馬子（註：陸上大幫強盜）……

鳳凰臺上鳳凰遊
鳳去臺空江自流
吳宮花草埋幽徑
晉代衣冠成古丘
三山半落青天外
二水中分白鷺州
總爲浮雲能蔽日
長安不見使人愁

前者，需要「注解」來重造當時的「文化氣候」，「讀那小說時就是一種努力，一種費勁」，

「拍擊力當然也就遽然銳減了」（頁一五〇）。後者雖出自特定時空的典故，「但都沒有干涉到經驗的本身（頁一五三）。因此，在作者的美感活動裏，揚棄這干涉經驗本身事物的能力，往往就是藝術的尺度。在談論「鄉土文學」的今日，葉氏的忠告特具意義，「鄉土文學」在發掘鄉土的精神之際，如何揚棄造成傳達上障礙的事物，實是值得作家們注意的。

要獲得現象或經驗的明澈一面，衝破「文化氣候」造成的障礙，要視境及文字透明地活動起來，則有待於出神的一刻：

> 在這一種「出神」的狀態下，觀者與自然的事物之間的對話用的是一種特別的語言，其語姿往往非一般觀者的表達語姿所能達到的，因爲他所依的不是外在事物因果的程序，而是事物內在的活動溶入他的神思裏，是一刻的內在蛻變的形態。（頁一〇六）

這出神的一刻近乎就是克羅齊所謂的直覺。只有在這出神狀態裏，虛明如鏡，萬物才森然以具生長的姿態呈現於我們虛以待之的視境裏，而語言偶或就在此刻相應地在唇間溜出。葉氏最欣賞王維所代表的純然境界：

> 人閒桂花落
> 夜靜春山空
> 月出驚山鳥
> 時鳴春澗中。

這種純然的境界尚未爲小說家所追求。這種純然的境界在小說中眞不易達到，但「這並非不可能，我們的小說家如能從王維脫出，始可稱眞正的前衛（頁一一六）。葉氏這一挑戰似乎是值得小說家應招的。

四、結語

我們把葉氏評論小說背後的理論大致勾出如上，可見在這實際批評的背後，是有著一套完整的美學觀念。在這一套美學觀念裏，我們可以看到中國詩學中的重要品質，我們可以看到語言及視境與現象的綜合關係，我們可以看到克羅齊理論中的某些精神。當然，最重要的，是提出了小說與詩的美學滙通的可能性。

究竟諸文類是否可以共通呢？克羅齊的答案似乎是肯定的。他把諸種藝術、諸種文類歸於統攝一切的直覺的階層。也許，我們不願意抱著絕對的一元論，而願意持一元與多元的子母關係。換言之，我們承認諸文類有其共通的本質（母），也同時承認在此本質上因諸文類的個別要求而發展成諸種面貌（子），然而，這共同本質如何？也許就是克羅齊所謂的直覺階層。緊接著直覺階層的，恐怕就是源於語言及視覺的諸種技巧了。文學上應用的技巧，就猶如所謂的科技，有其自身的獨立性，可應用於不同的領域。詩是文學的最高藝術，也是一直在詩人的耕耘中，幾千年下來，許多的技巧在試驗中成熟。小說開始時，是有如於梨華的第一例，只是概略地說故事，當小說在小說家手中不斷耕耘，其表現技巧便漸趨藝術化。於是，小說與詩在美學的階層裏，就有著合流的狀態。葉氏在本書中所作的分析，充分證明了兩者美學上的滙通。如我們前述所分析的，詩中的某些境界，如弦外之音，如衆角度的同時呈現，如純然的境界等，小說中似乎尚未成熟。小說要更進一步，除了在其文類自身作耕耘外，求教於其他已經高度發展的文類（如詩），是一可行的途徑。用詩的藝術來論小說，能促進這一發展。葉氏成功的分析，實有其時代的意義。在此套美學的照明下，小說的藝術奧妙清晰如清潭裏山林的倒影，一一呈現於我們眼前。我們發覺現代小說有著高度的藝術，小說不再是茶餘飯後消遣中的閒東西，而是眞正的藝術。在這嚴肅的、藝術性的小說批評裏，我們的小說才會走入正途，走向藝術的領域。

也許有人會詬病，葉著偏重了藝術技巧方面的討論，忽略了思想性的討論。但我們得注意：葉氏專談藝術技巧，並非意味著技巧至上論，只是時人多忽略了這方面的思考，而葉氏特長於此而已。正如葉氏於二版序所說：「所謂小說藝術及小說藝術的基礎的語言的藝術，在當時很少人注意，談論者更少，而進一步討論小說的結構及該結構與外在現象，經驗程序及其間作何種選擇和表現的關係，可以說沒有。」葉氏於該序中許諾說，如果他寫第二本評論集，他將會「加強討論思想性與藝術性的溶滙問題」，讓我們拭目以待。此外，我也無意說思想性的討論較易。冒昧點說，在目前的評論界裏，在思想性的討論上，使我驚心動魄的文字似乎尚不易見哩！思想性的討論，是需要睿智的，一方面要在傳統的長河裏討論這一刻的時代意義，一方面要把「將來」加入考慮，一方面還得討論其超越時空的永恆性智慧。究竟有沒有「永恆性的智慧」本身是一大疑問，把「將來」加入考慮，就有點預言家的姿態了。

在這懷疑論相對論繁衍的二十世紀，似乎大家都怕談「批判」，但我總覺得真理還是存在，批判還是需要，雖然得萬分兼容並蓄、謹慎、客觀、客氣地進行。

——錄自《書評書目》七六期，一九七九年八月，頁四八—五九。

評介葉維廉論文集《飲之太和》

杜國清

《飲之太和》是葉維廉先生的第二本文學論文集，共含有十二篇論文，可以概分爲兩類。一是關於中國傳統道家美學與詩觀的闡明、或論述、或與英美現代詩匯通、或中西觀點的比較應用。另一類是有關新文學評介、或回顧、或自剖。前者包括〈中國詩的視境〉、〈中國古典詩與英美現代詩〉、〈中國文學批評方法略論〉、〈嚴羽與宋人詩論〉、〈中國古典和英美詩中山水美感意識的演變〉、〈飲之太和〉、〈無言獨化—道家美學論要〉、〈東西文學中模子的應用〉等重要論文。後者包括〈陳若曦的旅程〉、〈經驗的染織—序馬博良詩集《美洲三十絃》〉、〈現代歷史意識的持續〉，以及一篇附錄〈我和三、四十年代的血緣關係〉。

前者八篇論文是葉維廉所認同的中國傳統詩論的闡發和應用。中國傳統詩論，淵遠流長、繁複多樣。史丹福大學劉若愚教授曾在《中國詩學》中，將中國傳統的詩觀分成四派：「道學主義」、「個人主義」、「技巧主義」、和「妙悟主義」。後來又在《中國文學理論》一書中，分爲六類：「形上理論」、「決定理論」、「表現理論」、「技巧理論」、「審美理論」、和「實用理論」。在這些不同派別不同理論的中國傳統詩觀中，葉維廉對「妙悟主義」和「形上理論」最爲傾心，而以之代表「中國詩」、「中國古典詩」一般。

作者在這八篇論文中，一再反複闡述這種以道家美學爲基礎的詩的特質：「不着一字，盡得風流」、「不涉理路」、「無迹可求」、「以物觀物」、「無言獨化」、「目擊道存」、「即物即眞」、「離合引生」、「空納空成」、以及「心齋」、「坐忘」、「神遇」、「喪我」等道家觀點，而同時一再反對西方「分析」、「演繹」、「歸納」、「始、敘、證、辯、結」、「因果律」、「陳述—證明」、「抽象概念」、「知性」、「修辭法則」、「邏輯結構」等等。

作者將中西詩觀或美感經驗以二分法互相對立，以顯示「中國詩的特色」：

△超脫分析性、演繹性↓事物直接、具體的演出。

△超脫時間性↓空間的玩味，繪畫性、雕塑性。

△不作單線（因果式）的追尋↓多線發展，全面網取。

△作者溶入事物（忘我）↓不隔↓讀者參與創造。

△以物觀物↓物象本樣呈現↓物象本身自足性↓物物共存性↓齊物性……（第十六頁、七十六頁）。

中西詩觀是否如此極端對立？中國詩是否都具有這種特色？道家美學是否是所有中國詩的美學基礎？

中國古典詩中固然有不少像「雞聲茅店月，人跡板橋霜」這種「意象性」（imagistic）、「非語法結構」（asyntactical）的詩句，但同時也有很多，也許更多「陳述性」（propositional），含有語法結構的（syntactical）句子，像「思君令人老，歲月忽已晚」，「昔我往矣，楊柳依依」等等。在西方詩論中，也有主張「忘我」的，如濟慈（John Keats 1795-1821）的「自否能力」（negative capability）或艾略特（T. S. Eliot. 1888-1965）的「不具個性理論」（impersonal theory），也有主張「作者溶入事物」的，如赫芝立（William Hazlitt, 1778-1830）的「共鳴的想像力」（sympathetic imagination）等等。

由於站在以中國道家美學爲基礎的妙悟主義詩學觀點來討論中國古典詩與英美現代詩的匯通，作者顯示出中國本位的詩觀。由於主張道家的「歸樸返眞」，「回歸太和」、「無爲」、「天籟」、「原性」、「物各自然」、「萬物萬化」，作者顯示出「原始主義」（primitivism）的價值觀。進而，在討論中國詩的特質、語言表現、美感意識時，所舉的例證盡是古典詩中文言語法結構的詩句，作者顯然具有擬古主義的（archaism）的傾向。

中國古典詩的這些特質和優點，白話詩能否加以繼承且發揚光大？實際上能否移植到現代英美詩中？不論是中國或英美現代詩人，在了解中國古典詩的這些特質和優點之後，能否突破語言表現與思考習慣的不同，將之化爲營養加以吸收，以擴大美感經驗的領域，創造出更廣涵、更堅實、更完美的作品？如果不能突破或加以吸收，而只一味模倣效顰，結果將只會產生一些在語言表現上是半文言，在詩情上是矯虛造作，在境界上是假古典的劣品。現代詩人，已不可能生活在古典的世界中。現代詩人對中國古典詩的認識和容受，要能進能出，否則在創作上會受影響而變成開倒車（anachronism）。

總之，這本書的主要論文在闡述中國古典詩中某些以道家美學爲基礎的特質，以及中西詩學在語言美學上的不同觀點。作者爲了強調這種古典詩的特質，在立論和論證上不無以偏概全之嫌，但是誰也不能否認，這些理論和作品的確是具有相當中國味道或特質的。中國詩學對世界文學理論的貢獻也必然表現在這一方面。作者的論文，大多曾以英文發表過。在英美文學批評界，葉維廉和劉若愚教授，可以說是當代將中國特有的文學理論，引進英美文學批評界的兩大功臣。在國內，我想中文系和外文系的學生，以及新詩的作者和讀者，都應該把這本書細心研讀。不論是對詩學理論的了解或新詩的創作，這是一本很有啓發性的好書。

——錄自《笠》一一三期，一九八三年二月，頁八六－八八。

洞見與不見（節錄）

——葉維廉對《莊子》的新讀法

廖炳惠

在晚近兩篇直接觸及道家美學與西方語言概念的文章裡，葉維廉教授將其論證的主要來源放在莊子上，且築基於郭象注上，這使他的新讀法變得亦新亦舊，因爲郭象注是魏晉玄學中對莊子書衆多詮釋的一支（見葉教授喜歡援用的《莊子集釋》頁一，該頁另引世說文學篇標明有支道林的逍遙「至足」義超出郭象、向秀注，而葉教授卻沒論及此。他讓一種解釋法壓倒群解，因此留下被解構的可能性），而郭注產生的政治背景、學術脈絡、及其與莊子義理的歧出（以布露姆的話說是「創造性變形」、「誤讀爲新解」）已有許多學者討論過；唐君毅先生看出郭注中「言自然獨化及玄同彼我之道」與文學藝術之「虛無寂寞」義的關連，徐復觀教授對莊子「庖丁解牛」所代表的藝術精神的精闢探究①，尤可替葉教授的「無言獨化」觀作某一程度的疏通。也由於「無言獨化」觀在傳統或近代學術裏均能得到輝映，兼又顧及中西美感生成的異同，它無疑的較能引生影響，而且實際上葉教授在中西山水詩的比較詩論上的地位也已是卓舉彰著②，更不用談到他在對推動比較文學研究上的貢獻。

一九七八（八〇）年葉教授的發表的〈無言獨化：道家美學論要〉一文的主旨，據他告訴我們，是要「試圖了解道家的宇宙現象論，如何爲中國詩學提供了一種獨特的『離合引生』（decreative-creative）的辨證方法，一種『空納——空成』的微妙感應——表達程序」（17，頁三十九）。道家的宇宙觀，按他的說法，一開始便「否定了用人爲的概念和結構形式來表宇宙現象全部演化生成的過程」，因爲道家認爲歸納與分類、系統和模式必然產生限制、減縮、歪曲；有了概念化與類分（有「封」），則隨著起了是非之分；「天機的完整性便開始分化破碎爲片斷的單元」（18，頁四〇—四一），所以莊子學術的重點在「設法保護宇宙現象的完整性」。

文中葉教授分別引用了海德格、詹姆士、懷海德等人的言語來反映出莊子重視「『概念、語言、意識發生前』的無言世界的歷驗，在這個世界裏，質原貌樸的萬象可以自由興發的流向我們」（20，頁四十四）的可貴。一如德希達所攻擊的索緒爾（Ferdinand de Saussure）的語言學或西方「存在爲眞」的形上學（logocentrism），葉教授（跟隨老子、莊子）認定有古樸的「質原」（pristine form, 20）可回歸，有個「意識未成之前」（「未知有物」）的「天眞未鑿的情況」，從中始能產生自然自發的相應和（「天放」）。「素樸」因而代表了原有的整體渾然的意識狀態——開放無礙、自由興發，在這種情狀中，絕無理性的分析與辯證，正如郭象所說：「物各自然，不知所以然而然，則形雖彌異，其然彌同也」。據此，中國文學及藝術最高的美學理想便是要「求自然得天趣」，是要以「自然現象未受理念歪曲地湧發呈現的方式去接受、感應、呈現自然」（23，頁四十七）。

得此論斷後，葉教授進一步區分「以我觀物」及「以物觀物」：前者以自我來解釋外在世界（「非我」的大世界），以概念、觀念加諸具體現象的事物上，設法使物象撮合意念；而後者自我溶入渾一的宇宙現象裏，化作眼前無盡演化生成的事物整體的推動裏，去「想」，就是去應和萬物素樸的自由興現（as the ego loses itself into the undifferentiated mode of existence, into the totalizing flux of events and changes constantly happening before us, to "think" is to respond to the appeal of the presencing of things in their original state of freedom, 23），因此並不涉及分析、演繹、推論或語態，也不用直線式的時間感和因果律的文字來表達，絕少隱喻與形而上的成份。簡單的說，中國古典詩（尤其山水詩）照物象的原貌原狀呈現，詩人不用解說干擾，景物直接「發聲」，直接演出（The poet does not step in, but rather, he allows the scenery to speak and act itself out），詩人彷彿化作景物本身。中國古典詩（或藝術）之能達到物我渾一超乎語言的自由抒放的境界（lyrical vision），主要是透過莊子所謂的「心齋」、「坐忘」等「離合引生」的辯證方法，也就是把「抽象思維加諸我們身上的種種偏減縮限的形象離棄來重新擁抱原有的具體的世界」（24，頁四十九），以虛空但卻晶瑩剔透的心去完全感應萬物的原性。這完全「開放、無礙」的離合引生雖類似西方宗教的神祕主義，卻不企求躍入形而上的本體世界，只是即物即眞（the phenomenal is the noumenal）（26，頁五十一），是以「神遇」的「空納空成」。

這種「以物觀物」、「以我觀物」的區分，在葉教授的另幾篇文章中也有發揮③，尤其在他的近作〈語言與眞實世界——中西美感基礎的生成〉一文裏，又進一步說明中國古典詩如何「一成不變地把『指義前直現的實境』（視境）完全展示」（頁五），而不沾染上指義思考行爲的「否定、減縮、變異」——如西方文學語言的傾向，㈠「語言，在柏拉圖、亞里士多德以來，原已走上了抽象取義的路上（物象與語言離異的開始），現在則更被縮減爲一種純然是工具的東西，專爲一種意識形態去服役：即物與人除『用』無他」頁二十五）。但此一抽象取義的傳統已漸由「冥想到蛻變」，不但西方現代詩（從馬拉梅至克爾里等人）力求突破，思想家如海德格、馬盧龐蒂更想與「原眞的事物直接地交通」（頁二十三），企圖超越語言的拘絆。在這種情況下，一方面，西方現代詩人「提高了近乎中國舊詩中的㈠『事物直接、具體的演出』，㈡加強了視覺性，空間的玩味，包括繪畫性、雕塑性，㈢保持關係不決定性而得多重暗示、多重空間的同時呈現，㈣意象併發性所構成的疊象美及㈤時間空間化、空間時間化……等」（頁二十八）；則顯示中西兩重文化雖遙隔時空，卻「發生了相同的問題，追尋同一個物我通明的關係」，而這正顯示了「重獲眞實世界的一個可能的據點」（頁三十四）。

從葉教授長久以來對莊子的注意，並寫作許多宏麗博辯的文章，視「無言獨化」觀爲瞭解中國古典詩語法、美感意識的主要門徑，至少我們可肯定：他是掌握住了中國藝術精神的大動向，因爲就哲學或藝術史看，莊子的影響至爲深遠，實在算得上是「正統」④；而他專從語法及美感意識建立起比較詩學的理論，也不乏其卓識洞見。然而，由於排除了其他的變項（variables），專以郭象注及象徵派詩人以降的語法、美感意識爲架構，「無言獨化」觀一方面雖能奠定其特殊脈絡，鞏固其「界限條件」（boundary conditions），導出理論，在另一方面卻蘊含著難以避免的「不見」：取材上的忽略不周、一義壓倒群解的封閉性及欠缺自我省察、理論上的自相矛盾或不一致、對莊子及其他思想的「減縮、變異」等。我們說這些「不見」是「難免」，乃是因爲理論傾於籠統、抽象，而洞見卻出自具體個人，兩者本來就不大和諧；而且限制題材，忽略其他無限的變項，正是理論工作上必須採取的步驟（有所選材、抽象，才能有所發現）⑤。因此，下文對「無言獨化」觀的解構，並非要質疑「無言獨化」觀的理論價值，毋寧是要補充其論點，以便闡明「無言獨化」所未能「道出」的莊子學說及相關的比較詩學上的重要層面。

前面我們已說過，葉教授以郭象注爲基礎，並且認爲郭象是「莊子最重要的詮釋人」（〈無言獨化〉23，頁四十七），基於這種斷定，他也隨同郭象認爲「自然」即是「自生、自殺、自化、自足」。「自足」乃是郭象逍遙的旨趣，葉教授則推衍之爲"self-so-complete"（21））及"self-realization"（23），因此「自然」便不須抽象概念或系統來干涉，而情境能「自由興發的體現」（如在中國山水詩裏）始能顧及各物各自然的全面性（頁四十七）。這種「自足」觀使「無言獨化」觀得以順利推展，成爲本身已先設定的邏輯推理的產物；而對「自足」觀之何以最重要一問題（此一抉擇來自類似Murray Krieger 在*Theory of Criticism*, p. x.

所說的"inner person"）遂未能有自我省察。細究之下，在一開始，「無言獨化」便是一人文構成（a cultural construct），而不是自然的所予（a natural given）；看起來似乎是自然、自明的，其實有其歷史、有其存現的理由，並對繼起者有其影響，正如德希達解構Benveniste的語言學時說的：它已被『提出』很多次，而它的『證實』至少也需『很長的評論』，因此，我們不能相信哲學論點有其超歷史、現下的可取得性（immediate and ahistorical accessibility）⑥；這層歷史卻未被查覺，而且如後文我們要指出的，葉教授對「文化所予」並沒有他自己在另一篇文章所主張的「全體性」的省察⑦，尤其當他論及語法等。

在主張「自足」「獨化」的同時，論文本身卻訴說出另一種歷史、文化上的構成，而且文章雖是有關「無言」、「無心」、「無我」、「無知」（24，頁四十八）等超越思維、辯證、概念化的『自由興發』，本身卻充滿引證（尤其是自海德格，海氏其實也是以極其繁瑣的方式來闡論，特別是對本體論的用語，在*Sein und Zeit*, pp. 326-27,他便說：「在找尋字眼來界定首要而眞實的現象——對應於次要而不眞的現象——，研究者也得同樣費勁地掙扎，因爲本體論的術語本來便很難纏」，但他在另一方面卻一再認爲訴說的恰切及近似（*Schicklichkeit*）、言語的精覈及有良心（*Sargfalt*）、文字的簡省得當乃思想範圍疇內首要及最基本的法則）⑧辯證（如「離合引生」的辯證"decreative-creative dialectic,"或以思辯的方式去推論出「未加名義的空純」）、及對語言文字的思索，我們雖然可說「無言獨化」是研究的「結果」（result），它和在論證過程中的「有言」在範疇（category）上並不相同，因爲論證是針對言語未回歸「素樸」前而產生，是視語言的「有言」爲「對象」（object），而無言則是「有言」的成果，因此，拿「有言」（對象）來抨擊「無言」（結果）未免犯了由Gilbert Ryle 揭櫫、邏輯上著名的「範疇謬誤」（category mistake），但是即使如此，葉教授也隱約認爲（或不致反對）：「指義前直現的實境」的文字也是人爲的語言，並非「自然」的語言，至少是一種企圖回歸自然（「返璞歸眞」）後的「直現」語言——以葉教授自己的話來說「我們仍然無法否定語言是文化的產物這一事實。既是文化的產物，它必然具有使我們無法獲致天機自然的元素。道家的意識形態，用斷棄來再納，用離合來引生，幫助詩人消除這些元素，使語言調整到最能接近自然的程度」（〈無言獨化〉31，頁五十七），也只是最能接近自然的語言。因此，正如一位書評者所說，道家語言之自發自放、無言獨放只是「由於葉教授深契於道家境界，也要我們如此相信」的努力，而西方也不乏文學語言純似自然之說⑨（除了杜維廉教授所引的沙特《何謂文學?》頁五之外，濟慈在一封致出版商John Taylor的信中也曾說：「詩應來得自然，如樹上的葉子。」February 27, 1818,而*ars est celare artem*『藝術不著痕跡：藝術出落自然，掩藏其雕琢性』，尤其是西洋修辭學上著名的說法。）

其實，〈逍遙遊〉也以一連串的隱喻去達成消除現存名義（effacement of presences as proper names），來質疑『自足』爲逍遙的觀念，以展開自我解構。從文字上的自我變形——由鯤而鵬，而野馬、塵埃，……表面似乎是要指義，卻又將之轉變，如謂「鯤之大，不知其幾千里也」表義上彷彿是要陳述一件事實，但卻充滿虛妄：「鯤」據《爾雅・釋魚》、《

國語》韋昭注乃是「魚子」，張衡〈西京賦〉薛綜注也稱「魚子」，段玉裁更說「魚子未生者曰鯤」⑩，這種小大的變形，由名義之指向另一些名義（如「南冥」爲「天池」，並引齊諧），由直言（literal）轉爲假借（figurative），由意義的建立（或說正確些，似乎企圖要建立）到意義的抹除，在在都暗示出文字現存的不穩定性，而且又瓦解了文字所似乎達到或導出的「自足」。（此處，傅柯Michel Foucault的文字概念catachresis——無一物全然相同，而文字語言卻對不同的事物予同一名稱，罔顧其內在本質、空間座落、外在屬性的歧異——也與莊子的「濫用」名義相類）。鵬鳥一飛而九萬里，似乎已極逍遙，卻無法自足：仍有待乘長風（野馬），得資風水始能高飛；蜩與學鳩雖騰躍自得，卻受空間限制（「時則不至而控於地」）無以逍遙，此是就空間上說，而郭象注云：「苟足於其性，則雖大鵬無以自貴於小鳥，小鳥無羨於天池，而榮願有餘矣。故小大雖殊，逍遙一也，」是未見到這一點。就時間上，莊子也發現「小知不及大知，小年不及大年」，彭祖是「以久特聞」，衆人都不及他長壽，但實際上壽命有更長的如冥靈、大椿，在〈齊物論〉裏，莊子更以「莫壽乎殤子，而彭祖爲夭」（頁七十九）來顯示年壽標準的不穩定性及意義的模稜性——可開放給另一種意義。

文字（概念）、空間、時間之外，人類世界除了至人、神人、聖人（值得注意的是莊子每每把這些人寫成是「破相」disfigured而且是遠古的人〔「古之眞人」〕），變成是修辭上特殊的無以指涉形式"resistant mode of reference"，因此也像鯤之爲大、齊諧之言一樣，均不能指明印證。一方面似要述說眞理，一方面文字思想卻將眞理壓抑下來），一切人無不「有待」：「知效一官，行比一鄉，德合一君，而徵一國者」既有「己」、「功」、「名」之累，宋榮子也仍存己而未齊物，便是列子御風也須待風；因此，莊子說「此雖免乎行，猶有所待者也。」（頁十七）。從這些文字、空間、時間、人物的有待而不足稱爲逍遙，莊子進入另一個似乎是無待的世界，並倡導「無用之用」，但是即使在這一層，莊子也以「軼聞」或「對話」來敘述，其信實程度及其是否表達出眞理——令他人信服——則存而不論。由全篇看來，〈逍遙遊〉毋寧是一再的消除現存、眞理、自足性，文字變得一再逃避自己所要達到的。最後，我們讀到的是「自我解構」：堯的「窅然喪其天下」、莊子的置大樹於「无何有之鄉」，由「無」來解開一切的執著，包括對意義、價值（甚至語言）的期待。

這種「自我解構」性在「齊物論」變得更加明顯化。從一開始郭子綦的「嗒焉似喪其耦」便對「耦」（對立、對應，據論語「相人偶」之「偶」音同）產生質疑，藉著南郭子綦爲代言人（persona）來遮掩自我；莊子以隱喻的表達法說風吹萬物所引起之回響（「夫吹萬不同，而使其自己也，咸其自取，怒者其誰邪！」，頁四九—五〇）、心識的作用、語言的興起及其障礙性（起是非爭端），這些無不指出眞理（「成」）其實是謬誤的另一面：洞見總是築基在有所不見上。個中原因部份是知識主體在認知範疇上的局限：㈠在空間上，如〈秋水〉篇所說的「井鼃不可以語於海者，拘於虛也」（頁五六三，虛通墟）；㈡在時間上，「夏蟲不可以語於冰者，篤於時也」（篤，固也）；㈢在教育、經驗上，「曲士不可以語於道者，束於教也」；這三個認知的基本範疇不僅僅是主觀而且是「本體」的（ontological），正是由於認知者受限於當下的眼界（the knower's boundness to his present horizons），他方能經驗、理解外在世界，也由於這種「詮釋瞭解的處境」（hermeneutical situation）⑪，認知者有其限制及歷史性而導致某種程度的不見；而看出了這種一般知識難免有其洞見與不見的認知循環，莊子便主張一種超越性的知識：「莫若以明」、「得其環中，以應無窮」（頁六六）、「知通爲一」（頁七〇）、「知止其所不知」（頁八三）、「和之以天倪」，但是即使在這種「齊物」的超越性知識裏，莊子也不大一致，一方面是就感性（〈庚桑楚〉，「知者，接也」，頁八一〇）、理性之知（「知者，謨也」）而「知止其所不知」（〈庚桑楚〉也說「知止乎其所不能知」，頁七九二），彷彿就在認知處境的自我反省上成立更周全而自行解構的知識，然而在另一方面，莊子卻要認知者企求一種自然而超越之知（「知者之所不知，猶睨也」，〈庚桑楚〉）、「和之以天倪」。他遂一方面主張就認知主體去「不用而寓諸用」，求「達」知「通」，但另一面卻以「有以爲未始有物者」「至矣，盡矣，不可加以矣」的「古之人」爲超越性知識的典範。這種矛盾也可在他的人生觀一方面求棄世的解脫（〈逍遙遊〉：「今子（指惠施）有大樹，患其无用，何不樹之於无何有之鄉，廣莫之野，彷徨乎无爲其側，逍遙乎寢臥其下。不夭斤斧，物无害者，无所可用，安所困苦哉！」頁四〇），而一方面卻又說：「安時而處順，哀樂不能入也」（〈養生主〉，頁一二八）、「爲善无近名，爲惡無近刑。緣督以爲經，可以保身，可以全生，可以養親，可以盡年」（頁一一五），乃是從處世順俗的立場來著重現實⑫，而「爲善无近名，爲惡無近刑」據王叔岷教授的考證宜解作：「善養生無近於浮虛」，「不善養生無近於傷殘」⑬，更見莊子的落實人生。莊子在〈齊物論〉（各篇亦然）均有此「自然」或「類自然」之「替代」（或「添補」supplement, cf. *Of Grammatology*）的自我矛盾，因此，他屢屢訴諸語言，讓文字指向另一組文字，一直規避究竟義，以寓言、虛構（介於想像與觀照之間的「故事」）來添補哲學、文學與現實的鴻溝。〈齊物論〉的結論也因而不像是結論，莊子仍思索超越與現實之間的矛盾情境。

可見無法脫離論證的矛盾情境，莊子遂以比喻、隱喻來掩蓋，因此歷年來，莊子之文字被說成是「洸洋自恣」（見《史記．老莊申韓列傳》）、「辭趣華深，正言若反，故莫能暢其弘致」（陸德明《經典釋文．序》），而他在〈天下篇〉也自稱：「以謬悠之說，荒唐之言，无端崖之辭，時恣縱而不儻，不以觭見之也。以天下爲沈濁，不可與莊語，以卮言爲曼衍，以重言爲眞，以寓言爲廣。獨與天地精神往來而不敖倪於萬物，不譴是非，以與世俗處」（頁一〇九八—一〇九九），這種拿文字來彌補不見（在寫作中，經驗慢慢凸顯成形，遂與原來的概念有不合之處，有前所不見者）、矛盾，也可在語言學家奧斯汀（J. L. Austin）對本身在 *How to Do Things with Words*（1962）所設定的詞彙「斷言式話語」（constatives）、「履行式話語」（performative）的自我解構⑭，或陶淵明的〈桃花源詩并記〉裏看到：一方面故事企圖報導（constative），卻逐漸化爲行動（performative），轉爲嚮往，而一方面也從嚮往邁入與嚮往相反（但卻內在其中）的放逐，有此自我解構的雙向運動⑮。

因此，不僅「無言獨化」觀的論點傾向自我解構，其所處理的對象（莊子）也以雙向運動訴說出本身的洞見與不見，而且在另一個層次上，「無言獨化」觀的批評模式也有其不一致之處。在較早先的一篇文章裏，葉教授提醒我們不能像寓言中的魚一樣，一聽到青蛙向牠敘述人的形像，便立刻用自己的「模式」去套出人的長相；因爲模式雖屬組構活動的過程之中必須採取的步驟，批評家卻不能不注意到運用該模式可能導致的局限和錯誤⑯；在另一篇文章裏，葉教授則運用詹姆森教授（Fredric Jameson）的「邁向辯證性的批評」爲基礎，呼籲全體性的文學研究作法⑰，雖孤立處理某些要點，也要以辯證的相互關係來同時觀照雙面，最後還得將抽象送回具體世界，重新溶入歷史，一睹現實的具體全貌（36）。然而，葉教授在「無言獨化」觀裏卻忘了以全體性的觀點來看西方語言的具體全貌，他似乎是先以中國模式爲準，採批判（而非「辯證的相互關係」）的態度去衡量西方語言及文化，認爲西方是以「人觀物」，哲學傾向抽象，語言基本上是一種指義行爲，因而涉及「否定、減縮、變異」，其實這未嘗不是另一種以「人觀物」的作法。也許這是洞見掩蓋了另一種可能會產生的觀照，或許是葉教授被他的洞見帶至另一種始料未及盲點（blindspot），但也有可能是以這種陳述（discourse 按傅柯Foucault所謂的「陳述」義）表達出薩伊德所謂的文化優越感（見*Orientalism*, p.7.），尤其他引用海德格、馬盧龐蒂的話語，彷彿二十三世紀後，西洋哲學才悟到要追尋「物我通明」的關係（〈語言與眞實世界〉，頁二四）。

由於葉教授引用許多海德格的話語，在行文中又常用到現象學的字眼（如「重新擁抱原有的具體世界」，24，頁四九；「宇宙現象本身『便是』本體世界」，26，頁五一），我們在此簡單分析他和海德格的異同，也許有其必要。在〈無言獨化〉一文裏，葉教授引用海德格的〈形上學序論〉，稱「一切存在物都是等值的」，因此，我們「不應將某一存在體（案：一般譯作「存有物」）（包括人）拈出而晉升其身價」（22，頁四十六）。這一段引文十分精彩，完全呼應了葉教授的論點，不過，就在此洞見裏，恐怕葉教授也「遺忘」了——一如海德格時常批評西方傳統形上學的——最重要的問題：「爲什麼有存有物而不是無？」（"Why are there essents rather than nothing?"），因爲海德格在〈形上學的基本問題〉（葉教授的引文即出自此章）是要問：爲什麼存有物到處招搖，擁有每一個存在；而非存有的「無」（the Nothing）——「存有本身」（Being itself）卻遭遺忘[18]？據海德格觀察，傳統形上學的主要課題是有關存有物的眞理，哲學家紛紛以思辯（大多數用邏輯推理）的方式將存有物限定；它雖然名義上是以「存有」的眞理去探究存有物，但「存有」本身卻始終不爲人所知而且莫測高深，因爲「存有」（「無」）也被思辯、推斷爲「存有物」，變成人思維的產物，如「上帝」本來也是「存有」，卻淪爲「存有物」，由「存有」降爲「似乎存有」，掩蓋了「存有」（φύσις）原來應具有的「聚結」（λόγος）、「開顯」（λέγειν）、「組構」（δίκη）。在人類這個特殊存有物所從事的科學探究之下，全體性遭分割破壞，「存有」遂不再明顯或具有意義。爲了要「開顯」存有，海德格呼籲㈠藉質疑（interrogation）及㈡語言分析來思索形上學問題，不能以特殊存有物（人）的立場來看形上學：「在範圍不受限制的精神之下，一切存有物都是等值的」（*An Introduction to Metaphysics*, p. 3），這才是引文的脈絡。

在〈語言和眞實世界〉一文裏，一開始不久，葉教授也引用了海德格討論語言的對話⑲，然而卻將原文的「探索者」（Inquirer）定爲海德格，雖然這位探索者只是海德格的化身，而且也自認是《存有與時間》（*Being and Time*）的作者（頁七），但是如此作，卻揚棄了原有的戲劇性張力。在日本人與探索者的對話裏，顯然東西方的交會是以頗具懷疑的口吻來進行，雙方一直意會到「由屋到屋之對話」的困難。日本人認爲用歐洲的語言概念來看東方，只是看到一團曖昧而不成形的東西；探索者更意會到一種更大的危機：「危險咄咄逼人，它來自一個我們都不加懷疑的地帶，而它正是我們都要經歷到的地帶」（頁三），由這一點看，葉教授所說的中西語言的匯通未免太過樂觀，不僅視之爲當然不加懷疑，而且恐亦有違現象學「互爲主體性」及「納入括弧」的主張。在文章末尾，葉教授拿海德格與郭象相提並論，認爲海氏企圖重認蘇格拉底時代以前某些基本印象的含義，與郭象爲老子（？）、莊子某些一度被人疑誤的名詞重新解釋，爲六朝以後打開美學的新局面的情形很相似（頁三一），這種比較似乎在歷史背景上有其類同之點（海德格有個長期以來的形而上學、邏輯、理性主義的傳統，郭象則從兩漢的緯讖、黃老之學掙脫出，力求新解），不過，郭象的學說其實是把莊子的「存有」變爲「存有物」，每每認爲「造物無主，而物各自造」⑳，然而莊子卻時常提及類似海德格所謂的「無」（Nothing, Non-being）：「夫道，有情有信，无爲无形，可傳而不可受，可得而不可見；自本自根，未有天地，自古以固存；神鬼神帝，生天生地」（〈大宗師〉，頁二四六—四七）、「泰初有无，无有无名；一之所起，有一而未形。物得以生，謂之德」（〈天地〉，頁四二四），都是以全體性的否定來描述「存有」（萬物生成的總原理），由於「存有」一定要以「類似存有」物（「德」）顯現（也因此被部份掩蓋），因此，「存有」（Being）會被人誤認爲是「存有物」（beings），而這正是老子、莊子所呼籲的，要從侷限片面、變化不常、自我毀壞的「存有物」（「德」）脫身，以對「無」的體認與焦慮（anxiety）去開顯存有本身。這正是郭象企圖圓融形而上、形而下兩個世界的立論所無法顯現的。

除了這些批評模式上的不見之外，如前面我們已說過，葉教授對中西語法的觀察也與自己的「模式」運用觀、「全體性歷史觀」有些出入，他所得出的論斷：「中文可以直書」，「用英文依事物的直現直書會引起『不正常』的感覺」（〈語言與眞實世界〉，頁五），其實不只涉及他意識到的「美學」、「哲學」、「意識」發展的歷史問題，尤其和語言本身的系統有密切關連。從維根斯坦（Wittgenstein）以降，語言和它的用途（use）及成規（convention）的關係一直是語言哲學家無法忽視的課題，奧斯汀以平常用來產生行動的履行式話語是否有得體（appropriateness）或適恰性（felicity）爲準，主張語言一如玩棋、遊戲，要按照成規、法則來玩才有意義，晚近更由哈伯瑪（Jürgen Habermas）自社會溝通與語言行爲的理論創出「普遍語用觀」（universal pragmatics）爲成功溝通的語言行動的理性共識（rational consensus）㉑。據這種觀點，語言絕不是零碎或可抽離其系統來使用，意義的產生一定要放在一個得體的場合，使用語言者與讀到此一組符號的人一定要對此語言規則有若干瞭解，拿英文文法來寫中文便無法爲人所接受，反之亦然；更由於我們平常的思考均是以語言、成規來進行，我們幾乎牢牢陷入其中，無法質疑成規；正如史丹利·卡維爾（自維根斯坦發展出）所說：「想像一種語言不啻是想像一種生活方式，在思考時，我必須把我自己的語言及生活帶入想像裏㉒，語言成規已儼然是一種評估、理解事物的角度，一付無法去除的眼鏡和取景儀。因此，葉教授從中國古典詩的語法來評估西洋語法，斷定中國山水詩「不必依賴比喻和玄理」（〈無言獨化〉23，頁四十八），一方面是受到自己觀點的限制（洞見遂成不見），一方面則是忽略了對象語言的成規系統。對於這種不見，王建元教授晚近替他的老師作了一些補充，其要點如下：

㈠以唐代近體詩爲例，高友工、梅祖麟先生發現「由於英文擁有豐富的語法手段，可以用關係代名詞、指示代名詞或冠詞等等修飾堆砌名詞，英詩中的名詞意象傾向於『物體』的感受」，而「散漫性句法、多義性句法及破壞性句法是唐近體詩語法的特色」，且在意象的造就上，屬於「抽象修辭手法」（據W. K. Wimsatt, Jr, The Verbal Icon）；在指涉方面，中文比起英文要顯得「抽象」，給讀者一種「迷離恍惚的感覺，缺乏眞實的時空感受」，然而在感受上卻有生動鮮明的意象㉓。鄭樹森先生也發現英詩意象具體，而唐詩則富雕塑、視覺上的意象㉔。

㈡中西語法不同，如趙元任先生所說：「中文句子裏主部述部的文法意義並非動作者——動作（actor-action）的方式，而是語題——評論（topic-comment），因此與大部份的印歐語系不同㉕。」所以，中國詩每一行便是完整的句子，不必特別指出動作者是誰，而譯英文時，則得費勁加上主詞。

㈢英文浪漫詩一開始便「見山不是山，見水不是水」，將山水移入概念世界去尋求意義和聯繫，是要在詩人的意識形成一個整體，使心靈與自然結合，隨著成長，將自然內在化，如渥滋華斯的〈序曲〉（Preude）透過想像、觀照而得到危機的突破與贖救，在自然景緻中重新創造出神聖㉖。

從這幾點，我們知道中西山水詩的語法、意象、旨趣迥異，它們只能說是有所不同，卻不能說那一種較佳（only different, not better），如果我們以近體詩的語法來看西洋詩，只是把它「抽象、減縮、否定」了；雖然龐德、史奈德等人受到中國文字的影響，在詩句上有革新之舉，但是要拿這種現象當作比較詩學的課題，尚須考慮這些詩人的企圖以及其背後的語言傳統——畢竟他們在表達給讀者時，也須注意語言的「逸軌」程度，因爲太怪異的語法，勢必造成領受上的困難。在從事比較時，怎樣避免「以人觀物」或援用未加省察（「解構」）的模式，如何發揮「物我通明」的全面觀，並意識到理論本身所可能導致的洞見與不見？這也許是我們最需要冥思的，而葉教授的「無言獨化」觀正一方面訴說了「以人觀物」所造成的扭曲及「以物觀物」擁抱「原來、眞實」世界的可能性，一方面又引導我們瞭解到批評的眞理：批評難以避免「洞見與不見」的形式，因此不斷開放容納更多的解釋、補充，期待更多的洞見（渾然無礙的開顯）與較少的不見（由於套用模式所產生的限制、減縮和歪曲）。

附記：

本文二校期間，有幸奉接葉教授來函指正，現簡單作幾點補充說明：㈠本文所指出的「不見」是與「洞見」呈辯證性的關係，乃是文評無法避免，勢必爲其本身之發現所導致的另一個修辭模式，絕不是完全「盲目」或「不知道」。事實上，本文所選評的這幾位學者對結構主義之後的文評均有精湛深入的瞭解，他們避而不用或持批判的態度，便表示出本身的立場。㈡葉教授的文章有其因應歷史而生的立場，而且他力圖從中國理論中開發出它本身的可能性，都是令人敬佩的，本文對此絕未加以質疑；在結論部份，本文反而是拿葉教授對比較詩學上的貢獻爲今後比較文學的一大方向。㈢本文引用薩伊德的觀點評三位學者所顯示的優越意識，並無指摘之意，毋寧是視之爲創造性的論述：想展現依另一種立場來看的洞見。㈣筆者絕無意呼籲專以「解構批評」來讀中國的批評論述，而且也同意葉教授所說的「此時此刻，若用解構批評來處理我在策略上可能引起一些混亂」，因爲葉教授是有著更深刻的用意。㈤筆者完全同意葉教授所說的「在『言』與『全剖』之間應作多少平衡的調整，是我們應該考慮的，這當然也是個人的選擇，受個人的歷史（包括個人生存空間中的歷史的）需要」調整，而且在葉教授的許多論述中均有和解構批評不謀而合的論點。㈥本文自身也有其不見之處，因爲這是難免的：每一論述都得開放給另一個解構析讀。本文所選評的文章斷非在學識見地上有「嚴重的缺憾」，其實在選擇它們以前，筆者已肯定其地位。㈦當然，每篇文章都有它預定（或預想不到）的讀者，每一種讀法只是一種詮釋而已，並非絕對的定論。在此要對葉教授「完全主張民主批評」的氣度表示欽敬之意，眞的，唯有大家豁達地溝通見解，才能讓學術邁前一步，以「揚棄」Aufheben的方式保留、昇華其洞見。

——節錄自廖炳惠：《解構批評論集》，台北：東大圖書公司，一九八五年九月，頁六二—八三、一一七。原刊於《中外文學》十一卷十一期，一九八三年四月。

【附註】

① 湯錫予，《魏晉玄學論稿》（台北：盧山，一九七二重印本），一一三—一二三頁；陳寅恪，《論文集》（台北：三人行，一九七四，編印本），六五一—六五六頁；牟宗三，《才性與玄理》（九龍：人生，一九六三），一六八—二三〇頁；唐君毅，《中國哲學原論‧原道篇》卷二（香港：新亞研究所，一九七三），九一七至九四三頁；王叔岷，《莊學管闚》（台北：藝文，一九七八），一一三—一三〇頁；徐復觀，《中國藝術精神》（台北：學生，一九六六），四五—一四三頁。

② 見鄭樹森先生的〈現象學與當代美國文評〉，《中外文學》，九卷五期（一九八〇），五六，及王建元教授的近作《臺灣三十年來文學批評的回顧》（台北：三民，一九八六即將出版），第四節。

③ 除葉教授自己標明的之外，他在比較文學研究期刊（一九七八）十五期上發表的英文稿已譯寫爲中文，〈中國古典詩中和英美詩中山中美感意識的演變〉，《文學評論》叢刊，第九輯（一九八一），

二一九—二六三。另尚有"Andersstreben: Conception of Media and Intermedia," ih Chinese-Western Comparative Literature: Theory and Strategy, ed. John J. Deeney (Hong Kong: Chinese Univ. Press, 1980), pp. 155-78.

④ 如徐復觀教授的中國藝術精神便持這種意見，也可參考侯外廬等人撰的《中國思想通史》，卷一（一九五七），三〇七頁。

⑤ Wallace Wartin, "Critical Truth as Necessary Error," in *What Is Criticism*?, ed. Paul Hernadi (Bloomington: Indiana Univ. Press, 1981), pp. 88-94.

⑥ "The Supplement of Copula: Philosophy *before* Linguistics," in *Textual Strategies: Perspectives in Post-Structuralist Criticism,* ed. JosuèV. Harari (Ithaca: Cornell Univ. Press, 1979), pp. 97-98; also in *Margins of Philosophy,* p 188.

⑦ "Reflections on Historical Totality and the Studies of Modern Chinese Literature," *Tamkang Review*, 10, 1&2 (1979), 35-55.

⑧ J. L.Mehta, Martin Heidegger: The Way and the Vision (Honolulu: Univ.Press of Hawaii, 1976), p. 53.

⑨ William F. Touponce, Review of China and the West: *Comparative Literature Studies*, Tamkang Review, 11, 4（Summer 1982), 440.

⑩ 引文據王孝魚校正（郭慶藩），《莊子集釋》（台北：世界，重印本，四版，一九七四），頁三。以下引文均以此本爲準，並以括號併入文中，僅標明頁碼。

⑪ 見Hans-Georg Gadamer, *Philosophical Hermeneutics, Trans. and ed. David E. Linge*（Berkeley: Univ. of California Press, 1976）, pp. xiv-xv.

⑫ 《中國思想通史》，三二七頁。

⑬ 《莊學管闚》，一〇九頁。

⑭ 見Jacqucs Derrida, "Signature Event Context," *Glyph,* 1（1977）, 175-97.

⑮ 拙文〈嚮往、放逐、匱缺——『桃花源詩并記』的美感結構〉，《中外文學》，十卷十期（一九八二），一三四—一四六，便暗示出這種自我解構的「烏托邦」主題。

⑯ "The Use of "Models" in East-West Comparative Literature," *Tamkang Review,* 6, 2, & 7, 2（1975-76）, 109-110.葉教授晚近在「比較文學論文叢書」總序（中外文學，十一卷九期，一九八三，二月）更重申「模式應用」一文：「要尋求『共相』，我們必須放棄死守一個『模子』的固執，我們必須尋根探固，必須從其本身的文化去看，然後加以比較和對比，始可得到兩者的面貌」（一二六），同文中葉教授尤指明：「文化交流不是以一個既定的形態去征服另一個文化的形態，而是在互相尊重的態度下，對雙方本身的形態作尋根的了解。」

⑰ 見註⑦。Fredric Jameson, *Marxism and Form: Twentieth-Century Dialectical Theories of Literature*（Princeton: Princeton Univ.Press, 1971）, pp. 306-416.

⑱ Martin Heidegger, *On the Way to Language*, trans. Peter D. Hertz（New York: Harper, 1971）, pp. 1-54.引文出自四—五頁。

⑲ Mehta, pp. 345-46.另見 W. J. Richardson, S. J., *Heidegger: Through Phenomenology to Thought* (The Hague: Martinus, 1974) , PP. 259-97.

⑳ 蘇新鋈，《郭象莊學平議》（台北：學生，一九八〇），一九八頁起，此書對郭象注以較同情契入的方式來瞭解。

㉑ *Communication and the Evolution of Society,* trans. Thomas McCarthy (Boston: Beacon, 1979) , pp. 1-68.

㉒ Stanley Cavell, *The Claim of Reason* (Oxford, 1979) , p. 125, quoted in Hilary Putnam, "Convention: A Theme in Philosophy," *New Literary History*, (1981) , 5.

㉓ Yu-kung Kao and Tsu-lin Mei, "Syntax, Diction, and Imagery in T'ang Poetry," *Harvard Journal of Asiatic Studies* 31 (1971) ,此處依黃宣範先生中譯，見《中國古典文學論叢》，冊一（台北：中外文學，一九七六），二二九—二三一頁。

㉔ Willam Tay, "The Substantive Level Revisited: Concreteness and Nature Imagery in T'ang Poetry," *New Asia Academic Bulletin,* 1 (1978) , 149.

㉕ Yuen Ren Chao, "Notes on Chinese Grammar and Logic," *Philosophy East and West*, 1 (1955) , 38, quoted in Tay, 144.

㉖ 原文引Frederick Pottle, *Romanticism and Consciousness,* ed. Harold Bloom (New York: Norton, 1970) .本文用M. H. Abrams, *Natural Supernaturalism: Tradition and Revolution in Romantic Fiterature* (New York: Norton, 1971) , pp. 71-140.

純粹經驗美學的主張者

——葉維廉

柯慶明

葉維廉或許是唯一正面的批評了「文以載道」觀念的當代批評家。但是他並不是基於「言志」說，而是站在「新批評」區分「主題的結構」與一般所謂「內容」的基本立場。他在《現代中國小說的結構》一文中指出一般人所說的：「『內容』（泛指思想或情感）是進入一篇藝術品以前的東西，它不等於藝術處理後產生的美感經驗」。他以爲：「許多人都忽略了這一個普通的美學上的常識，認爲激發作者的那點感觸就是完整無缺的成爲藝術品的東西，把語言視爲一種媒介，僅僅一種媒介。那進入作品以前的感觸好比是一塊餅，作品只是一隻手，把它交到讀者的手上」。因此他批評說：「表面上，誰都不會那麼幼稚把一件藝術品看成『餅——手——餅』的過程，但所謂『文以載道』以及『警世』的批評，發掘作品中的個人思想、哲學的批評、以及三十年代盛行的文學功用說，其中都含有『餅——手——餅』的骨幹。往往從作品中抽出了他們的所謂思想就代表了作品的全部，他們大大的發揮了存在作品以外的思想而忽略了這個思想（或感情）在作品中生長、變化的過程」，「任何創作者都知道作品的生命正在該思想（感情）蛻變的過程本身，而不在哲理思維固定化的那個思想」。所以他重視一首詩之所以不同於別的以「同樣內容爲中心」的詩作的獨特「主題的結構」與「語言的結構」。他解說「主題的結構」：「不只是意義階層的安排，而且是意義採取了不同的方式所展開的態勢」，是「主題展露的紋理」；「語言的結構」是「意象與節奏的安排」，是透過「形象的應合」、「語字間的結合」所形成的作品呈現的經驗的「內在的應合」。這自然是對於「新批評」的「結構與字質」（Structure and Texture）的再詮釋。所以他說：「『主題的結構』（有時我們可以稱爲『格局』），多多少少可以藉著邏輯文字（如批評文字）的重述而窺得其結構的大旨，甚至很愼重去編織的、複雜而引人入勝的結構，也可通過覆述而獲其趣」，「但語言的結構往往不易通過傳述可以獲得，說得更正確點，語言的結構所產生的內在的應合，正是消除主題的可述性，迫使批評家回到作品本身去感受其間的完整性的一種手段」。他由「語言的結構」的基本觀念，進一步指出：「消除不必要的解說，使內在的應合更豐富，更完整，因爲一經解說，前面的自身具足的意象立刻被定限爲一種簡單的比喻，而失去其同時成立爲獨立場景機會」。他的這種「打破……推理式的敘述，純化內在的應合」的表現效果的體認，使他一方面推崇「以語言結構模擬內心世界的結構」的文學作品；一方面走向「純粹經驗」的美學主張。由語言結構模擬內心世界的結構所強調的「動速」，他又加以區分爲「映象的節奏」（指視覺意象）與「心象的節奏」（指思路的節奏）等的兩種節奏。最後歸結他的批評立場爲：「一篇好的作品的起碼條件應該是：『主題的結構』就是『語言的結構』，『語言的結構』就是『主題的結構』。（我們目前不談偉大的問題，我想，偉大的作品除了這種起碼的合一外，還應在上面加上『複雜』二字，換言之，當作者能用複雜的語言的結構來應合複雜的主題的結構時，我們就開始考慮『偉大』的存在。），也就是由作品的「內在結構」所表現的「有機統一」或藝術的完整性來作爲必要條件的衡量：「首先，我們必需要認識作者用何種語言的結構（映象的節奏？心象的節奏？等等）去克服或調合何種主題的結構，然後再看其間是否達到了平衡及飽和。換言之，我們必須先把握作者的中心意識形態（譬如有些人重主題的結構不重語言的結構的新創，有人重音樂性而不重主題的複雜性），然後注意作者達成這個意識形態的過程」，他強調：「步入了以結構的呼應爲中心意識的完整性，我們始可以言『好』，始可以言『偉大』」。他以這一個批評的「基點」出發，在《中國現代小說的風貌》一書中，很精闢的討論了王文興、王敬羲、白先勇、聶華苓、司馬中原、陳映眞、於梨華等人的小說特質，並且指出：「中國的現代小說（過去十年間的小說）都先後在衝破文字的因襲性能而（而能？）進入空間的表現（同時呈露）及節奏的雕塑。（空間的表現一向是中國舊詩的特色，奇妙的是，我們的小說家通過了喬義斯（James Joyce）而回歸到舊詩的格調，而艾芝拉・龐德（Ezra Pound）通過了中國詩而加強了他空間的表現）。」而「意象併發」的唐詩，與龐德一脈的英美現代詩，與中國現代詩、現代小說之間在語言與美學特質上的匯通或比較，後來也就一直是葉維廉的文學批評所不斷迴覆的主弦。在這個主弦的迴覆中，葉維廉慢慢的由新批評的「語言的結構」的內在應合的關注，而走向老莊的宇宙觀、王維、孟浩然等人的詩作、加上司空圖、嚴羽、王世禎等人的詩論所形成的「神韻」詩學的傳統，成爲這傳統的繼王國維、朱光潛、錢鍾書之後的當代的詮釋者與發揚者。葉維廉同時也是復興基地的比較文學的早期的幾個重要的開拓者之一。他曾爲《中外文學》雜誌編過一期「比較文學專號」（民國六十四年八月），正如他的《中國現代文學批評選集》可以代表復興基地爲中心的「新批評」的成就，那一期的「比較文學專號」也多少可以反映「比較文學」在復興基地的發展。他在「比較文學」的討論上，除了上述的唐詩與英美現代詩在語言與美學上的比較與匯通之外，最重要的是他在〈東西比較文學中模子的應用〉中所提出的「模子」的觀念。他指出：「所有的心智活動，不論其在創作上或是在學理的推演上以及其最終的決定和判斷，都有意無意的必以某一種『模式』爲起點」，「『模式』是結構行爲的一種力量」；「批評家在面臨一作品時」，「必須對詩人所採取的『模子』有所認識，對其拼配的方式及其結構時增改衍化的過程有所了解，始可進入該作品之實況」。因此，一個批評家「跳出自己的『模子』的局限而從對方本身的『模子』去構思，顯然是最基本最急迫的事」。他以爲在「比較文學」的探討過程中，「文化模子的歧異以及由之而起的文學中模子的歧異，我們必須先予正視，始可達成適當的了解」。因爲「深知人們經常的使用著許許多多的各有歷史來由、各不相同、甚至互相抵觸的『模子』去進行結構、組合、判斷」，所以他特地「指出『模子』誤用所產生的破壞性」。因而以語言爲例，強調：「語言的『模子』和思維的系統是息息相關，不可分離的」之餘，以爲：「要尋求『共相』，我們必須放棄死守一個『模子』的固執。我們必須要從兩個『模子』同時進行，而且必須尋根探固，必須從其本身的文化立場去看，然後加以比較加以對比，始可得到兩者的面貌」。他對這種方式的比較加以說明道：「設若我們用兩個圓來說明，A圓代表一模子，B圓代表另一模子，兩個模子中只有一部分相似，這二者交疊的地C，C或許才是我們建立基本模子的地方，我們不可以用A圓中全部的結構行爲用諸B圓上，而往往，不交疊的地方——即是歧異之處的探討和對比更能使我們透視二者的固有面貌，必須先明瞭二者操作上的基本差異性，我們才可以進入『基本相似性』的建立」，同時「在對『模子』作尋根探固的了解時」，必須認識創作者或批評家所作的「增改衍化」，認識「模子」的「不斷的變化不斷的生長」，因此也就「必須同時顧及該『模子』形成的歷史，所謂文學的外在的因素及文學史的領域都必須重新引進來構成一個明徹的輪廓，我們始可以找出適當的重點加以比較和研究」。所以，他以爲「新批評對於比較文學者所提供的，便是肯定藝術品永久不變的『美學結構』的一方面」，這種「文學作品超脫歷史時間而能自身具足的美學結構」的觀念，使得「美國派」的學者認爲「法國派」的以「每事每物有歷史的根據」的「影響」研究的比較文學「完全不是文學本質的研究」，因而強調：「『模子』的尋根探固的比較和對比，正可解決了法國派和美國派之爭，因爲『模子』的討論正好兼及了歷史的衍生態和美學結構行爲兩個方面」，也就是「除了指出兩圓交疊的C的共通性之外，還要回到不交疊的A圓及B圓上的尋根的認識，如此便可以避開所謂『老生常談』的亂作類比了」。他的〈中西山水美感意識的形成〉雖然是未定的部分討論，但是它的「暫時撇開（山水詩）這一個受了特定時空限制的歷史上的了解，而先探討山水詩作爲一種文類的美學含義，進而比較中西詩裏山水的美感意識歷史上衍生的過程」的討論，顯然正是他的「模子」理論的一個極好的示範。

在這裏有一個重要的文學批評現象值得注意的是：從王國維開始，現代中國文學批評的發展大抵是以西方的文學觀念作爲討論中國文學的基本「模子」，像周作人那樣的以「載道」「言志」的觀念來討論新文學的源流可算是絕無僅有了。到了錢鍾書的《談藝錄》才特別強調用「唐詩」、「宋詩」來代表兩種風格性分的畛域，雖然書中多有比較中西文學之處，然而大抵以中國文學的現象爲論述主旨，間引西洋文學現象爲比照，並不務爲深入，所以既不特別用西洋觀念來籠罩中國作品，亦不以中國觀念去籠罩西方現象。到了葉維廉才以一個典型的中國文學的觀念和理想：「山水詩」，而不是「中西詩歌中的山水的運用」或「自然風景詩」（Landscape Poetry）來從事中英文學的比較。因此當他在文中詢問：「山水景物的物理存在本身，無需詩人注入情感和意義，便可以表達它們自己嗎？山水景物能否以其原始的本樣，不牽帶概念世界而直接的佔有我們？」作爲「研究山水詩最中心的課題」時，事實上正是以一個中國文化的現象與理想作爲標準來衡量西方文化與英美詩。這種情形正與夏志清《中國古典小說》儘管爲中國六大古典小說辯護說：「我們不應指望中國的白話小說，以卑微的口述出身，能迎合現代高格調的口味」，但在根本上還是以福樓拜爾與亭利·詹姆士的創作與理論，作爲他心目中的「小說」的理想與標準一樣；事實上在對兩個「模子」力求尋根究砥，從其本身的文化立場去看的同時，仍然不免有批評者本人自然的「認同」的偏向。只是夏志清基本是向西洋文學的傳統認同；而葉維廉則是向中國文學的山水傳統認同。所以葉維廉以爲王維的〈鳥鳴澗〉是眞正做到「可見的景象——會不知不覺的進入他腦中——以其全然莊嚴的意象」的體現，而華滋華斯的〈汀潭寺〉則「始終拘泥於解說性、演義性的觀物思維方式」，因此華詩還僅只「近乎見山非全是山，見水非全是水」，而王作才是「近乎見山只是山，見水只是水」的最後境界。而夏志清則忍不住要爲華滋華斯抱屈的強調說：「華滋華斯雖不可能達到『絕情』的禪悟境界，〈汀潭寺〉裏也自有其『天人合一』，怡然自得的神秘境界」，「同時我們也可以說華滋華斯無意『絕情』，也眞是他偉大之處」，因而進一步強調「他對其妹妹桃樂瑟所寄予的眞摯之情，讀了眞令人感動」。並且宣稱：「假如有人要我把中國詩和喬叟以來六百年英國詩相比，那麼我祗能憑我自己的經驗說我更偏愛英國詩，不管中詩有多少特點，爲英詩所無法兼有」。當夏志清批評葉維廉「太偏愛中國詩了」，說：「我們不必要爲中國詩抬高身價而忽視西洋詩光榮的傳統」時，他顯然忽略了，只要把中西互換了，相同的話也可以應用在他身上。由夏志清的以西方文學爲主的立場，到葉維廉的以中國文學爲主的立場，正標示著現代中國文學批評的一種新動向。相同的跡象，亦可以由兩篇都是深受白璧德影響的論述：梁實秋的〈現代中國文學之浪漫的趨勢〉與侯健的〈中西載道言志觀的比較〉的對照中見出。這意謂著中國學者儘可大量的吸收西方文化的滋養，但卻沒有必要放棄對於自己文化傳統的認同不可。畢竟對於外來文化的力求融攝和投身皈依是截然不同的兩回事。

——節錄自柯慶明：《現代中國文學批評述論》、〈復興基地的發展〉。台北：大安出版社，一九八七年十月，頁一二六—一三三。

中國純粹性詩學與現代詩學、詩作的關係

——以七十年代葉維廉、洛夫、瘂弦為主的考察

李豐楙

在中國傳統詩學、美學史上，源自道家、禪宗的美感意識，詩評專家王夢鷗先生曾揭櫫「純粹性」作爲其美學特質，成爲中國詩人極具代表性的觀物方式與創作手法，①而純粹性、純詩之類的術語與觀念也是中國現代詩創作與理論上的中心論題。大體而言，現代詩從五四前後新詩大張旗幟以來，其理論多是零星、雜碎而不成其體系的，其中借自西洋的詩學理論或多或少均產生其影響力。在這些林林總總的美學觀念中，能夠溝通傳統與現代，並且匯通中國與西洋的，就是純粹性。它形成現代詩論的要題之一。早期在紀弦所揭櫫的現代詩信條中就曾強調純粹性；在這項事業中推展最力的實應首推葉維廉；其次在洛夫的詩評中也數次接觸到這個問題。紀弦對於純粹性的討論，自具有影響。但它作爲現代詩論是一種主義式的美學信條的作用遠大於嚴謹理論體系的建立；而且因其倡導「橫的移植」，反而不能將此一深具關鍵性的觀念遠溯諸縱的傳統。②因此對於純粹性的評介自當以葉維廉爲主要。其實就葉氏所發表的論文言，應視爲他對中國古典詩探討的學術性工作，作爲比較文學的方法而言，

更是在美學與語言嘗試匯通中西文學的一種事業。③但因他從事現代詩的寫作既久且多，因此這些學院派的論文與現代詩之間，就存在著複雜的發展與微妙的影響。至於洛夫的詩論集中並無專門性的論文討論，但有些術語及理論卻與純粹性相關，也連帶影響到他的作品。凡此，均對於中國現代詩的理論史深相關聯，值得吾人對這一棘手的問題試作考察。本文只綜合分析論傳統詩論中有關純粹性的大旨，而將討論的重點放在上述葉氏、洛夫諸人的理論與傳統詩論之間的關係，考察其間的引述、演變以及解釋不同之處。④而最值得關心的問題，就是在六、七十年代一群以「創世紀」詩社爲主的詩人，如何將這種「純粹性」實踐於作品的創作中？在當時的詩社之間引發什麼討論、在讀者的反應上其閱讀經驗者爲何？目前距離這個年代已有一段時間，重新思考其中的問題確是一件有意義的事。

一、傳統「純粹性」的特質

現代中國詩史使用「純詩」，實在因翻譯西洋名詞而來，因爲「純詩與非純詩」（Pure and Impure Poetry）的爭論由來已久。這個術語的評介與使用，在現代詩人是相當普遍的，陳慧樺早就寫作「論純與非純詩」，探討其中的適用情形、應用效果⑤。因爲在臺灣詩壇初期，有關「純粹性」一詞紀弦等人已予使用，但多少是屬於一種美學觀念的宣傳。就臺灣文學批評的發展，要等到學院式的訓練可趨完善之後，對於中西文學中的重要理念才會加以較嚴謹的引用，並落實於實際批評或實踐於創作中。由於究論中西詩學者在檢討理論與創作的關係後，認識到「純粹性」這一術語與理論，確是中西比較文學批評的課題，自然也就爲現代詩人所樂於引用。而現代詩學中的純詩、純粹性等理論的建立，應該進一步將它置諸傳統詩評中予以綜合考察，從中國文學批評史的發展過程加以理解，以便檢討它是否爲鍛接傳統與現代的關鍵。

「純粹性」的術語自不是傳統中國詩論中所使用的。但無疑的，這一特質卻根深蒂固地存在於詩學、美學理論裏，以種種不同的面貌呈現出來：諸如韻味、興趣或是境界等……。倡議這種美學觀念的諸子，最主要的系統：是皎然首先觸及這一精緻的唐詩審美的特質；其後經由司空圖、嚴羽及王士禎的持續闡發，以至王國維才興起以西方美學的接觸，而讓人發思中國詩，尤其是唐詩是否也具有詞學如「境界」觀照角度。從他們的生平、性格、思想型態試作考察，都跟莊學與禪宗有極密切的關係⑥。換言之，這套美學，其哲學基礎是築基於莊子與禪學——他們對於觀物方式的啓發，深遠地影響中國詩人對於美感意識的形式，以及對於語言文字等符號的使用態度。在現代詩人的學院訓練中，基於對西洋美學、詩學的瞭解，就會發現人與自然的關係，東方之人與西方之人並不一樣，其中實原本於歷史文化的差異，由於自然地理環境、人文因素，使得不同文化薰陶、成長的詩人也具有不同的觀物型態。葉維廉既寫詩又論詩，想建立現代詩的理論架構，自然就會探索山水詩人的觀物方式與美感型態，在現代中國詩學中這自是一種探本紮根的嘗試。

葉維廉發表的詩論，早期的均收在《秩序的生長》——其中第三部維廉詩話採輯自《中國現代小說的風貌》，其後單篇論文：諸如〈嚴羽與宋人詩論〉、〈從比較的方法論中國詩的視境〉、〈中西山水美感意識的形成〉、〈中國古典詩與英美現代詩〉以及〈龐德之國泰集〉、〈王維與純粹經驗〉；這些學術性的探討在一九七四年後逐漸匯集爲《比較詩學》，於八三年結集出版；並有更具架構的《歷史、傳釋、美學》，則已是八十年代以後的學術研究成果。⑦不過基本上其基本觀念在六、七十年代既已成形，而且值得關心的是他論傳統詩與現代詩並非全然二分的，對於傳統詩論的解釋常又是他討論現代詩相關的一部份：其中有《中國現代詩選》英譯本緒言，其後〈視境與表現〉再予補述；另外還有洛夫譯的《中國現代詩特輯》前言，收於《中國現代詩論選》中。這些文章顯示葉氏用純粹性的觀點來詮釋古典詩與現代詩，因此自是六、七十年代中國現代詩學的理論建構工程的一部分。⑧

有關中國詩尤其唐詩的純粹性特質，可以從傳統詩論中歸納出一些質素。葉氏曾提及司空圖、嚴羽、王士禎等人，而這一系統正是中國現代詩評史中主張詩的純粹性的一大主流。從「純粹」的觀點審查中國古典詩，自然發現屬於這一種特質的類型爲司空圖以下一派的詩評家所喜愛。他們從大量的作品中紬繹出純詩的藝術價值。而且因爲時代的差別、趣味的轉變，對於純詩的範圍越說越明朗，這是個人批評與時代背景相互激盪所使然。唐代的皎然、司空圖等自然只能以唐詩爲品評對象——前者因其爲釋子身份故欣賞趣味受到限制（如情詩之類評價較低）；但司空圖就在唐詩中分出不同的品類。至於宋人嚴羽又從比較唐、宋詩的經驗，悟出唐人作品具有較純粹、透徹之處；中經元、明二朝《滄浪詩話》的見解爲詩人、詩評家所援引、使用，其時代趣味多少可看出隨時轉變的一些特色。等到清代王漁洋的神韻說又重新肯定司空圖、嚴羽對純粹性的精萃意見，作爲選詩的標準。迄於王國維拈出「境界」二字。在西洋純詩觀念介紹到中國之前，他們的審美標準確可代表一系列作家的欣賞趣味。不過在傳統詩話型式之中他們使用的批評術語是頗不一致，諸如韻味、興趣、神韻等，這自然是基於中國人的思惟方式所形成的批評傳統。但究其實質言在這些術語底下，憑藉其直覺的領悟力確能掌握其中的審美價值。就其所提及的作家、作品直接追索其賞悟之所在，即可理解其中確實多有獨到的見解。

司空圖在《司空表聖文集》中表現其作家論，具體表示他所要說明的合乎韻味標準的理想：批評元稹、白居易：「元白力勍而氣孱，乃都市豪估耳。」（王駕評詩書）因爲他們要求諷諭效果，具有實用價值，達到說教作用；他們的作品敍述性較多，陳述一種道理或宣達一些概念。對於詩壇大家則推尊李白、杜甫爲「至矣極矣。」但對於王維、韋應物等人的詩則具有特殊的趣味。因此對於作品的品味，《二十四品》類別的各體各類，自有其美。這種美感經驗的繁細區分。是較籠統而印象化的美感範疇論。嚴羽在《滄浪詩話》反對宋人的詩，稱他們：「以文字爲詩，以才學爲詩，以議論爲詩。」即批評宋詩是一種悟性作業——陳述知識，宣揚哲理；等而下之就是玩弄文字遊戲。在詩辨中另有說明：「夫詩有別材，非關書也；詩有別趣，非關理也。然非多讀書、多窮理，則不能極其至。所謂不涉理路、不落言論者上也。」這是極其顯豁的主張。在他的審美觀念中，反對邏輯、推理、反對解說、演繹：

在一首詩中過份強調理路，即是要求詩思的進行邏輯化；其表達是敍述的、演繹的，就斲傷了詩的純粹狀態。司空圖稱美王維、韋應物趣味澄敻、澄澹精緻；嚴羽認為王韋等是本色，是透徹之悟；視李杜為入神，是「詩之極也」；至於王漁洋就進一步公開表現其嫌惡白詩，甚至告戒其弟子不要讀它；而在〈唐賢三昧集序〉曾解釋為何他不選李、杜，明眼人自可瞭解這是一種托詞。翁方綱就曾明白指出他專以澄澹、空靈選詩，懼於傳統的推崇李杜又不願選。他的神韻詩的標準就只能明白標明王孟一派可為代表；「唐人如王摩詰、孟浩然、劉眘虛、常建、王昌齡諸人之詩，皆可語禪。」（居易錄）雖則在欣賞趣味的抉擇以王孟等為主。不過對於李、杜的短詩合乎純詩的理想還是承認的。

類此詩評系統其審美趣味與道家、禪宗的關係，基本上也是可以理解的。其中涉及語言符號與美感經驗的問題，也就是語言意象只作為一種引起美感的媒介性符號。所謂詩的純粹狀態即是詩的景象說：景、象自是大自然現象中一草一木、一山一水，經由詩人所捕捉的形象。每一圓滿具足的景象在靜觀狀態中擇其純粹者表現出來，組成一全新的景象，詩人的觀物就飛躍於景象之外，這就是釋皎然所說的：「兩重意以上，皆文外之旨……但見情性，不睹文字，蓋詣道之極也。」（詩式）所謂言外、文外即是司空圖所說的「景外之景，象外之象。」景象之間，賴於想像力為之補充，即是韻外之致，味外之旨，也就是進入「醇美」狀態的享受。嚴滄浪說是「言有盡而意無窮。」用禪家話頭來說解：「羚羊挂角，無迹可求，故其妙處，透徹玲瓏，不可湊泊：如空中之音、相中之色、水中之月、鏡中之象。」此為「

以禪喻詩」的譬喻手法中所要表達的直覺、直尋所得的「純粹經驗」，全依賴於詩人與欣賞者內心的實證；王漁洋直截地說「詩禪一致」：「捨筏登岸，禪家以爲悟境，詩家以爲化境。」（番祖筆記卷八）等到化境說一出，禪學，美學與詩學對於語言符號與美感經驗已是結合爲一。因爲詩的醇美是自家的體會，不易說出；就是言說也會走失其活活潑潑的本性。他就曾借用禪家大德的話解釋其眞相，雲門禪師說：「汝等不記己語，反記吾語，異日稗販我耶？」漁洋山人自身的審美經驗與其弟子的經驗是兩回事。他借用達觀、夾山的禪語給予學詩者的棒喝，前者說：「纔涉唇吻，便落意思，並是死門，故非話路」；後者說：「坐卻舌頭，別生見解，參他活意，不參死意。」（見居易錄）就因禪悟與美感，在語言文字的表達上有其缺陷，因此不如直接交給個人去體驗，去心證。

在純詩理論中較符合理想的詩體、表達素材及表現手法也自有其標準，他們在看法上是一致的：最完美表現型式是「短詩」。司空圖以「絕句之作，本於詣極。」（與李生論詩書）其後嚴羽在詩話中詩法篇說：「律詩難於古詩，絕句難於八句。七言律詩難於五言律詩，五言絕句難於七言絕句。」王漁洋表明他的主張，主要的有兩種代表性的選集：其一《唐人萬首絕句選》精選絕句；另一《唐賢三昧集》多選律詩。其他還有些選集，也多以純詩爲其衡量的尺度。短詩的特性司空圖詩品中的「不著一字，盡得風流。」（含蓄）成爲最上乘的手法。王漁洋與友人書：「無字句處廻翔，筆墨盤礴意氣。」絕句的字數簡略至於殘缺，因此留給讀者回味的空白也特別寬闊。此即常說的文外、言外所引帶出來的「醇美」狀態，他曾表明「唐人五言絕句，往往入禪，有得意忘言之妙，與淨名默然、達磨得髓，同一關捩。」（番祖筆記）葉維廉稱此爲弦外的表現：「一種是語法的轉折重疊自然的轉折而使讀者飛躍文字之障，一種是文字的凝縮和簡略而使讀者突感景外之景，兩者都具有空間的外延作用。」有如國畫中善留空白所帶引的美感，即是一種逸筆草草的手法：「史記如郭忠恕畫，天外數峰，略有筆墨，然而使人見而心服者，在筆墨之外。」（香祖筆記引王楙野客叢書）構成短詩的簡潔之美。

純詩以景象的表現爲主。王漁洋表示，神韻之美宜於田園丘壑求之；至於鋪敘感慨，長篇歌行，自是李、杜爲長。「田園丘壑」正是王維、孟浩然、韋應物、柳宗元一派喜用的素材，漁洋山人即拈取其詩句作話頭，完全是一副禪門作略。畫溪西堂詩序中可作爲典型例證：

> 嚴滄浪以禪喻詩，余深契其說，而五言尤爲近之：如王裴輞川絕句，字字入禪。他如「雨中山果落，燈下草蟲鳴」；「明月松間照，清泉石上流」；以及太白「卻下水晶簾，玲瓏望秋月」；常建「松際露微月，清光猶爲君」；浩然「樵子暫相失，草蟲寒不聞」；劉眘虛「時有落花至，遠隨流水香」。妙諦微言，與世尊拈花，迦葉微笑，等無差別，通其解者，可語上乘。（蠶尾續文）

所拈舉的詩句以王國維境界說的術語是一些「不隔」的佳證。「雨中山果落，燈下草蟲鳴。」夜晚孤寂的情景：山果落側面說明夜的寂靜，雨是輕輕的飄雨，故山果落下細微的聲響，也可聽到；燈下寫其時辰，草蟲鳴點出其節序，如此靜夜，山果落、草蟲鳴，才更顯出夜靜。

但詩句本身不作說明，而引導讀者直接進入想像世界，鍾嶸說的「直尋」。佛家指月的比喻言：詩句如指，其作用只在指示讀者看見月。這些詩句多不用典故、不用怪字來阻礙讀者想像的障礙，也無誤導想像向另一途徑進行的符號。這類詩句合乎他的理想——神韻天然，不可湊泊者（漁洋詩話）。

在王維《輞川集》的作品中如鳥鳴澗、辛夷塢、鹿柴等，就是不隔的名詩。《詩友詩傳續錄》即稱舉鹿柴一首：

空山不見人，但聞人語響。返景入深林，復照青苔上。

王維的設景——空山、人語、返景、青苔，只排出景象來自然的景示，不必經由分析、演繹，也不算是訴諸比喻、象徵。純詩的表現方法，可說近於意象的直述、直接的呈現，其間不問其喻依、喻旨，不問它們象徵什麼？風定、花落；鳥鳴、山幽，一圓滿具足的意象組合成一全新的景象，中間並不參雜人爲的知性活動。因其間既沒有直接關連性，所以能各獨立爲一個印象，而印象與印象之間的聯繫，就有賴於讀者想像力爲之補充。如溫庭筠詩：「雞聲、茅店，月。人迹，板橋，霜。」可視爲畫面組合的表現法，葉氏用了電影蒙太奇原理說明，視每一景象爲一個鏡頭：因爲鏡頭呈現出來的畫面即是最直接的語言，幾個鏡頭連接、重疊成爲一全新的景。⑨但畫面的呈現，並不只是平面的，單一角度的攝取，如張嶠詩：「夜火山頭市，春江樹梢船。」短短兩句內卻包括有攝寫的角度在，是立體的、多角度的取景手法。這也是國畫中多重角度的中國傳統畫法。葉氏曾在「全面視境」中以爲是詩的雕塑意味，舉王維終南山爲例，說明「中國畫是多重透視，從四面八方，從不同的時刻和角度同時呈現自然現象的每一面。」⑩傳統的景象說換一個「視境」的角度都能表達出來這類作品的表現方法。

中國傳統詩中純詩是具有其價值的，倡導純粹的前後諸人以這種審美觀爲其衣缽相傳的詩禪論訣。就其欣賞趣味言，一再津津樂道，王維、韋應物等人的詩；但又不得不承認詩史中李白、杜甫等具有極致的地位，視爲文學的經典之作，其詩中也有些純度相當夠理想的純詩；但他們所以震撼讀者的心靈者，恐怕是些雄壯、悲慨的作品，也只有那些與時代心聲相通的大作才被目爲詩史、詩聖。因此就有人提出中國詩、中國畫具有不同標準的說法作爲解釋：前者著重神品，後者則推尊逸格。⑪換言之，國畫的南宗，崇視王維爲逸格之祖，正是文人畫傳統公認的事實；而中國詩史有李、杜神品之作也是不能致疑的大家，所以司空圖、嚴羽都推崇爲至矣極矣的「入神之作」；而王維、孟浩然則只能是名家的氣象、氣派，這是與李、杜相形之下的事實。葉維廉大力詮解王維的詩，但也承認：「王維的詩中，內心的掙扎幾乎是零，所以人世界的痛苦，攪心的懸慮，王維的詩裏是缺乏的，這種超然的態度無疑是自現象中擇其純者而出之，但許多切身的經驗便被摒於門外，這不能不說是一種損失。」⑫因爲杜甫一些刻骨銘心的名作都是外在氣候與內在氣候的交溶，而在創作的多樣上，是那種對廣範題材皆可入詩的兼容並蓄的態度與手法。抒情傳統固然應妥爲繼承、發揚，但由此形成先天的侷限，使得敘事的傳統只能借用古詩樂府，因此現代詩人要恢宏現代中國詩，自然仍需上承李、杜的作風才能表現鋪敘感慨的長篇鉅製。

二、葉維廉「純粹性」理論的運用

一般說來，六十、七十年代的詩評家在其詩評論中，能夠統合傳統詩與現代詩一併論之，且能抉發其間的淵源關係的並不多見，當時在現代主義的大纛下，現代詩人對中國古典詩所持的態度，無寧說是扮演著一種現代精神的反叛性角色；他們迷惑於愛倫坡、梵樂希、布勒蒙等人的純詩觀念，對於里爾克等人的詩熱衷於翻譯、鼓吹。這種西洋美學主義輸入之後，使得現代詩壇中流行著西洋美學口號與各種主義的信條。這陣風潮自是有其不得不然的社會文化的肌理脈絡，這是距離一段時間之後完全可以理解的現象。其中能自覺地銜接傳統與現代，葉維廉是其中重要的一位，在其論文中闡述傳統詩的特質，散見於《秩序的生長》中，從其發表的先後，正可看出其對古典純詩的觀念的生長：首先是經由闡發傳統純粹性的美學意識，用這角度探討了現代小說⑬；其二是比較中西文學時對純詩傳統產生無比的自信，此即爲中國古典詩的優越之處適可補西洋詩之所不足，其三則是比較中國古典詩與傳統詩，因而想用「純詩」所具的感悟型態縱貫兩者，認爲現代詩的優異成就與中國深厚的傳統有其血肉相連的關係。其中要加以討論的是第三部份，這自然是與他從事西洋詩的研究有關——因爲他在比較中西詩時才發現一些問題：諸如翻譯的偏差、中西詩人美學觀念的差異等。因此他回頭對中國古典詩重新估量其價值，從而想將其中優點導入現代詩之中。

葉氏曾經在〈視境與表現〉中有三種歸類：其中第一、二類的視境，顯然是比較不純：其中過度的知性活動使作品流於敍述性與演繹性。第一類作品往往易於分析、富邏輯性格；第二類雖是以事物表現詩人的某種理念，依然具有知性活動，類似的批評都可說與嚴羽的批評宋人詩相一致。就這點而言，他把中國古典詩中屬於此二類的納入「不純」一類，也就是「宋詩風格」的部份，唐人作品中也有些是「不純」的；他所提出的第三類的就是以王、孟、韋、柳爲主流的山水、田園詩，當然唐詩中諸如李白的短詩也合乎這種理想，這種說法是合乎王漁洋的神韻標準的。王夢鷗先生在解釋這派詩論及其代表作品時，也正是以「純粹性」爲其特徵，第三類的作品正是中國的「純詩」，也是葉氏最著力、最得意之處，其中對傳統說法賦予新的解釋，多半與他對中國古典詩的體會心得有關。

在《中國現代詩特輯》前言（下簡稱前言）引用嚴羽的詩話說明我們要觀賞的並不是表面意象所構成的關係，而是它所指出的言外之意，即所謂的「境界」：「這種言外之意乃由意象本身或由自然中一草一木所構成之意象所暗示出來。」這種中國詩人多在追求的言外之意，及其所以構成的自然現象卻發生大變動。兩篇《中國現代詩選》英譯本的緒言（下簡稱緒言）——〈中國現代詩的語言問題〉，明白指出古典詩人與古代社會、古代自然與古典詩的關係；然後跨進了二十世紀的現代社會，現代詩人與現代詩，又採取了那種觀物方式與表現手法？其中簡要總結地說：中國舊詩所表現的是「單一的瞬間的情緒之靜態美」，而現代詩人所要處理的世界——「傳統的宇宙觀的破裂，現實的夢魘式的肢解，與及可怖的存在的荒謬感重重的敲擊之下」。因此他們要表現的是「一種無所不包的動態的詩」。在此要分析的有兩大部份：一是現代詩人所生存的自然界是變得如何？二是現代詩人如何表現其心目中的自然的純粹經驗？

在解釋傳統詩論中的純詩，依葉氏之說，它遠比西洋的詩純粹多了。這種詩人的觀物方式，他重新提「視境」作解說——以電影理論：諸如蒙太奇的運用、水銀燈的效果，解釋這種純詩表現特質：「景物自然發生與演出，作者毫不介入，既未用主觀情緒去渲染事物，亦無知性的邏輯去擾亂景物內在生命的生長的變化的姿態。」（視境與表現）詩人入於景、象之中，又出于景象之外。其中感悟狀態，維廉詩話中嘗用出神狀態、沉思狀態等美學觀念予以解說。換句話說，詩人與讀者入神於想像世界的「醇美狀態」，即不可言語道斷，不可沾染知性，讓任何事物從自然現象裏純然傾出。葉氏論文中最常引用的王維詩，尤其是輞川諸作，如鹿柴、鳥鳴澗、辛夷塢等，這也正是王漁洋詩論中推爲上乘，足以語禪的典型範作。關於王維在輞川集中的表現，葉氏採用「純粹經驗」的觀念加以詮釋，反複說明王維的觀物方式與莊子的心齋、坐忘等神秘經驗：這是從中國傳統哲學（或說落實於藝術的美學思想）說明詩人視境之形成。其實要作更深的考察，應從禪宗著手，觀察、體會禪師大德悟道的經驗，更能說明王維與南宗禪的一段因緣，後來八十年代他才完成一系列的匯通中西美學的理論，而其萌芽則在這段時期。

在近代中國整個社會文化所面臨的鉅變，也是因應世界大局的重大變化，因而從比較文化的觀點，他就在傳統與現代之間，在〈前言〉指出：傳統「純粹派」詩人的自然宇宙觀：「這種自然已因現代社會之日趨複雜而產生極大的變化。」從農業時代，或者王維等人所嚮往的純粹世界，到六十年代、七十年代的現代詩人是怎樣的？

> 至於毀滅性的戰爭，高度工業化和商業化，狂暴和可怖的存在的荒謬感所造成的夢魘的、肢解的現實，尤其爲瘂弦和洛夫所焚焚的現實。

這就是六十年代、七十年代大部份詩人所感覺得到的現實。由於當時的時代格局，國府從中國大陸撤退來臺，在驚惶甫定之際基於挫敗及逃亡的心理壓力，展開長期的文化控制與壓抑，其最嚴重的厥爲類似白色恐怖的氣氛。雖則瘂弦、洛夫等均爲職業軍人，也自有其因職司、工作與逃亡、挫折的複雜情緒，形成接納二次世界大戰之後歐洲所出現的思想潮流之同一背景。以當時臺灣的經濟正由農業社會逐漸轉型爲工業社會，其實際的社會型態是不致於出現「高度工業化和商業化」的夢魘的，但由於同樣經歷過毀滅性的戰爭，加以創世紀詩社的詩人多爲生活於軍中，是一種隔絕於現實社會，卻又有機會面臨中共的挑釁陰影，因而形成一種奇特的詭異的世界性的悲愁感。

由於天生的敏感使得「詩人們無不認爲他們已不能再去表現過去的那種自然，而是要去織造現在這樣的自然。」（前言）這情形表現在現代中國詩就成爲葉氏所言「形成了現代文明此一人道主義與工業技術混成的怪物。」（前言）葉維廉所英譯的中國現代詩，多是什麼樣的現代詩：

> 詩人的責任（幾乎是天職）就是要把當代中國的感受、命運和生活的激變與憂慮、孤絕、鄉愁、放逐感（精神的和肉體的）、夢幻、恐懼和懷疑表達出來。這個挑戰使中國現代詩產生了歧異多姿的作品。（緒言）

基本上一位選詩譯詩的批評家常是依據他所能掌握的作品，又繩之以本人的理論而形成其編選的尺度。對於臺灣詩壇有過綜合的考察的，即可作一抽樣的理解，從《六十年代詩選》到《七十年代詩選》的轉變，其時機正是紛紛引介西洋現代主義的文學潮流，又將存在主義等思潮轉介的階段，這是研究臺灣四十年來文化變遷的嚴肅課題，涉及哲學，政治及社會、經濟等錯綜複雜的問題。在這股沛然莫之能禦的潮流趨勢下，現代詩人也同樣反映於爲數可觀的詩中。不過由於它所「織造的這樣的自然」與當時實際的臺灣、中國有某種差距，因而也引起關傑明批評爲不像中國人寫的中國現代詩！⑭因爲這樣的自然，並不完全是眞實的現代中國詩人所生存的時代與地域。

對於現代社會所形成的自然，現代詩人又如何建立其「美學觀點」的問題。依據視境原理，葉氏認爲：「詩應該是現象的波動的捕捉，而非現象的解剖。」（緒言）而「現象的波動的捕捉要歸功於每一經驗面的明徹性。」這是古今詩人在「純粹經驗」之上有其一致性。緒言中他舉出詩例，說明現代中國詩也有些意象的表現，具有舊詩的水銀燈效果。此類作品可分爲二大類：

> 第一類：商禽「天河的斜度」、「逃亡的天空」、瘂弦「深淵」、洛夫「石室之死亡」，

還有管管的詩。

第二類：鄭愁予「壩上印象」、葉珊「夏天的草莓場」。

前類是「演出」詩人的出神狀態，或說是「純粹經驗」，是所謂現代自然的現代感，其視境所展示出來的景象，所印證出來的現代人心態，事實上，可說與傳統純詩相去較遠，而是一種世界性的情緒中，楊牧「現代的中國詩」就曾分析其因果關係；⑮而後類是投入星、山、花的運行中的出神狀態。反而接近傳統純詩的沉思狀態，這一類的詩人頗以置身中國古典詩著稱，多堅持其對風花雪月抒情的傳統，與對機械文明抒情的作品風格不同。楊牧曾期許的幾位砥柱詩人：「他們處在極言現代的喧囂裏，竟能維持心靈的清醒和筆端的紀律，用冷靜的頭腦支配明朗的墨水。」這些詩人能不爲現代迷惑，保持其清醒、冷靜，也代表另一種傳統自然觀的堅持。

在現代主義的潮流中，詩人如何投入變遷中的自然，從而形成人與新自然間的關係？他在維廉詩話中描寫現代詩人的純粹經驗：「他彷彿有了另一種聽覺，另一種視境。聽到我們尋常聽不到的聲音，看到我們尋常看不見的活動和境界。」（抒情的狀態，緒言中亦引此段）基於這一美感經驗，分別說明了兩種不同的觀物方式：

但當我們把同樣的情愫陷入外物（不管是山水式的自然界或機動的城市），我們就有了更廣義的抒情主義（我們可以稱爲宇宙的抒情主義）。（抒情的純粹的境界）

第一類多是宇宙的抒情主義，第二類是山水式的抒情主義，兩者是否都能引起詩人的美感經驗？現代詩人的美學觀念，由對景物的出神狀態變成宇宙式的抒情主義。就理論言，此種轉變是勢所必然。古典詩人寫作純詩的觀物方式，對現代詩人來說，自是遙遠如舊夢。實際的景象、事物之所以在現代詩人筆下，有種「劇變」的感覺，最主要的是他們在接受西洋文化影響——諸如時代的焦慮、宗教的沒落，戰爭後的空虛……。因此現代詩人「面對著焦慮的存在的現代中國詩人始可以產生一種無所不包的動態的詩，以別於傳統詩中單一的瞬間的情緒之靜態美。」（緒言）

從六十年代到七十年代的兩部詩選中，現代詩人所觀之「物」發生如此劇變，葉維廉選擇的作品，諸如商禽、瘂弦、洛夫、管管等人所面對的時代社會的變遷到底是何種型態，在〈前言〉所述：「從一九二〇年前較爲單純的社會中的詩境界，過渡可容納更多現代經驗的社會所產生的詩境界，中國現代詩人不是不瞭解迷失於過度無常之流動的危機？」這種轉變誠如葉氏所覺得的是「一種挑戰」？還是一種外來的思潮結合當時特殊的時代情境所形成的無常感？對於這段時間內他自己如何調適此一流動的危機？如何從鬱苦的糾結中建立其美學觀點？他在綜論流動時代的詩境時，也曾自省屬於詩人自己的創作經驗。依據葉氏的自白：「我覺得自己的詩是略爲離開日常生活的觀看方法，而是在出神狀態下寫成的。」⑯因此根據視境原理所解說的現代詩人有類似的觀物方式，這是可以印證於己身的。他認爲現代詩的諸般表現作爲一種感悟型態，現代詩的確也可以「直接捕捉那視爲中國古詩之特徵的心象。」（前言）當然此其間，由靜態而動態，在這不同的純粹經驗之下，詩的表現會有甚大的差別性的。

綜上所述六、七十年代的臺灣詩壇，興起一般實驗現代主義的創造風尚，也湧現一批批深具現代精神的現代詩，從創作理論言，要作探本之論就要解釋其宇宙觀的改變，尤其葉氏翻譯中國現代詩於西洋讀者之前，要解釋出爲何中國傳統詩人眼中的自然爲何在現代詩人變成這樣？「我們所擁有的『自然』面貌已經逐漸變化到可以納入焦慮、動盪、殘暴、非理性和混亂。」（緒言）他引用洛夫、瘂弦的詩人之自白，藉以說明其轉變的眞相，這是一種善意編選的意見。但綜合這些感覺有眞實的也有誇張——眞實的如鄉愁、動盪的家國之感，以及面對中共的戰爭壓力，凡此無常、流動的自然是屬於民族際遇的；誇張的如現代科學文明的焦慮、虛無、精神錯亂等，則是時代情境中壓折情緒折射、扭曲的反映，則爲世界性悲愁。至於爲了表現這類深、廣的世界性悲愁，葉氏筆下的「純粹經驗」乃有了大幅度的變動。原先是用以解釋中國舊詩人，具有無我性，使個人的經驗成爲具有普遍性的情境，是爲回到「純粹經驗」、「純粹情境」（緒言）；其後中國現代詩人迷惑於梵樂希、里爾克諸人的「純詩」的觀念。爲了達致「純粹經驗」，西洋現代詩人努力的溶入事物，打破分析性，逐去說教、演繹，以及超現實主義手法等，葉氏承認中國現代詩：「實在是中國的視境和西洋現代詩轉化後的感悟型態兩者的沖合之下誕生的。」（視境與表現）而且後者所佔成分極重：諸如更深一層的外物合一，反對直線追尋的結構，而代之以心理上的連繫（受超現實主義詩人的影響），連接媒介的遞減——在此情況下「純粹經驗」是大有不同。了然於其間的變化就可知道傳統詩作中詩人與外物合一，與現代詩之要求讀者去參與全詩最後的秩序的創造（緒言），兩者差別有一段距離，這是對於葉氏的詩學的一種反省，他既通曉兩方面的傳統美學、也註解古今時空的差異，但仍然試著要鍛接時代變化下的兩種詩觀，這種努力是可以瞭解的，也可看出其費盡心力，期望有所建樹的心情？只是時空變異，傳統與現代之間其複雜的發展與微妙的影響，實值熱心於建構詩論者多加深省。

三、洛夫對於「純粹性」的轉變運用

在創世紀詩社中洛夫是創造與理論嘗試合而爲一的，他從走上新民族詩型後轉向現代主義，不僅詩風在變，也一再對於理論嘗試有所建樹，其中關於「純粹性」的一些理論，散見於《詩人之鏡》論集裏，其中〈詩人之鏡〉、〈中國現代詩的理論〉、〈論現代詩的本質〉等篇均觸及此一問題。⑰在現代詩人所撰述論文中，洛夫是較有自己「意見」的一位。這些理論是他創作上追尋的目標、自衛的法寶以及攻擊的利器。陳芳明曾撰〈鏡中鏡〉加以評述，其中自然需要談到「純粹性」，陳文特別集中討論超現實主義與詩的純粹性關係，也分析了超現實主義與禪的問題⑱。此外陳慧樺〈論純與非純詩〉也提到洛夫純詩與禪的一些複雜的關係。本文則試從傳統詩論中的純粹性的觀點試作討論，目的不在批評其中到底有否誤解或全面掌握？對於詩人的創作經驗言，在此想要解說的是在當時的社會文化脈絡中，他如何經由詮釋純粹性以建立其詩觀，並表現於創作中。

在六、七十年代洛夫倡導詩的現代主義，諸多論文中隱有一股反傳統的情緒，但這是有所保留的。陳芳明說他：「反對的是中國的傳統，而表現了現代西方人的思想。」這點矛盾即表現在他所接受的西洋的美學觀念，唯獨對於傳統中的「純粹性」一點頗足耐人尋味。葉維廉說現代詩人迷惑於梵樂希、里爾克的純詩觀，與超現實主義所走上的純粹經驗，但也結合了中國詩論的視境。從此一角度考察，洛夫就是這樣：引用嚴羽滄浪詩話的談詩話頭，來反抗另一種傳統，這正是打著傳統反傳統。爲了這點精神，他在消極上反對言志、載道主義的文學：

（他們）對詩文尤其強調『載道』、『言志』，認爲詩人在社會中應負有教訓的責任，這種錯誤，是由於他們不懂得詩人對於社會道德是懷著一種超利害的情感的。

這篇〈中國現代藝術運動的證詞〉，作爲《六十年年代詩選》的緒言，顯示現代主義反傳統的傾向；另外在〈論現代詩的特質〉也出現這種論調，從這點來說是與中國純詩派的意見相互一致的。洛夫反對言志、載道，具說教的實用價值。甚至連所謂的社會性、反映現實，均有一種嫌惡的感覺，這與其要求純粹性有關。

〈詩人之鏡〉提出「詩的純粹性」。在〈論現代詩的特質〉認爲「現代詩人努力追求較古人更爲重視的純粹性。」這說法與前純詩所表現的極端純粹狀態豈不是顯然的矛盾嗎？因此要追問「純粹性」這一名詞，其定義爲何？其來源如何？衍變又如何？他說：

所謂純粹性，即內含與形式之渾然一體，知性與感性之融合無間。（論現代詩的特質）

這樣的下定義實嫌過於籠統。倒是〈中國現代詩的理論〉所說的可作爲這句話的註腳——「好的詩大都是智力與靈性的渾然一體，形式與內容的融合無間，介乎可解與不可解之間，而這種境界能爲神助，如羚羊挂角，無跡可尋，富象徵暗示之美，言有盡而意無窮。」〈詩人之鏡〉也說：「純詩面貌之一乃爲技巧與觀念之渾成。」在此「好的詩」與「純詩」的語意是相一致的。其實仔細分析這段話，就可發現當時洛夫希望經由重新詮釋傳統純詩的理論，將其結合於自身的創作經驗中，借此建立一套美學觀性成爲他新創的難解的現代詩的註腳，因此是否符合嚴羽的美學並不重要，他所關心的是如何在當時詩社分立、詩風各異的局面中建立理論。

洛夫〈天狼星論〉說過現代詩人反傳統也忠於傳統，所忠者傳統詩的素質，即是純粹性。他揭舉嚴羽滄浪詩話論興趣一段與王國維人間詞話說境界作說明，標出純詩的理想：

一般人需要的詩是「興觀群怨，學了可以言」的詩，即言志載道的詩。但現代詩人所追求的是那種眞能影響深遠，昇華人生，「不涉理路，不落言詮」，爲盛唐北宋所宗的那種純粹性。（論現代詩的特質）

這也即是〈天狼星論〉所謂的「具有純粹、抽象性的詩。」他論現代詩的特質，更引述諸如袁簡齋、司空圖等人的意見說明詩的本質，認爲「今天現代詩人所追求的即爲這種純詩，將可述性的意義減至最少程度，將可感性的詩質提高到最純粹度。」這是他溝通古典與現代的一種努力。當然只概略地說「盛唐北宋」是稍微模糊了唐人純詩的盛行階段；但這對洛夫並無關緊要，重要的在於文中至少提出純粹性之特質，排斥敍述性，也排斥理念化、邏輯化（見從金色面具到瓶之存在），是把握純詩的一部份面貌。但關鍵之所在是古典詩人所追尋的純粹與現代詩人之間，其差異性為何？這卻是洛夫疏忽不談之處。古代的自然與現代的自然，在詩人的感悟型態與表現方式是否一成不變：古人對於純粹詩的追尋，其語言極其清淡，其感情極其沖和，其體製極其短小，在瞬間享受醇美狀態，即其不可言詮之處。現代詩人的作品與前述相異者可謂判然分明，又如何求其「不可言詮」與古代純詩之純粹？凡此或因為語言符號的濃縮、扭曲，或因詩人純粹經驗的幽深孤峭，實與前者因其醇美的短暫、圓滿為「不可說」，使讀者無法言述；至於現代詩則因其經驗的深澀，是有其程度上的差別，雖同用「純粹」兩字，但仍有本質的不同。

葉維廉指出現代詩人的純詩觀念受西洋美學的影響，洛夫自然瞭解西洋純詩說——從愛倫坡提出詩必須純的口號後，法國象徵派詩人，如梵樂希、布勒蒙等人均加以倡導。在〈詩人之鏡〉中，曾引述梵樂希的話解釋詩景。而洛夫最得意者即超現實主義，曾一再評述此一主義的理論與作品。超現實主義作為一種藝術精神與表現手法，自有其不可磨滅的價值。洛夫曾以〈超現實主義與中國現代詩〉為題論述其關係，文中歸納出三項特質，前二種指出其所具破壞傳統中道德、社會、美學等舊觀念，而追求一種新的美與秩序；後一種則屬於技巧問題，肯定潛意識的富饒與眞實，而使用的語言則盡量擺脫邏輯與理則的約束而服膺於心靈的自動表現。這種表現方法上的自動主義，即是所謂的「純粹經驗」。自動流出的語言，並非超現實主義詩人所必具的表現技巧，這是洛夫承認的事實。詩人運用超現實手法，使其藝術創造產生更大的純粹性，這裏當然指其排斥理念、邏輯約束等，達到介於「可解與不可解」之間的效果。

對於超現實主義的熱心，是洛夫談詩的特色之一。由此更進而與「禪」聯絡在一起。這是討論傳統詩論、西洋純詩時，需要一併解說的。〈詩人之鏡〉曾說：

> 超現實主義的詩進一步勢必發展爲純詩。純詩乃在發掘不可言說的隱密，故純詩發展至最後階段即成爲「禪」，眞正達到不落言詮，不著纖塵的空虛境界，其精神又恰與虛無境界合爲一個面貌，難分彼此，而「還原到文藝以前的那種混沌狀態」（林亨泰語）。如一旦發展至此階段，則詩可能脫離文學而如音樂與繪畫取得獨立地位。依此推斷，純粹的詩已非文學。

在〈現代詩的理論〉中，他說詩有其不可理解的一部份，註云：「詩亦如禪，自有其不落言詮的妙諦。」傳統純詩理論中譚禪正是其一貫系統，因此詩與禪的關係爲何？值得比較兩者的關係，他說：「禪與超現實主義最相似之處是兩者所使用的表現方法。」⑲將兩者化約爲公式：

(一)超現實主義的詩→純詩→禪

後面一節則是：

(二)超現實主義　表現方法

禪　表現方法

㈠式說明超現實主義可發展、逼進成爲禪；㈡式說明二者有一共同之處，超現實主義經由它而與禪相似。前者具有詩禪爲同一物的「傾向」，後者則屬於「以禪喻詩」是譬喻的形式。它們至少是兩段不同的陳述，以下分從兩方面來考察這種意見是否周延。

中國純詩論派諸子與禪有密切之關係，其中嚴羽與王士禎明白拈出禪來說詩：滄浪明言「以禪喻詩」（答出繼叔臨安吳景仙書）。爲把詩說得很透徹，故用禪作比喻，詩辨說：「禪道惟在妙悟，詩道亦在妙悟。」妙悟爲其相通之處，就滄浪詩話而言，又指「羚羊挂角，無迹可求」的興趣。然而這裏的禪悟又指什麼？作爲一種宗教的修練方法，這派話頭禪才是滄浪取爲比喻，看話頭，參公案，就可瞭解爲以詩句爲話頭，「眞參實證」其中的悟境，「不可言詮」正是說明禪悟「不可說」的「神秘經驗」。至於超現實主義如何發展爲純詩，又如何發展爲禪，這就不是單純作爲比喻。㈡式說其表現方法相似，應該是指參驗方式，作爲獲致「妙悟」之境的行爲，不經由分析、演繹等理路、知性的干涉，直接證驗其赤裸裸的眞實世界。雖然禪的參悟過程，許多心理學家努力研究禪師的行爲，還不能完全瞭解其奧妙，至少就這點排除人爲邏輯思維的方法，與詩之追求純粹有關。可知詩只是一種經驗、一種神秘的感受狀態。洛夫在〈論現代詩的特質〉所言，詩人要征服那「無言之境」，這是文學藝術日出不窮之處，而禪的宗教行爲則是經由文字而捨棄它，就是捨筏登岸，而獲致直觀的禪境；作爲隱喻性語言，兩者都爲了達到其至高、純粹之境，則類此比喻也是一種方便法門吧！

現代詩壇在接受超現實主義時，震驚於這一主義的原理，可深探到人類意識界、潛意識界的種種奧秘，因此同樣神秘而又眞實的禪經驗作爲比喻，論詩至於談禪，可說已把文學的玄虛推到極端。但也反映出當時的現代詩壇，確是有一股實驗的興趣與精神，想快速地擺脫八股式的口號詩、淺薄的抒情詩，而完全向人類被壓抑、再發現的潛意識領域挖掘。因此洛夫的論純粹性，是只取其中部分特質，將其融入詩論中，以適應其新的創作路向，自具有其時代意義。

四、「純粹性」理論的實驗

從六十年代到七十年代現代詩壇所形成的轉變，其實是相當引起詩評家討論的。葉氏在〈緒言〉中曾憂心地指出中國詩人：「已經改變了不單是語言，還有美學觀點。」語言的使用問題是屬於技巧性的，仍服屬於詩人的美學觀點。在現代主義的信條下，純詩的語言更是一個重大問題，對於當時現代詩的語言，葉氏是畏求重視文言，提煉白話，將分析性、敍述性降低，這原則對於純詩的完成是必要的。現代詩經由不斷的實驗是有其成就的，中國詩人在有形無形中受傳統文學的薰陶，表現在對語言的掌握上正是中國人足以自傲之處。中國語言的優良傳統，到現代詩人的手中意象表現的獨特、聲音形式的巧妙變化、以及文言與白話的配置、組合也應有其具體成就。不過在現代主義所造成的表現手法的實驗，現代詩人的純詩爲了表現一向所標榜的「純粹經驗」，要求往內心深處鑽，探索神秘的心靈世界或獨特經驗。現代純詩之不可言詮，就在於因其題材的獨特、經驗的深邃與表現的扭曲手法，變成無法言說的「晦澀」或「難解」，凡此均可進一步分析純粹性的詩觀到底如何與語言技巧的實際配合?因此形成七十年代創世紀詩社的詩風。

從傳統詩所表現的純粹性特質，經過當時的詩人實驗後所表現出來的，大體可比較出一些共通性：

(1)古典純詩重視文言式的詩語，成爲簡潔的、電報體的語言：諸如省略人稱、時態以及銜接的介繫詞；儘量排斥散文式的邏輯性、敍述性語法。七十年代的實驗也宣稱追求詩語的凝鍊、省略，採用分行式的斷句，以跳躍的方式來切斷文意格式的聯想，形成獨立的語法。

(2)純詩重視意象語而非邏輯性的哲理性的概念、道德性的說教；而現代純詩也標榜純粹經驗、或心深處所潛藏的轉化成爲符號，甚至這些隱喻自動地浮現出來，而不強加說明，成爲一組組傳達訊息的語言符碼。

(3)傳統純詩與現實的關係存在一些吊詭，表現雖似一種陳義過高的高蹈派理想，以田園丘壑爲其抒情的感悟型態，實則多半爲官僚政治體制下的不遇心態，因而對現實世界保持一種美感距離，形成其純粹方式；而現代詩人也是吊詭地處理現代與超越，在大時代的劇變下，戰爭、逃亡；挫折、壓抑，使生命被扭曲、變形，乃藉由現代主義的經驗折射地反映出來，因而詩在孤絕的情境中被抽離出來，成爲一種內省的、內心獨白的集體情緒。

對於七十年代的詩人創作一些表現純粹經驗的詩，基本上是一種特殊時空中集體受創心靈的自我表白。瘂弦曾在編撰《當代中國新文學大系》在〈序言〉中一再辯解，七十年代作品的晦澀是「社會因素」所激成的：當時言論的尺度，「保守的社會，文學界不能接受，政府當局也不一定接受」，尤其最後一個原由才是關鍵，「就因爲那時候的詩人不能把話說得太明白，才把眞正想說的話隱藏在意象的枝葉背後」、「必須用象徵的手法，把自己對社會的抗議、人生的批評帶出來。」⑳被他舉例說是社會的現實性很強的作品，像商禽的〈逢單日的夜歌〉、洛夫的〈石室之死亡〉，確實是戰爭夢魘下的抗議與批判。所以純粹經驗並非田園、山水的自然，而是另一種冷壓下的扭曲、變形的現實與自然。

他們如何在作品中表現這些苦澀的美感，就以被選的「名作」爲例，這是一批行內人公認比較成功的現代純詩。葉維廉在此期內較被稱讚的是〈降臨〉長詩，從表現形式言，捨棄說明性文字而獨創新組合的符號、也捨棄事件敘述而呈現一種隱藏的主題、氣勢，在葉氏「鬱結」階段，他們面對中國歷史文化、過去與未來的方向，使他採用深具暗喻的語言、無數獨立的意象，企圖表現其思索的心境：整首詩在降臨、出航、囚禁、展望、節慶、尋索等舖展，㉑看似混沌卻自有其秩序，只要掌握其中的尋索與放逐的主題，就可掌握在整體雄渾的氣氛中確有一股壓抑、失落與昂揚，奮進交織的動力。類此將外在的氣勢與內在的律動，造成一種雄渾的美感正是他所掌握的純粹性，是新的純粹經驗的合並傾出；不過也由於繁複的暗喻語言，固然讓創世紀社中人震撼於其意象的獨造，卻也讓人有晦澀、難解之感，而這正是他們將純詩定位於「可解不可解」，純賴讀者的感悟。

洛夫在這段時間內的實驗，具體表現在〈石室之死亡〉系列，以原載於《創世紀》十二期的初稿爲例（一九五九．七），「石室」就是繁複的象徵，戰爭時的石洞、隱藏自己的掩護體，「石」的冷默質地，堅硬本質；室的封閉、自存，可以隱喻戰爭、社會以至人的存在。這些以暗喻性語言爲主，割棄銜接的語句與聯想，而以各自獨立的意象、斷句形式中既斷又連，由於語言的高度濃縮、凝鍊，字質的密度高，讀者需在思索中努力感受其氣氛，然後探索其隱藏的生命，壓抑下的抗議，在混亂中企圖建造的秩序：

我是一株被鋸斷的苦梨
在年輪上，你仍可聽清楚風聲、蟬聲

其實可聽清楚的是流亡的一代在歲月中的成長經驗，一種壓抑的「久久的慍怒」，在炮戰中、在國共的拉踞下，被鋸斷的「苦梨」其命運如何？在作品中戰爭、棺材、骨灰與裸婦、綢質枕頭，生與死、性與禪理紛陳，這就是他們所要批判的很強的現實性。

瘂弦在序言中其實就有自道自訴之處，在年輕的生命中，逃亡、當兵而過的軍人生活，諸般被壓抑、扭曲的成長過程，在接受現代主義時促使其思索生命的荒謬、無常以及不得不繼續的生命本質。他擅於使用戲劇性的演出，讓戴了面具的、化裝了的我登場，而實際的我卻隱藏在幕後。這是與純粹性中強調的不說明、不敍述相一致，詩中的動作都只是自然演出生命。以《八十年代詩選》所選〈下午〉爲例：「我」即是pesona，在感知現有的存在，那些莎孚、悠里息斯；或紅夾克的男孩，都只是道具式的意象。

在球場上一個人提著籃子
鴿子在市政廳後邊築巢
河水流它自己的
　　這麼美就下午了
說得定什麼也沒有發生

這就是世界的存在狀態，他感知後就寫下，是要說什麼卻不明說。生活、生命就是這麼一回事。〈如歌的行板〉儘管列出衆多的意象，兀自紛陳沓來，而重要的在末節：

而既被目爲一條河總得繼續流下去的
世界老這樣總這樣！
觀音在遠遠的山上
罌粟在罌粟的田裏

存在的感悟就是這樣：觀音山與罌粟田並列，世界所有的一切：生與死、功與罪、善與惡……一切存在自然演出自己。瘂弦將感悟採用戲劇手法演出生命，探索本質而不採繁複意象的混亂中自見秩序，在清楚的意象中紛紛陳列，讓意象與讀者自行照面，可解不可解則是讀者自家的感悟。

在大兵詩人中採用詩批判現實的另一例證是商禽，由於所有的喻旨全隱藏在意象語中，因而許多人多在解而不解中，如〈逃亡的天空〉，羅青、水晶及李瑞騰等都要解讀其中的符號：從修辭技巧、隱喻手法都可解，但在一些特別選用的題目及意象中，折射地反觀這一代逃亡者的心靈感悟型態：荒原、沼澤；死者、眼淚；逃亡等紛沓、迴環的意象群，相當穩定地指出一種流放、流亡的心緒，它由現實經驗普遍化爲一群逃亡者，更象徵化爲生命的逃亡者。商禽的吊詭也表現在〈逢單日的夜歌〉，將金門戰地的生活，戰爭、逢單日的威脅與壓力，與死亡臨近的冷默與吶喊，全都隱藏在裡面的意象中。在那個時代，那種身分許多不能明說，卻又不得不說，就說成如此隱晦的語言：十字架、墳墓；埋葬；淚，其實題意壓抑、隱蔽到最末，要「升草地爲長眠床／降槍刺爲果樹／……」農民的土地出生的一代，在軍中的征戰氣氛中是蘊藏有許多抗議與無奈的，面對離亂，這些詩人企圖建立一個藝術世界與之對抗，只是這些抗議性、批判性很強的詩人在扭曲的語言中免不了晦澀與難解，不可解可解，純詩對於當時的讀者確是一種挑戰。

當然創世紀詩人所倡導的純粹性，他們舖陳意象，擅用象徵，是與鄭愁予、楊牧的羅列景象各有異趣的，由於他們並未特別強調純粹性，也不特別專論純詩的理論。但兩人卻是親炙傳統詩，且從它獲取創作的資源的。從景象或視境原理言，羅列星、山、花及其大化運行的秩序；正是傳統抒情主流的特色。七十年代的葉珊對於當時「以晦澀怪誕爲務」，「認爲是矯枉過正」，所以一貫根據浪漫的基調寫他的風、花、雪、月，而將詩的情緒、人生的感悟全寓於其中。這與鄭愁予的登山寫山，雖不強調羅列式的意象語、聯想的切斷；而仍以前後易於聯貫的情緒聯綴詩行、推進意象。在當時及後來的詩壇，兩人都以中國風格而造成愁予風、楊牧風的影響。應歸因於詩中的景象原理最易爲讀者所接納。

七十年代詩壇是將純詩的理論與實踐實驗的時期，在當時類似融合中西的美學觀，確實引導詩人在創作上有極大的轉變，也出現一批有代表性的作品。從當時歷史文化的肌理脈絡言，作家實驗精神是完全可以理解的，這些作品折射地反映一個扭曲的時代意象，在變亂中以理論作爲作品的注腳；爲那個時代留下心靈的見證，一種企圖以藝術抗議、批判的時代。

五、結語

中國現代詩人對於「純詩」觀念的產生與衍變，是現代詩論中極爲複雜與微妙的論題之一。在「橫的移植」熱潮之中，固然扮演過極其吃重的角色；而作爲「縱的繼承」，更是源遠流長的詩評主流。不過在六十年代，以迄七十年代，詩人對於「純詩」的迷惑與追蹤，一則源自中國的純詩傳統，二則乃因介紹諸如梵樂希、里爾克等人的作品與理論適時而來，對部分求新求變的詩人確曾產生其影響。但是這一長時期中，作爲理論重鎭之一的葉維廉，卻曾不斷地提出檢討：對西洋純詩之不純，從其傳統歷史及其發展趨向加以批判；並且一再重新肯定中國古典詩的視境與表現具有形成純詩的重要質素。由此，葉氏對於現代詩的成就與未來發展方向，曾作過樂觀的估量。但是在傳統與現代之間，也存在一些問題；因而傳統純粹性確對於當時的詩人有啓發作用，也注意其間的差異：葉維廉的答案，是由靜態而無所不包的動態、洛夫則以超現實主義深潛的純粹經驗作說明，古代詩評家所講的「純粹」，是從景物之中演出的純粹狀態；現代詩評家要追尋的「純粹經驗」，則是現代世界的廣義的抒情，或是現代心靈的深潛的經驗。將它落實到創作中，就出現七十年代的實驗性作品。

瘂弦對於那個充滿禁忌的保守時代，如何激起作家採用象徵方法批判現實，曾有見證式的自白，從社會文化的肌理脈絡中這些完全可以理解的。因此純粹性、純詩的理論，葉維廉是作爲一個嚴肅的詩學、美學課題加以探索；而對於洛夫及其他詩人，則只是一種創作方向的自我詮釋，乃援引傳統以抗議時代壓力下的作法，可說是文學思潮的反動現象。由此可以瞭解一個文學術語所代表的觀念，在不同時代，對不同的對象，是有其複雜的發展與微妙的影響。在「變」的自然中，詩人如何維持其「不變」的觀物方式，是詩評家感到興趣的；而詩人則是要在不斷變動中，採用新的方式加以紀錄、重現。不過由於當時許多作品，自覺或不自覺地走上「晦澀」之路。現代詩人確有爲了造成意象語的驚人、語言的極度濃縮、扭曲，到了「不可解」的程度，使得現代詩的語言符號卻變成密碼——原只一個詩人獨有的密碼，然後成爲一個集團的密碼，最後成爲現代詩的代號，因此現代詩造成一段黑暗、晦澀的時期。現代純詩有大量的作品之所以虛僞，爲廣大讀者群所拒斥，這是癥結的所在。因此客觀考察一種美學觀念的形成、衍變，其中確有一些值得深思的課題。

——錄自《現代詩學研討會論文集》，彰化：國立彰化師範大學國文系，一九九三年五月，頁三三

——六六。

【附註】

① 王夢鷗先生《文學概論》二十二章題爲「純粹性」，就中國詩評史上凡觸及純粹性特質的詩論，詳加討論，也曾以「純粹詩」來翻譯 Poesie Pure，並說明此一詩論，在布列蒙（H. Bremond）荻葆德（Thibaudet）、梵洛希（Valery）等人所引起的討論。此書民國五十三年帕米爾書局初版，六十四年修定藝文書局再予發行。這一比較文學批評的論題，其後也曾由王夢鷗先生與顏元叔博士予以討論，在民國六十二年十二月中華民國比較文學學會舉辦「比較文學批評」，討論中英詩歌中的純粹性，王先生宣讀之論文其後以〈古代詩評家所講求的純詩〉爲題發表於《中外文學》二卷九期。

② 紀弦有關純粹性的提出，見於民國四十五年二月一日出版《現代詩》十三期。

③ 有關這方面的論述，詳參葉維廉〈中國古典詩與英美現代詩——語言、美學的滙通〉，《文學評論》第一集（一九七五、書評書目出版社）。

④ 相關論文詳參〈論詩之純粹性〉《大地詩刊》第十一期（民國六十三年十二月），〈論皎然詩式的純粹性〉（青年戰士報、星期雜誌一〇四期詩隊伍）、《司空圖詩論中之純粹性》（星期雜誌一〇六期）、〈嚴羽詩論中的純粹性〉（青年戰士報詩隊伍、民六四，三月七日）、〈王漁洋詩論之探究〉（同上、民六四、三月廿一日）；〈中國詩論中所講求的純粹性〉可視爲一系列論文的總結，（青戰、詩隊伍，民六四，十月二十日（上）、民六四、十一月三日（下））。

⑤ 陳慧樺《板歌》，臺北，蘭臺書局，民國六十二年。

⑥ 筆者在十年前曾在密勒佛學獎學金支助下，撰寫〈詩僧皎然詩論之研究〉（慧炬月刊一一六期）、〈司空圖與佛教之因緣〉（慧炬一二七期）與六十三、四年度佛學論文寫作，〈嚴羽詩論與禪宗因緣之研究〉〈王漁洋詩論與禪宗之關係〉。

⑦ 有關這些論文的寫作，出版時間，較方便的可參《三十年詩》後所附的「葉維廉簡介」與「葉維廉年表」（臺北、東大圖書公司、一九八七）。

⑧ 相關的論文收於《秩序的成長》（臺北、志文、一九七一）。

⑨ 詳參王先生前引書十四章譬喻的基本型、十五章繼起的意象。

⑩ 葉維廉註⑧前引書。

⑪ 錢鍾書《中國詩與中國畫》此參自其《談藝錄》。

⑫ 葉維廉註⑧前引書。

⑬ 葉維廉《中國現代小說的風貌》（臺北、四季、一九七七第二版）。

⑭ 收錄於趙知悌編《現代文學的考察》中唐文標、關傑明的評論（臺北、遠景、一九七六）。

⑮ 楊牧〈現代的中國詩〉，即曾批評現代詩的時空狀態，不甚眞實。

⑯ 《創世紀》卅八期二十週年紀念號刊登「葉維廉訪問記」。

⑰ 洛夫《洛夫詩論選集》收錄其中部分（臺北、開源出版公司、一九七七）。

⑱ 洛夫前引書，頁八三—一〇六。

⑲ 同前註引文。

⑳ 瘂弦《當代中國新文學大系》詩部、序言（臺北、天視出版社、一九八〇）。

㉑ 梁秉鈞〈葉維廉詩中的超越與現象世界〉，輔仁大學第二屆「宗教與文學」國際會議（一九九〇）。

㉒ 《七十年代詩選》作者介紹（臺北、大業書局、一九六七）頁六五。

後現代的反思：藝術作品的身姿

——評葉維廉的《解讀現代·後現代》

簡政珍

「後現代全然是崩離無向的嗎？」

這是葉維廉在《解讀現代·後現代》一書裡的關鍵性探問，由探問發出有關後現代理論的重要訊息。全書主要藉由後現代理論的論述，檢視現代與後現代的因緣糾合，並進一步思維後現代的生活藝術空間。另外，還有幾篇較隨想式的文章，如詮釋柏格曼電影裡的婚姻，論述散文詩及「閒談」散文。

本文嘗試探討該書理論外的另一個焦點：後現代時代，藝術如何反制一般理論所謂的崩離無向？藝術和生活如何藉由「活動」來展人性的意識①？這些思維和觀照事實上也是本書副標題「生活空間與文化空間的思索」的精要所在。

臺灣文學藝術界的悲哀是，理論的大框架時常使纖細繁複的現象同一化，所有的五官和身姿變成制式的歸類和數據。更悲哀的是，理論的引介者經常並不能體會理論家眞正的語調②。也許理論的引介者會把詹明信或李歐塔等人所指出的：帶有精神分裂傾向和缺乏中心與深度的支離破碎的現象奉爲當代文化的圭臬，眞正的藝術家卻對這種現象作一種內在的反省和思索。葉維廉指出：「這些活動與思索所帶給藝術與生活的向度，在形式上和一般的所謂後現代主義有呼應之處，但在精神上則完全不同」（頁五二－五三）。本文將概略探討這些精神層面和形式層面的異同。

首先，藝術家將作品視爲「活動」。葉維廉舉他在聖地牙哥加州大學上詩的經驗，將詩的文字單方面的經驗解放，化成舞者的身姿。舞是一種隨興，伴隨著舞者的放鬆和凝注。詩的寫作可能是文字，但詩的感受和體驗卻是一種「活動」。

葉維廉並舉卡普羅（Allan Kaprow）的〈流質〉，〈甜的牆〉等作品的「建築」活動，繪畫活動，表演活動；奧莉菲蘿絲（Pauline Oliveros）的〈現場環境聲音的美學〉及〈音波形象〉的凝注體驗活動；佛蘭雪爾（Jean-Charles Francois）的動力音色活動；黃忠良的太極舞蹈活動。除外，還有羅登堡，哈里遜夫婦和蘇珊．黎絲的例子。

這些活動的精神意涵是讓人體會藝術品是一個有生命的「身體」，因而能展現動人的身姿。當藝術進入僵化轉介的理論框架，它的血肉之軀時常被冰凍成「意義」。讀詩很少能眞正感受一首詩，詮釋只是用一把冰冷的手術刀，將身體切割分析，檢視其意義。我以前也講過：「詮釋要基於有感的閱讀才有意義」（這裡的意義和前面的意義並不一樣，將再進一步說明），但是理論套用者對詩的詮釋很少能眞正感受一首詩，分析一首詩無異在謀殺一首詩，因爲在用手術刀割取一個意義時③，批評家同時也砍殺了詩的身體和其中的生命力。葉維廉說：「詩變成了分析手術臺上的屍骨」（頁五七）。

假如人珍視作品的生命力，藝術家當然力圖探索表彰人性。葉維廉以卡普羅近期的作品說明其中「靜靜呼喚的人性」（頁七〇），以演出活動爲主的藝術家，「他們重建人性的意識是極其強烈的」（頁六九）。環視臺灣的批評情境，強調人性人文十幾年已如禁忌。此地的批評家在轉介後現代的文學和文化時，一意（誤解式地）標榜解結構及後現代的崩解無向。文學藝術在如此「理論」的培育下，不是純然商品消耗取向，就是無任何人性指涉的遊戲消遣之作。這些「批評家」因此也順理成章的貶抑富於人性思維的深沉作品，而贊揚肯定文字遊戲或即時消耗的商品文化。有些批評家更質疑是否有詩這種「東西」。

葉維廉對後現代的觀察卻和這些「批評家」迥異其趣。當後現代理論質疑所謂的正典化時，葉維廉要強調的是，並非「什麼都是藝術」（Anything goes）。葉維廉以俄國的畫家Alexander Brodsky和Ilya Utkin的作品說明當後現代的商業文化侵襲人類文明的生命力時，「在文化的殘垣碎瓦片，唯一可能獲致的凝融，也只有藝術的創造。通過後者，我們也許可以負面地瞥見重建人性的可能性」（頁一一七）。這和一般主張藝術應隨著商業文化遊戲化庸俗化的「批評家」何其不同！一般批評家是商業化文明的投降主義者。只有對人性深沉觀照的思維者，才能「負面地瞥見」藝術家這股「暗流」。曾幾何時，後現代主義力主以邊緣反制中心的正典，而造成遊戲及庸俗的商業化文明，如今位處邊緣的深沉藝術品正以其身姿反制目前居於中心以商業取向的遊戲庸俗之作。

但葉維廉所展示的後現代藝術，和主流的後現代相較，在形式上仍有彼此交相互應之處。也許可以這麼說，葉維廉所舉的藝術家及其本人摘取了後現代的某些形式，卻將這些形式投射至其他的方向，而顯現精神層面上的不同。「意義」這個詞語的破解能進一步釐清一般批評家的迷思。其次，破解「意義」也能觸發藝術作品和理論之間形式和精神的辯證。「詮釋」也可能是一種藝術的「活動」。

葉維廉及其列舉的藝術家和後現代理論家一樣，將固定的意義釋放開來，使意義開放出多種可能性。但當一般理論家（尤其是此地的理論轉介者）強調沒有固定意義也趨向意義的全然崩解時，葉維廉引用了羅拔·鄧肯和H·D共同體認的一句話：「越過那危險點，越過任何邏輯或意義，則一切有新意」（頁七一）。事實上，葉維廉在書中所舉的藝術家的作品，形式上表面看起來是隨興無甚「意義」的，但細究之葉維廉卻在每一種活動都賦予一種是詮釋的意義，如對卡普羅的〈流質〉，他作如此的詮釋：「『流質』是人在自然景物中創造出來的一個『轉瞬即逝』的意象。它用了『巨大宏壯』來完成一種『細緻』的感受，象徵著人在自然力量中的脆弱。……」（頁七六）。黃忠良的太極活動「正是針對著人工具化的自囚而發」（頁九三）。至於Brodsky和Utkin的繪畫作品無不使他陷入人性的嚴肅思維。他對每一幅畫都感受到強烈的意義，感受到畫中的景象「是將來的一種預兆，在肢解或海市蜃樓的邊緣顫抖」（頁一一一）。

葉維廉所舉的這些繪畫或表演活動，形式上和傳統觀術大不相同，但在這「開放」的形式下，藝術家展現了文本（或活動本身）的內在意義（meaning）和外在意義（significance）。

當代本地的理論轉介者習慣將理論壓縮成平板的框架，而忘掉理論也有其身姿。他們看不到「意義」也有其立體的輪廓，他們只看到「意義」扁平的樣貌。

首先，他們把所有的文本擠進理論的框架（弔詭的是：後現代主義力圖打破一切框架，而後現代理論的轉介者卻一直背負著理論的框架），因此，他不會（也沒有能力）細微地感受體會文本，因而宣稱這個文本或活動沒有內在的意義（meaning）。

其次，即使一個文本本身意圖消解可能詮釋出的意義，大部份理論轉介者也無法體會這樣的文本意圖已經在展現其內在的意義（meaning）。事實上，後現代的文學或藝術在突破一種固定的意義，賦予意義的不確定性和多重可能性時，反而展現了更豐富的意義。

再其次，即使以上兩種內在意義全然不可得，一個深沉的作品可能在暗喻現實世界已不容任何有意義的事，這個作品因而有極豐富的外在意義（significance）。

值得注意是，詮釋者應儘量感受到文本的內在意義，當一個批評者大都只能找到外在意義時，他也可能陷入視覺的盲點，因爲他極可能未能正視許多作品或理論的身姿。

葉維廉在本書並未特別釐清這兩種意義，但當他在爲書中的藝術活動詮釋意義和賦予意義時，這兩種意義已糾合融圓。本地商業拜物主義文化醃漬人心，後現代藝術的崩離無向已成洶湧的主流。葉維廉卻在波濤的逆流中力主人性意識的重建，感受作品潛藏的生命力，發掘作品的深沉意涵。讀者若能體會到作者這些用心，他一定能感受到葉氏這部作品的雙重意義。

——錄自《中外文學》第廿四卷第七期一九九五年十二月。

【附註】

① 我曾經在《聯合報副刊》討論過這本書的理論部份，覺得葉氏在指出一般將現代與後現代截斷爲二的缺失，有其極精到的見解。參見《後現代的省思》，一九九三年四月二十二日《聯合報副刊》。

② 這點，我在〈後現代的省思〉裡有較詳盡的討論。

③ 這並非說，詩的詮釋不應討論其意義。事實上，在一般強調意義崩解的後現代情境中，正如葉維廉在本書的詮釋，以「意義」作爲詮釋的焦點有如暮鼓晨鐘。但詮釋者應展現「感受」到的意義，而非用手術刀割取意義。

讀葉維廉的中國新詩英譯隨感

屠岸

不久前從鄭敏先生處見到一本書：葉維廉（Wai-lim Yip）先生的 Lyrics From Shelters: Modern Chinese Poetry 1930—1950（《防空洞抒情詩：1930—1950中國現代詩》英文版，Garland Publishing, INC. 1992, New York, London）。我認真讀了。該書收入了中國二十世紀三十年代和四十年代十八位詩人（馮至、戴望舒、艾青、卞之琳、何其芳、曹葆華、臧克家、辛笛、吳興華、穆旦、杜運燮、鄭敏、陳敬容、杭約赫、唐祈、唐湜、袁可嘉、綠原）的九十九首詩，由葉先生譯成英文（只有唐湜的詩由 Leung Pingkwan 英譯）。卷首有三篇關於中國新詩的評論，其中兩篇爲葉先生所撰寫。本文僅就葉先生的譯詩談一點印象。

我曾讀過一些中國古典詩歌的英譯。而中國新詩的英譯，則我寡聞，見到的少。這次從葉先生的書中一下子集中地讀到這麼多新詩的英譯，好像走進了一座美麗的新詩園。

雪萊認爲詩不能譯。可以找出許多翻譯的例子來證實雪萊的論點；但也可以找出許多例子來反駁這個論點。葉的這本書屬於後者。我覺得，譯詩的可行性問題，應就具體詩來論，不應以偏概全，有些詩確不可譯，有些則可譯，可譯不可譯還包括譯入語選擇的問題。我讀了葉的譯詩後，深切地感到：中國新詩脫離了她的母語之後，仍然可以生動地存活在另一種語言——英語之中。

葉譯的特點之一是活：他運用活的英語。他掌握的是當代的、活在口頭上的英語，一點沒有生澀之感。

我體會，這種「活」首先表現在用詞上。例如，有這樣一行詩：「它藏著忘卻的過去，隱約的將來」（馮至《十四行・十八》），葉譯成…Is hidden the forgotten past, the seen-unseen future. 這裡，用 seen-unseen 譯「隱約的」，眞是再恰當不過了，它是如此自然而又貼切！又如，「這長白山的雪峰冷到徹骨」（戴望舒《我用殘損的手掌》），譯成 The snow-capped Changbai Ranges are bone-penetrating cold. 這裡，bone-penetrating cold 既保存了原文的比喻義，又因以英語出之，使人感到自然而新鮮。「手指沾了血和灰，手掌黏了陰暗」（戴望舒，同上），譯成 Fingers stained by blood and ashes, palm by darkness. 這裡，原文中「沾」和「黏」是兩個詞，譯文中卻合并爲一個詞 stained。「我觸到荇藻和水的微涼」（戴望舒，同上），譯成 I touch duckweeds and feel the coolness of water. 這裡，原文的一個詞「觸到」，在譯文中化爲 touch 和 feel 兩個詞（由於賓語不同而依英語習慣處理）。「縱使手臂搭著手臂，頭髮纏著頭髮」（鄭敏《寂寞》），譯成 Even though they are arm in arm, Hair in hair. 這裡，原作的「搭」和「纏」兩個動詞，在譯文裡只用一個介詞 in 就十分簡潔地解決了。這種有分有合的遣詞方法，充分體現了譯文所用英語的「活」。

再看：

呵，人們是何等地
渴望著一個混合的生命，
假設這個肉體裡有那個肉體，
這個靈魂內有那個靈魂。

（鄭　敏《寂寞》）

譯成：

O how men
Yearn for a mixed life:
This body within that body!
This soul within that soul!

這裡，譯文把原作中的虛擬詞「假設」省去，在第二行末改用冒號，在第三行末和第四行末各用一個驚嘆號，彷彿變魔術似的，原作的神態全出。這種有增有損的造句方法，是譯文「活」的又一表現。

我讀葉譯的另一感受是譯文相當「信」，但並不僅限於原文的意義。如 The Alley in the Rain（戴望舒《雨巷》）中的一節：

A girl with

Color like the lilac,
Fragrance like the lilac.
Sadness like the liiac,
Pensive in the rain,
Hesitating and pensive.

（她是有
丁香一樣的顏色，
丁香一樣的芬芳
丁香一樣的憂愁。
在雨中哀怨，
哀怨又彷徨；）

譯文非常忠實於原作，但不是逐個詞語的英漢互換，而是不同語種的詩的再現。譯文中幾乎每個詞語都經過了最佳選擇，作了熨貼的安排。像「哀怨」，不譯作 sorrowful, melarcholy 之類，而用了 pensive，這個詞在傳達原詞的神態上可謂選得十分準確。譯者彷彿毫不費力，一些詞語似乎手到擒來，應了一句成語：舉重若輕。但這與主觀隨意性無關。如此流暢的譯文，在節奏感和情緒的延宕上是與原作絲絲入扣的。

又如艾青《大堰河》中的一節：

Big Weir River, restraining tears, has departed!
Together with forty years of insults from the life world,
Together with countless miseries of a slave,
Together with a four-dollar coffin & a few bouquets of hay,
Together with a few square feet of burial ground,
Together with a handful of ashes from burnt paper money.
Big Weir River, restraining tears, has departed!

（大堰河，含淚的去了！
同著四十幾年的人世生活的凌侮，
同著數不盡的奴隸的淒苦，
同著四塊錢的棺材和幾束稻草，
同著幾尺長方的埋棺材的土地，
同著一手把的紙錢的灰，
大堰河，她含淚的去了。）

譯文也非常忠實於原作，行與行都是對應的，每行體現的含義也都準確無誤；但「信」這裡更體現在忠實地再現原作的脈搏——循環往復的咏嘆。中文「的」字具有多種功能，多種用法。這節詩的原作裡用了十個「的」字。它們在譯文中化爲分詞片語，形容詞，介詞 from 和

of 等，使得譯文生動靈活，變化多端。這些片語和詞同 Together with 的多次重複相配合，造成了蕩氣回腸的聽覺效果，體現了思潮的起伏和綿延。如果只忠於原作字面上的意義而不能體現其內蘊，那算不得眞正的「信」。爲了保存其內蘊而犧牲意義，也是缺失。既傳達意義又體現內蘊，這才是高手。葉譯確是用活的英語做到了這一點。

我讀葉譯，常感到是在讀創作的英語詩而不是在讀譯作。例如：

And will to revenge allows
Our own happiness to stamp, legally, upon
The contempt, insult and hostility of others,
Though collapsed in each other's injuries.

（也是立意的復仇，終於合法地
自己的安樂踐踏在別人心上
的蔑視、欺凌和敵意裡，
雖然陷下，彼此的損傷。
——穆旦《控訴》）

原作也許爲了追求情緒跳躍和語氣斷裂的效果，在漢語語法和標點的運用上作了一些特殊的處理（如把狀語「別人心上的」加以割裂，讓「的」字站到下一行的開頭去；在及物動詞「陷下」和它的賓語「彼此的損傷」之間插入一個本不應有的逗號等）。而譯文卻順應英語自然流動的趨向而彌合了原作文字上的崎嶇，同時，又適當地保存了原作的情緒流向。這樣，我們讀譯作感到自然，像是讀一首創作。

同樣的例子還有一些。比如我在讀 Renoir's Portrait of a Girl（鄭敏《雷諾阿的少女畫像》）時也有同樣的感覺。

讀葉譯，還引起我對某些問題的思索。

同一原作可以有不同譯家的譯本，不同的譯本可以有不同的風格，譯本的不同風格與原作的風格可以有差異但不能相悖逆。關於這，葉譯提供了證明。例如，我讀過卞之琳先生用英文譯的他自己的一部份詩，這次又讀了葉譯的一部分卞詩，並把兩者作了一點比較。我發現，卞譯是英國英語，葉譯是美國英語，卞譯嚴謹，葉譯曉暢，卞譯凝重，葉譯清新；但是，葉譯並沒有背離卞詩的「冷淡蓋深摯」的總的風貌。卞譯和葉譯都是佳品。在不違原作風格的前提下，同一原作可以有多種不同風格的譯本，這是一個不僅可以接受而且可以鼓勵的事實。

同一原作可以有不同譯家的譯本，而同一譯家也可翻譯不止一家的作品。優秀的譯作常常在保持譯家譯風的同時，在一定程度上體現不同原作的不同風貌。關於這，葉譯也提供了證明。我感到葉譯常能運用清新流動的語言（英語）風格去把握不同原作的整體脈搏，例如，葉以他的譯文體現了陳敬容《無淚篇》的悲憤，透露了馮至《十四行》的深邃，表達了唐祈《時間與旗》的激越沉鬱，等等。翻譯匠只能拿出千人一面的平庸貨色。優秀的翻譯家則能做到既有自己的特色，又有原作的因人而異、因詩而異的風貌。這，很難做到，但應是譯家努力的目標。

葉的某些譯作，還使我想到這個問題：譯者是原作的傳達者，還是闡釋者？要傳達必先經過闡釋，因此二者本應統一。但有時也有矛盾。請看：

哪條路、哪道水，沒有關聯，
哪陣風、哪片雲，沒有呼應：
我們走過的城市、山川，
都化成了我們的生命。

（馮至《十四行·十六》第二節）

葉譯：

This road, that river, no connection.
This wind, that cloud, no correspondence.
The cities, mountains, rivers that we passed
Are changed into part of our life.

原作一、二行雖沒有問號，卻是用反問的口氣說明條條路、道道水都有關聯，陣陣風、片片雲都有呼應。（原作中有四個「哪」[nǎ]字，都是疑問代詞，不是四個作爲形容詞的「那」[nà]字。）從整首詩來把握，恐怕也只能如此理解。葉的英譯則說，此路與那水無關聯，此風與那雲無呼應。這是一種非常特殊的闡釋。

再看：

什麼是我們的實在？
從遠方把些事物帶來，
從面前把些事物帶走。

（馮至《十四行·十五》末節）

葉譯：

What, then, is our reality?
From distant provinces nothing can be brought here.
From here, nothing can be taken away.

也許因爲原詩第三節說「鳥飛翔在空中，／它隨時都管領太空，／隨時都感到一無所有」，於是譯者理解此詩寫的是虛無。我則理解作者的思想是：「實在」不是固定的，而是嬗變的，一切都在變：「逝者如斯夫，不舍晝夜」，而不是四大皆空。而葉譯所體現的倒有些像六祖偈語：「菩提本非樹，明鏡亦非台，本來無一物，何處染塵埃。」（譯文從文字上也可以理解爲：一切都搬不動，一切都不會動。但這樣理解就沒有意義了。）譯者不可能誤解原作，只能是如此理解原作。這也是一種非常特殊的闡釋。

我國本有「詩無達詁」之說。譯者可以對原作作出自己獨有的闡釋。但我覺得「詩無達詁」也是有限度的，即不能海闊天空到歪曲原作。

我發現，這本書裡也存在著某些小失誤。如：

《大堰河——我的褓母》第六節第七行「我坐著油漆過的安了火鉢的炕凳」，葉譯爲 I sat on the kang-stool ready with a fire bowl, 並加了一個關於炕凳的腳注：In north China, this is part of a heatable brick bed（在中國北方，這是磚砌的火炕的一部分）。艾青的故鄉是浙江金華，怎麼是中國北方？「炕凳」是江浙一帶冬天的禦寒設備：一種木製的凳子，中間有空穴，裡面放一只火鉢，火鉢是銅製的，有許多窟窿眼可以散熱，鉢內置火炭，發熱。人坐在上面，可以取暖。火炭不能燒得過旺，否則會把木凳烤焦。木凳可以油漆。（此事我請教了艾青同志本人。）葉的這個注顯然是錯了。

此外還有一些誤譯或技術性錯誤，包括排校錯誤，不一一贅述。

最後，我想重說一遍：這是一本用英譯介紹中國三四十年代新詩的難得的好書。

——錄自《中國翻譯》（雙月刊）一九九四年第六期，頁二八—三一。

與葉維廉談現代詩的傳統和語言

——葉維廉訪問記

訪問：梁新怡、覃權、小克

現代詩與傳統

梁：有人說現代詩脫離了新詩的傳統，但你在過去一篇名爲〈現階段的現代詩〉的文章裏說現代詩甚至是繼承卞之琳、戴望舒他們。到底你和你所認識的詩人們，有沒有受到三、四十年代的詩的影響？

葉：事實上是有影響的。何其芳對瘂弦的詩的意象和句法有影響。洛夫早期的詩吸收了艾青——當然是一九四九年以前的作品——那種敍述性的句法；卞之琳後期的詩、還有辛笛在意象上的處理，都對我有一點啓發。

談到新詩，問題還可以推前一點來說。譬如說，在一九一六——一七年左右，中國的新學人猛烈攻擊中國傳統的文字，認爲舊文字無法傳播新思想，間接造成中國的落後云云。但差不多在同時，西方的龐德卻在文章裏稱讚傳統中文的優美，稱之爲最適合詩的表達的文字。

爲什麼龐德覺得傳統的文字這麼豐富呢？原因是它可以去掉很多抽象的意念，而具體地將意象呈露出來，但在五四的初期，完全沒有從這觀點來看待語言，只是覺得當時中國從語言到整個社會結構都是陳腐的，所以要接受西方，一點也沒有考慮到傳統語言表達的好處。

在中國的舊詩裏，詩人往往不會把自己硬加在自然界上面。在舊詩中，我們經常可以看到很多事件在我們的面前演出，例如「千山鳥飛絕，萬徑人踪滅」就是一個景在演出。事實上，由於我們語言的特色，中國傳統的表達，可以做到不是以個人追尋非自我的意義，換言之，我們不是以現有的組織和規格去瞭解自然界和一切現象，如阿里士多德用一種邏輯性的骨格來劃分這個世界那樣。

西洋的現代詩打破他們的傳統，吸收中國古詩表達方法的優點。但早期的白話詩卻接受了西洋的語言，文字中增加了敍述性和分析性的成份，這條路線發展下來，到了三、四十年代的時候，變得越加散文化了。不過當時還有另外一條路線的發展，那就是新月派的路線。新月派在當時相當西化。在這兩條同是接受西方的路線中，新月派開始比較注重「詩味」的問題，雖然是用西洋的形式，但希望不完全是敍述，而能達到自我對物象的感受。

這推進到語言的精鍊的問題，逐漸一直引發到現代派來。卞之琳被認爲是新月派的延續，就因爲卞之琳他們的語言方面能做到精鍊，不是一種散文的敍述，而是希望能夠呈露當下的感受。在何其芳的〈夜〉、〈柏林〉等等裏面是做到的。尤其卞之琳的〈距離的組織〉，不是直線的發展而是跳躍過去的：

想獨上高樓讀一遍「羅馬衰亡史」，
忽有羅馬滅亡星出現在報上。
報紙落。地圖開，因想起遠人的囑咐。
寄來的風景也暮色蒼茫了。
（醒來天欲暮，無聊，一訪友人吧。）
灰色的天。灰色的海。灰色的路。
哪兒了？我又不會向燈下驗一把土。
忽聽得一千重門外有自己的名字。
好累啊！我的盆舟沒有人戲弄嗎？
友人帶來了雪意和五點鐘。

其中亦有傳統的句法，如「醒來天欲暮」。在這幾個人的詩中，有很多意象都非常視覺化。

我們經常說詩中的詩味的問題。究竟詩人在選擇意象的時候是在何種心理狀態之下呢？通常我們都會看到很多樹木，但爲什麼它不可以成爲詩？就是說注意的時刻應當和平常的觀看不一樣，你是特別集中注意，脫離了平常的意識狀態。所謂「特別注意」，比方說那事物在特別的光的形態之下出現；或者是空間的關係，可能這棵樹在這個空間裏顯得很突出，而你注意它那個時刻和你平常時的心理狀態略爲不同，換言之，它撤離了一般的時間和空間的觀念。通常我們的時間觀念是很機械化的，一定要離開一點，才會感覺到那個時刻的特別，上面卞之琳、何其芳、馮至等人的詩都是稍微離開平常狀態之下的。比較極端的，就是到達了夢的境界，我們稱之爲出神的狀態。玄思的狀態到出神的狀態再到夢都是很接近，要在這等心理狀態之下，那件事物方才會顯得突出，你才可以抓到那件事物特別顯露的狀態。曹葆華有些詩就是這樣的例子。

卞之琳、何其芳、馮至和曹葆華他們一方面受到象徵派和後期象徵派的影響，譬如里爾克，在當時已是那麼流行，他的詩每一首都幾乎是在進入了出神的狀態之下來觀察事物的純粹結晶。這些人多多少少都受到這方面的影響。在我國傳統方面同樣也有這種出神狀態之下的詩作，譬如李賀的詩。李商隱的一些詩亦有這樣的狀態。

梁：卞之琳、曹葆華他們並不是很自覺地接受傳統的影響的吧？

葉：我不相信是很自覺的。譬如在我自己來說，一直有接觸傳統的東西，而有時在西洋詩裏面，我覺得冥冥之中有一些地方是剛剛相交的時候，我自然亦會接受它的做法。這是一種無形中的滙合。我相信在他們這幾個人中，也有同樣的情形產生，但是不是有意就不敢說了。

對於意象的接受和呈露方面，有很多地方我和他們倒有點接近。我覺得自己的詩是略爲離開日常生活的觀看方法，而是在出神狀態下寫成的。同時，在傳統的詩裏，如王維的：

人閒桂花落

夜靜春山空
月出驚山鳥
時鳴春澗中

在這首詩裏面的意象方面，本身就是一種出神的狀態，是在一種特別安靜狀態之下看到的事物。

當瘂弦第一次見我的時候，他第一句就說：「我們一定要把敍述性撤除。」這個問題在西洋詩裏面當然很早就提了出來，不過瘂弦和我當時都不瞭解西洋的發展，但冥冥中我在接觸詩的時候，我覺得詩應該這樣做，也覺得傳統的需要。所以我是這樣做，他是這樣做，而他坐下來第一句就說如何撤除敍述性的問題，或是用敍述性而不會走向三、四十年代大部分詩人那種散文化的路向。敍述性還是可以做的，但在每一句裏面必須要有你個人的聲音和個人的姿態。而不是寫作劃一的口號詩。

幾個階段的詩

梁：你早期的詩和近期的詩有很大的不同，你可以談談這種差異嗎？

葉：很多人都認爲我早期的詩比較西化。這句話一半是眞的。因爲傳統的詩短和比較簡單，而我的詩比較複雜，我既是承繼新詩的傳統下來，我仍然採用敍述性，但我敍述的形態跟他們不同，如用很複雜和多層次的表達，如果說這不是跟西洋的表達方法有一點互通聲氣，那是騙人的，到底傳統的詩並不是這麼複雜呵。事實上，當時我想嘗試能不能將西洋和傳統的表達手法構成一種新的調和。以〈賦格〉爲例，個別意象的構成和傳統的關係很密切，但整體交響樂式的表達卻接近西洋的表達方法。

在最早的時候，究竟西洋傳統重要抑或中國傳統重要，完全不是我們考慮的問題，我覺得，我作爲當時一個現代的中國人，作爲一個被時代放逐的人，出國之後空間的距離使我更有被放逐的感覺，我的感受複雜而且有一種游離的狀態，在當時來說，我只是忠於我自己的感受。由於我對兩個傳統多少都有一點認識，就產生了那樣的詩。沒有考慮到究竟應否這樣，只覺得我忠於自己就好了。但是我又覺得，自從我繼續寫下來以後，對中國傳統更加進入以後，尤其當討論更多中國傳統的詩的時候，我相信中國傳統是比西洋傳統更適合我，所以我有個趨向是漸漸回到更多的中國傳統。

我在鄉間長大，對山水有很大的愛好，在我詩的裏面有很多山水的意象等等，但由於我面對的是很複雜的情景，是東西方的揉合，有兩方面的衝突。而我最近的詩，仍有這種情形，但中國的成份比較重，趨向喜歡用短的句，簡單的意象，希望用簡單的意象能夠達到複雜的感受，而不是用以前那末繁複的處理方法。你知道，這可能是跟我胃病開刀也有點關係啦……。這也是一個可能，因爲我鬱結得太久了，所以我寫完〈愁渡〉之後已經開始放鬆自己，我不希望再陷在這種深沉的憂時憂國的愁結裏面，所以我自己衝出來，特別選擇其他的題材來寫。當然啦，你看我在〈醒之邊緣〉裏面是否完全已經脫離呢？事實上並不是這樣的，很多主題和感受都重新出現，只是比較放鬆一點。剛才說與我自己開刀有關係，因爲我的胃病可能是這種鬱結的一部份，現在要自己盡可能清心寡慾，或許這樣會影響我現在的詩也不出奇了，但不一定是這個理由。

梁：〈愁渡〉寫了多久？

葉：兩個星期左右，是斷斷續續寫成的。

梁：你那首詩寫得最久？

葉：寫得最長時間的是〈降臨〉，最初先寫了兩段，在〈筆滙〉發表，然後就等了很久才寫第三段，之後就寫得快一點，第四段是在香港寫的，所以其中有一些香港的意象，比方把城市看成碑石的那種感覺……。

實際上，一首詩的產生……起碼這一點我們是與三、四十年代的詩人不同的，他們的主題幾乎在腦袋裏構想得非常清楚，知道寫些什麼，寫給怎麼的對象看，然後再在意象上推進一步。對我來說，不是這樣，有時是一個意象將我捉住，使我迷惑，然後由意象而發展成一首詩。或者有時是一種非常鬱結的感覺和心情引起，開始寫，寫出了一兩個意象之後，再由這些意象引發寫出整首詩來。所以鬱結了一段時間之後，一寫差不多就寫出來了。當然我也有修改。〈降臨〉的初稿，和後來有分別的，主要是第三首。已經寫好了，我覺得不夠力量、不夠濃縮——濃縮是當時我嘗試的一個特色——所以後來再改寫。

小克：在〈愛與死之歌〉的後記裏你說這五首詩來的時候你是毫無防備的，這麼說，你以前的詩不是這樣的了？

葉：在以前，一起來的也有；但來的時候，我——也不是有意這樣做的——不是馬上就寫出來，差不多醞釀一段時間，有時句子在腦袋裏，有時覺得那種感受仍未夠濃，到了夠濃的時候，一寫，那些意象就一直生長，這樣就一直寫下去了。

梁：〈愁渡〉是怎樣寫出來的？

葉：這首詩是怎樣寫的嗎？以前我有一首用英文寫的詩裏面有著一種旅程的傾向，我很想將它寫成中文，但寫了很久也不成功，我寫了開頭，開了頭後我覺得不需要寫那首，改寫這一首，寫了第一段，後來第二第三段就慢慢地成長。這詩和其他詩的組織不一樣，它有很多敘述性的成份，是變遷的，每一個視點都不一樣。第一曲可以說是一種平地上的回憶的觀察；第二曲是在高空上，第三曲是一封信的形式……即是說，同樣的事件用五個不同的角度來看。問題是這五個不同的角度怎樣以同樣的風格出現，所以在語言上面就是要有相當的用功，但我覺得自己一做就做到了。〈愁渡〉五曲的接觸方法都不同，但語言要能夠駕御到有一貫的力量，所以在節奏處理方面比較重視。

在〈愁渡〉詩裏，用上很多傳統的句法。第四曲這兩句：

千樹萬樹的霜花多好看
千樹萬樹的霜花有誰看

這兩句最重要的聲音是在後面，是杜甫詩的迴響，用來傳遞那種心境。用古詩，不一定是要像艾略特那樣作爲典故的引喻。

有一樣事情是我自己沒有想到的，爲什麼〈愁渡〉之後要離開呢？我記得這首詩和〈賦格〉的結構很接近，不是有意的，寫完了之後才發覺，原來我一直都在這個「結」裏面，沒有走出來，所以我一定要離開這個心態和這個主題。

梁：〈愁渡〉這名字有沒有這個意思？

葉：「愁渡」這名字是後來才加上去的。這詩在很多地方和〈賦格〉很接近，特別是結尾的地方。在這以後，我才知道我自己鬱結在這個情緒之中有多久。所以我一定要放棄。這些都是後來才想到的。

梁：〈愁渡〉可不可以說是有一個故事的？

葉：故事是在後面而不是在前面。我們和三四十年代詩人最大的分別就是在這裏。他們的故事在前面，我的故事在後面。我將故事的好幾個重要點的感受採下來。每一首抒情詩應該怎樣寫的呢？抒情詩一定要將感受的幅度呈露出來，而不是將故事講出來。換言之，譬如聽一首歌，音樂表現出它的肌理，你感情的肌理。在〈愁渡〉詩裏面，肌理當然有了，故事是在後面而不是在前面，這個故事是可以重串出來的。

詩的語言

梁：在你早期的詩裏，一直有用古典的文字或者借用古詩的文字，這究竟是擺脫不掉的懷戀，還是另有深意？

葉：這裏面是有著兩個情況：一個情況是我覺得在我利用一首舊詩的時候，有很多地方可以將在舊詩裏非常濃縮的氣氛和感受，帶到我詩裏面需要這樣表達的地方；另外是我在那個時候始終覺得白話有很多缺點，這些缺點是文言的濃縮可以補救的。所以我許多時把白話和文言儘可能混合到不可以分開。譬如有些朋友覺得我的〈游子意〉裏面和〈愁渡〉這階段的混合的嘗試比較成熟。但是我在這之後卻盡可能放棄這種做法。但也不一定能放棄。相信我對舊詩的愛好實在太深，理論上，我並不是沒有想過要不要寫大眾詩這個問題，可能我對傳統的東西有很多非常深厚的感情，這並不是一下子可以擺脫得了的。

讀者麼？當然還有讀者的問題。但讀者是指那些人呢？你寫詩的時候，會想到你的詩是寫給誰看的。我寫的不僅是給某一種中國人看，我有一種心靈上的交往，是關於整個中國的傳統問題。我將我的意思傳達給一切中國人，我寫的時候，可能有許多觀眾已經是缺席的了。

我對於中國的關懷，我希望有人和我分擔這個經驗。而且，我很希望通過我的詩的創造，能夠使別人進一步對於傳統有所愛好，這個是很自然的做法，問題是我們願意不願意完全將傳統放棄，但我本身是不願意的。我覺得在傳統裏面有很多好的東西，希望別人能夠進入去得到一些東西然後再走出來。這未必完全是有意的，可是在寫詩的時候，這顯然亦是一種次要的考慮。

在我心底裏面有一種很嚴肅、認真的想法，就是擔心我們這麼多年的中國文化的演變裏面，會有一個可能性：就是我們基本上對藝術的愛好，對於中國傳統的藝術的感受，可能會慢慢淡泊到消失。

梁：你的意思是不是說希望憑藉你的現代詩把讀者帶回去傳統？像一座橋那樣溝通現代和傳統？

葉：不一定是帶回去。是有點像橋。希望在讀者的口味方面，能夠保持有某一程度的認識或者感受。這些並不是像教書般的說法，而是希望能通過詩，有一種附和、有一種可能……這只有憑藉詩才能做到。

梁：詩人對文字是有一種責任的。

葉：對。龐德說過：「詩人的責任是淨化該民族的言語。」這方面的好處和缺點都很明顯在我的詩中出現，缺點就是說，可能由於我這樣的做法的時候，我所提煉的詩是藝術的語言，藝術的語言在現代社會裏面應不應該嘗試？站在文化上的立場來說，像是應該這樣做的，不是嗎？但藝術的語言在現代這樣急促、這樣動盪的社會裏面，不能夠達到讀者。我們所提煉的語言是應該從很普通的民間的語言裏面提煉，還是應該在文學的語言裏面來提煉？這中間就有了衝突和選擇的問題。我們是應該以現成的、很有成就的藝術的語言來調劑我們民間的語言，抑或以我們民間的語言來做最後的標準？這是需要考慮的問題。那麼在傳統裏面不是有兩條線可以走嗎？我可以走樂府的語言（民間的語言）的路，我可以走唐詩的語言（藝術的語言）的路。我們看李白在樂府裏面提煉那麼多的語言和好的句子出來，我相信最後走的路線應該是走李的那條。事實上，我在〈賦格〉裏面就有一種這樣的做法和想法，即是說，是一種口語化的語態，但卻是比較提煉的語言。譬如「君不見……」並不是純學古人那麼簡單的，那裏面有一種迴響在。李白這句子從那裏來的呢？是從鮑照來的，鮑照最早在樂府裏面就有「君不見……」的寫法。問題當然不是在一兩個例子，問題就是到底所謂在民間裏面所提煉的語言，和在傳統裏面吸收滋養來培養民間的語言，這兩者間的調和及選擇。我自己一般的傾向，大概是先在白話和文言之間提煉了一種語言之後，而以這樣基礎再來調劑一下民間的語言，如果這麼作，也是我的一個嘗試，但可不是預先有計畫地做的……只是我曾經想到過這樣的問題。

梁：這樣的情形，現代詩人中有沒有人做過？

葉：有人做過：方旗這麼做過，雖然還有點問題，但有很多成功的句子。其實以前的廢名便已開始這種試驗了。

葉：過去三、四十年代的詩人的詩中，有好幾首詩的結構和傳統的詩很接近，譬如艾青的〈北方〉，這首詩如果和李白〈古風〉比較，它雖是用白話來寫，在意象上卻很接近。……徐志摩有一首詩寫在晚上聽到琵琶的聲音，就跟李白有一首詩在表達的過程上非常相近，當然他受到西洋的影響，兩詩的組織已不相同了。梁文星亦有一首〈彈琵琶的婦人〉，以白話來寫白居易的〈琵琶行〉。我的詩裏也有一些這樣的例子，不過，我不想在這裏說明太多，那沒什麼味道了。我相信，傳統對我的影響是很大的。

創作與理論

梁：你現在除了寫詩還教書，作一個學者和作一個詩人，有沒有衝突？

葉：有，當然有啦。你知道研究學問是知性的、分析性重的工作，而且也有點兒死功夫在內……。寫詩可不是這樣，寫詩的過程不是這麼邏輯性的，所以這可以說是兩個世界，有時是可以分開來的，彼此剛好是走極端的情況也有。這兩者之間究竟有沒有相互的影響，我看得由別人來判斷了，我自己對這方面並不特別注意，但我寫詩時，有時完全希望跟我做學問功夫的那種思維過程互相隔絕的。但在我的理論所提的東西，譬如對於傳統的了解，對我的詩有沒有影響，這裏就很微妙了，有時有，有時沒有，有時是一種挑戰。我明明曉得，比方說，在敍述性的寫法裏不可以做到某種境界，因爲敍述的時候，自然就會參與了人的意思了，參與作者的意見了。但是有時又會嘗試，能否在利用敍述的時候達到另一種境界，這是一種挑戰。

……談了半天，其實是這樣的：寫詩呢，最初並沒有這般的嚴肅，寫詩實則上是過癮，寫下去，自己覺得心裏有種鬱結給寫了出來，有時自己很驚異，可以有這麼的意象在你手中出來，很是愉快，因爲你創造了一種境界。最早是這麼的寫，當然寫的時候，語言的問題自然就會嚴肅了，會想怎麼才做到合自己的意思爲止，當然每個詩人都應該這樣做的。到了後來，慢慢地成形，或者成爲一種風格，成爲一種我的聲音的時候，就會有一個在自己的風格裏面發展的階段。那麼，至於說：「現在葉維廉是不是有一套理論呀？」這是後來逼出來的，我寫的理論並不是針對自己的詩，而是針對其他的東西而寫，事實上我很少寫及詩的理論，我避免寫詩的理論，有幾個因素：第一我寫詩的理論，是不是要替自己的詩辯護，是不是要替自己的詩構成一種理論呢？第二，我寫詩論，該舉什麼例呢？當然我不希望舉自己的詩爲例，但如果舉同行的例，就會有人說：你說他的詩好啦我的不好啦，好像重彼輕此似的。我早期談詩的時候，多舉西洋的爲例，並不是說我的意見不適合中國的現代詩，只是怕引起誤會罷了，所以我往往多寫其他方面的討論。

而現在有些人卻以我談詩的文章來看我的詩了，這有時是風馬牛不相及的。比方我在談王維時談到「純粹經驗」，有人就以爲這是我對文學的全部主張。其實只要他們仔細看我的論文集《秩序的生長》，就會發覺裏面接觸的幅度其實要濶一點，並不光是談那麼幾個問題。

葉：本來討論小說也好，詩也好，這兩方面的內容和形式是分不開的，不過在討論的過程中，通過表達的形式來看內容，還是通過內容看形式，這兩個偏重寫起上來是有點距離的。

當時我討論小說的時候，覺得一般人對於小說作爲一種藝術的觀念太稀薄，那麼的隨便寫寫就算了。譬如說你要寫個小說嗎？當然是有個人啦，他在某個地方出現，由於他在那一個地方出現，就先描寫那個地方了，之後呢，就是對白了，一定是平鋪直敘的發展下來。但是，究竟寫一個場境的時候，有什麼藝術的作用在裏面呢，往往卻沒有去考慮。又究竟可不可以做成一種氣氛？這種氣氛對以後的發展是不是一種應合的作用，許多小說都沒有考慮的。我寫那些文章時，有一部份原因是希望在那方面能矯正那樣的做法，所以我略爲偏重於表達方面的問題，並且提供了很多的可能性等等。但是，以後如果再寫這方面的文字，我希望在主題和技巧兩方面都兼重。但當然，我仍堅持小說不是隨便可以亂寫的。

兒童詩及其他

梁：你有沒有寫過討論其他藝術的文章，比方說論畫的，你寫過莊喆……

葉：還有沒有寫過其他論畫的？我談過不少，但沒有怎樣寫過。不過我大概會寫一篇談談中國現代畫的傳統，這跟我們實際上是很接近的。

覃：你自己也畫畫吧？

小克：〈界〉那首詩就有詩也有畫……

覃：那畫古古怪怪，文字似的。

葉：鬧著玩吧了，這些甚至也不可以說是副業。

事實上是這樣的：我對畫很有興趣，也有相當的感受，我也藏有一些現代人的畫，多是別人送的，我沒有錢，不然可以買一點。對於畫，尤其對於西洋畫來說，後期印象派一直下來，它們和我們的整個發展有很密切的關係。我因爲喜歡畫，所以自己有時玩玩，畫一兩幅；通常並沒有畫什麼大畫，有時聖誕節，弄一張小小的，寄給朋友，我自己沒有存的，寄出去，玩玩吧了。〈界〉那幾張是玩出來的，先畫了，才寫詩。我並不是畫家。但有好幾次也想過放棄詩去畫畫。爲什麼呢？最大的問題就是，我覺得語言裏有很多拖泥帶水的東西，畫比較直接，在表達上，有時就那麼畫下去，很痛快。如果我並不是存心要做一個職業畫家，這是沒相干的，我畫給自己看罷了。其實寫詩也可以是這種態度，我最近就有這樣的態度了，即是說，並不是一定要寫到怎樣嚴肅的程度，我寫得好就好，不好的話，我放在一邊吧。這樣，人可以開心一點。我覺得我的詩太憂鬱，太多憂結了。我現在想寫點「快樂的詩」。當然，這種快樂詩和「光明」詩是不相同的。（衆笑）

小克：你寫給兒女的詩呢？

葉：（笑）我很希望寫一組兒童詩，也寫過一點。我覺得我們的兒童的文學傳統太瘦弱了。外國人有一本一本給兒童看的詩，就算是文字遊戲也好，但是寫得讓小孩子看來都很愉快。我們的兒歌呢，是以現有的節奏性加上文字的，逼他們讀什麼五個字七個字「天上一顆星，地下一塊冰……」這些，我認爲不很夠味道。我很希望寫一組比較自由點，有些韻的……

梁：配歌的？

葉：我有寫過配歌的詩，我寫過一二首Hit-song和rock Music的詩。我有一首李泰祥已經譜好了，是用吉他彈的。另外還有一首，本來打算灌唱片，後來因爲幾種因素所以又擱置了。還有一首〈生命之歌〉，寫得比較早，是別人叫我寫的，已經可以唱的了（葉維廉隨口用國語哼了幾句），但並沒有唱片，只有一些錄音。這倒不是什麼rock music。我在多方面都有點興趣，但始終沒有做下去。我最可能會做的，還是剛才說的有關兒童的詩，我覺得兒童實在太可憐，沒什麼可看的，很多兒童刊物所寫的都沒什麼意思，能夠寫點兒童詩實在是好的。

覃：好像英國的史提文遜就寫過很多兒童詩。

葉：甚至我可以用外國的兒童詩來作個藍本，這當然不是爲了自己，我覺得，如果孩子們可以吸收一些那樣的語言，這應該很有意思。不過我又想，這個工作應該由瘂弦來做，因爲他的國語比較純。

梁：你們可以聯合幾位詩人，每人寫一首。再請畫家們配畫，出一本美麗的書，給小孩子們當禮物。

葉：或許這趟我去臺灣後會這樣做。這是一件好事，因爲小孩子一旦喜歡了詩，感應了那種節奏，以後定會得益不淺。我唯一做過的，是寫過一首〈漫漫的童話〉，那時是想寫兒童詩的，不過越寫越深奧（衆笑），但仍有點兒童詩的意味。兒童詩有一個好處，想像可以自由，像我們看卡通一樣，在卡通裏面，一隻死掉的貓可以再生，打不死、跌不死，有了這樣的自由，寫起上來，可以寫出很精采的意象，而且小孩子們會喜歡，不像什麼「上大人，孔乙己」……要小孩們唸這些，簡直沒有理由的。中國的兒童實在太可憐，其實想像是可以飛騰一點的。

覃：你自己有了孩子之後，對兒童的感情才深厚起來的吧？

葉：這個當然是了。我本來就很喜歡小孩子。有了孩子後，當然更深啦。我對外國的兒歌都很熟，以前有個時期每天晚上都讀給孩子們聽，所以有很多我都可以背出來，反而我自己的詩都不能背（衆笑）。我眞的不會背自己的詩，說出來也沒人信。

梁：有些朋友不喜歡我現在的詩的轉變，現在我的詩好不好可以不說，但對我自己來說實在是有一點好處，因爲我能夠脫離了那種那麼濃縮的鬱結的心境之後，就什麼都可以寫，什麼都想寫。但回來香港這幾個星期，一直卻想寫一首很濃縮的詩，寫不寫我不知道，我一直都想寫，但我又不想回到那種濃濃的鬱結……。

覃：是那方面使你還寫不出來？

葉：社會。你走出去就是這樣的了，人擠逼，空間也逼……。

覃：爲什麼過去在香港你可以寫得出來，而現在又不可以呢？是突然又不習慣嗎？

葉：不是不可以寫出來，如果我寫出來，像過去那麼繁雜濃密的詩，我又不大願意再進入那種鬱結的心境，但現在又有這種的衝勁寫這樣的詩，現在眞的很想寫一首關於香港這樣的詩……。

——轉錄自《三十年詩》，臺北：東大圖書公司，一九八七年七月，頁五五九—五七七。原刊於《創世紀》，第三八期，一九七四年十月。

葉維廉訪問記

訪問者：康士林（Nicholas Koss）

葉維廉簡介（一九三七—）

在比較文學、詩歌創作、文學批評，以及翻譯的領域裏，葉維廉教授無疑是顆耀眼的明星！中年輩詩人學者中，要像葉教授這樣各方面都有突破性貢獻的，誠屬不易；自然，研究「詩與超越」的比較文學命題，絕對少不了他！

葉氏一九三七年生於廣東中山，先後畢業於臺大外文系，師大英語研究所，並獲愛荷華大學美學碩士及普林斯頓大學比較文學博士。

葉氏中英文著作豐富；他近年在學術上貢獻最突出、最具國際影響力的，首推東西比較文學方法的提供與發明。從〈東西比較文學模子的運用〉（一九七四）開始，到最近的《比較詩學》一書（一九八三），他根源性地質疑與結合西方新舊文學理論應用到中國文學研究上的可行性及危機！他通過「異同全識並用」的闡明，肯定中國古典美學特質，並通過中西文學模子的「互照互省」，試圖尋求更合理的文學共同規律，來建立多方面的理論架構。在詩歌創作方面，葉氏早期與瘂弦、洛夫等人從事新詩前衛思潮與技巧的推動，影響頗深。他的《中國現代小說的風貌》更是第一本探討臺灣現代小說美學理論基源的書。在翻譯方面，一九七〇年出版的 Modern Chinese Poatry中有六家被收入美國大學常用教科書中；而他重溯中國古典美學根源所翻譯的《王維》一卷，以及《中國古典詩文類舉要》（Chinese Poetry Major Modes and Codes）更匡正了西方翻譯對中國美感經驗的歪曲。在英譯中方面，他譯的《荒原》以及論艾略特的文字，在六〇年代的臺灣頗受重視。此外，他又譯介歐洲和拉丁美洲現代詩人的詩歌（見其《衆樹歌唱》），詩歌視野和技巧的開拓，助益良多。除學術研究外，葉教授亦是誨人不倦的良師。他一九六七年便任教於加大聖地雅谷校區，現任比較文學系主任。一九七〇與七四年，曾以客座身份返母校臺灣大學協助建立比較文學博士班。一九八〇迄八二年，出任香港中文大學英文系首席客座教授，協助建立比較文學研究所。一九八六年則在清華大學講授傳釋行爲與中國詩學，深入淺出，論述了跨文化間的傳意、釋意課題。

康士林（以下簡稱康）：今天很高興有這個機會與您見面，我有一些問題想請教。

您對於生存在今日世界裏，做爲一個詩人的看法如何？

葉維廉（以下簡稱葉）：「今日世界」好像有點兒把問題限制在特定的時空裏面來講。我想我們應以歷史長遠的角度來看現代中國作家和現代外國作家不一樣的地方；從一開始，五四運動以來，作家都帶有文化的使命。西方列強的船堅砲利，以一種史無前例的物質和意識型態的侵略，把中國趕到希望的絕境，由於這種外來的壓力，使得作家有種文化即將被毀滅的憂患意識，是這種憂患意識，使得魯迅等人以及現代作家都有一種使命感。我在別的地方說過，爲抗拒人性的殖民，他們竟無選擇地必然是帶批判性的。他們關心如何保護中國文化，憂心文化被扭曲污染，或是社會意識被削弱，他們表面上彷彿寫的是個人的感受，其實以穆旦的一首詩〈我〉爲例：

從子宮割裂，失去了溫暖，
是殘缺的部分渴望著救援，
永遠是自己，鎖在荒野裏。

從靜止的夢離開了群體，
痛感到時流後有什麼抓住
不斷的回憶帶不回自己。

遇見部分時在一起哭喊，
是初戀的狂喜，想衝出樊籬
伸出雙手來抱住自己。

幻化的形象，是更深的絕望，

永遠是自己，鎖在荒野裏，
仇恨著母親給分出了夢境。

這詩有人也許會用精神分析的眼光來看，認爲寫的是人格分裂。但事實上，個人與民族在此是不分的。這裏寫的也是外來霸權所引發起的中國文化的分裂，既是個人的也是民族的「既愛猶恨說恨還愛」的情結。五四運動以來，作家自然地背負這個使命，在創作上，自然地對於文化的危機作出一定的反應。其實在中國傳統裏，文學一直是對現有權力的一種抗衡。我在一篇題爲〈語言結構與權力架構〉的文章裏提到，道家了解語言可以成爲一種暴力行爲，很早就對語言有所反思和批判，而開出後來由語言的調整到產生一整套語言表達的符號，尤其是詩方面，儘量保留那些被壓抑下去的，更豐富的經驗。中國詩一直是對權力架構的一種抗衡，把詩看成一種風化的主力，請參看該文。〈典論論文〉裏說，文章乃經國之大事，可見文學所負的重任。

現在回到「今日世界」這層面來，臺灣在長期西方文化工業（物化、商品化、工具化、劃一化）思想的影響下，消費社會高度的發展，純文學已不易存在。臺灣兩大報的副刊已非常明顯的商品化，他們拒絕嚴肅的文章與嚴肅的詩（說詩是票房毒藥），誠如瘂弦所說，臺灣文壇盡是「甜甜的語言，淡淡的哀愁，淺淺的哲學，帥帥的作品」，是屬於娛樂性的商品化文學。在這種情況下你問詩人能做些什麼，實在是發人深思的。這個看來屬於「非詩」的時代裏，其實也有另外一些詩的出現，如不久前《中時》有一首得獎的詩，如實地寫人的動物化，物質化。評審人說這首詩令人有不快之感，但這不快正是目前社會的事實，這也是含有社會批判的詩，使人閱讀後必需做一些思考。另外有幾位年輕詩人在寫電腦時代的所謂後現代情境，包括主體崩離，意符享樂主義等，也是一條路子。但其對中國文化有什麼尋根的反思，我們目前看不出顯著的運作，我們也許要耐心等待和觀察。

寫詩是一個長久的計畫，我希望在詩中把那些被壓抑的，被割捨掉的，被工業物質化埋沒的靈性經驗解放出來。假使有一天文學書全被燒掉了，我們將會有多大的損失啊！文學中的詩並非爲了牽就這個物質世界，它必需帶有批判，對於僵化的人際關係的批判，至於採取何種方式，全在於詩人們微妙的處理。所謂的批判並不一定要在字裏行間，它可以潛藏在詩中對僵化的人際關係作暗示性的抗衡。若是詩裏只是表面享樂式意符的遊戲而不帶意識，就不能算是好的文學作品了，這點在中國傳統中是非常強烈的，但在西方社會裏，社會使命和批判精神都慢慢地被文化工業所消融化滅。

康：當我問及您對現今詩人所扮演的角色的看法時，您立刻討論到中國詩的角色，您是否會將自己身爲詩人與中國人的角色合一？

葉：在您問我對詩人的看法時，很自然的我會提及中國詩人的使命，因爲我是以中文寫詩，而讀者亦大多是中國人。顯然的你的問題是從較廣的角度出發，即指工業化後的現代世界。這裏，讓我舉波特萊爾的一首散文詩爲例，它描述有一天詩人在一個低級的酒吧出現，別人就問他：「你怎麼會到這裏來呢？你是詩人，你不該來這裏，你頭上的『光環』

呢？」他說：「我的『光環』早丟到水溝裏找不到了」。這首詩的涵意是，在西方，過去的詩人在社會裏有一定角色，詩人負責論述或呈現人和宇宙的關係，但在科學發展到工業後期，講宇宙根本不是他的工作，而被天文學家所取代了。過去詩人除了描述人與宇宙的關係外，他還負責傳達某種道德訊息，然而科學發展以後，他已沒什麼角色可扮演，靈氣已在物質化的過程中消隱了。「現代主義」可說是對此驅勢的一種抗衡，希望重建失去的人性，由這個角度看，中國詩人與現代主義所面臨的問題有若干相同點，他們都不願人被物質化，不願「惟用是蕭」壓倒了人性價值，廣義的說，不願精神層面的喪失。我在昨天的演講裏（按：即〈殖民主義與文化工業〉）提到，人慢慢被周圍商品所改變了，商品往往成爲價值的代表，而弱化了人作爲自然體的潛在生命價值。我那篇演講所說的，不是我現在三言兩語可以概括的，現在只舉出一點，比如說，你穿的名牌，你坐的車子，彷彿代表某種價值階級，這現象在近五、六年來愈來愈嚴重，年輕的一輩的文化是空白的，民族意識是淡薄的。今天你問的問題可以演繹爲：在今天社會裏詩人所扮演的角色是什麼？格里．史耐德曾說：「詩是生存的一種技術」。他認爲工業社會發展到一個階段，人對「自然本身作爲一有機體」已完全忽略。有一天史爾德與朋友站在一高山上看到到處都是山，他說：「在議會裏，這些山，這些樹可有代言人!?」。他認爲草木、自然是整個生命活動的基本，若將草木除去，所有的生命也就不存在。即動物不能生存：人不能活。明乎此，人就應該調整人與自然的關係，人不能隨心所欲，一心只想利用自然，剝削自然。這也就是爲什麼史耐德對印第安詩歌，對中國的詩和哲學有這麼大的興趣。中國道家的思想與印第安人在某些層次上有相合的地方，基本上很重要的相同點在於對自然事物有相當的崇敬，因他們了解到人的生命是依靠著自然。詩人應該做的是提醒世人了解人與自然的這種關係，了解到人只是整個宇宙運作的一部分，沒有理由揮霍無度地把自然刼擄蹂躪，人與自然之間應有某種程度的平衡。

康：你談到魯迅，格里·史耐德寫詩皆是對外在世界的一種抗衡，你認爲詩人是否在內心世界中也有某種掙扎？

葉：詩人們一度有個神話，認爲有一種純然的東西在心中。我想人生下來，確有一種本能，如對音樂、舞蹈，本能的反應，但由於我們接觸現有僵化的文化，使我們將本能壓抑，詩和其他的藝術可以喚起那被壓抑下去的本能，但並非這樣單純。現在我們所謂裏面的「我」，是受到社會某種的約制的，是內心和現在文化不斷衝突下的一種張力，一種對話所構成的東西。詩不能完全是以自我爲中心。所有文學都是一種語言，語言本身就是一種傳達，而傳達就必需牽涉到兩個以上的人，必然就是社會性的，其中必定產生對話，所以純粹內在的東西是沒有的。這牽涉到究竟有沒有「內在性」這個問題，我想從宗教的立場自然是很希望追求到。至於寫詩的人，包括早期的我，也覺得有這麼一個東西，比如道家所說的「道」，儒家所說的「良知」，一些不需說明的，原本就有的東西，然而在長期文化的變動中它已受染，我們一旦拿起筆，沒有辦法可以乾淨俐落地不受文化的影響，它總是依存在文化種種架構上，所以我認爲內在，外在應是互相對話的。

康：談到詩的使命，什麼是你的詩所負有的使命？

葉：以前人家問我爲什麼我後期的詩比較短，前期詩似乎比較龐大，好像有一種宇宙觀在裏面運作。我說了一個笑話：「我自從得了胃病後就感覺不能再寫大的詩了。」因爲胃病的來源是一種鬱結，它是文化的鬱結，爲了中國文化而憂慮。尤其在我當時寫詩的時候，即一九四九年中共得勢後，所做出的種種對作家的迫害和文化的破壞，不知道中國將演變成怎樣，文化似乎被放逐在外，又感受到西方來的衝擊，越演越烈，而當時沒有，也不容易抓住中國文化新環境的可能，因此我對整個文化有非常沈重的憂慮，直到現在我仍有這種感覺。在我到美國之後，覺得中國傳統中美學風範及其根本的意涵都在西方翻譯中給歪曲了，所以想通過比較文學，比較文化提供了一些根源上的認識，看中國文化如何與西方文化不同，我整個使命就在這方面上努力。我的詩與理論基本上是沒有衝突的，但在表達層次上是有不同的。一個是訴諸理性的處理；一個是訴諸感性和自發性。我早期的詩傾向於自發性，有的有非常驚人的意象，我被它們抓住非常興奮而不完全去剖解它們。後期經過文學研究的訓練，就開始有琢磨考慮的痕跡。我沒有把自己看成是一個詩人，我把自己視爲一個關心中國文化的人，詩是一種表達方式與理論文字的表達方式，層次很不同，但所針對的事情是相同的。

康：在我印象中，你和許多中國詩人一樣，背負了中國文化，你如何能承受如此負擔？

葉：這個問題不容易回答，它觸及了我們對文化的感情。就我而言，自小家中貧窮，在中共佔據我家鄉之前受過日本的殘暴行爲，成長的階段每天都是處於饑餓的狀態，後來有機會到了香港，生活也相當困難。父母希望我唸完書，找一份工作安定下來，不必擔心饑餓的問題，而我居然走上文學這條路。我的一篇散文〈母親，你是中國最根深的力量〉裏提到我當時的心路歷程。我母親希望我做一位醫生，可是我沒有，我卻選擇了文學，當時我無法解釋，如果當時我已經具有今日的經歷，我也許會用魯迅的話來說明：「我們需要醫的不是身體，而是精神，是心」。我冥冥中有這種感覺，有一種力量推動我去做，雖然很多人放棄了，可是我始終沒有。我想這還是因爲我對中國傳統文化有著深厚的感情的關係，我不願失去它，雖然現在看來已經疲乏衰退，但我始終相信可以把它恢復起來，相信它可以替現代人解困，這信念我一直都有，這也是爲什麼我花這麼多時間把中國傳統中的哲學重新提出，讓大家知道這裏面的眞實力量。我花了很多時間寫道家的思想，因爲我覺得它對西方所面臨的問題有解困的作用。這並不只是我一個人的想法，事實上當時我做的時候並沒有考慮到有什麼影響，但是有些詩人根據我討論的語言，對西方整個語言表達做了某些反省。我在很多文章上都表示過西方有些問題只要通過中國的思想就能夠得到解決，說了這麼多我講的不光是我的詩而是整個文化。

康：很顯然的中國思想對你的詩影響很大，是否有任何西方思想影響你認知中國傳統價值？

葉：我必須承認，有很多東西不是一下子就能從中國傳統中看到。我早期受五四的傳統影響很大，比如說卞之琳和王辛笛，他們經過早期二十年代對西方的文學模仿階段後，覺得這種爲西方現代詩人所拒絕，敍述性很強的東西和中國傳統詩格格不入，在與西方文化接觸後，給予他們一種新的反省，我從他們那裏得到一定的啓示。早期影響我很大的是象徵詩，我在那裏發現濃縮、含蓄與多層意義的運作。它與我喜愛中國傳統有一些關係；它之所以吸引我是因爲我面臨著表達的需要。一方面我喜歡中國那種很豐富，很含蓄，不依賴陳述，由意象構成多層次意味氣氛的短詩；另一方面我面臨現代社會急遽龐大的變動。我覺得西方有一些詩提供了交響樂的架構。我早期的詩〈賦格〉就是交響樂式的架構，其中意象與意象的相互作用是非常中國的，這首詩有些難懂的地方，但一旦了解到這個結構和這個結構所提供的意象互動的活動，這首詩便不難解，而其間的文化憂結也會躍然於紙。無可否認，艾略特（Eliot）等人對我有某種影響，但並不是因我看到了這東西而去做它，只因爲這東西提供了我表達所需的策略。

康：做爲一位文學教授，你必需非常熟悉當代的文學批評，而那是否影響你在詩方面的創作？或者兩者是不相干的？

葉：我儘量使二者分開不受影響，但事實上卻是無法避免的，不過影響有時是很微妙的。一首好詩不見得影響你寫詩，一個和你完全無關的東西，如礦物，其中的意象或一句話，你皆可從中轉化出詩。對詩人來說，看其它詩所得到的當然比批評多，有時它提供了一種境界和這境界營造的戲劇化的氣氛，給予你寫詩的靈感，但這並不表示批評本身不會提供詩人創作靈感。譬如說：你看到人家描寫獨白如何，能引發各種不同層次的聲音效果，並可以利用聲音代替意象，而且更能掌握聲調等等，都可以給詩人激發。有些人研究我的詩，先看我的理論再回頭看我的詩，其實有時並不一定能配合，因爲我是在寫詩以後才整理出一套理論，而它針對的問題並不一定是我的詩。詩這東西有一種很奇妙的辯證，例如：我討論中國詩的時候特別提出非演繹性表達，很多人便認爲葉維廉的詩必定也是如此，然而過程並非一定這樣，有時我也刻意去使用演繹性，希望能超越限制而達到非演繹性所導致的境界。

康：今日西方世界作家在政治上有某些影響，你認爲中國作家或詩人是否在政治方面扮演重要演色？

葉：在中國大陸一直有這麼一個傳統，一般作家有參與政治的意識，但表達的方式卻是多重的。我自己傾向於更廣義的政治參與，即透過詩文提供一種理想，暗示一種生活方式、宇宙觀。臺灣作家在這政治參與上過去比較弱。但政治干預文學表現有時是很壞的，譬如在大陸寫什麼黨都要干預，因此在一九四九年到一九七九年之間產生許多單一相同的文學。臺灣作家並非沒有表現他們對政治的理想，尤其在冷戰的時期，作家在一種打著「自由中國」的信號之下所受到的鎮壓，有一種獨特的表現。當時政府的政策，大略是如此：只要不直接批評政府，作家什麼題材都可以寫，這鼓勵了作家詩人們採取了間接的方式批評政府，利用意象的多義性和象徵來暗示當時的絕望感和對鎮壓的反抗。作家參與政治有許多不同方式，有一種參與，如二十、三十年代的革命文學的論調，強調革命，改造第一，語言第二；行動第一，美則可有可無。魯迅的批評最中時弊，他說：「所有文學都是宣傳，但並非所有宣傳都是文學。」也就是說文學必需有其成爲文學的條件。對於鄉土文學，我曾有本源鄉土文學和領養鄉土學之分。如作家自小在鄉下或小鎭長大，他作品中呈現的一種生活境界和生活運作，很自然的對城市文化作了暗示性的批判。另外一種是領養的鄉土文學，作家本身不是眞的對鄉土有所了解，只是利用鄉土作爲一種理想對現行政治批判，往往其政治意味濃於文學意味，是政治參與多於文學創造。有人認爲現代主義逃避現實，其實那只是片面的了解，事實上現代主義者面臨了文化瀕臨分解的壓力和政治的鎭壓，提出了它抗拒的另一種方式，把被壓抑下去的人性透過美的創造將之解放，這也是一種現代批判的參與。沒有文學是純文學。

康：臺灣文學、大陸文學以及香港文學似乎將做更廣泛的交流，你認爲這將導致什麼現象？

葉：很早以前我寫過一篇文章，很短但其涵意爲「大陸與臺灣在互動中可以有些調整」，簡單而言，六，七十年代臺灣的作品，在美學策略上曾有詭奇的試探，而大陸的文學在這方面很弱，但對草根文化的探索，即大衆生活的運作有較深入了解，二者應該互動互補。在大陸文化大革命後的詩出現了與臺灣現代主義很接近的詩，寫受傷殘靈魂的探索（詳見我那篇〈危機文學的理論〉一文），但是最大的不同，在一九四九年後群衆與作家很接近，因此在語言的調整上，一直以讀者爲主。臺灣老一輩的詩人，他們寫作時的場合，假想中的讀者包括大陸與他同一輩的人，由於這些讀者不在臺灣，他們有時好像對著一個空的東西述說，接觸層而受到一些限制。現代文學與鄉土文學的論爭，其實也是蠻健康的。這不是誰打倒誰的問題。現代主義過度把語言理想化，鄉土文學又把鄉土過度理想化，這都是不好的，兩者應該互動互補。由此看與大陸文學接觸，從長遠看應該是蠻健康的。

康：您可否告知我們最近作品？

葉：我最近一本詩集是《留不住的航渡》，大部分是在香港時期寫的，這本詩集比較注重詩人本身的聲音，透過較抒情的方式，同時也不放棄過去意象性比較強的聲音，利用音樂節奏傳達，很好懂。最近有很多更重大的文化問題纏著我的思想，因此做了很多文化批判的文字，有許多可以入詩的題材卻發揮到我的散文上去。我的散文是非常抒情的，在現代社會裏，散文比較易於接近讀者，然而在散文的空間內可以寫詩和論美，讀者透過我的散文無形中可以感到我的詩和美學的運作，因此我的散文在某種義下也是我詩的延續。例如我寫了一篇紀念西班牙詩人浩海歸岸的散文，其中就有詩的理想的討論和表達的運作。在我的歐洲遊記中，譬如法國郊區的描述，我利用了印象派畫家的手法；又譬如倫敦，把我文學知識也放了進去，把渥茲華斯及其他詩人對倫敦的感受放進去，融入我的感受中。

康：是否有某個詩的題材，你一直想寫卻苦於不知如何表達？

葉：是否準備好要寫作有許多因素，詩是內存的東西。我最近出版了一本兒童詩，我寫得很快，因爲覺得我欠了兒童很多東西，一星期內就寫了二十幾首，其中所表達的皆是簡單的技巧。另外有種很重要的感受我未曾表達，那便是有關「死亡」，因過去我寫了不少鬱結的東西，現在不太希望再進入其中。我對文化，對人生；對生命有種深沈的感受，一方面我拒絕再寫它，另一方面我又致力文化的推動，希望文化能把人的心靈淨化。

康：您對年輕的詩人有些什麼建議？

葉：我想很多臺灣年輕的詩人對市場調查很重視，他們耐不住寂寞，需要掌聲，而我們當時純粹爲了喜愛而寫詩，因此執著，不願放棄。而現在的年輕的詩人很多人只渴求即刻的迴響，否則無法堅持，無法找出自己的生命感。

我認爲我們的文化一直處在被壓迫的情況下，我們必需設法從中國傳統中突破。如果沒有這種文化憂慮和危機感，詩寫來就很表面。事實上很多現代小說都已經走上了這樣的路線，沒有意識重建的價值。

康：非常謝謝葉教授接受我們的訪問，希望下次還能有機會與你訪談，謝謝。

——錄自《中外文學》第十九卷第四期，一九九〇年九月，頁九二——一〇三。

葉維廉年表

一九三七年

生於廣東中山沿海的一個小村落。童年是砲火的碎片和饑餓中無法打發的悠長的白日和望不盡的孤獨的天藍。是母親，依著一點恐懼的星光，冒著日本人突如其來的砲火，冒著野林裏的強盜的襲擊，翻山越嶺去爲一個忍受了一天腹痛的農婦去接生。是癱瘓在床的父親，以無人記錄的抗日事蹟及歷代英雄的興亡塡滿我們的饑腹和巨大無比的長夜。

……

傷殘過後，小村在一些新增的腳踏車的來往中邁入新知識新思想，我在漁樵生活中（是眞正的打漁和砍柴的生活）與書本之間培養著無我的愛心，在山頂上耙完了乾的松針以後，坐在松樹下望那包涵著萬千農夫的辛苦的祥和的山水。

一九四八年—九年

政治的變遷如暴風捲來，吹走了古城中露店間風生的談笑，在耐心作業順天應命的農民的心間搧起仇恨與猜忌之火。一個夜裏，在全面清算來臨之前，棄家渡海到了香港。

其後，那追隨了我的全部的幼年的狗便由瘋而至死。那一度養育我的稚心的純樸的鄉風和祥和的山水再也沒有重見。

對於香港，我沒有什麼好說的。中國人奴役中國人。中國人欺騙中國人。「接觸的目光……再投給他們燃燒的汗，中風似的驚呆：不安傳透他們的器官、血脈、毛管和趾尖……我們貧乏的力量再不敢在事務間作太熱切的旅行……不敢認知我們尚未認知的城市，不敢計算我們將要來到那一個分站，或分清我們坐臥的地方，我們什麼也不知道，我們只期待月落的時分。」對於香港我有什麼好說的呢？只記一件事吧。和畫家（時為詩人）王無邪及崑南辦《詩朵》詩刊早夭。曾對賽孟慈Arthur Symons所推崇的象徵主義的詩作過介紹的努力。對五四到三、四十年代的詩及理論曾選抄過四五本，現均因流轉而失散不存。

一九五五—九年

臺大外文系。一種再生的鄉土家園的氣息緩緩在心中茁壯，對當時的國人克難的偉大的耐力和美德非常之景仰，和香港的紙醉金迷的物質生活，私慾生活完全不同。當然還有傳統的問題，矯正三、四十年代過度說教化、散文化的問題，還有由於空間的切斷而產生的游離不定、焦急的心理狀態的問題，如何在詩的創造裏找到均衡，在傳統詩與現實切斷的生活中重建文化的諧和感而重新可以沐浴於根生於古典的美感經驗中。在日記裏寫詩，信札裏寫詩，全是這些問題的探索，現已全毀。（我是有點後悔的，為什麼一定要好的作品才留下來呢？眞實的紀錄，眞實的感應都是一種心的歷程，起碼可以留爲我自己老邁以後的追憶！）時亦以英文寫詩，曾在（*Trace, Beloit Poetry Journal, Texas Quarterly*）等詩刊登出，是一種語言表達力的美學差距的一種試探而已。有什麼語言比中文更好呢！

一九五九—六一年

師大英語研究所碩士。其時詩作最豐。我雖然在一九五五年便認識商禽（時稱羅馬）紀弦及沉冬。但一直以隱居方式抒寫自己的情懷，約略在此時，我才與瘂弦、洛夫見面，而從事大量的在臺發表，詩作多刊於《創世紀》《現代文學》《新思潮》（香港）並譯艾略特〈荒原〉，St.-John Perse等人的詩。也寫了一些詩論（見《秩序的生長》）。

一九六一年

與廖慈美結婚。結婚是一種定力，我想在我身上、詩中都有顯著的痕跡。

一九六二年

女兒蓁生。

一九六三年

赴美Iowa的詩創作班，寫詩及譯介現代中國詩選。詩選部分先刊於*Trace No. 54*部分刊於*Texas Quarterly*。全書在一九七〇年由*University of Iowa Press*出版，是我出版的第二本英文書（書中六位詩人被*Birch*選入美國大學常用教本的《中國文學選集》二集）。在

*Iowa*得*MFA*學位。出版詩集《賦格》。

一九六四年

爲生計，赴普林斯頓大學攻讀比較文學。詩作〈降臨〉獲《創世紀》最佳詩作獎。

一九六七年

兒子灼生。得比較文學哲學博士學位。

一九六七年九月起

任教加州大學，教比較詩學、道家美學、英美現代詩、中國詩、詩創作班、翻譯問題及原始詩歌。

一九六八年

認識西班牙大詩人浩海·歸岸。

一九六九年

*Ezra Pound's Cathay*一書由*Princeton Press*出版。《現象、經驗、表現》由香港文藝書屋出版。（臺版：《中國現代小說的風貌》，晨鐘出版社。）認識墨西哥詩人奧他維奧·百師。

一九七〇年

Modern Chinese Poetry 1955-65在美出版。臺大外文系客座教授，協助建立比較文學博士班。開始探討中國傳統美學（尤其是道家思想體系）在詩中的呈現及西洋現代詩之間

的一些融匯的問題，並譯了一些歐洲的新詩人。皆發表於《幼獅文藝》。與李泰祥、許博允、陳學國、顧重光、凌明聲合作在中山堂首度推出多媒傳演出詩作〈效〉。

一九七一—二年

相繼出版*Hiding the Universe: Poems of Wang Wei*（《王維詩選譯並論》），「《秩序的生長》」（志文出版社），詩集「《醒之邊緣》」（環宇出版社）。獲教育部文藝獎。

訪法國、西班牙。

一九七四年

回臺撰寫《比較詩學》一書並在臺大講授「比較詩學」中的方法。

一九七五年

《野花的故事》出版。

一九七六年

主編《中國現代作家論》及《中國現代文學批評選》由聯經出版公司印行。

*Chinese Poetry: Major Modes and Genres*由加州大學出版。《眾樹歌唱》（歐洲及拉丁美洲現代詩譯集），由黎明公司出版。

一九七七年

四月、在紐約開會，與美國當代主要詩人討論「中國詩與美國想像」。

六月、回臺休假並蒐集寫作素材。

八月、返美任教。

九月、《中國現代小說的風貌》臺二版由四季出版。

十二月、《花開的聲音》一書由四季出版公司出版，收錄早期詩作三餘篇。

一九七八—七九年

《中國古典文學比較研究》、《飲之太和》（道家美學、比較詩學專論）、及散文集《萬里風煙》出版。

入選「中國現代十大傑出詩人」。

在艾奧華大學「中國週末」與蕭乾見面，一見如故，談中國文化命運至深夜。

一九八〇—八二年

出任香港中文大學英文系客座首席講座教授及比較文學研究所所長，並協助建立比較文學哲學碩士班。

二次應邀到北京社會科學院，中國作家協會，北京大學、上海、廣州等地講新方法、新理論、現代主義及東西比較文學研究的方法及問題，並協助北京大學比較文學研究的建立。因爲是三十多年來首次回故園，感觸極多，寫了一批有關故國的詩，後收入《驚馳》。

在中文大學就詩的藝術語言和王章笛對話八小時。

開始撰寫有關現代中國詩的論文。

開始與當代藝術家對話，俱發表於《藝術家》。詩集《松鳥的傳說》和《驚馳》出版。

一九八三年

返回加州大學繼續出任比較文學系主任。

《比較詩學》出版。並爲三民書局編東西比較文學叢書十二冊。

一九八四年

散文集《憂鬱的鐵路》出版。

策劃朦朧詩專號並發表相關論文〈危機文學的理路〉（《創世紀》）

開車遊歐（英、法、德、意、奧、匈）並寫下抒情散文一束。

一九八五年

秋。在北京大學講授中國詩學、比較詩學一個月。赴哈爾濱講中國詩學及文學理論。

在深圳全國教師研習會上與詹明信（Fredric Jameson）等講授文學理論架構。

一九八六年

一月，與瘂弦、莊喆、漢寶德、何懷碩、高信疆夫婦一行十二人探尋印度。

春。在清華大學講授「現代中國詩」，並作每星期一次的專題演講（文學理論架構的再思及傳釋學等）

《尋求跨中西文化的共同文學規律》出版（北京大學）。

返回加州大學。

一九八七年

三民書局出版「葉維廉著作」專盒五冊。

《三十年詩》（詩）

《留不住的航渡》（詩）

《歐羅巴的蘆笛》（散文）

《一個中國的海》（散文）

《與當代藝術家的對話》（畫論）

夏（七月一日—十五日）。邀詹明信（Fredric Jameson）、三好將夫、孟淘思（Louis Montrose）和高友工返台共同舉辦「文化、文學與美學」研討會。發表〈意義組構與權力架構〉、〈如生活的藝術活動對生活的批評〉論文。

《三十年詩》獲中興文藝獎。

一九八八年

《歷史·傳釋·美學》出版。

休假在歐洲寫詩及翻譯三、四十年代詩選。

夏：參加慕尼黑國際比較文學年會並發表〈從跨文化網路看現代主義〉論文。

十一月返台與廖炳惠、陳傳興、于志中等舉辦「從現代到後現代」研討會，發表〈現代到後現代：傳釋的架構〉論文。

被選入《今日西方文學批評理論——十四位著名批評家訪談錄》（王逢振著，廣西：漓江出版社）

一九八九年

發表〈洛夫論〉

一九九〇年

《尋索：藝術與人生》出版。

六月十六日—七月十五日與詹明信，G, Spivak, Peter Wollen, Susan Buckmoss, Robert Mogliola等在台北舉辦「世界文學的再思」研討會，發表〈被判刑的人類：布魯特斯基與烏特金紙上建築中的空間對話與辯證〉和〈殖民主義・文化工業與消費欲望〉。

九月十二日應新加坡聯合早報之邀，講現代文學與後現代現象。

九月廿八日—十月一日被選爲輔仁大學第二屆「文學與宗教」國際會議的主題詩人之一（其他三人爲Gary Snyder, Jean-Claude Renard及Jean Membrino）。

發表論詩詩〈詩的聲音〉

發表〈超越與權力架構〉

《尋索：藝術與人生》出版，聯合報選爲該年下半年最佳讀物之一。

童詩集《孩子的季節》出版。

一九九一年

秋。休假在台北。在中研院、台大、東吳大學講「七種傳釋的導向」、「有效歷史意識與中國現代文學的研究」、「哈伯瑪斯傳釋方法的危機」、「魯迅『野草』裏的語言藝術」，在清華大學講授「中國詩與美國想像」（四講：龐德、羅斯洛斯、史洒德、蓋茲與中國詩學的關係）。

十月在日本立教大學講授『中國詩學與美國現代詩」、「印地安詩導論」、在明治大學日本龐德協會講「從傳釋學看龐德譯的中國詩」。十二月下旬當香港市政局文學獎詩獎評審。

一九九二年

三月在新墨西哥州聖塔莊新墨西哥劇場演出中國詩。

《解讀現代後現代》出版。

《中國詩學》出版（北京三聯）

Lyrics Jram Shelters:Modern Chinese Poetry 1930-1950出版（美國：Garland）

九月應日本城西國際大學講「東西比較研究的盲點」。

當選爲美國比較文學協會顧問。

Diffusion of Distances：Dialogues Between Clinese and Westen Poetics出版（美：加州大學）

一九九三年

三月，安排臺灣六詩人在美國巡迴雙語朗誦（洛夫、張默、管管、向明、梅新、葉維廉）。並編譯一冊Intercrossing : Six Poets form Taiwan。

三月，美國比較文學協會年會另加一場專門討論Lyrics form Shelters一書。

七月，往意大利開龐德年會，遇龐德女兒詩人瑪莉·德·勒克維茲公主，並被邀至提洛爾山區她的布農堡小住並流覽龐德遺物。

九月，應邀到上海、重慶（北碚）、北京等地講述「文化離散空間與文化想像」及「後現代在第三世界畸生的現象」。

北碚西南大學贈予名譽客座教授。

初次乘船過三峽到武漢。

《葉維廉詩選》（楊匡漢編）出版（北京：友誼出版公司）

《移向成熟的年齡》（詩集）出版。

一九九四年

Between Landscapes（英文詩集）出版（Santa Fe, New Mexico: Penny Whistle Press）

《山水的約定》（散文集）出版。

《從現象到表現》（論文集）出版。

七月，回台北參加「外國文學中譯國際研討會」發表〈破信達雅：翻譯後起的生命〉。

公共電視放現代詩情葉維廉卷。

九月，參加《創世紀》四十周年後，發表〈被迫承受文化的錯位〉。

十月，在中央圖書館講「卞之琳詩中距離的組織」。

在臺大講「現代化、現代性、現代主義的模稜性」。

十月、十一月間，在日本庫武川大學日本龐德協會第十六回全國大會作專題演講：「龐德詩章與中國詩學」。

在神戶女子大學講「環繞龐德翻譯國泰集時英美詩學的轉變」。

在大津茲賀大學講「東方詩學與美國現代詩」。

完成童詩二卷《樹媽媽》、《網一把星》。

十一月，應聖地牙哥州立大學講現代中國畫。

十二月，遊安達魯西亞。

一九九五年

四月，序（中英文）蕭勤回顧展並有獻詩（中英文）十五節。

六月，序袁旃個展。

七月，應邀參加德國波昂「中國社會與憂鬱」研討會，發表論文及朗誦詩。另有英文詩"Alter Friedhof, Bonn"表於*Minima Sinica*。

與慈美及兒子灼遊布拉克。

九月，與詩人紀弦、鄭愁予、楊牧、張錯、秀陶、陳銘華、陳本銘等在洛杉磯共同推出「以詩迎月」朗誦會。

〈一個中國的海：我與浩海歸岸的友誼〉英文版收入《浩海歸岸紀念文集》。

十月，趙自珍在香港聯合報發表〈葉維廉教授專訪〉。

〈殖民主義、文化工業、與消費欲望〉收入《後殖民理論與文化認同》一書（張京媛編）。

往聖路易士城作美中西部亞洲學會第四十五次會議中國美術史組講評，並在華盛頓大學講「文化錯位與現代中國文學」。參觀艾略特等詩人、文人行跡。

十二月，回臺研究

往新加坡會王潤華、沈瑩並參加其主持的華文文學會議，遊覽巴里島並撰文。

應邀在臺中中興大學講現代性與現代主義，並與洛夫、簡政珍夫婦遊東勢農場。

一九九六年

散文集《紅葉的追尋》付梓，出版前獲臺灣省政府新聞處優良作品獎。

五月，應邀參加San Jose金山灣區海華文藝季，發表論文及與紀弦、張錯諸人朗誦詩。

六月，往蘇格蘭參加「詩與歷史」會議，並朗頌英文作品。與慈美、兒子灼及女兒一家遊覽愛登堡諸城及浪漫詩人發源地的湖區，曾在華茲華斯成詩的小屋及居所逗留。

七月，創世紀出版葉維廉專輯，由李豐楙、梁秉鈞、王建元執筆。

九月，往溫哥華與剛移民的洛夫、瘂弦夫婦聚談聊天。

美國《河城》雜誌出中國專號，刊登葉譯並序臺灣六詩人（洛夫、張默、管管、梅新、向明、葉維廉。）

與英國著名書刊設計家Lan Tyson合作出Surimono（刷物）。葉維廉書法短詩一首並附英文。

八首英文童詩，被Lightspan公司收購做美國小學教育用CD。

十二月，《美學百科全書》（Michael Kelly編）〈道家美學〉條完成付梓。

一九九七年

元月，《聯合文學》刊出張默寫〈葉維廉的詩生活探微〉。

七月，原訂參加淡江大學舉辦「第六屆文學與美學國際學術研討會」，並發表〈道家顛覆語言的策略與中國美學〉一文。因故未能回國，論文請人代爲宣讀。

葉維廉著作書目

●詩集

書名	出版公司	出版時間	備註
賦格	現代文學社	五十二年五月	有前言、作者簡介
愁渡	仙人掌出版社	五十八年十月	
	晨鐘出版社	六十一年四月	
醒之邊緣	環宇出版社	六十年十二月	瘂弦朗誦唱片
葉維廉自選集	黎明文化公司	六十四年一月	有作者年表、手跡等
野花的故事	中外文學月刊社	六十四年八月	有後記
花開的聲音	四季出版公司	六十六年十二月	
松鳥的傳說	四季出版公司	七十一年五月	有作者年表
驚馳	遠景出版公司	七十一年九	有自序
春馳	香港·三聯書店	七十五年十月	有小傳、年表、手跡等
留不住的航渡	東大圖書公司	七十六年四月	有作者簡介
三十年詩	東大圖書公司	七十六年七月	有自序、訪問記、年表等
孩子的季節	臺灣省教育廳	七十九年四月	童詩作品集，附楚戈繪畫
移向成熟的年齡：一九八七—一九九二	東大圖書公司	八十二年四月	有作者簡介、洛夫評語
葉維廉詩選	北京·中國友誼出版公司	一九九三年四月	有楊匡漢序
樹媽媽	東大圖書公司	八十六年四月	童詩作品集

●散文

書名	出版公司	出版時間	備註
萬里風煙	時報出版公司	六十九年一月	
憂鬱的鐵路	正中書局	七十三年八月	
歐羅巴的蘆笛	東大圖書公司	七十六年四月	
一個中國的海	東大圖書公司	七十六年四月	
尋索：藝術與人生	東大圖書公司	七十九年九月	
山水的約定	東大圖書公司	八十三年五月	
紅葉的追尋	東大圖書公司	八十六年五月	

●評論

書名	出版公司	出版時間	備註
中國現代小說的風貌	晨鐘出版社	五十九年十月	原題爲：現象、經驗、表現
秩序的生長	四季出版公司	六十六年九月	有再版序
	志文出版社	六十年六月	有自序
	時報文化公司	七十五年八月	有姚一葦序、新版序
飲之太和	時報文化公司	六十九年一月	附錄：我和三、四十年代的血緣關係
比較詩學	東大圖書公司	七十二年二月	有「比較文學叢書」總序、自序

尋求跨中西文化的共同文化規律	北京・北京大學出版社	一九八六年	
與當代藝術家的對話——中國現代畫的生成	東大圖書公司	七十六年十二月	有前言
歷史、傳釋與美學	東大圖書公司	七十七年三月	有「比較文學叢書」總序、自序
中國詩學	北京・三聯書店	一九九二年一月	概分古典與現代部分
解讀現代・後現代	東大圖書公司	八十一年三月	有代序
從現象到表現	東大圖書公司	八十三年六月	有自序及作者小傳

●編輯

書名	出版公司	出版時間	備註
中國現代文學批評選集	聯經出版事業公司	六十五年八月	有自序
中國現代作家論	聯經出版事業公司	六十五年十月	有編後記
中國古典文學比較研究	黎明文化事業出版公司	六十七年十月	與他人合編

●翻譯

書名	出版公司	出版時間	備註
荒原	黎明文化事業出版公司	六十五年	譯介歐洲、拉丁美洲現代詩
衆樹歌唱			

英文著作

1. *Ezra Pound's Cathay* （Princeton: Princeton U. Press, 1969）

2. *Modern Chinese Poetry 1955-65: Twenty Poets from the Republic of China* （Iowa City: Univ. of Iowa Press, 1970）

3. *Hiding the Universe: Poems of Wang Wei* （Tokyo & NY: Mushinsha-Grossman, 1972）

4. *Chinese Poetry: Major Modes and Genres* （Berkeley & London: Univ. of California Press, 1976）

5. *Lyrics from Shelters: Modern Chinese Poetry 1930-1950* （New York: Garland, 1992）

6. *Diffusion of Distances: Dialogues between Chinese and Western Poetics* （Univ. of California Press, 1993）

7. *Between Landscapes* （Poems in English）（Santa Fe: Penny Whistle Press, 1994）

葉維廉作品評論索引

篇名	作者	出處	出版時間
葉維廉小評	瘂弦	《六十年代詩選》(大業書店)	五十年一月
試論葉維廉的〈河想〉	李英豪	《批評的視覺》(文星書店)	五十五年一月
試釋方莘、葉維廉的詩	張默	《笠》十一期	五十五年二月
葉維廉小評	張默	《中國現代詩選》(創世紀詩社)	五十六年二月
雲來萬嶺動—葉維廉小評	張默	《七十年代詩選》(大業書店) 《無塵的鏡子》(東大圖書公司)	五十六年九月 七十年九月
葉維廉及其〈仰望之歌〉	張默	《現代詩的投影》(臺灣商務印書館)	五十六年十月
詩的對比—引葉維廉的〈河想〉爲例	周伯乃	《現代詩的欣賞》(三民書局)	五十九年四月
論葉維廉的秩序	蕭蕭	《風之流》(仙人掌出版社詩宗叢刊) 《鏡中鏡》(幼獅文化公司) 《現代詩學》(東大圖書公司)	五十九年六月 六十六年四月 七十六年四月
純粹經驗與詩	蕭蕭	《幼獅文藝》二〇二期	五十九年十
與葉維廉談英譯中國現代詩選	鄭臻(鄭樹森)	《幼獅文藝》三三:一	六十年一月
介紹葉維廉的新書	鍾玲	《幼獅文藝》三三:四	六十年四月
現代文學影劇論—評葉維廉的新			

作（《中國現代小說的風貌》）	林青	《幼獅文藝》三四：一	六十年七月
英譯中國現代詩—讀葉維廉的翻譯	非馬	《笠》五十期	六十一年八月
葉維廉的「定向疊景」	顏元叔	《中外文學》一：七 《談民族文學》（臺灣學生書局）	六十一年十二月 六十二年六月
空間層疊在葉維廉詩中的意義	蕭蕭	《創世紀》三十二期 《鏡中鏡》（幼獅文化公司）	六十二年三月 六十四年四月
插花—評葉維廉《醒之邊緣》	翺翺（陳鵬翔）	《創世紀》三十二期	六十二年三月
飛騰的象徵—試探葉維廉的《公開的石榴》	陳青楓（張默）	《創世紀》三十二期 《飛騰的象徵》（水芙蓉出版社）	六十二年三月 六十五年九月
試論葉維廉《賦格集》	古添洪	《大地詩刊》第五期 《書評書目》第七期 《現代詩評論》	六十二年五月 六十二年九月 六十三年三月
走過《醒之邊緣》	黃龍村	《龍族》十一期	六十三年一月
秩序如何生長？—評葉維廉《秩序的生長》	陳芳明	《鏡子和影子》（志文出版社）	六十三年三月
葉維廉訪問記——談現代詩	梁新怡 覃權 小克	《創世紀》三十八期 《葉維廉自選集》 《三十年詩》（東大圖書公司）	六十三年十月 六十四年一月 七十六年七月
論詩之純粹性——兼論葉維廉詩論及其作品	李弦（李豐楙）	《大地詩刊》第十一期	六十三年十二月
語言與美學的匯通—簡介葉維廉的比較詩學方法	張漢良	《中外文學》四：三 《現代詩論衡》（幼獅文化公司）	六十四年八月 六十六年六月

中西比較文學方法的鼓吹者葉維廉	陳慧樺（陳鵬翔）	《幼獅月刊》四二：五	六十四年十一月
名理前的視境—論葉維廉的詩	古添洪	《中外文學》四：十 《中國現代作家論》（聯經出版公司） 《比較文學·現代詩》（國家出版社）	六十五年三月 六十五年十月 六十五年十一月
古典的迴響—兼評《葉維廉自選集》	周伯乃	《文藝月刊》八十四期	六十五年六月
奧祕、純粹、精微—簡說葉維廉的詩	陳蘆淼	《中華文藝》十一：五	六十五年七月
奧菲爾斯的變奏—介紹葉維廉的《眾樹歌唱》	鄭樹森	《中國時報》十二版 《奧菲爾斯的變奏》（香港素葉出版社） 《文學因緣》（東大圖書公司）	六十五年十二月十日—十四日 一九七九年十月 七十一年一月
蕭孔裡的流泉—評葉維廉的作品	也斯	《聯合報》	六十六年七月六日
中西詩學的匯通—葉維廉教授	朱榮智	《幼獅文藝》四六：四	六十六年十月
談東西比較文學—訪葉維廉先生	邱秀文	《智者群像》（時報出版公司）	六十六年十月
戰勝隔絕—馬博良與葉維廉的放逐詩（上、下）	王建元	《中外文學》七：四、七：五	六十七年九月—十月
戰勝隔絕—葉維廉的放逐詩		《創世紀》一〇七期	一九九六年七月
尋訪葉維廉文學的根	金恆煒	《書評書目》六十六期	六十七年十月
葉維廉的《酒瓶樹》	羅青	《大華晚報》第七版	六八年三月廿五日
小說與詩的美學匯通—論介葉維	古添洪	《書評書目》七十六期	六十八年八月

廉《中國現代小說的風貌》			
葉維廉	羅　禾	《幼獅文藝》三〇九期	六十八年九月
導讀〈永樂町變奏〉、〈愛與死之歌〉	張漢良	《現代詩導讀》（故鄉出版社）	六十八年十一月
導讀〈變〉四節	蕭　蕭	《現代詩導讀》（故鄉出版社）	六十八年十一月
尋根者葉維廉	蕭　乾	上海《文滙》增刊	一九八〇年六月
淺談葉維廉的詩	菩　提	《中華文藝》十九：六	六十九年八月
葉維廉作品賞析	呂正惠	《中國新詩賞析》（長安出版社）	七十年四月
葉維廉答客問：關於現代主義	杜南發	《中外文學》十：十二	七十年五月
〈現代經驗的反省—訪葉維廉和黃維樑〉	杜南發	《風過群山》（遠景出版社）（再版）	七十一年六月
《松鳥的傳說》	應鳳凰	《中央日報》第十版	七十一年八月二日
葉維廉：純詩理論	楊昌年	《新詩賞析》附錄（文史哲出版社）	七十一年九月
評介葉維廉論文集《飲之太和》	杜國清	《笠》一一三期	七十二年二月
洞見與不見—葉維廉對莊子的新讀法	廖炳惠	《解構批評論集》（東大圖書公司）	一九八五年九月
自由中國時期：葉維廉	張　健	《中國現代詩》（五南出版社）	七十三年一月
葉維廉的〈鹽港夕照〉	蕭　蕭	《七十二年詩選》（爾雅出版社）	七十三年三月
賞析〈大鳥和月亮〉、〈馬路之晨〉	陳明台	《當代臺灣詩人選・一九八三卷》（金文圖書公司）	七十三年五月
葉維廉的詩與傳統	丘熊熊	《臺灣研究集刊》一九八四年二期	一九八四年六月
Yip Wai-lim: A poet Exile	Julia E. Lin	Essays on contemporary Chinese Poetry (Ohio Univ. Press)	一九八五年
附中人訪問葉維廉	李　黎	《幼獅文藝》三八七期	七十五年三月

思維詩的來臨—評介葉維廉《憂鬱的鐵路》	王文興	《中國時報》第八版 《書和影》（聯合文學出版社）	七十五年三月十二日—十三日 七十七年四月
葉維廉的《雷雨》	李瑞騰	《七十四年詩選》（爾雅出版社）	七十五年四月
詩之邊緣：談葉維廉的散文集	洛 夫	《詩的邊緣》（漢光文化公司） 《山水的約定》附錄三（葉維廉著・東大圖書公司）	七十五年八月 八十三年五月
葉維廉的〈歌之二〉	張 默	《小詩選讀》（爾雅出版社）	七十六年五月
快談訪葉維廉	聯副編輯室	《聯合報》	七六年七月十四日
純粹經驗美學的主張者—葉維廉	柯慶明	節錄自〈四、復興基地的發展〉，《現代中國文學批評述論》（大安出版社）	七十六年十月
斷層與黃金的收成—略論葉維廉的詩	許悔之	《自由青年》七十八：四 《創世紀》七十二期	七十六年十月 七十六年十二月
葉維廉專訪—詩在道中甦醒	林燿德	《自由青年》七十八：四 《觀念對話》（漢光文化公司）	七十六年十月 七十八年八月
遊記・歐洲—評葉維廉的《歐羅巴的蘆笛》	王德威	《文訊》二十三期 《閱讀當代小說》（遠流出版社）	七十六年十二月 八十年九月
美籍華人批評家：葉維廉	王逢振	《今日西方文學批評理論—十四位著名批評家訪談錄》（漓江出版社）	一九八八年二月
葉維廉的〈沉淵〉	張漢良	《七十六年詩選》（爾雅出版社）	七十七年三月
航向現實之外—評葉維廉《留不住的航渡》	簡政珍	《聯合文學》四：八	七十七年六月
葉維廉近期詩的風格及其轉變	李豐楙	「當代中國文學：一九四九年以後學術研討會」論文（淡江大學主辦）	七十七年十一月

賞析〈愛與死之歌〉四首	古遠清	《臺港朦朧詩賞析》（花城出版社）	一九八九年四月
關於葉維廉	古繼堂	《臺灣新詩發展史》（人民文學出版社） 《臺灣新詩發展史》（臺北・文史哲出版社）	一九八九年五月 七十八年七月
鄉愁的歸宿─評葉維廉的《一個中國的海》	王德威	《中央日報》十六版 《閱讀當代小說》（遠流出版社）	七八年七月十四日 八十年九月
歐羅巴的蘆笛	無名氏	《青年日報》	七十八年八月十日
葉維廉訪問記	康士林	《中外文學》十九卷第四期，又收入《移向成熟的年齡一九八七—一九九二》附錄（東大圖書公司）	七十九年九月 八十二年四月
葉維廉詩中的超越與現象世界	梁秉鈞	「第二屆宗教與文學會議」論文（輔仁大學主辦） 《創世紀》一〇七期	七十九年九月 一九九六年七月
山水・逍遙・夢——葉維廉後期詩及其詩學	李豐楙	「第二屆宗教與文學會議」論文（輔仁大學主辦） 《創世紀》一〇七期	七十九年九月 一九九六年七月
葉維廉的〈聽漁〉	璧　華	《中國新詩名篇鑒賞辭典》（四川辭書出版社）	一九九〇年十二月
臺灣詩人論札㈠	劉登翰	《創世紀》八十三期 《臺港文學選刊》	八十年四月 一九九〇年
跳躍的心情─讀葉維廉的〈兒子的季節〉	林煥彰	《國語日報》	八十年九月十五日
無言的焦慮─葉維廉早期詩歌的城市印象	洛　楓	《創世紀》八五、八六期	八十年十月

葉維廉自我而足的放逐世界	簡政珍	《文史學報》二十二期 《當代文學評論》（中興大學外文系出版）第一期	八十一年三月 八十二年五月
葉維廉的〈馳行〉	李瑞騰	《八十年詩選》（爾雅出版社）	八十一年四月
葉維廉：致力於尋索共同的文學規律	古遠清	《臺灣的海外文學評論家》（東南財經大學臺港文學所） 《臺灣當代文學理論批評史》（武漢出版社）	一九九二年十月 一九九四年八月
關於葉維廉	劉登翰	《臺灣文學史》下冊（海峽文藝出版社）	一九九三年一月
小說的特質在於詩化一瞬頓悟：葉維廉	古繼堂	《臺灣新文學理論批評史》（春風文藝出版社）	一九九三年四月
旅雁上雲歸紫塞─序《葉維廉詩選》	楊匡漢	《葉維廉詩選》（北京・中國友誼出版公司）	一九九三年四月
後現代的省思	簡政珍	《聯合副刊》	八二年四月廿二日
關於葉維廉	劉登翰	《中國當代新詩史》（人民文學出版社）	一九九三年五月
中國純粹性詩學與現代詩學、詩作的關係─以七十年代葉維廉、洛夫、瘂弦爲主的考察	李豐楙	《現代詩學研討會論文集》第一期（彰化師大主辦）	八十二年五月
葉維廉的〈木片的自述〉	張默	《八十一年詩選》（現代詩季刊社）	八十二年六月
共同詩學：葉維廉	朱耀偉	節錄自〈從西方閱讀傳統中國詩學：三個範位〉文中一節，《後東方主義─中西文化批評論述策略	八十三年六月

葉維廉英文詩集《在風景的夾縫裡》序	羅森堡著、簡政珍譯	》（駱駝出版社） 《創世紀》九十九期	八十三年六月
葉維廉的文論秩序	古遠清	《臺灣當代文學理論批評史》（武漢出版社）	一九九四年八月
葉維廉的風景	羅登堡著、杜良譯	《當代》一〇二期	八十三年十月
讀葉維廉的中國新詩英譯隨感	屠岸	《中國翻譯》（雙月刊）一九九四年第六期	一九九四年
《距離的消融：中西詩學對話》書評	馬樂伯 Robert Magliola	Studies in Language and Literature (National Taiwan Univ.)	一九九四年十月
後現代的反思：藝術作品的身姿——評葉維廉的《解讀現代、後現代》	簡政珍	《中外文學》二十四：七	一九九五年十二月
我的呼喊如急速的水沫——葉維廉的詩生活探微	張默	《聯合文學》十三：三	一九九七年一月
中國現代詩中的轉化與超越：韓波、史蒂文斯、葉維廉 Transformation and Transcendence in Modern Chinese and Western Poetry: Rimbaud, Stevens and Yeh Wei-Lien	林惠玲	美國威斯康辛大學麥迪生校區比較文學博士論文	一九九七年